KB237217

사유하는 구조

사유하는 구조

지은이 **김수환**

서울대학교 노어노문학과 및 같은 과 대학원을 졸업하고, 러시아 과학아카데미(학술원) 문학연구소에서 로트만의 문화기호학 이론으로 박사학위를 받았다. 지은 책으로 『잉여의 시선으로 본 공공성의 인문학』(공저), 『도시는 역사다』(공저) 등이, 옮긴 책으로 『기호계』가 있다. 이화여자대학교 HK 교수를 거쳐 현재 한국외국어대학교 노어과 교수로 재직 중이다.

현대의 지성 141

사유하는 구조 — 유리 로트만의 기호학 연구

제1판 제1쇄   2011년 11월 28일
제1판 제3쇄   2023년 5월 22일

지은이   김수환
펴낸이   이광호
펴낸곳   ㈜**문학과지성사**
등록번호   제1993-000098호
주소   04034 서울 마포구 잔다리로7길 18(서교동 377-20)
전화   02)338-7224
팩스   02)323-4180(편집)   02)338-7221(영업)
전자우편   moonji@moonji.com
홈페이지   www.moonji.com

ⓒ 김수환, 2011. Printed in Seoul, Korea.
ISBN 978-89-320-2193-5

* 이 책의 판권은 지은이와 ㈜**문학과지성사**에 있습니다.
  양측의 서면 동의 없는 무단 전재 및 복제를 금합니다.
* 이 저서는 2006년 정부(교육인적자원부)의 재원으로 한국학술진흥재단의 지원 아래 이루어졌습니다.
  (812-2006-1-A00058)

사유하는 구조

현대의 지성 141

유리 로트만의 기호학 연구 ◈ 김수환 지음

문학과지성사
2011

◈ 과학자 아인슈타인을 닮은 로트만의 외모는 많은 에피소드를 낳았다. 1980년대 말 상트페테르부르크 공항에서 서류 처리가 늦어지는 바람에 오슬로 행 비행기를 놓쳐버린 로트만을 항공사 여직원이 공항 총책임자의 방으로 안내했다. 어리둥절해진 책임자가 물었다. "아니, 어째서 이 신사를 내 방에 데려온 거요? 노선 문제라면 당신이 다 해결할 수 있지 않소?" 그러자 여직원이 대답했다. "죄송해요. 그런데 이분이 아인슈타인을 어찌나 닮았는지 꼭 한 번 직접 보셨으면 해서요……" 그의 깊고 날카로운 눈매는 명료하면서도 단호한 그의 화법과 어울려 강한 인상을 남기곤 했다. 오른쪽 위는 젊은 시절의 로트만.

◈ 로트만은 매우 탁월한 강연자였다. 특히 타르투 대학교에서 행한 러시아 문화 강의는 매시간 학생들로 교실 바닥까지 가득 차곤 했다. 그는 과거의 역사적 사건을 청자의 눈앞에 생생한 이미지로 그려내는 데 비범한 재능을 보였다. 로트만은 역사적 사건의 디테일이 지니는 중요성을 강조했는데, 푸시킨의 결투를 다루는 강의 시간에 19세기 당시에 사용하던 결투용 권총을 가지고 들어와 학생들에게 보여준 일화는 유명하다. 생애 말년에 진행한 텔레비전 강연 프로그램(「러시아 문화에 관한 담론」) 덕분에 이 특별한 재능의 혜택을 전 국민이 누릴 수 있었다.

◈ 모스크바-타르투 학파의 동료였던 보리스 우스펜스키(사진)는 로트만의 가장 중요한 사유의 동반자였다. 그는 로트만 사유의 분기점을 이루는 여러 편의 핵심 논문을 로트만과 함께 썼다. 『구성의 시학』『이콘의 기호학』 등의 저자이기도 한 우스펜스키는 현재 이탈리아 나폴리 동방 대학교에 재직하고 있다.

아내이자 동료 교수였던 자라 민츠와 함께

학과 동료 교수들과 함께

아들 미하일 로트만(가운데)과 함께

◇ 1954년 서른두 살의 나이에 타르투 대학교 러시아문학과 전임강사로 부임한 로트만은 그곳에 평생 몸담으며 소련의 변방지대이던 타르투를 한 시대의 문화적 중심지로 만들었다. 상트페테르부르크 국립대학교 동창생이었던 아내 자라 민츠는 인생의 동반자이자 학과의 동료이기도 했다. 평생을 재직하며 수많은 제자를 길러냈는데, 류보프 키셀레바와 페트르 토로프 교수(왼쪽 하단 사진의 앞줄)는 현재 각각 타르투 대학교 러시아문학과와 기호학과의 학과장으로 재직 중이다. 장남인 미하일 로트만은 현재 에스토니아 탈린 대학교 교수다.

◈ 로트만은 평생 동안 '말'과 '그림'이 공존하며 상호 작용하는 혼종적인 기호 공간에 관심을 기울였다. 그에 걸맞게 그림, 특히 캐리커처에 특별한 재능을 보였다. 주변 인물이나 역사적 인물을 그린 것부터 자화상, 아내 민츠를 토끼에 빗댄 그림, 일상의 업무(논문심사 후 지친 모습)에 관한 익살스러운 삽화까지 수많은 스케치를 남겼다.

로트만 사상의 '기호계'
—사유하는 구조들의 은하계

　이 책은 러시아의 사상가 유리 로트만(1922~1993)에 관한 연구서
이다. 1960년대에서 1990년대까지 30여 년에 걸친 로트만 사유의 흐
름을 살펴보고 그 과정의 주요 국면들을 분석함으로써, 로트만 이론의
전모를 드러내려는 것이 이 책의 집필 의도이다. 유리 로트만은 모스
크바–타르투 학파Moscow-Tartu School로 알려진 소비에트–러시아 기호
학파의 수장으로, 흔히 '문화기호학'의 창시자로 알려져 있다. 생전에
10여 권의 단행본과 500여 편의 논문을 발표한 그는 미하일 바흐친과
더불어 전 세계적으로 가장 많이 인용되는 대표적인 현대 러시아 사상
가이다.

　로트만 사상의 전체적인 윤곽을 그리는 일은 생각만큼 간단하지 않
다. 로트만의 경우 최소한 두 가지 측면에서 어려움이 제기되는데, '모
스크바–타르투 학파와의 관계 설정'의 문제가 그 첫번째라면, 두번째
는 로트만 사상 특유의 '다면적 성격'이다. 전자가 사유의 외적 맥락과

주로 관련된다면, 후자는 사유의 내적 정합성 및 일관성의 문제를 제기한다. 우선 첫번째 측면부터 살펴보자.

로트만과 모스크바-타르투 학파 — 겹치면서 갈라지는 관계

모스크바-타르투 학파란 무엇인가? 이 학파는 로트만이 주축이 되어 활동했던 구소련의 기호학 연구 집단을 말한다. 더 구체적으로는, 구소련 연방의 하나였던 에스토니아의 도시 타르투에서 1964년부터 1970년까지 열린 공동학술대회('여름학교')에 정기적으로 참여했던 연구자 그룹을 가리킨다. 명칭에서 확인할 수 있듯이, 이는 러시아 학계의 오래된 두 전통, 즉 모스크바의 언어학 진영과 상트페테르부르크의 문학연구 진영이 학문적으로 결합한 결과였다(모스크바-상트페테르부르크 학파가 아닌 이유는 상트페테르부르크 문학 전통의 적자嫡子라고 할 수 있는 로트만이 새롭게 둥지를 튼 곳이 도시 타르투이기 때문이다). 베셀롭스키, 예이헨바움, 프로프, 구콥스키, 지르문스키, 바흐친 등을 낳은 상트페테르부르크의 문예학 전통과 트루베츠코이, 야콥슨, 샤흐마토프 등을 낳은 모스크바의 언어학 전통은 20세기 중반, 이번에는 타르투라는 낯선 변방에서 또 한 번의 결정적인 조우를 맞이하게 되었던 것이다.[1]

---

1) '또 한 번'이라는 말에서 떠올릴 수 있는 것은 물론 20세기 초반의 '형식주의Formalism' 학파이다. 야콥슨, 비로쿠르 등으로 대표되는 모스크바 언어학 그룹과 시클롭스키, 예이헨바움, 티냐노프 등으로 대표되는 상트페테르부르크 문학 진영(오포야즈)의 생산적인 만남은, 주지하다시피 문학 연구의 전 역사를 새로 쓰는 혁신적인 결과를 내놓은 바 있다. 짧고 강렬했던

1964년 9월 19일, 타르투 대학교 부속 체육관 건물에서 러시아 전역으로부터 온 서른 명의 학자가 열흘간의 학술대회 일정을 시작한다. '2차 모델링 체계'를 주제로 내건 이 첫번째 여름학교가 바로 모스크바-타르투 학파의 시작이었다. 처음엔 주로 언어학과 문학 연구자들이 중심이 되었지만 해를 거듭할수록 수학, 신화학, 민속학, 어원학, 동양학, 음악학, 시각예술, 영화학 등 다양한 학제로 폭을 넓혀갔고, 그 과정에서 타르투는 빠른 속도로 새로운 학문의 중심지로 부상했다. 여름학교의 성과물을 담은 정기 간행물 『기호체계 문집』이 꾸준히 출간되기 시직했고, 출간되는 즉시 국내외의 비상한 관심을 끌게 된다.

당시 많은 서방의 학자는 '철의 장막' 너머에서 들려오는 이 낯선 목소리에 경탄했고, 어떻게 이런 흐름이 '그곳에서' 가능할 수 있었는지 궁금해했다. 물론 그들을 놀라게 한 이 목소리들은 어느 날 갑자기 진공 속에서 생겨난 게 아니었다.

인공지능학Cybernetics과 기계번역 이론이 (냉전기의 정치적 구도를 배경으로) 소비에트 언어학 진영의 관심을 끌기 시작한 것은 이미 1950년대 후반부터였다. 당시 저명한 콜모고로프[2] 그룹은 정보 이론과 통계학에 입각한 시 연구라는 실험적인 시도를 행하고 있었다. 그러던 중

형식주의의 발흥은 1920년대 후반의 정치·사회적 격변을 겪으며 제3의 장소인 체코의 '프라하'에서 새로운 역사를 이어가게 된다. 야콥슨, 보가트로프를 비롯한 망명자 언어학 그룹과 무카롭스키로 대표되는 현지의 문학 전통이 결합해 만들어진 '프라하 학파Prague School'는 주지하다시피 구조주의 문예학 역사의 한 축을 형성했다. 형식주의 학파와 프라하 학파는 모스크바-타르투 학파의 직접적 '선례'이자 학문적 '모태'에 해당한다고 볼 수 있다.

2) 콜모고로프(1903~1987)는 구소련의 저명한 수학자로, 확률론을 공리화하여 〔『확률론의 기초개념』(1936)〕 현대 확률론을 확립했다. 항공기 기체역학, 경제학의 새 조류인 '복잡계 경제학'의 선구자로도 간주된다. 특히 시를 비롯한 예술 영역에도 관심이 많아 시학과 관련된 다수의 연구를 남긴 바 있다.

1962년 모스크바에서 '기호체계에 대한 구조적 연구'를 주제로 내건 대규모 심포지엄이 열렸고, 새로운 학제에 관심을 둔 다방면의 학자들이 처음으로 한 자리에 모이게 되었다. 로트만은 1963년에 타르투 대학교 동방학부로 초빙 강연을 왔던 퍄티고르스키를 통해 바로 이 심포지엄의 참여자들과 직접 접촉할 수 있었고, 결국 그들 대부분이 로트만의 초청을 받아 이듬해 열린 여름학교에 고스란히 참석하게 된다. 이바노프V. Ivanov, 토포로프V. Toporov, 퍄티고르스키A. Piatigorsky, 우스펜스키B. Uspensky, 가스파로프B. Gasparov, 레브진I. Revzin, 세갈D. Segal, 졸콥스키A. Zolkovsky 등 1960년대 이후 소비에트 문예학을 수놓았던 저 쟁쟁한 이름들은, 그렇게 로트만의 초대장을 손에 쥔 채 타르투의 체육관에 모이게 되었던 것이다.

이들을 묶어준 핵심적인 공통분모는 '2차 모델링 체계'라는 개념이었다. 이 개념에 따르면, 기호체계는 우리가 세상을 이해하는 방식, 즉 세계의 모델인데, 인간이 사용하는 여러 기호체계 중에서 일상적으로 사용하는 자연언어는 "1차 모델링 체계"에 해당한다. 한편 예술과 문화, 과학의 언어는 2차 모델링 체계로서 1차 모델링 체계 '위에' 구축된다. 즉 여기서 2차적이라는 것은 1차 체계를 토대로 하여 그 상부에 구축된다는 것, 따라서 그에 대해 보충적인 구조를 갖게 된다는 것을 뜻한다. 다시 말해 자연언어는 그 위에 구축된 다양한 2차 체계를 위한 일종의 메타언어적 모델로 기능하기에, 자연스럽게 회화나 음악을 언어적 구조와의 유비類比의 관점에서 연구할 수 있게 된다. 이런 방법적 전제하에 주로 문학, 종교, 신화, 민속과 같은 개별 모델링 체계의 구체적인 분석에 집중했던 모스크바-타르투 학파는 대략 1970년을 기점으로 주요 관심사를 변경하게 된다. 개별 기호체계를 향한 관심이 문화 자체의 기호학적 본질과 메커니즘으로 확대되기에 이른 것이다.

1973년에 발표된 선언문 격의 글에서, 문화기호학은 "상이한 기호체계 간의 기능적 상관관계를 연구하는 새로운 분야"로서 정의된다. 이렇게 해서 이제 문학 이론은 문화 연구의 맥락 아래에 놓이고, 학파의 핵심 과제는 개별 기호체계의 분석이 아니라 그 모두를 아우르는 문화라는 이름의 '체계의 체계'(복수언어체계)를 이론적으로 해명하는 일이 된다. 문화 자체의 기호적 메커니즘과 작동 원리를 탐구하는 고유한 학문 분야로서, 문화기호학의 이론적 정체성과 자의식이 확립되는 것이 바로 이 대목이다.

그런데 문제는 이런 내적 변화의 시점이 학파의 외적 활동이 종결되는 시기와 맞물려 있다는 점이다. 1970년에 열린 4차 여름학교를 끝으로 학파의 공동 작업은 사실상 소진되었다. 학파의 핵심 멤버 상당수가 서구로 이주하거나 망명했고, 남아 있는 멤버들도 (이미 명성을 얻은 상태에서) 각자의 연구 분야에 매진하기 시작했다. 결국 이것이 의미하는 바는 이제 막 제기된 본격적인 과제, 그러니까 '문화 자체에 관한 총체적 이론'으로서의 문화기호학의 정련 작업이 로트만 한 사람의 몫으로 남게 되었다는 것이다.

이런 사실은 로트만 사유의 전체적인 윤곽을 그리는 작업에서 대단히 중요한 의미를 지닌다. 약 30년에 걸친 로트만 이론의 발전 과정을 온전히 파악하려면, 모스크바-타르투 학파의 기본 입장과 로트만의 그것이 서로 '겹치면서도 갈라지는' 관계라는 점을 이해할 필요가 있다. 이를 위해서는 1970년대 이후 로트만 기호학의 내적 진화 과정을 면밀히 검토해야 할 뿐만 아니라 초기부터 이미 내재하던 '차별성'의 지점들을 식별해낼 수 있어야 한다. 요컨대 학파 공통의 문제의식이 아니라 로트만 자신의 최초의 문제의식, 그 '맹아적 단초'들을 발견해낼 수 있어야만 하는 것이다.

당연히 이 책의 연구 대상은 모스크바-타르투 학파의 활동 시기를 포함한 로트만 사유의 전체 과정이다. 말하자면 학파의 대표자로서뿐 아니라 한 사람의 독립적인 사상가로서 그의 발전 과정이 관심 대상이다. 물론 모스크바-타르투 학파는 20세기 러시아 지성사에서 결코 빼놓고 지나갈 수 없는 독특한 지적-사회적 사건임이 분명하다. 20세기 중후반 소비에트 문예학의 '외적 중심'이었던 이 학파는 동시대 유럽 구조주의 운동의 한 갈래(이른바 '1960년대적 현상')이면서, 동시에 포스트소비에트의 학문적 삶에서 독특한 한 축을 이루었다. 타르투 기호학의 특수성을 이해하기 위해서는 반드시 이 두 측면을 공히 고려해야만 한다.[3]

---

3) 여기에 관해서는 В. Живов, "Московско-тартуская семиотика: ее достижения и ее ограничения," Н.Л.О. No. 98, М., 2009 참조. 이른바 "1960년대적 현상," 정확하게는 독특한 역사-문화적 현상으로서의 "1960년대 세대Шестидесятые"의 문제는 모스크바-타르투 학파의 학문적 유산에 대한 반성적 성찰에서 중요한 대목을 이룬다. 그에 따르면, 세계의 '구조성'과 '총체성'에 대한 공리적 확신과 실증주의적-과학적 경향을 특징으로 하는 1960년대 세대의 학문적 패러다임(구조주의)은 전체주의 권력의 공식적 학문 경향에 대한 대안적 반反체제라는 자기규정성에도 불구하고, 결국 동시대 권력의 '감춰진 다른 얼굴' 혹은 그것의 비극적 '샴쌍둥이'의 운명을 지니게 되었다. 1960년대 학파의 방법론을 향한 이런 각도의 비판에 관해서는 Б. Гаспаров, "Тартуская школа 1960-х годов как семиотический феномен," Ю. М. Лотман и тартуско-московская семиотическая школа, М., 1994, сс. 292~93을 참조. 또 한 가지 학파의 눈에 띄는 활동 중에는 광범위한 출판 프로젝트가 있는데, 잘 알려진 것으로 바흐친의 『프랑스와 라블레의 창작과 르네상스기 중세의 민중 문화』(1965)와 레프 비고츠키의 『예술의 심리학』(1965) 등이 있다. 일종의 담론 사회학적 시각에서 모스크바-타르투 학파의 역사를 탐구한 흥미로운 최근 연구로는 Maxim Waldstein, *The Soviet Empire of Signs: A History of the Tartu School of Semiotics*, VDM Verlag, 2008을 참조.

14

문제의 핵심은 이론적 차원에서 학파의 학문적 입장이 비교적 요약 가능한 통일된 모습을 보여주는 반면에 사상가로서 로트만의 사유는 전혀 그렇지 않다는 점에 있다. 모든 '문제적인' 사상가가 그러하듯이, 그의 사유는 점진적이기도 하고 극적이기도 한 일련의 변화를 경험했으며 그 변화의 궤적은 대단히 복잡하고 모순적이다. 결국 이 책이 목표로 삼는 로트만 사상의 '총체적 전유'라는 과제는 결코 쉽지 않은 작업임이 판명된다. 로트만 사상의 다면성과 복합성을 충분히 고려해 그것을 모종의 메타언어를 통해 사장시키는 오류를 피하면서도, 다채로운 방식으로 출현하고 발전하는 사유의 가지들을 어떤 '일관된 흐름'으로서 식별해야 하기 때문이다. 성급하게 독백적 체계를 부여하는 일 없이 연관들을 추적하는 일, 최대한 풍부한 그림을 보여주되 그것을 이루는 요소들의 내적 관련성을 꾸준하게 드러내는 일, 이 책이 시도해야 하는 작업은 바로 그런 것이다.

한편, 로트만 사상의 다면성과 복잡성이라는 문제는 상대적으로 긴 창작 기간이나 연구 대상의 다채로움만으로는 설명되지 않은 모종의 독특함을 갖고 있다. 로트만 사상 특유의 내적 역동성과 관련된 이 두 번째 측면에 관해 좀더 자세히 살펴보자.

'기호계'로서의 사상 — "그는 언제나 새롭지만 항상 그대로다"

잘 알려져 있다시피, 로트만의 학문적 관심사는 극히 폭넓은 스펙트럼을 보여준다. 로트만의 영문판 저서 『정신의 우주』(1990)에 서문을 쓴 기호학자 움베르토 에코에 따르면, "그의 저술은 청바지와 같은 문화적 현상의 분석과 귀신학에 대한 고찰에서 시작해, 시 텍스트의 독해와 해석의 문제를 거쳐 수학과 생물학에 대한 논의에까지 이른다."[4] 과연 미학에서 문학(/문화)이론, 내러티브 이론에서 지성사, 영화에서 신화학에 이르기까지, 그의 행보는 종횡무진이다. 로트만은 체계적인 구조시학 이론을 정립했으며 기호학과 인공지능 및 신경생리학의 관계를 탐구했고, 러시아와 서구 문화에 대한 흥미로운 유형론을 제시했으며, 문화사와 지성사 기술의 매력적인 모델을 보여주었다. 러시아 문화에 대한 기호학적 분석은 18~19세기 귀족 계급의 결투, 카드 게임, 극장, 여성교육 등을 포함하고, 공간 기호학적 탐구는 도시 상트페테르부르크의 신화 텍스트와 건축을 다룬다. 연극과 회화의 코드가 일상적 삶의 코드와 뒤섞이고, 작가의 전기적 삶이 작품 텍스트와 몸을 섞는 복잡한 교체와 모방의 메커니즘은 평생에 걸친 단골 주제였다. 가히 '르네상스적 규모'의 인식적 행보라고 할 만하다.

하지만 로트만 사상의 총체적 전유를 어렵게 만드는 요인은 관심사의 이와 같은 다양성에 그치지 않는다. 거기에 더해 연구자로서 로트만을 특징짓는 모종의 이중성이 작용하는데, 추상성과 구체성을 넘나드는 연구 스타일이 그것이다. 로트만의 저작에는 서로 합치되기 어려운 두 가지 경향이 공존하는데, 한쪽에서 끊임없는 체계화와 도식화를 지향하는 이론가 로트만의 모습이 확인된다면, 다른 편에선 구체적인 예술적 디테일에 집요하게 천착하는 문화사가 로트만이 자리한다. 로트만 사상의 이런 상반된 스타일은 그를 규정하는 다양한 이름이 증명

---

4) U. Eco, "Introduction," Yuri M. Lotman, *Universe of the Mind*, Indiana University Press, 1990, p. vii.

하는데, 가령 구조주의 문예학자, 기호학 이론가, 푸시킨 연구자, 18~19세기 귀족문화 전문가 따위의 다채로운 그의 프로필은 지적 관심사만큼이나 넓은 스펙트럼을 보여준다. 당연히 이는 사유의 통일성을 파악하는 데 근본적인 장애로 작용한다. 유일하고 독특한, 그런 의미에서 진정한 로트만 대신에 각자의 관심사와 시각에 따라 추출된 '나(만)의 로트만'을 만나게 되는 상황이 종종 발생하는 것이다.

그런데 그의 사상을 총체적으로 전유한다는 문제와 관련된, 어쩌면 가장 심각한 어려움은 따로 있다. 그건 바로 로트만 사상의 이론적 격차, 즉 전기와 후기 사유 간의 방법론적 거리이다. 로트만의 첫번째 단행본인『구조시학 강의』(1964)와 마지막 저작인『문화와 폭발』(1992)의 근본 원칙을 단일한 메타언어를 통해 기술하는 일이 가능할까? 불가능하다. 왜 그런가? 이 두 저작 사이에는 단지 30년이라는 시간적 격차만 존재하는 게 아니라 20세기 중반과 후반을 갈라놓은 인식론적 패러다임의 거대한 변모가 가로놓여 있기 때문이다. 흔히 구조주의에서 포스트구조주의로의 변화로 규정되는 이 이론적 격차는 후기 로트만의 사유를 초기의 이론적 입장에 대한 '거절,' 말하자면 사유 내부의 '폭발적 변화'의 결과로 받아들이게끔 한다.[5] 로트만 전기 사상과 후기 사상 간의 눈에 띄는 개념적 도약은 그의 학문적 유산에 대한 단일하고 총체적인 상을 수립하는 과제를 어렵게 만드는 가장 본질적인 요인에

---

5) 다음과 같은 지적이 대표적이다. 로트만은 "특히 후기 저작들에서 기호학을 모종의 한계 지점으로, 이를테면 (기호, 의미, 코드, 기표, 기의, 정보 따위의) 기호학의 모든 근본 개념을 부정함으로써만 정당화될 수 있는 장소로 옮겨놓으려고 한다." В. С. Библер, "Ю. М. Лотман и будущее филологии," Лотмановский сборник 1, М., 1995, с. 281.

해당한다.

사실 이 문제는 1990년대 후반 러시아에서, 로트만의 이론적 유산을 수용하는 과정에서 매우 격렬한 논쟁의 대상이 된 바 있다. 그가 마지막 순간에 이르기까지 학(學)으로서의 구조주의에 충실했다는 주장[6]에서부터, 정반대로 애초부터 포스트구조주의적 입장을 견지했다는 관점,[7] 나아가 구조주의에서 포스트구조주의로 점차 이동했다는 주장[8]에 이르기까지, 갖가지 견해가 제출되었고 또 나름대로 비판되었다. 소비에트 연방이 해체된 이후 이른바 서구식 '포스트 이론'들이 갑작스럽게 밀려드는 상황 속에서, 이 문제는 각별한 의미론적 하중을 지닐 수밖

---

6) "로트만은 도그마적인 문예학의 시대에 활동을 시작했다. 이제는 반대로 안티도그마적인 문예학이 득세하는 시대이다. 소비에트의 이데올로기가 모두에게 동일한 세계상을 그려낼 것을 요구했다면, 포스트구조주의의 이데올로기는 개인들이 주관적으로 창조한 세계상(변덕스러우면 변덕스러울수록 더 좋은)을 그려낼 것을 요구한다. 극단은 서로 닮았다. 〔……〕 로트만은 새로운 자기도취적 경향에 타자로 남아 있었다. 로트만에게 역사적 진실은 창조적 자기 긍정보다 값진 것이었다. 바로 이것이 예술의 입장에 반(反)하는 학문의 입장이다. 1960년대에서 1990년대까지 우리 문화사에서 유리 로트만의 구조주의는 여전히 과학성의 이름으로 싸우고 있다. 도그마주의의 시대와 안티도그마주의의 시대 둘 다에 맞서서." М. Л. Гаспаров, "Лотман и марксизм," в книг. Ю. М. Лотман, Внутри мыслящих миров, М., 1996, с. 426.

7) "여기에 무슨 구조가 있습니까? 다양한 구조의 투쟁이 있을 뿐이지요. 이게 바로 포스트구조주의가 아니고 무엇입니까? 즉 그건 단 하나의, 오직 하나의 구조나 본질을 찾을 수 없는 현상들의 기술입니다. 말하자면, 거기엔 언제나 두 개의 본질, 두 개의 구조가 있는 것이지요. 물론, 러시아 기호학에는 순수하고 철저한 구조주의자들이 존재했습니다. 〔……〕 하지만 러시아 기호학에 음조를 부여한 것은, 서구에서라면 포스트구조주의자로 불릴 만한 사람들이었습니다. 단지 그들 자신이 스스로 그렇게 부르지 않았을 뿐이지요." И. О. Смирнов, "Времени о себе: Шестидесятые годы— от Афии до Фхинеи," А. М. Пятигорский, Избранные труды, М., 1996, с. 330.

8) "20세기 구조주의-기호학의 발전 과정은 거칠게 말해 '소쉬르적 경향'과 '데리다적 경향'으로 양분될 수 있다. 로트만의 학문적 유산의 의미와 성과는 이 두 경향의 '중간 지점,' 즉 이미 전자에 완전히 속하지는 않지만 분명 후자에까지 이르지는 않은 지점에 위치한다." Г. С. Кнабе, "Знак, Истина, Круг (Ю. М. Лотман и проблема постмодерна)," Лотмановский сборник 1, М., 1995, сс. 270~71.

에 없었다. 그러니까 로트만의 학문적 유산을 둘러싸고 벌어진 1990년대의 '해석 투쟁'은 서구식 담론과 이론에 갑작스럽게 노출된 포스트소비에트의 지적 상황을 바라보는 상이한 입장과 태도들이 서로 부딪치는 (대리) 경연장의 성격을 띠고 있었던 것이다. 요컨대, 이 경우에도 우리가 보게 되는 것은 변화하고 발전하는 '총체'로서의 로트만이라기보다는 각자의 관심사와 시각에 따라 '편집된' 로트만, 곧 '나(만)의' 로트만일 공산이 크다.

이처럼 이미 합의된 기존의 담론적 틀에 로트만의 사상을 대입시키는 작업은 좀처럼 만족스런 결과를 얻어내기 어렵다. 그 이유는 간단한데, 로트만의 사유가 분명한 구조주의적 지향을 보여주는 시기에도 전혀 구조주의적이지 않은 그의 방법론적 입장들을 발견할 수 있으며, 반대로 로트만 기호학의 외양이 포스트구조주의적 담론과의 눈에 띄는 근접을 보여줄 때조차 그와의 분명한 차별성을 확인할 수 있기 때문이다. 어떻게 보면 로트만 사상의 진정한 역량은 시대의 모든 독트린과 의혹을 통과해오면서도 30년이 넘는 세월 동안 문화기호학이라는 이름 아래 존속할 수 있었다는 사실 자체에 있을지도 모른다. 즉 그때의 역량이란 자신의 본질적 관점을 유지하는 가운데 변화하는 주변 세계와 함께 현저한 변모를 겪어낼 줄 아는 능력을 가리키는 것이다.

결국 관건은 로트만 사상의 변화를 인정하되 그 변화의 역동성과 내적 정합성을 최대한 온전한 형태로 재건하는 일에 달려 있다고 할 수 있다. 한마디로 로트만 사상의 전모를 '역동적 단일체의 복잡한 진화 과정'으로서 드러낼 수 있어야만 한다. 그렇다면 이를 위해 가장 먼저 해야 할 일은 무엇일까? 바로 로트만 사상의 진화 과정에 나타난 '변화'의 성격을 이해하는 일이다. 로트만의 변화, 그 사상적 변모는 어느 날 갑자기 찾아온 도약이나 특정한 외적 영향의 일방적 결과물이 아니다. 그 변화는 반복되는 것 속에서의 차이, 말하자면 집요하고 강렬한 반복 속에서 발생하는 미묘한 변형에 더 가깝다. 따라서 필요한 것은 '두 겹의' 시선이다. 우선 다채로운 사유의 목록 사이에서 꾸준히 반복 출현하고 있는 일련의 '불변 항'을 식별할 수 있어야 한다. 그와 동시에 이 불변 항들이 새로운 맥락과 접속하는 과정에서 생겨난 흥미로운 변용과 확장의 양상 또한 감지할 수 있어야만 한다. 요소들의 계속적인 반복과 더불어 의미심장한 변형을 허용하는 체계, 로트만의 이 독특한 우주에서 받게 되는 인상은 그가 가장 사랑했던 작가 푸시킨을 수식하는 대표적인 구절 그대로다. 로트만, "그는 언제나 새롭지만 항상 그대로다Он вечно тот же, вечно новый."

하지만 이 세계를 수식하는 더욱 적절한 용어는 어쩌면 따로 있을 것이다. 그건 바로 로트만 자신의 이론적 개념인 "기호계Semiosphere"이다. 기호계라는 용어를 이 개념의 창조자에게로 옮겨놓는 일은 단지 효과적인 메타포에 그치지 않는다. 기호계에 관한 로트만의 정의를 빌려 이렇게 말할 수 있다. "로트만의 학문적 유산, 그것은 개인들의 창작적 역량을 통해 자가생성하는 특수한 문화적 공간"[9]이다. 여기서 재차 강조할 것은 기호계 개념의 본질적인 특성이다. 공간 내부의 역동성과 다양성을 허용하는 기호계는 원칙상 해당 공간의 총체성 또한 전제한다. 로트만은 이렇게 말한다. "기호계의 내적 요소(하부 구조)들

---

9) Л. Киселова, "Ю. М. Лотман: от истории литературы к семиотике культуры (о границах лотмановской семиосферы)," *Studia russica helsingiensia et tartuensia*, VI, Тарту, 1989, с. 11.

의 역동적 발전은 그것들의 개별화를 향해 있으며, 그 결과 내적 다양성을 증대시킨다. 하지만 이 과정에서 총체성은 파괴되지 않는다."[10] 기호계의 총체성이란 무엇인가? 그것은 원칙상 내적 다양성을 허용하는 특별한 종류의 총체성이다. 기호계의 구성 요소인 "기호학적 단자는 모종의 개별화된 기호학적 공간의 경계 내에서 자신의 폐쇄성을 계속해서 심화시키는 개별자로 나타나는가 하면, 총체가 되려는 지향하에서 마치 퍼즐 조각처럼 계속해서 새로운 결합을 추구하기도 한다. 각각의 단자는 어떤 차원에서건 부분이면서 동시에 총체가 되려는 경향을 띤다."[11]

따라서 로트만 사상의 다면성을 그 자체로서 칭송하는 일은 (그것이 로트만 사상의 폭과 생산성을 증명하는 한 가지 측면은 될 수 있을지언정) 별다른 의미를 갖지 못한다. 로트만의 기호계, 그 '정신의 우주'를 구성하는 온갖 개념의 진정한 가치는 오직 해당 공간의 (의미론적) 총체성을 배경으로 할 때만 온전히 드러날 수 있다. 그렇다면 이제 질문은 더 명확해진다. 어떻게 하면 로트만 사상의 이 '특별한' 총체성을 보여줄 수 있을 것인가? 내적 다양성과 역동성을 본질로 삼는 이 살아 있는 체계의 전모를 가장 잘 드러낼 수 있는 기술의 방법론은 과연 무엇인가?

---

10) Ю. М. Лотман, "О семиосфере," Избранные статьи, Т 1, Таллинн, 1992, с. 20.
11) 유리 로트만, 『기호계』, 김수환 옮김, 문학과지성사, 2008, 324쪽.

로트만 사상의 성좌 — 도상-공간-신화-인격-폭발

상술한 사항으로부터 분명해지는 것은 일반적으로 통용되는 통시적-연대기적 접근법을 로트만의 사상에 적용하는 것은 부적절하다는 점이다. 그보다는 로트만 사상 전체를 통해 일정하게 변화하면서도 눈에 띄게 반복되는 몇몇 '핵심 개념'이 존재한다는 기본적인 사실에서 출발해야만 한다. 요컨대 이 책의 목적은 로트만의 저작을 연대순으로 다루는 지적 전기傳記가 아니다. 로트만 사상에 관한 종합적인 연구서는 '저작'에 따라서가 아니라 '개념'에 따라서, 다시 말해 '주제'와 '문제'에 따라서 구성되어야만 한다.

이러한 판단 아래 이 저서에서는 로트만 사상의 본질을 집약하는 다섯 가지 핵심 개념을 추출했다. 본 연구서의 각 부部를 이루고 있는 도상, 공간, 신화, 인격, 폭발이 그것이다. 사실 이는 개념의 차원을 넘어서는 일종의 '주제적 핵심'이라고 볼 수 있는데, 왜냐하면 로트만 사유의 기본 라인이 바로 이 개념들을 '둘러싸고' 펼쳐져 있기 때문이다. 한마디로 그것은 로트만의 사유가 붙박여 있는 모종의 의미론적 핵, 비유컨대 로트만 사상의 성좌를 이루는 5개의 행성에 해당한다.

하지만 유념할 것은 이 핵심 개념이 특정한 메타기술을 통해 요약될 수 있는 불변하는 심층 구조가 아니라는 점이다. 핵심 개념 그 자체가 진화하고 있다는 사실을 잊어서는 안 된다. 물론 그것들은 특정 시기에 출현해 집중적인 조명의 대상이 된 바 있지만 개념의 삶 자체는 결코 그에 머물지 않는다. 여러 저작 속에서 다채롭게 변형되는 과정에서 그것들은 로트만 사상의 항수로 계속해서 작용한다. 이어지는 다음 문제들의 배경을 이루고 또 그와 새롭게 접속하면서 여전히 진화하고 있는 것이다. 새로운 접속과 변용을 통해 끊임없이 '다시 말해지고' 있다는 점에서, 이 개념들은 진정한 의미의 주제적 핵심이라고 불릴 만하다.

문제는 장기간에 걸친 이 개념들의 궤적을 어떻게 드러낼 것인지에 달려 있다. 이에 대한 해답은 결국 '이중적인 초점화'가 불가피하다는 것이다. 즉 핵심 개념들의 출현을 '연대순으로' 배치하되(1960년대의 '도상'에서 1990년대의 '폭발'까지), 로트만 사상 전반에 걸친 이 개념들의 전개 과정과 그들 간 밀접한 상호 관련성에 주목하는 '분석적' 접근을 병행하는 것이다. 가령 제1부와 제2부를 이루는 도상과 공간의 문제의식은 제3부 신화에서 논리적인 종합을 이루며, 제4부 인격의 문제의식은 제5부 폭발의 사유를 불러오는 토대가 되는 식이다. 로트만이 말하는 "정신의 우주"의 가장 큰 특징은 '문화를 구성하는 그 어떤 언어도 홀로 독립해 존재할 수 없다'는 것이다. 기호계의 다양한 하부체계는 오직 '총체'의 관점에서만, 다시 말해 그들 서로 간의 긴밀한 '상호관계'를 배경으로 했을 때만 온전한 기호적 생명을 부여받을 수 있다.

내용뿐 아니라 형식의 차원에서, 이를테면 구조의 측면에서 로트만 사상의 특징과 본질을 제대로 드러낼 수 있는 기술의 방법론은 무엇인가? 본 연구서의 형식적 구성은 바로 이 질문에 답하기 위한 나름의 시도라고 할 수 있다. 제1부(도상)에서 제5부(폭발)에 이르는 각 부部는 해당 개념에 관한 모노그래피적 기술의 성격을 띠고 있는데, 계열적 의미를 지니는 이 개념들의 개별성 아래에 흐르고 있는 논리적 상관성 및 연결의 논리를 간파하는 게 관건이다. 로트만 사상의 성좌星座를 형성하고 있는 이 다섯 개의 꼭짓점을 정확하게 지정하고, 더 나아가 그 점들을 연결하는 선분을 다채롭게 그려낼 수 있을 때, 로트만 사상의 전모는 비로소 그 총체적 윤곽을 드러내게 될 것이다.

이론의 재맥락화 — '러시아 이론'과 번역

적합한 기술의 방법론과 그에 부합하는 구성의 방식이 정해진 이후에 남는 문제는 로트만의 이론적 사유를 조명하기 위한 적합한 맥락을 선택하는 일이다. 앞서 말했듯이, 이 책의 원칙적인 관심사는 로트만의 사유가 다섯 가지 핵심 개념을 둘러싸고 변화·발전해간 과정을 최대한 정밀하게 재구축하는 데 있다. 그렇게 함으로써 로트만 사상의 총체적인 상을 수립하는 것이 이 책의 기본 목표인 것이다. 그렇게 보자면 이 책을 위한 가장 자연스런 담론의 맥락은 당연히 '20세기 러시아 인문사상'이 되는 게 온당하다. 즉 우선적인 관심사는 '러시아 이론'으로서의 로트만 사상인 것이다. 이를테면 그런 관점에서 로트만의 구조주의 시학과 러시아 형식주의 문학 이론을 비교(제1부)하거나, 로트만의 후기 사유에 미친 바흐친의 영향(제4부)을 문제 삼거나, 혹은 베르나츠키나 프리고진 같은 타 분야 사상가의 영향(제5부)을 가늠하는 일이 가능해진다. 요컨대 로트만의 사유가 그것을 낳은 직접적인 맥락 속에서 논의되는 것이다.

하지만 이론에게 허락된 학문적 삶의 1차 시기를 이미 소진했다고 볼 수 있는 로트만의 사상(그가 사망한 지 벌써 18년이 지났다)을 러시아 인문 사상의 역사적 맥락에 한정짓는 게 과연 온당한 일일까? 동시대와 함께 호흡하면서 현실에 대한 적극적인 '해석 모델'로 기능하는 이론은 대개 그와 같은 1차 시기가 종결되고 나면 '학문적 유산'이란 이름하에 문헌학적 고찰의 대상이 되곤 한다. 현장성을 잃어버린 이론은 때로 학문의 장 속에 공고히 기입된 채 사실상 '박제화'되어버리기도 한다.

그렇지만 모든 이론은 학문적 삶의 2차 시기를 살 권리가 있다. 이론이 방법론적 현재성을 회복하기 위한 방법, 자신의 '두번째 삶'을 시작하기 위한 좋은 방법은 해당 이론을 만들어낸 좁은 역사적 배경을 떠나 더 넓고 다양한 맥락 속에 자리매김되는repositioning 것이다. 벤야민이 말했듯이, 모든 텍스트는 '낯선 언어'로 번역될 날을 기다리고 있다. 물론 이때의 번역이란 원작의 변형이나 훼손이 아니라 원작에 담겨 있는 미지의 가능성을 현실화하기 위해 반드시 거쳐가야 할 필수적인 과정을 가리키는 말이다.

'텍스트'로서의 이론은 특정한 시대와 장소가 낳은 문화적 산물이라는 점에서 분명 '독자적'이다. 하지만 그것이 이론인 한 그 텍스트는 해당 시기의 보편적 문제의식과 어떻게든 관련되지 않을 수 없다. 그리고 이 관련 속에서 그 이론은 이미 '독특하지' 않다. 다르게 말해 모든 이론은 민족적인 동시에 국제적이다. 혹은 민족-지역적 특성과 해당 시기의 보편-인식론적 문제의식이 합해져 만들어진 대화적 합명제로 보아야 한다. 자신의 개별성 속에서 보편성을 표상하는 아주 특별한 유형의 담론, 바로 그것이 이론의 정체성이다. 그리고 바로 그런 이유로, 이론의 2차적 삶은 필히 '낯선 언어'를 통한 번역을 거쳐서 올 필요가 있다. 이론의 두번째 삶은 그와 보편-인식론적 문제의식을 공유하는 '다른 이론'들과 나란히 놓일 때, 그 비교의 지평 위에서 무엇보다 잘 수행될 수 있기 때문이다.

따라서 이 책이 지향하는 주요한 목표 중 하나는 로트만의 사상을 동시대 서구의 다양한 이론적 담론과 생산적으로 소통시키는 것이다. 로트만 사상의 전모를 가능한 상세하고 명료한 형태로 보여주되 그것을 더 '넓은' 이론의 지평에서 재맥락화하기. 로트만의 사유를 '러시아 이론'이라는 1차적 맥락으로부터 꺼내어 국제적 무대 위에서 다른 언어들로 번역해보기. 야콥슨과 바흐친 이후로 끊어진 것처럼 보이는 '러시아 이론'의 국제성을 다시 되살려내기 위한 이 작업은 이 책의 근간을 흐르는 중심적인 모티프라고 해도 과언이 아니다. 이를테면 바로 그런 관점에서, 로트만의 '공간' 개념(제2부)은 재현과 서사를 다루는 더 넓은 맥락(프레임 이론) 속에서 재검토될 수 있다. '신화적 화용론'(제3부)에 관한 그의 사유는 '작가-텍스트-독자'의 삼각 구도를 바라보는 텍스트 화용론의 다양한 이론적 입장(에코에서 이저까지) '사이'에서 그 방법론적 실효성을 검증받는다. "텍스트 속의 텍스트"라는 로트만의 개념은 "상호 텍스트성"(바르트, 크리스테바)이라는 '다른' 언어를 통해 조명됨으로써 새롭게 인식된다. 역사의 파국적 단절을 가리키는 '폭발'의 개념(제5부)은 '탈구된 시간성'에 관한 철학적 성찰의 언어(데리다)를 통해 비로소 그 잠재성을 온전히 드러내게 된다.

이와 같은 번역의 시도는 개념의 과도한 확장과 불필요한 오해를 낳게 될 것인가? 물론 그럴지도 모른다. 하지만 그럼에도 불구하고 나는 그와 같은 '오역'(로트만의 표현을 빌리자면 '비非이해')의 절차가 불가피하다고 생각한다. 적극적인 재해석과 변용, 나아가 창조적인 적용의 가능성과 결합하지 못하는 이론의 미래는 없다. 본래의 개념들을 낯선 맥락 안에서 재검토하는 적극적인 '재전유'의 시도, 오직 그것만이 '기능하는' 현실의 이론으로 다시 태어나기 위한 유일한 방법이라고 믿기 때문이다. 로트만 사상의 전 과정을 다루는 최초의 연구서인 이 책이 로트만 연구의 안정된 결산을 넘어서 어디로 향할지 모를 새로운 사유들을 촉발하기 위한 자극의 무대가 되길 희망한다. 그 신선한 사유의 모험을 위한 길잡이, 유용한 첫번째 지도로 사용될 수 있다면 더 바랄 게 없겠다.

끝으로 이 책의 제목에 관해 몇 마디 덧붙이자. '사유하는 구조'는 로트만의 '기호계'를 표현하기 위한 가장 적당한 이미지이다. 수없이 많은 사유하는 구조를 품고 있는 커다란 사유 세계, 바로 그것이 기호계이다. 로트만은 언젠가 이 '정신의 우주'를 다음과 같은 말로 표현했다. "우리는 마트료시카이고 무한한 대화의 참여자이며 다른 모든 것의 닮은꼴이다. 또 우리는 모든 사람뿐 아니라 우리 자신에게 역시 타자이다. 우리는 지적 은하계의 행성인 동시에 그 우주의 이미지이기도 하다."[12]

로트만은 흔히 '구조'라고 불리는 이 의미의 우주를 우리를 가두는 억압의 매트릭스가 아니라 기억과 해방을 위한 저장고이자 발생기로 그려내는 일에 평생을 매진했다. 사유하는 구조들의 세계, 그것은 우리를 다른 모든 것과 연결해주는 '관계'의 장소인 동시에 타자로서의 나를 대면케 하는 '생성'의 장소이기도 하다. 그 장소 안에서 우리 모두는 '닮은꼴'이며, 서로에게뿐 아니라 스스로에게도 '타자'가 된다. 우리는 언어 속에 살아가지만 그 언어는 다시 우리 안에 있다. 사유하는

---

12) Ю. М. Лотман, Внутри мыслящих миров, М., 1996, с. 386.

구조(지적 은하계) 속에 살아가는 우리 모두는 제각기 사유하는 구조(행성)이다. 이 책은 로트만이라는 지성, 그 '사유하는 구조'에 바쳐진 소행성이다. 그 행성을 지칭하기에 이보다 더 적당한 제목은 없을 것이다.

*

로트만의 『기호계』를 번역·출간한 지 3년 만에 단행본 연구서를 내놓는다. 사실은 훨씬 더 빨리 나왔어야 할 책이지만 망설임과 게으름 탓에 여기까지 왔다. 로트만에 관한 첫 논문을 학술지에 발표한 게 꼭 10년 전이고, 이 책의 토대가 된 러시아어 단행본을 출간한 지도 벌써 8년이 흘렀다. 내 서툴고 더딘 발걸음이 부끄럽지만, 짐짓 이렇게 우겨보고 싶은 마음도 든다. 왜 로트만인가, 왜 지금 여기서 하필 로트만인가? 이 물음에 '내 식으로' 답하기 위해 그만큼의 시간과 그만큼의 고민이 필요했다고.

한국의 유일한 로트만 전공자라는 타이틀에 자부심보다는 자괴감을 느낄 때가 적지 않았다. 하지만 로트만을 향한 '바깥' 세계의 관심과 마주칠 때면 들뜬 마음에 힘을 내기도 했다. 이 책은 로트만의 세계를 가능한 총체적으로 온전하게 그려내려는 의도의 결과물이다. 그 세계의 윤곽과 특징, 의미를 보여주고자 나름대로 애를 썼다. 로트만이라는 낯선 대지에 아직 도착하지 않은, 혹은 이제 막 발을 들여놓으려는 미지의 동료들에게 작은 디딤돌이 될 수 있다면 좋겠다. 그런 바람에서 책의 말미에 그간의 국내외 연구 경향을 일별한 「연구사 개략」을 덧붙였다. 이제 그 세계를 가지고 무엇을 할 수 있을지를 따져봐야 할 다음 과제가 남았다. 로트만 읽기의 실제적 '가치'를 시험대에 올릴 두번째 책을 곧 다른 자리에서 선보일 계획이다.

짧지 않은 세월이기에 이 자리를 빌려 감사를 표해야 할 분들이 적지 않다. 모교의 은사님들, 특히 지도교수인 김희숙 선생님께 감사드린다. 학문의 길을 걷는다는 것의 매혹과 고충을 알려주셨고 공부하는 사람의 자세와 태도를 보여주셨다. 러시아에서 박사논문을 지도해준 예고로프 교수는 '사상가' 로트만뿐 아니라 '인간' 로트만의 세계를 엿볼 수 있는 소중한 기회를 제공해주셨다. 그를 통해 모스크바-타르투 학파의 옛 참여자들을 직접 만나 교류할 수 있었던 건 믿기지 않는 행운이었다. 귀국 후 활동해온 한국기호학회의 여러 선생님께도 깊은 감사를 드린다. 낯선 공부를 하고 온 타자를 환대해주셨을 뿐 아니라 셀수 없이 많은 도움과 격려를 주셨다. 한국외국어대학교 노어과 동료교수님들의 따뜻한 관심과 배려도 빼놓을 수 없다. 또 지금 이 순간에도 각자의 자리에서 묵묵히 학문의 길을 걷고 있는 여러 동료에게도 감사를 표하고 싶다. 인문학, 그중에서도 러시아어문학이라는 '척박한 땅'을 일구고 있는 그들의 노력과 인내에 깊은 감사와 응원을 보낸다.

몹쓸 저자를 만나 지난 몇 년간 고생한 문학과지성사 편집부, 특히 그 모든 과정을 너그러운 이해와 꼼꼼함으로 덮어준 박지현 씨께 감사드린다. 늘 넘치는 사랑을 주시는 부모님과 사랑하는 아내, 책보다 여섯 달 먼저 세상에 나온 딸아이와 기쁨을 함께 나누고 싶다.

2011년 가을

김 수 환

| 차례 |

로트만, 전기적 스케치
—경계와 폭발의 사유

유리 미하일로비치 로트만Yuri M. Lotman은 1922년 2월 28일 상트페테르부르크(당시 이름으로는 페트로그라드)에서 유대계 법률가의 넷째 아들로 태어났다. 부모는 모두 오데사 출신으로, 제1차 세계대전 직전에 결혼해 네 명의 자녀를 두었다. 본래 건축을 전공했던 아버지는 자주 아이들과 도심을 산책하며 상트페테르부르크 건축 양식의 변화와 특징에 관해 상세히 설명해주곤 했다. 유년시절 제일 중요했던 가족 행사는 박물관과 공연 관람이었다. 로트만은 국립박물관 에르미타슈의 그림들에 매료되었고, 차이콥스키의 오페라 「예브게니 오네긴」에서 본 결투 장면은 한동안 그를 장악하다시피 했다.

네 자녀 중 문헌학에 흥미와 재능을 보인 것은 누나 리다[1]와 유라였

---

1) 로트만의 누나인 리디아 미하일로브나 로트만Lidia Mikhailovna Lotman(1917~2011)은 로트만이 문헌학의 길을 가는 데 큰 영향을 준 인물로, 대학 졸업 후 상트페테르부르크에 있는

다. 1934년에 리다가, 뒤이어 1939년에 유라가 상트페테르부르크(당시 레닌그라드) 국립대학교에 입학했다. 로트만의 학문적 일생은 여러 면에서 그의 시대(20세기)를 비춰주는 축도와 같다. 대학에 입학한 지 1년 만인 1940년에 군에 징집되었고, 이후 무려 6년간 제2차 세계대전의 싸움터에서 복무한다(복무 중이었던 1942년 공산당에 입당한다). 이 경험은 평생의 애깃거리와 프랑스어 독학의 기회를 제공했다. 전쟁이 끝나고 대학에 복학했을 때, 로트만은 전장으로부터 살아 돌아온 단 5퍼센트의 1922년생 소련 남자 중 한 명이었다. 당시 레닌그라드 대학교 어문학부에는 1920년대에 '러시아 형식주의Russian Formalism'라는 이름으로 세상을 떠들썩하게 만들었던 바로 그 젊은이들이 중년의 학자가 되어 학생들을 가르치고 있었다. 예이헨바움, 토마솁스키, 지르문스키, 구콥스키, 그리고 『민담의 형태론』의 저자 프로프까지.

프로프가 담당한 민속학 수업에는 독특한 전통이 있었는데, 학기 중에 가장 뛰어난 보고서를 제출한 학생 한 명에게 마지막 시간에 모두의 앞에서 발표수업을 진행할 기회를 주곤 했다. 프로프는 미래의 거장이 제출한 학술 보고서의 가능성을 '알아보았고,' 훗날 로트만은 이 경험이 학자로서의 길을 가는 데 자신감을 주었다고 회고한 바 있다.

1950년에 우수한 성적으로 대학을 졸업한 로트만은 당연히 모교에서 학업과 취업을 이어가야 했지만, 그 길은 막혀 있었다. 스탈린이 죽

러시아 과학 아카데미 문학연구소(**ИРЛИ РАН**: Pushkinsky Dom)에서 평생을 재직하면서 주로 러시아 고전 드라마와 리얼리즘 시기 문학사에 관한 저명한 저작들을 발표했다. 2011년 1월 31일 94세의 나이로 타계했다.

기 직전 마지막 몇 해, 대학을 비롯한 소련 사회 전반에는 이른바 '코즈모폴리터니즘'과의 투쟁이 벌어지고 있었고, 사실상 그건 공공연한 반유대주의의 성격을 띠었다. 문화적 모태이자 학문적 뿌리인 레닌그라드에서 더 이상 삶을 꾸려나갈 수 없음이 명백해졌을 때, 출구는 뜻밖의 곳에서 찾아왔다. 로트만은 에스토니아Estonia의 지방 소도시 타르투Tartu에 위치한 2년제 전문학교에 임시직 강사 자리를 제안받았다. 이제 막 소비에트 연방에 편입된 에스토니아는 교육을 통한 주민의 '러시아화Russification'라는 중요한 정치적 과제를 앞두고 있었고, 러시아어를 가르칠 강사가 다수 필요했던 까닭에 로트만의 출신성분을 따질 겨를이 없었던 것이다. 1950년, 로트만은 주저 없이 떠났고, 거대 제국 소련의 변방지대인 타르투를 한 시대의 문화적 중심지로 만들기까지, 그리고 결국에는 소련 붕괴 후 신흥독립국이 된 에스토니아에서 마지막 숨을 거둘 때까지, 다시는 중심으로 되돌아오지 않았다.

1993년 10월 28일 로트만이 숨을 거두었을 때, 당시 에스토니아 대통령이 그의 장례식에 참석하기 위해 독일 공식 방문 일정을 급히 중단하고 귀국했다는 일화는 유명하다. 공화국의 러시아화를 위해 고용된 유대계 러시아 학자가 40여 년이 흐른 후 독립국 에스토니아의 국민적 자랑거리가 된 이런 사례는 분명 흔치 않은 것이다. 오늘날 타르투는 '모스크바-타르투 학파Moscow-Tartu School'라는 이름과 더불어 20세기 지성사에 영원한 자취를 남기게 되었고, 여전히 로트만의 유산을 찾아 모여드는 전 세계의 연구자들을 맞이하고 있는 중이다.

타르투 대학교가 소비에트 기호학의 중심지가 된 데에는 분명 사회정치적 상황도 작용했을 것이다. 사실 에스토니아는 제국의 변방, 곧 주변이면서 동시에 그것의 경계지대에 해당한다. 때문에 에스토니아는 아무래도 중심부에 비해 권력의 감시와 통제가 느슨한 편이었고, 이는 지적 교류와 탐구를 위한 유리한 조건을 제공했다. 경계boundary란 무엇인가? 주변으로서의 경계는 중심으로부터 소외된 채 버려진 공간이 아니다. 그것은 체계의 '바깥'과 관계하는 영역, 외부의 새로움을 먼저 접하는 장소, 그래서 체제 내적이지 않은 변화의 시발점이 되는 장소이다. 훗날 로트만은 경계에 관해 이렇게 적었다. 기호계의 경계지대는 "기호학적 적극성이 최고조에 달한 곳이다. 바로 그곳에서 다수의 메타포적 번역의 메커니즘이 작동하고 있을 뿐 아니라 양 방향으로 펌프질을 하고 있는 변형된 텍스트들이 기능하고 있다. 그리고 바로 그곳에서 새로운 텍스트가 격렬하게 생성된다." 로트만의 사유와 언어들이 소비에트라는 제국 공간 내부에 존재하는 '다른' 목소리로 경험될 수 있었던 것, 혹은 (아마도 바흐친 이후 처음으로) '바깥'의 언어(동시대 서구의 담론)와 소통할 수 있는 접점을 마련할 수 있었던 것은, 체계의 경계지대를 특징짓는 이런 '이중언어적 성격'과 무관하지 않을 것이다.

　본래 학자로서 로트만의 출발은 문학사 연구자, 정확하게는 사상사의 연구자였다. 1950년대에 그가 쓴 글들은 전혀 기호학적이지 않을뿐더러 구조주의적이지도 않다. 이 기간에 그는 18세기 말에서 19세기 초에 이르는 러시아 문학사, 정확하게는 문학을 가장 전형적인 발현 형태로 삼는 사회 사상사를 연구했다(그의 학위 논문은 작가 라디시체프의 형이상학적·사회적 이념을 다루고 있다). 이 시기에 그는 이른바 '문헌학philology' 연구자에게 필요한 모든 소양과 기술을 습득했다. 가령 이미 소실되었거나 잘 알려져 있지 않은 작가의 수고본을 재구성하기 위한 아카이브 탐색 및 추론의 기법은 그중 하나이다. 그의 연구 상당 부분은 작가의 전기傳記와 밀접하게 관련되어 있으며, 이런 관심은 소위 '이론적' 탐구의 시기와 영역에서도 그대로 유지되었다.

실제로 사상사 연구가 혹은 문화사가로서의 학문적 뿌리는, 바르트에게 문학 비평이 그랬듯, 기호학자 로트만에게 마지막까지 남아 있는 본질적인 토대였다. 가령 엄격한 구조시학적 방법론을 설파하던 1960년대에도 로트만은 텍스트의 구조적 대립을 의미 있는 것으로 만들어주는 역사적 콘텍스트를 배제하지 않았다. 보편적이고 추상적인 메커니즘에 개입하고 있는 구체적이고 역동적인 맥락을 잡아내는 능력, 혹은 반대로 지극히 작고 사소한 디테일을 통해서 광의의 이론적 개념을 조명하는 능력은 문화기호학자 로트만을 특징짓는 가장 중요한 특성이다.

로트만이 모종의 사상적 전환을 맞이하게 된 것은 1960년대 초반이었다. 로트만은 바르트가 그랬던 것처럼 1960년대의 '세례,' 즉 구조주의와 기호학의 압도적인 영향을 받게 되었고, 그 새로운 시각의 패러다임을 전면적으로 받아들였다. 1964년에 출간한 『구조시학 강의』는 그 영향과 전환의 첫번째 산물이었다. 이러한 전환은 당연히 기술언어의 변화, 그러니까 대상의 기술을 위한 좀더 포괄적인 메타언어의 도입을 수반할 수밖에 없었다.

그와 같은 메타언어의 자격으로 도입된 것이 바로 '2차 모델링 체계'라는 유명한 개념이다. 로트만의 이름을 소련의 장벽 너머로 널리 알리게 된 이 용어에 얽힌 흥미로운 뒷얘기가 훗날 학파 참여자들에 의해 알려졌다. 1964년부터 로트만은 타르투 대학교에서 전공 분야와 관심사가 다른 각양각색의 연구자들을 한자리에 불러 모은 학술대회를 조직했다. 이를 위해선 그들을 묶어줄 수 있는 모종의 공통 개념이 반드시 필요했던바, 이를 위해 도입된 용어가 바로 2차 모델링 체계였던 것이다. 그런데 학파 참여자들의 증언에 따르면, '2차 모델링 체계'라는 용어 자체는 더 단순한 개념인 기호학을 대신해 (아마도 술자리에서) 우연히 고안된 것이었다(최초 제안자는 수학 전공자 우스펜스키였다). 이 용어는 우선 기호학이라는 용어가 당국에 불러일으킬 불필요한 연상(서구 지향성)을 피할 수 있었고, 게다가 당국이 아무것도 알아먹지 못하도록 만드는 효과까지 있었던 것이다. 당시 로트만의 초대장을 받은 한 신화 연구자가 이렇게 물었다고 한다. "하지만 저는 2차 모델링 체계가 무엇인지 전혀 모르고 있는걸요." 로트만이 대답하길, "그건 모르셔도 상관없습니다. 그저 발표문의 첫 단락에 '신화는 2차 모델링 체계의 일종이다'라고 한 구절만 넣어주시면 됩니다." 언어학, 민속학, 문예학, 신화 연구, 종교학까지를 아우르는 이른바 학제 간 공동연구의 이례적인 성공 사례는 그렇게 시작되었던 것이다.

아무튼 그렇게 해서 관심사와 전공 분야가 전혀 다른 각양각색의 연구자들이, 로트만의 학술대회 초대장과 '2차 모델링 체계'라는 단 하나의 공통 개념만을 갖고서, 전국 방방곡곡, 나아가 세계 도처에서 에스토니아의 한 시골 마을로 몰려들기 시작했다. 제2차 대회에는 미국에서 야콥슨이 찾아왔다. 모스크바에 살고 있는 바흐친을 불러오려던 계획은 건강상의 이유로 성사되지 못했다. 1964년 여름에 처음 시작된 이 행사는 1970년까지 '타르투 여름학교Tartu Summer School'라는 공식 명칭하에 2년마다 꾸준히 개최되었다. 그 성과물을 모은 논문집인 『기호체계 문집』은 발간되자마자 국내외로 삽시간에 퍼져나갔다. 로트만의 목소리를 서방에 전한 최초의 인물 중 한 사람인 줄리아 크리스테바 Julia Kristeva[2]는 1968년에 처음 이 문집을 서방에 번역·소개했고, 당시 출국 금지 상태였음에도 불구하고 로트만은 그 해 창립된 세계기호학 협회의 초대 부회장으로 선출되었다.

1970년에 개최된 제4차 여름학교는 여러 면에서 또 한 번의 분기점이 되었다. 주로 예술 텍스트의 구조분석에 집중했던 '구조시학'의 단계가 이때를 기점으로 본격적인 '문화 이론'의 단계로 나아가게 되었던 것이다. 이전의 구조시학 단계의 탐구를 총결산하는 저서가 바로 1970년에 출간된 『예술 텍스트의 구조』이다. 제4차 여름학교에서 로트만은 독자적인 학문 분야로서의 '문화기호학'에 대한 의식적인 자각을 분명하게 표명한다. 그것은 '2차 모델링 체계' 개념으로 대변되는 1960년대식 구조주의 모델의 결산이자 그 끝을 의미했던 것이다.

다른 한편, 이 시기는 로트만의 개인적 삶에서도 새로운 도전의 시작이었다고 볼 수 있다. 네번째 여름학교가 열린 1970년에 이미 로트만은 세계적 명성을 얻은 상태였다. 서구 대학으로부터의 초청(사실상 이는 망명 요청과 다름없었다)이 줄을 이었고, 소비에트 당국은 타르투가 더 이상 변방이 아님을 확실하게 느끼게 되었다. 타르투 학파가 서방 세계의 비상한 관심의 대상이 되면서, 학파의 핵심 멤버 상당수(퍄

---

2) 로트만이 사망한 지 1년 후인 1994년 발간된 *PMLA*(*Publication of the Modern Language Association of America*)지의 로트만 추모 특집호 서문에서 크리스테바는 다음과 같이 썼다. "1960년대라는 특별했던 그 시절, 로트만의 신중한 연구에서 미래의 전조를 보았던 사람들이 있었다. 구조주의와 포스트구조주의 세대인 '사무라이들'은 끈기와 열정으로 주변 문화들이 발신하는 새로운 기호들과 씨름하고 있었다. 그리고 바로 그때 타르투 학파, 그중에서도 로트만의 작업은 우리의 선례, 최소한 동류로 여겨졌다."

티고르스키, 이바노프, 졸콥스키 등)가 이 시기 영국과 미국 등지로 망명했다. 자연스럽게 학파의 공동 작업이 종결되어버린 상황에서 로트만은 이제 자신의 이름을 통해 타르투 학파 전체를 온전히 대변해야만 하는 상황에 처하게 되었다.

그렇다면 로트만은 어째서 망명하지 않았던 걸까? 1970년대 중반 이후, 과거의 동료들이 학파의 '과거'를 발판 삼아 (때로는 그것을 발빠르게 '부정'하는 방식으로) 서구 학계에서 입지를 굳혀가고 있을 때, 로트만은 끝내 타르투에 홀로 남아 자신의 일을 계속했다. 심지어 공산당 탈퇴 붐이 일었던 1990년대 초반에도 로트만은 여전히 그 자리에 그대로 머물러 있었다. 이른바 대세의 길, 대세이기에 이미 너무 쉽고 편한 것이 되어버린 길을 로트만은 따르려고 하지 않았다. 망명은 고사하고 그는 더 많은 권위와 자유를 보장하는 아카데미(학술원) 학자의 길도 걸으려고 하지 않았다. 모두들 대학을 떠나 교육의 의무를 면제받는 아카데미 교수로 자리를 옮길 때에도 로트만은 끝까지 선생의 길, 그것도 '지방' 대학 선생의 길을 고수했다. 생전에 로트만이 출판한 다수의 단행본은 아카데믹 연구서이기 이전에 '교육용' 도서들이었다.

그 교육용 도서 중 커다란 부분을 차지하는 것이 바로 푸시킨에 관한 저작들이다. 사실 오늘날 러시아에서 로트만은 이론가이기 이전에 저명한 푸시킨 연구자로 기억되고 있다. '푸시킨과 그의 시대'는 연구자 로트만에게 영원한 영감의 원천이자 지식의 보고였다. 푸시킨의 글과 삶을 통해서 그의 시대 전체가, 어쩌면 그를 낳은 러시아 근대 문화 전체가 생생한 형태와 표현을 얻는다. 바흐친에게 도스토옙스키가 있었다면, 로트만에게는 푸시킨이 있었다는 말은 결코 과장이 아니다. 재미있게도 바흐친이 도스토옙스키의 장광설에서 '대화의 철학'을 발견했다면, 로트만은 푸시킨의 단순하고 정확한 글쓰기에서 '텍스트의 미학'을 발견했다. 한 인터뷰에서 로트만은 가장 큰 영향을 미친 스승으로 푸시킨을 지목하면서 이렇게 말했다. "나는 그 누구보다 푸시킨의 견해를 존중하며 그의 판단을 가장 두려워합니다."

문화기호학의 정련 작업은 1970년대 내내 이루어졌다. 문화의 유형학에서 체계의 역동성으로, 신화를 거쳐 기호계로 이어지는 이 짧지 않은 여정은 다름 아닌 '문화기호학'의 이름 아래 수행되었다. 지적할 것은 바로 이 시기가 20세기 유럽의 지적 담론이 또 한 번의 중대한 단절과 변화를 경험했던 시기와도 일치한다는 사실이다. 주지하다시피 대략 1970년대 중반을 기점으로 해서 '모든 것을 포괄하는 구조적 질서'라는 과거의 관념은 결정적으로 거부되었다. 질서와 코드, 구조와 대립 대신에 이제는 결코 통합될 수 없는 혼종성과 다양성이 강조되기 시작했고, 구조주의는 곧 그를 대신해 새롭게 등장한 포스트구조주의에 자리를 내어주게 되었다.

분명히 말하건대, 이 새롭고 급진적인 조류에 적응할 수 있는 잠재력만으로 본다면, 로트만은 그 누구에게도 뒤처지지 않았을 것이다. 명백한 구조주의의 시대에조차 문화의 혼종성과 복잡성은 로트만에게 낯선 명제가 아니었다. 반면에 서구 학계에서 포스트-구조주의자로 재빠르게 탈바꿈했던 사람들은 사실 1960년대엔 순수하고 철저한 구조주의자를 자임했던 인물인 경우가 많았다. 문화의 원심적 특성들이 환영받고, 마침내 유행이 되어 찬양되기 훨씬 이전부터, 로트만에게 그것은 이미 문화 메커니즘의 핵심적 계기로서 파악되었다. 그러나 구조주의의 세례를 받은 1960년대의 로트만이 그 때문에 문화사가의 입장을 거부하지 않았던 것처럼, 1970년대의 로트만은 포스트구조주의의 영향 아래에서도 문화 연구의 이론적 기초가 되는 '기호학적 체계'의 관념을 끝까지 포기하려고 하지 않았다. 대신 그는 문화의 기호학적 그물을 좀더 유연하고 다양한 것으로 사고할 수 있는 방법, 그것을 우연적 사건과 개인적 특이성에 더 열려 있는 것으로 만들 수 있는 가능성을 끊임없이 모색했다. 그는 기호학적 전체성을 끝까지 보존하고자 노력했던바, 사실상 이는 그 전체성을 현저하게 모순적인 어떤 것, 인간적인 불규칙성과 예측 불가능성을 지니는 어떤 것으로 바꾸어놓는 과정과 다르지 않았다.

요컨대 1970년대의 로트만은 의미를 단일하게 규정하거나(구조주의) 혹은 유희적으로 비워버리는(포스트구조주의) 대신에 의미를 담는 갖가지 '다른 방식들'을 찾아내는 길을 택했다고 말할 수 있을 것이다. 그리고 그 길의 탐색은 철저하게 문화 속에서, 문화를 통해 추구되었다. 문화의 공시적·통시적 평면을 넓고 깊게 아우르는 로트만의 탐색은 1980년대를 거쳐 1990년대 초반까지 온전히 이어졌다. 그 길은 물론 문화를 끝없이 살아 숨 쉬는 정보로 만들기 위한 길이었지만, 동시에 기호학을 여전히 '기능하는' 담론으로 유지하기 위한 힘겹고 지난한 여정이기도 했다. 아마도 이 길이 증명하는 한 가지 교훈이 있다면, 그건 모든 '연장'의 유일한 방식은 결국 자기갱신을 통한 '극복'뿐이라는 점일 것이다.

모든 사상가의 마지막 시기는 흥미롭다. 그것은 한 사상가가 최종적으로 도달한 성찰의 지점을 확인하는 자리이면서 동시에 (만일 그가 좀더 살았다면) 과연 '어디까지 갈 수 있었을지를' 추측해보는 기회이기도 하기 때문이다. 1989년 연구를 위해 잠시 독일에 체류하던 로트만에게 예기치 않은 뇌졸중이 발병했다. 길고 고통스런 회복 기간에 헌신적으로 그를 보살피던 아내 민츠마저 1년 후 갑작스럽게 세상을 떠났다(레닌그라드 대학교의 동창생이자 타르투 대학교의 동료 교수였던 민츠는 저명한 20세기 러시아 상징주의 연구가였다). 소연방이 해체되는 혼란과 격동의 시기, 로트만은 본국에서 저서를 출간하지 못하고 미국에서 먼저 출간한다. 1990년 인디애나 대학교 출판부에서 단행본 『정신의 우주*Universe of the Mind*』가 출간되었을 때, 많은 이에게 그것은 로트만의 지난한 탐구의 '총결산'으로 받아들여졌다. 뇌출혈 이후 수많은 미세 출혈이 뇌를 가득 채워 주기적인 뇌손상(이는 기억상실을 동반했다)을 겪고 있던 상황에서, 이 책이 로트만의 마지막 저작이 되리라고 예상하는 건 자연스러웠다.

하지만 모두의 예상을 깨고, 사망하기 1년 전인 1992년에 로트만은 또 한 권의 단행본을 세상에 내놓았다. 불편한 몸과 꺼져가는 정신으로 이제는 독립국이 된 에스토니아에 홀로 남겨진 그는 손을 사용할 수 없는 상황에서 자신의 마지막 책을 거의 전부 구술로 작업했다. 『문화와 폭발』이라는 낯선 제목을 단 이 책은 서술의 스타일만큼이나 내용면에서 '새로웠기에' 충격을 주었다. 책 전체를 아우르는 핵심 개념인 '폭발'은 체계를 예측 불가능한 변화로 이끄는 혁명적 단절의 사태를 가리킨다. 물리학자 일리야 프리고진Ilya Prigogine의 영향을 받아 형성된 이 개념에서 개념의 현실 자체, 그러니까 1990년대 초반 소비에트-러시아가 경험하고 있었던 생생하고 드라마틱한 격동의 숨결을 느끼지 않기란 불가능했다. 로트만은 자신이 러시아 역사와 세계 문화의 '폭발적 국면'을 살고 있음을 분명하게 느끼고 있었던바, 허락된 삶의 시간 동안 그에 응답하기를 서둘렀던 것이다.

언젠가 가라타니 고진도 지적했듯이, 모든 대화적 실존의 궁극적인 타자로서의 '그리스도라는 특이점'은 사상가 바흐친에게 본질적이었다 (말년의 바흐친은 이를 '초수신자'라는 말로 표현했다). 반면 로트만에게 '신'의 존재는 생의 마지막 순간까지도 '의미'라는 말로 번역되어야 할 '정보'의 원천일 뿐이었다. 세례를 받고 먼저 간 아내 곁에 정교회 신자로서 함께 묻히길 바라는 주변의 권유를 로트만은 끝내 거절했다. 위대한 '교육자'로서의 신, 놀라운 능력을 발휘해 섭리를 실현하는 신 대신에 그가 인정할 수 있었던 신의 이미지는 따로 있었다. 스스로도 예측할 수 없었고 또 기대할 수 없었던 폭발적 결과들을 내어놓는 신, 위대한 실험을 행하고 있는 '창조자-실험가'의 형상이 그것이다. 그 어떤 기억도 영원히 망각되지는 않는 '문화'라는 기호계 안에서, 신의 형상은 우주를 무한정한 정보의 원천으로, 언젠가 헤라클레이토스가 말했던 '자가생성하는 로고스'로 만들어주는 기제와 다름없었던 것이다.

1993년 10월 28일, 로트만은 아내의 무덤 곁에 '십자가 없이' 잠들었다.

제1부

도상

예술의 공식은 "친숙한 타자," 혹은 "A이지만 A가 아닌 어떤 것"이다.

도상적 기호와 조건적 기호의 세계는 영원한 상호 작용, 즉 부단한 상호 이행과
상호 배척의 과정 속에 존재한다. 두 세계의 상호 이행의 과정은 인간이 기호를
이용하여 세계를 문화적으로 획득하는 본질적 국면의 하나이다.
그리고 그 국면은 예술에서 특히 선명하게 나타난다.

제1장

모델로서의 예술

예술은 삶의 인식을 위한 모델이다—"친숙한 타자"

　　1964년 로트만은 『구조시학 강의Лекции по структурной поэтики』를 출간하는데, 이 책이 바로 모스크바-타르투 학파의 논문집인 『기호체계 문집』[1]의 창간호이다. 이것은 로트만의 이름으로 발간된 최초의 통합

---

1) 『기호체계 문집Труды по знаковым системам— $\Sigma \eta \mu \epsilon \iota \omega \tau \iota \kappa \eta$』은 현존하는 가장 오래된 기호학 분야의 정기 간행물로, 1964년부터 1993년까지 총 25권이 발행되었다. 몇 년간의 중간 이후 1998년부터 『기호체계 연구Sign Systems Studies』라는 이름으로 재간되어 2010년 현재 연 4회 발간되고 있다. 편집위원으로 움베르토 에코, 줄리아 크리스테바, 윈프리드 뇌스, 보리스 우스펜스키, 뱌체슬라프 이바노프, 롤랑 포스너, 제스퍼 호프마이어 등이 참여하고 있다. 주로 1964년부터 정기적으로 열린 학술회의(타르투 여름학교) 성과물을 모아 출판된 이 잡지는 발간되자마자 순식간에 국내외로 퍼져갔다. 1968년에 줄리아 크리스테바가 처음 이 문집을 서방에 번역·소개했고, 소비에트의 장벽을 넘어온 이 '다른 목소리'는 비상한 관심의 대상이 되었다. 당시 출국 금지 상태였음에도 불구하고 로트만은 이듬해 창립된 세계기호학 협회의 초대 부회장으로 선출되었다.

적 이론서로서, 표면상 1962년에 개최된 '기호체계의 구조적 연구에 관한 심포지엄'의 연장선상에 있지만 실제로는 1960년에서 1962년까지 그가 타르투 대학교에서 행한 구조시학 강의의 직접적인 결과물이었다. 이 저작은 크게 세 부분으로 구성된다. 제1부는 예술 이론 일반을, 제2부는 주로 시 이론을, 마지막 제3부는 텍스트와 텍스트 외적 구조에 관한 내용을 담고 있다. 저작의 구성을 통해서도 알 수 있듯이, 『구조시학 강의』의 관심사는 예술 이론 일반에서 시작해 구체적인 시 분석에 이르기까지 매우 광범위하다.

책의 서두에서 로트만은 자신이 '구조주의적 방법론'이라고 이름 붙인 새로운 학적 사고의 유형을 제시하는데, 이는 "개별적인 삶의 현상들에 대한 연구와 기술이 아니라 그 이면에 자리한 체계들을 분석하려는 학적 태도"를 의미한다. 이것은 삶의 모든 개별 현상을 단일한 전체성 속에서 파악하고 기술하려는 통합 과학적 지향을 보여준다. 이런 지향에 걸맞게 로트만은 자신의 저술을 예술 이론 일반에 관한 논의로 시작하는데, 그에 따르면 예술은 두 가지 본성을 지닌다.

1) 예술은 우선, '인식'의 한 형태이다. 예술은 삶을 반영하는 수단을 갖고 삶을 '인식'하는 수단이 된다. 한편 이와 동시에,

2) 예술은 '커뮤니케이션'의 한 형태이다. 예술로서의 인식은 '정보의 전달'과 결부되어 있다. (1964a : 29)[2]

---

2) 이후로 로트만 저작으로부터의 인용은 본문에 괄호로 처리한다. 괄호 안의 앞 연도는 글이 처음 발표된 해를, : 이하는 해당 글이 실린 문헌의 쪽수를 가리킨다. 로트만 저작의 출처는 책 뒤에 실린 참고문헌 중 「로트만의 저작들」 항목을 참조하라.

로트만의 초창기 예술론을 특징짓는 '모델로서의 예술' 개념은 거의 전적으로 첫번째 본성, 즉 삶의 재현을 통한 인식이라는 측면에 의거해 있다. 예술에 대한 이 포괄적 전제는 '도상적 기호'로서의 텍스트라는, 초기 로트만 기호학의 핵심 개념을 이끌어내는 기반이 된다는 점에서 매우 중요하다. 그렇다면 모델로서의 예술이란 무엇을 뜻하는가?

로트만에 따르면, 예술은 모델이다. 모델로서의 예술은 삶을 재건하면서 동시에 그것을 인식한다. 예술과 삶 사이에는 '모델적 관계'가 존재한다. 모델로서의 예술이 지닌 주요한 속성은 '재건(모델화)을 통한 (삶의) 인식'이다. 1962년 「기호체계의 구조연구 심포지엄」의 권두사에서 이미 이바노프V. Ivanov는 기호학과 모델의 문제가 본질적으로 연관되어 있음을 지적한 바 있다. 그에 따르면, "사이버네틱스와 관련된 다른 과학에서처럼, 기호학은 우선적으로 모델, 즉 한정된 수의 요소와 그들 사이의 관계로 구성된 형식이라고 할 대상의 재현과 관련된다."[3] 로트만은 이런 모델 개념을 다소 독창적으로 자신의 예술 이론에 적용하여, 예술 일반은 모델화 체계이며 어떠한 예술작품도 논리적으로 현실의 모델로서 간주될 수 있다는 사고를 이끌어낸다.

로트만이 말하는 모델 개념을 살펴보기에 앞서, 우선 모델이라는 용어가 지칭하는 일반 과학적 개념을 살펴보자. 모델이란 본래, "어떤 과

---

3) В. В. Иванов, "Предисловие: симпозиум по структурному изучению знаковых систем," P. Grzybek, "The Concept of 'Model' in *Soviet Semiotics*," *Russian Literature*, North-Holland-Amsterdam, 1994, p. 285에서 재인용.

제를 수행해나가기 위해 원 대상에 직접적인 조작을 가하는 것이 당장 불가능하거나 전혀 불가능할 때, 그리고 기존의 조건 아래에서는 과다한 비용이 들 때, 주체가 구조, 기능, 행동 면에서의 유사성을 근거로 원 대상 대신에 사용하는 어떤 대상"을 가리킨다. 모델을 구축함으로써, 직접 관찰할 수 없는 대상의 내부 구조를 가정하고, 그것이 지닌 여러 성질과 특징을 도출하거나 검증할 수 있게 된다. 가령 물리학의 원자 모델, 화학의 DNA 모델, 논리학이나 정보 이론의 블랙박스 등은 모두 이런 모델 구성의 예이다. 구조와 기능 차원에서의 (완전한 동일성이 아닌) 상사성相似性을 그 요건으로 하는 모델 개념은 이미 그 자체로 일정한 인식론적 효용성을 함축한다. 모델이란 특정한 대상을 구조를 통해 재현함으로써, 그것을 '좀더 잘 알 수 있도록' 만들어주는 어떤 것이다.

그렇다면 모델로서의 예술은 어떤 방식으로 대상(삶)을 재현하고 또 그것을 인식하는가? 예술이 삶을 재현하면서 인식한다는 것은, 현실의 주어진 현상의 구조에 '상응'하는 삶의 형상을 재현함을 말한다. 즉, 삶과 예술 사이에는 (모델적 관계로서의) 구조적 상응성'이 존재한다. 삶과 예술이라는 두 차원 사이에 존재하는 구조적 상응성의 문제는 "유사, 유비, 그러나 결코 동일하지는 않은 관계"(1964a:46)라는 말로 요약될 수 있다. 모델은 "언제나 대상의 전부가 아닌 특정 측면만을 재현하는바, 이런 선택의 행위 자체가 인식의 본질적인 고리가 된다." 즉 모델은 한편으로는 모델화되는 대상과 유사해야 하지만 다른 한편으로는 다르지 않으면 안 된다. "모델은 완전한 동일성이 아니라 유비이기 때문에 거기에는 반영되는 요소의 자유로운 취사선택의 계기, 즉 오리지널로부터 창조적인 일탈의 계기가 내포되어 있다"(1964a:34). 이렇듯 예술은 현실과 동일시되면서 동시에 그로부터의 일탈, 즉 그에 대한 '해석'이 된다. 창조적 일탈 가능성은 로트만의 모델론을 현실에 대한 기계적 반영 이론과 구분해주는 중요한 측면이다.

요컨대 '모델'로서의 예술은 언제나 "유사함 가운데서의 차이"로서 작동한다. 예술은 현실의 '복사'가 아니라 '모델'이기 때문에 현실에 구조적으로 상응하는 동시에 그로부터 상대적인 독립성을 지녀야만 한다. 예술이 예술적 영향력을 행사하려면 현실과 관련되어야 하지만, 완전한 동일성은 곧 예술의 붕괴를 의미한다. 한마디로 예술의 공식은 "친숙한 타자знакомая незнакомка," 혹은 "A이지만 A가 아닌 어떤 것то, но не то"(1964a:70)이다.

예술적 모델―과학적 모델과 유희적 모델 사이

한편 예술적 모델은 과학적 모델과 같은 여타의 인식 모델과 구별되는 '특수한' 인식의 형태이다. 여타의 모델과 구별되는 예술적 모델의 특수성은 무엇인가? 로트만에 따르면, 학자와 달리 예술가는 "재현되는 대상의 총체성에 대한 종합적 관념을 갖고 있으며 바로 그 총체성을 모델링한다"(1964a:49). 그러면 총체성을 모델링한다는 것은 무슨 뜻인가? 로트만의 예에 따르면, 해부학 마네킹과 조각상을 구분하는 것이 바로 이 총체성의 유무이다. 이 둘을 구별하는 결정적 요인은 "대상의 구조 및 요소들의 본성에 관한 완벽한 선행 분석의 유무"가 아니다. 그것은 마네킹과 달리 조각상의 경우에는 "인간 육체의 모델로서뿐 아니라 인간의 모델로서, 나아가 인간적 경험의 모델로서 바라볼 수 있

다"(1964a:49)는 사실에 있다.[4]

한편 모델로서의 예술을, 인식을 위한 여타의 모델화 행위와 구분하는 특수성의 문제는 또 다른 각도에서 이야기될 수 있다. 예술적 모델은 '현실성의 환상'과 '조건성[5]의 인식'이라는 두 가지 차원을 '동시적으로' 수반한다는 사실에 의해 과학적 모델과 구분된다. 과학적 인식 모델, 예컨대 '지도'를 사용하는 여행자를 생각해보자. 그는 지도를 통해 자신의 움직임을 추적하면서 자신이 실제로 여행을 하고 있다고 상상하지는 않는다. 지도를 통한 '모델링 행위'의 순간에 여행이라는 '실제 행위'는 중단된다. 지도를 사용하는 여행자의 목적은 실제적인 목표(여행)에 도달하기 위해 필요한 지식을 얻는 것일 뿐이다. 하지만 예술적 모델의 경우엔 실제의 행위와 조건적 행위 간의 이런 명백한 경계 설정이 적용되지 않는다. 예술이 지닌 이중적 본성을 지적하며 로트만

---

4) 예술적 모델에 관한 이런 생각은 이후 예술적 '언어'의 특수성에 대한 개념으로 이어진다. 로트만에 따르면, 예술적 언어는 세계를 가장 보편적인 범주들 속에서 모델링하는, 즉 "보편적 세계상"을 모델링한다는 특성을 갖는다. 모든 예술작품이 그 자신의 공간을 통해 대체하고 있는 것은 묘사되고 있는 삶의 일부분(만)이 아니라 그 삶의 총체이다. 가령 톨스토이의 소설 『안나 카레니나』의 경우, 이 소설은 물론 고유명사를 지닌 특수한 대상(안나라는 한 여인)의 삶을 그리고 있다. 하지만 그것은 동시에 무한한 확장 가능성을 갖는 또 다른 대상을 가리키고 있는바, 톨스토이의 안나는 당시 모든 여성의 삶, 나아가 여성 일반, 어쩌면 인류의 운명 전체를 재현하고 있는 것이다.

5) '조건성условность'은 조건이나 상태condition 혹은 약정이나 협약term을 의미하는 러시아어 단어 우슬로비예условие에서 파생된 것이다. 영어권 번역자들은 흔히 이것을 관례성 conventionality으로 옮기는데, 로트만 자신이 종종 조건성условность과 함께 관례성 конвенциональность이라는 용어를 별도로 사용하고 있다는 점을 고려할 때 이 역어는 완벽하다고 볼 수는 없다. 관례가 일정하게 지켜져 온 과거의 양식이라는 의미를 띠는 데 반해, 조건성은 실재와 가상의 경계를 강조하는 표현이라는 점에서, 둘은 같지 않다. 즉 이 문장에서 '조건성을 인식한다'는 말은 그것이 진짜 현실이 아니라 다만 '만들어진' 가상의 것이라는 점을 의식한다는 뜻이 된다. 이런 점에서 조건성에 반대되는 말은 러시아어 실재성 естественность이다.

52

이 자주 인용하는 푸시킨의 시 구절인 "허구에 눈물짓는다"는 이를 잘 보여준다. 허구인 줄 알면서도 눈물지을 수 있는 것, 바로 그것이 예술이 지닌 본질적인 속성인 것이다.

그렇다면 이런 이중적이고 동시적인 감각은 예술적 모델만의 전유물인가? 유사한 경우가 '유희(놀이)의 모델'에서 발견된다. 로트만에 따르면, "놀이는 실제적 행위와 조건적 행위의 '순차적'이 아닌 '동시적'인 실현을 수반한다"(1967a:390). 즉 놀이하는 자는 자신이 조건적인 상황에 참여하고 있다는 것을 기억해야 하지만(어린아이는 놀이에 등장하는 호랑이가 단지 종이호랑이일 뿐이며 무섭지 않다는 것을 기억해야 한다) 동시에 그 사실을 기억해서는 안 된다(아이는 놀이 중에 그 호랑이가 진짜인 것처럼 무서워해야 한다). 톨스토이의 소설 『유년시절』에서 '어른의 눈'으로 놀이를 바라보는("그건 배가 아니라 의자일 뿐이잖아!") 한 아이로 인해 놀이 자체가 망가져버리는 에피소드는 이를 잘 보여준다. 놀이의 비밀은 믿지 않으면서 동시에 믿는 것에 있다.

로트만은 놀이(유희)가 인식과 대립된다는 일반적 통념과 달리 인간 삶에서 매우 중요한 인식적 기능을 수행한다고 주장한다. 즉, 인간은 유희적 모델 행위를 통해 실제 삶의 상황들을 조건적 상황 속에서 경험함으로써 스스로를 훈련시키고 실제 삶에 필요한 행위 유형들을 습득할 수 있게 된다. 그러나 유희적 모델이 '행위'를 가장함으로써 이미 획득된 기술들을 습득하게 하는 데 그치는 반면, 예술적 모델은 '삶'을 가장함으로써 정보를 저장하고 새로운 지식을 생산하는 수단이 된다. 예술적 모델에서 실제적 상황과 조건적 상황은 서로를 보강하면서 현실성의 환상과 조건성의 인식 사이의 독특한 '종합'을 이룬다. 결국 로트만에 따르면 "예술적 모델은 인간의 지능을 조직화하는 '인식의 수단인 과학적 모델과 인간의 행위를 조직화하는 '행위의 학교'로서의 유희적 모델 간의 독특한 결합"(1967a:400)이 되는 것이다.

모델의 모델—2차 모델링 체계

그런데 앞서 살펴본 현실과 예술 사이의 모델적 관계는 '언어예술'의 문제로 사고될 경우 또 한 번의 이화異化 과정을 필요로 한다. 언어 창작이 예술, 즉 삶의 재현으로 받아들여지기 위해서는 현실뿐 아니라 언어예술의 질료인 '일상언어'로부터도 구분되어야만 한다. "문학의 언어는 일상언어와 구별되어야 하고, 예술을 목적으로 언어를 사용해 현실을 재현하는 것은 정보의 전달과 구별되어야 한다"(1964a:70). 이것이 일상언어를 질료로 사용하는 언어예술의 특징이자 본질이다. 그런데 언어예술의 질료인 일상언어는 이미 그 자체로 현실에 대한 일정한 재현 구조, 즉 모델-기호로서 나타난다. 그렇다면 언어예술, 즉 문학은 '구조의 구조' '모델의 모델'이 되어야만 할 것이다. 예술의 모태인 현실로부터, 그리고 또다시 현실의 1차적 모델인 자연언어로부터 구분되어야만 하는 것이다. 예술언어의 이런 2차적인 특징은, 로트만 기호학의 가장 널리 알려진 개념 중 하나인 "2차 모델링 체계(вторичная моделирующая система, secondary modelling system)" 개념을 통해 구체화된다.

로트만의 초기 기호학에서 문학을 포함한 예술 일반은 "2차적인 체계로서 자연언어[6] 상부에 구축된 언어," 즉 2차 모델링 체계로서 정의된다. 그런데 이런 정의가 원칙상 비언어적 예술을 포함하는 것이라는 점에서, '언어에 대해 2차적'이라는 말을 자연언어를 질료로서 사용한다는 뜻으로 이해해서는 안 된다. 로트만에 따르면, 2차 모델링 체계로서의 예술은 질료의 기호적 성격에 관계없이 "언어의 유형을 따라" 구축된다. 즉 음악이나 회화가 자연언어의 모든 측면을 재현하지는 않지만, 그럼에도 질료의 비언어적 성격이 그들 속에서 공통적인 '언어적 구조'를 추출하는 것을 방해하지는 않는다는 뜻이다.

애초에 타르투 여름학교를 준비하는 과정에서 창안된 이 이론적 용어 속에는 모스크바-타르투 학파의 초기(1960년대) 방법론을 특징짓는 '언어 중심주의적' 경향이 녹아 있다. 이런 '언어 중심적 사고'는 이 용어를 예술 일반을 넘어 신화, 종교, 제의와 같은 여타의 기호적 체계에까지 확대 적용했을 때 더욱 명백해진다. "인간의 의식이란 곧 언어적 의식인바, 의식 위에 구축된 (예술을 포함한) 모든 종류의 모델은 곧 2차 모델링 체계로 정의될 수 있다"(1970:22). 결국 이런 관점이 기반하는 방법론적 공리는 다음과 같다. 일련의 질서정연한 구조로 이루어진 기호체계는 모두 (자연언어와의 유비에 따라) 일종의 '언어'로 간주될 수 있으며, 따라서 문학을 필두로 한 다양한 기호적 체계는 일종의 '언어체계'(정확하게는 2차 모델링 체계)로서 공통의 통사적 법칙을 통해 '기술'할 수 있다.

현대 기호학의 발전 과정에서 언어 중심적 기호학은 다각도로 비판의 대상이 되어왔다. 언어 중심적 기호학은 '기호적 삶'의 연구에서 자

---

6) 여기서 말하는 자연언어는 일상언어와 사실상 같은 의미이다. 로트만의 유형론에 따르면, 기계어와 같은 '인공언어'와 시 텍스트 등에서 사용되는 '예술언어'가 양 극단에 위치한다면, 그 중간 지점에 '자연언어'가 놓인다.

연언어가 기호학적 개념의 중심 패러다임이 되어야 한다는 신념에 기초한다. 주지하다시피 문화의 다종적 '언어들'을 해독하는 과정에서 언어학적 방법론을 적용할 수 있는가의 문제, 즉 자연언어 구조의 '메타-언어적' 가능성에 대한 의구심은 다양하고 이질적인 기호 현상을 하나의 '단일한 구조'로 설명하려는 경향에 대한 거부감을 불러일으켰을 뿐 아니라(포스트구조주의의 탈중심성), 나아가 그 뒤에 자리한 음험한 형이상학적 욕망에 대한 단죄(예컨대 데리다 언어철학의 근본적 비판)로까지 이어진 바 있다.

아무튼 모스크바-타르투 학파의 초기 단계, 그러니까 '2차 모델링 체계'라는 이론적 개념이 창안되고 유통되던 시기의 지배적인 파토스는 분명 '단일한 구조'의 원칙에 근거를 둔 언어 중심주의적 경향이었다. 아마도 바르트R. Barthes식 구조주의의 "경탄과 과학의 시기"에 대응될 만한 이 시기는, 학파의 핵심 이론가 중 한 명이었던 보리스 우스펜스키B. Uspensky의 다음 구절로 잘 요약된다.

1960년대—이것은 탐구의 시기, 무엇보다도 연구 대상의 확장, 모든 새로운 대상에 언어학적 방법론을 확대 적용하려는 시기였다. 〔……〕 말하자면 이 시기 학파의 과제는 언어학자의 눈으로 세상을 보는 것, 가능한 모든 곳에서 언어를 발견하고 그것을 기술하려는 것이었다."[7]

---

7) Б. Успенский, "К проблеме генезиса тартуско-московской семиотической школы," Ю. М. Лотман и тартуско-московская семиотическая школа, М., 1994, с. 274. 1990년대 중반에 모스크바-타르투 학파의 참여자들은 집단적인 회고록에서 '2차 모델링 체계'라는 이 용어가 사실은 정부 당국을 혼란에 빠뜨리기 위해 고안된 용어였다고 증언한 바 있다. "단순한 개념인 기호학을 대신해서 2차 모델링 체계라는 공식이 (아마도 언어학자 우스펜스키의 동생인 수학자 B. A. 우스펜스키에 의해) 제안되었는데, 이는 당국이 아무것도 알아차

시詩, 복잡하게 구성된 의미

그런데 흥미로운 것은 자연언어의 메타-언어적 가능성을 전제하는
이런 '구조주의적 확신'이 자연언어 자체를 질료로 삼는 예술, 즉 문학
에 적용될 때는 오히려 그 자명함을 의심받게 된다는 점이다. 로트만
에 따르면, 2차 모델링 체계로서의 문학은 "자신만의 고유한 언어로
말하기 위해서" 질료로서의 자연언어와는 일치하지 않는 "고유한 기호
체계와 그것들의 결합 규칙"(1970:33)을 지녀야만 한다. 즉, 여기서
'2차적'이라는 수식어는 이미 '연장'의 의미가 아니라 '변별'의 기호로
서 사용되는 것이다. 언어 중심주의의 극복을 향한 로트만 기호학의
단초는 문학의 자율성이 '기호적 특수성'의 차원에서 논의되는 이 지점
에서 이미 발견된다.

그렇다면 언어예술 텍스트가 자연언어에 대해 지니는 특수성은 어
떻게 드러나는가? 그것은 자연언어의 기표-기의 대립 쌍의 연장선상
에 존재하는 표현-내용 층위 간의 독특한 관계로서 나타난다. 일반 언

리지 못하도록 학술대회의 의미를 모호하게 만들려는 의도도 있었지만 순수한 학문적인 즐거
움을 위해서이기도 했다." Б. Ф. Егоров, "Полдюжины поправок," Ю. М. Лотман и
тартуско-московская семиотическая школа, М., 1994, с. 307. 뿐만 아니라 당시 참여자들
은 기호학이라는 용어가 당국에게 불러일으킬 '서구적' 연상을 우려했던 것 같다. "2차 모델링
체계라는 용어는 부분적으로 기호학이라는 용어가 불러일으킬 수 있는 불필요한 연상들 때문에
도입되었다." Б. Успенский, "К проблеме генезиса тартуско-московской семиотической
шк олы," Там же, с. 275. 하지만 이런 '정황적 사실들'이, 최소한 연구의 첫 단계에서 (로
트만 자신을 포함한) 모스크바-타르투 학파의 참여자들에게 이 용어가 가졌던 커다란 '이론
적 의미'를 무화하는 것은 물론 아닐 것이다.

어 텍스트와 비교했을 때 문학 텍스트가 지니는 원칙적인 '개별성,' 그
리고 표현과 내용 층위 사이의 '견고한 결합'의 문제가 그것이다. 로트
만에 따르면, (문학) 텍스트는 원칙적으로 '개별성'을 지닌 특정한 내
용의 기호이다. 즉, 예술 텍스트 속에서 내용과 표현 사이의 관계는 본
질상 '견고함'을 그 특징으로 한다. 무슨 뜻인가? 개별성을 지닌 특정
한 내용의 기호인 예술 텍스트는 내용과 표현 사이의 견고한 결합을 해
치지 않고서 동일한 의미를 다르게 표현할 수 없다는 뜻이다. 예술 텍
스트 속에서 표현-내용 사이의 '견고한' 결합은 정보의 현저한 손실 없
이는 이 연결로부터 내용을 떼어내 다른 표현 속에 담아낼 수 없도록
만든다. 이와 같은 견고함의 특징과 그로 인해 불가피하게 나타나는
일정 정도의 고정성에 관해 로트만은 『구조시학 강의』에서 이렇게 말
한다.

> 예술 텍스트는—시뿐만 아니라 산문도—일상 러시아어에서의 본질적
> 인 자유, 즉 통사론적 구조 층위와 진술 구조 층위에서 여러 요소를 치
> 환할 수 있는 상대적 자유를 완전히 상실한다는 사실이 증명된다. 예술
> 텍스트는 동일한 의미를 다양한 방법으로 표현할 수 있는 언어의 풍부함
> 을 지니고 있지 않다.[8] (1964a:89)

만일 예술 텍스트 속에 나타나는 표현-내용 간의 견고한 결합을 내

---

8) 로트만은 소설 『안나 카레니나』와 관련된 톨스토이의 에피소드를 들어 이를 설명한다. 『안나
카레니나』의 성공 이후에 작품의 핵심 내용을 요약해달라는 요청에 톨스토이는, "내가 소설
에서 말하고자 한 것을 전달하려면 소설의 첫 문장부터 마지막 문장까지를 다시 반복해야만
한다"(1970:23)고 대답했다. 즉, 작품의 메시지는 형식 그 자체 속에 녹아 있다는 뜻이다.

용 층위에 대한 표현 층위의 일방적인 종속으로 간주한다면, 위의 상황은 말 그대로 부자유를 뜻하게 된다. 하지만 '역설적이게도' 로트만의 사유에서 동일한 상황은 정반대의 결과를 수반한다. 예술 텍스트는 바로 이 표현과 내용 간의 견고한 결합을 통해 일상언어에서는 불가능한 특별한 '의미론적 용량'을 부여받는다. 이는 예술 텍스트가 지니는 독특한 능력, 즉 자신의 '개별성' 속에서 형식적 요소를 포함한 텍스트의 모든 구성 요소를 '의미화'할 수 있는 능력에 기인한다. 가령 '시'의 경우는 바로 이 능력의 최대치를 보여주는 사례라고 할 수 있다. 일상언어 차원에서라면 단지 통사론적 요소에 불과한 많은 것, 가령 음성, 음소, 형태소 등은, 일단 시 속으로 들어가게 되면, 어떤 질서화된 반복의 계열로 진입하면서 의미화된다. 한마디로 시 속에 들어 있는 모든 요소는 '의미 있는 요소'가 되는 것이다.

시에는 일반적 의미에서의 '형식적 요소'란 존재하지 않는다. 시는 복잡하게 구성된 의미이다. 시의 모든 요소는 의미 있는 요소이다. 〔……〕 일상언어의 문법 구조에서는 공통된 특징이 없는, 그래서 서로 비교되지 않는 위치에 있는 단어, 문장, 진술들도 예술 구조 안에서는 동일성과 대립성의 위치에서 서로 비교되고 대치된다. 이는 시 구조 바깥에서는 불가능한, 예기치 않은 '의미론적 내용'을 드러내 보인다.[9] (1964a:88)

---

9) 형식적 요소들의 의미론화라는 시적 메커니즘을 잘 보여주는 예로 시행 혹은 리듬 그룹의 말미에서 동일한 소리가 반복되는 현상을 가리키는 압운(рифма, rhyme)을 들 수 있다. 특히 행말의 강세 위치에 따라 달라지는 복잡하고 체계적인 압운 도식을 갖고 있는 러시아 시의 경우에 압운은 시 텍스트의 숨은 의미를 드러내거나 혹은 새로운 해석을 가능케 하는 아주 중요한 의미론적 장치가 된다. 예컨대, 푸시킨의 유명한 서정시인 「나는 당신을 사랑했소 Я Вас Любил」에서 압운을 이루는 1~3행〔mozhit(할 수 있다)-trevozhit(근심스럽게 하다)〕과

이렇게 해서 예술 텍스트가 지니는 '표현-내용 층위 간의 견고한 결합'과 '내용적 개별성'의 문제는 새로운 각도에서 조망된다. 즉 예술 텍스트 속에서 표현 층위의 어떠한 미세한 변화도 내용 층위에서의 불가피한 변화를 불러온다는 사실은, 표현 층위(형식적 요소)의 모든 세부적인 요소가 예술 텍스트 속에서 '의미화'될 수 있다는 것이다. 그리고 바로 이 점에서 텍스트가 어원상 직조된 혹은 짜인(texto/textum)이라는 뜻에서 유래함을 재확인할 수 있다. "표현 차원의 풍부한 대립은 모두 내용 차원의 변별적 자질이 되면서 (텍스트에) 비상한 의미론적 깊이와 〔……〕 개별성을 부여해준다"(1964a : 206).

그렇다면 로트만의 이런 이해는 이른바 '시(어)'에 대한 형식주의자들의 유명한 견해와 어떻게 다를까? 먼저 지적할 것은 로트만의 설명이 '러시아 형식주의Russian Formalism'의 텍스트 이해에서 표현 층위가 지니는 맹목적인 중요성을 합법칙적으로 설명해준다는 사실이다. 로트만이 보기에, 형식주의가 보여준 '표현된 것'(의도적으로 '낯설고' '어렵게' 지각하도록 표현된 것)에 대한 관심 자체는 적절하지만, 그 설명 방식은 잘못된 것이다. 예술 텍스트 속에서 표현된 것은 '의미'로부터 정화된 것이 아니라 반대로 '최대한도로 의미를 적재한 것'이다. 표현 층위는 형식주의가 강조하듯이, 대상을 '낯설게 만들기' 위해서 실현되는

6~8행〔-tom**im**(괴로워하다)과 -drug**im**(다른 사람)〕은 압운 관계 속에서 각각 '(당신을) 근심하게 할 수 있다'와 '다른 사람에게 가면 괴로울 것이다'라는 숨은 의미를 드러냄으로써, "당신을 사랑하므로 행복을 빌며 보내주겠소"라는 시 전체의 표면적 의미와 충돌하는 효과를 준다.

것이 아니라, 다른 방식으로는 전달할 수 없는 '복잡한 의미'를 전달하기 위해서 사용된다. 말하자면 문학 텍스트는 이러한 '복잡한 의미'를 전달하기 위해 (가장 미세한 형식적 요소를 포함한) 문학적 체계 내의 '모든' 요소를 사용하는 것이다.

그러나 표현과 내용 사이에 견고한 결합이 존재하며 그로부터 예술 텍스트의 독특한 의미론적 능력이 창출된다는 사실만으로는 표현-내용 관계의 실제적 본질이 온전히 해명될 수 없다. 즉 다음과 같은 본질적인 질문이 여전히 남는 것이다. 예술 텍스트 속에서 표현과 내용 층위가 서로 뗄 수 없을 정도로 견고하게 결합되어 있다면 그 이유는 무엇인가? '무엇 때문에'라는 이 본질적인 질문에 '의미를 풍부하게 하기 위해서'라고 답한다면 그건 동어반복이 될 것이다. 예술 텍스트가 일상(자연)언어에서는 불가능한 고도의 의미론적 풍부함을 지니고 있다는 말은, 문학의 고유한 기호적 원리, 즉 문학이 자연언어와 구분되는 고유한 기호체계 및 결합의 원리를 갖고 있다는 말 속에서 해명될 필요가 있다. 이에 대한 더 진전된 논의는 로트만의 두번째 저서 『예술 텍스트의 구조』(1970)에서 다루어진다.

'도상적 기호'로서의 예술 텍스트 — 형식주의를 넘어

일상언어와 구분되는 문학언어만의 독자적인 특수성을 해명하려는 시도는, 주지하다시피 문학을 문학으로서(만) 바라보고자 했던 최초의 시도, '러시아 형식주의'의 제1명제였다. 잘 알려진 것처럼, 러시아 형식주의는 문학을 미학, 사회학, 심리학, 역사학으로부터 독립적인 과학적 연구의 대상으로 엄밀하게 규정지으려고 했던 최초의 시도였다. 그것은 문학을 문학적인 것으로서, 즉 문학 '내부로부터' 바라보고자 한 진지한 시도였을 뿐 아니라 문학적 언술을 문학 고유의 내적 법칙과 구조로서 기술하고자 했던 최초의 '이론적 기획'이었다. 그들에겐 문학을 규정하려는 모든 '바깥'의 담론으로부터 문학 '안'의 자리를 확보하는게 무엇보다 중요했으며, 따라서 문학을 문학이게끔 하는 어떤 것, 즉 '문학성literariness'의 발견이란 문학 자체뿐만 아니라 그들 자신의 이론적 기획을 위해서 필요했던 가장 중요한 '기법device'이었다.

그렇다면 형식주의자들이 말하는 '문학성'은 구체적으로 무엇을 뜻하는가? 초기 형식주의에서 문학을 문학이게끔 하는 '문학성'이란, 일상어의 지시적-소통적 목적성을 (그것을 '낯설게' 만든다는 관점에서) 벗어나 있는 언어의 '특별한' 사용을 가리킨다. 여기서 언어의 특별한 사용이란 수단이 아닌 목적이 되는 언어, 이른바 '자율적' 혹은 '자기-목적적인' 언어 사용을 뜻한다. 그러면 그것은 어떤 점에서 특별한가? '낯설게 하기' 개념을 주창한 시클롭스키에 따르면, (시적) 언어는 "일반적이고, 올바르며, 경제적인" 산문어와 달리 의도적으로 "지연되고 구부러진" 담론이라는 점에서 특별하다.[10] 시적 언어는 어렵고 복잡하고 느린 언어, 그래서 이처럼 구부러진 '낯선' 형태 자체가 주의를 끌 수밖에 없는 언어이다. 시적 언어와 일상언어 간의 이런 변별적 이항 대립은 시학의 근본 문제를 형식주의적으로 연구하기 위한 토대이자

---

10) В. Б. Шкловский, "Искусство как прием," О теории прозы, М., 1983, с. 22; 번역본: 빅토르 슈클롭스키, 「기법으로서의 예술」, 『러시아 형식주의: 문학의 이론』, 츠베탕 토도로프 편, 김치수 옮김, 이화여자대학교출판부, 1988.

출발점의 역할을 했다.

알다시피 형식주의 시학의 명제들과 논쟁하거나 그것을 계승하려는 이후의 흐름들은 바로 이 대립의 정당성을 둘러싸고 이루어져 왔다. 과거에 형식주의 학파의 일원이었던 로만 야콥슨R. Jakobson은 40여 년이 지난 후 발표한 논문 「언어학과 시학」에서 일상어와 시어의 변별성 문제를 "시적 기능poetic function"의 개념을 통해 정식화한 바 있다. 그에 따르면, 시적 언술이란 '메시지 자체에 초점을 맞추는' 커뮤니케이션으로 정의될 수 있다. 이때 시적 기능이란 "등가성의 원리를 선택의 축으로부터 결합의 축으로 투사"하는 것, 즉 "등가성이 배열의 구성 요소로 승격되는 것"[11]으로 설명된다.

---

11) Р. Якобсон, "Лингвистика и поэтика," Структурализм: За и против, М., 1975, с. 221; 번역본: 로만 야콥슨, 「언어학과 시학」, 『문학 속의 언어학』, 신분수 옮김, 문학과시성사, 1989. 61쪽. 주지하다시피 야콥슨(R. Jakobson, 1896~1982)은 20세기 정보 이론과 문예학의 고전이 된 유명한 커뮤니케이션 모델에서, 커뮤니케이션의 여섯 가지 구성 요소(발신자, 수신자, 관련 상황, 메시지, 접촉 상황, 약호) 각각에 해당하는 여섯 가지 '기능'(표현적·능동적·지시적·시적·친교적·메타언어적 기능)을 일별한 후 '시적 기능'의 정의를 도출한다. 야콥슨의 '시적 기능'은 한마디로 '메시지 자체를 지향함'을 특징으로 하는 기능이다. 그것은 언어의 물리적 구조와 양태, 즉 '형식'에 집중된 기능을 가리킨다. 따라서 시적 기능은 엄밀한 의미에서 시 장르에 국한되지 않는다(그것의 기능적 용례는 horrible Harry와 같은 관용적 표현에서부터 I like Ike 같은 선거 캠페인에 이르기까지 아주 광범위하다). 야콥슨은 또 다른 유명한 논문인 「언어의 두 양상과 실어증의 두 유형」에서, 소쉬르의 계열 축paradigmatic과 통합 축syntagmatic 개념을 변용해 언어의 두 가지 근본적인 배열 방식을, 각각 선택 축과 결합 축이라는 개념으로 제시한 바 있다. 선택의 근간은 등가성, 유사성, 동의/반의어 등이고, 결합, 즉 배열의 구성을 이루는 바탕은 인접성이다. 언어의 수직 축과 수평 축에 해당하는 이 개념들은 시 텍스트에서 독특한 특징을 보여주는데, 야콥슨은 "시적 기능에 대한 경험적인 언어학적 기준"으로 다음과 같은 정의를 내놓는다. "시적 기능은 등가의 원리를 선택의 축에서 결합의 축으로 투사한다." 이것이 뜻하는 바는 등가성이 (선택이 아닌) 배열의 구성 요소로 승격된다는 것이다. 가령 시에서 한 음절이 같은 배열(같은 문장)에 속한 다른 모든 음절과 등가 관계를 이루는 것이 그 예이다(러시아어 작시법상 모든 강세음은 강세음끼리, 무강세는 무강세끼리 등가를 이룬다). 즉 (일상어에서는 선택의 축에 해당하는) '등가'의 단위를 시행의 '배열'을 만들기 위해 사용한다는 것, 바로

그런가 하면 바흐친M. Bakhtin에 의한 '형식주의 비판'의 가장 날카로운 화살 역시 일상어와 시어의 이런 대립을 향해 있다. 바흐친이 보기에 형식주의 시학 일반은 일련의 '부당한' 동일시에 기초하고 있다. 시적인 것을 예술적인 것과 동일시하고, 산문을 비문학적 담론과 동일시하며, 나아가 비문학적 담론을 '실용적'이거나 '일상적인' 발화(그런 점에서 자동화된 발화)와 동일시하는 견해를 바흐친은 받아들일 수 없었다. 일상어와 산문어의 이질적이고 창조적인 내적 가능성에 처음부터 주목하는 바흐친에게, 형식주의의 틀은 '일상적 영역' 전체에 대한 모욕으로 간주되었던 것이다.[12]

그렇다면 이 문제를 대하는 로트만의 입장은 어떤 것일까? 로트만은 문학어의 특수성을 일상어와의 변별적 특성을 통해 규명하려는 형식주의의 문제의식을 이어받으면서도, 이를 기호학적 전망 속에서 새롭게 제기하고 있다. 다르게 말해, 그의 기호학적 전망은 야콥슨의 '언어학적 관점'과도, 바흐친의 '사회학적 시학'과도 일치하지 않는다. 로트만은 '말(언어)'의 문제뿐 아니라 '그림(이미지)'의 문제를 연구하고 그

그것이 시적 기능의 경험적 기준인 것이다.

12) П. Н. Медведев, Формальный метод в литературоведении. Критеческое ведение в социалогическую поэтику, в книг М. М. Бахтин, Тетралогия, М., 1998; 번역본: 미하일 바흐친, 『문예학의 형식적 방법』, 이득재 옮김, 문예출판사, 1992. 바흐친 연구가인 모슨과 에머슨에 따르면, 바흐친의 사유 전체는 '시적인 것'을 특화하는 형식주의의 패러다임에 맞서 이른바 '산문적인 것'의 위상과 잠재성을 복원하려는 의도로 설명될 수 있다. 이런 가정에 입각해 그들은 형식주의적 의미의 '시학poetics'과 구별되는 바흐친의 철학을 "산문학prosaics"이라는 신조어를 통해 개념화한다. "평범한 것, 눈에 띄지 않는 것, 일상적인 것들의 철학"인 산문학은 모든 종류의 체계와 이론주의에 대립한다(이 점에서 바흐친은 톨스토이와 동렬에 선다). 이에 관해서는 게리 솔 모슨 · 캐릴 에머슨, 『바흐친의 산문학』, 오문석 · 차승기 · 이진형 옮김, 책세상, 2006, 61쪽 참조.

둘 간의 관계와 상호 작용에 주목하는 '기호학자'였다. 그에게 언어의 문제는 결코 문학에 국한되지 않는바, 이질적 담론 형식의 문제는 언제나 '상이한 기호체계들'의 문제로 확장된다. 이 상이한 기호체계들의 상호 작용을 논하는 첫걸음이 바로 예술 텍스트의 언어적 특수성을 해명하는 일이다.

문학을 포함한 예술 텍스트의 특수성은 자연언어에서의 기호체계 및 그 결합 규칙과 다른 '독자적인 기호적 특성'을 통해 해명되어야만 한다. 즉, 언어예술 텍스트에서는 "기호들의 경계가 다를 뿐 아니라 기호의 개념 자체도 다르다"(1970:33).

우선, 기호들의 경계가 다르다는 것은 무엇을 뜻하는가? 자연언어에서 기호는 표현과 내용 층위, 곧 기표와 기의로 확연하게 구분된다. 또한 그 둘 사이에는 '자의성의 관계'가 존재한다(물론 이 자의성은 역사적으로 조건화된 것이다). 그러나 예술 텍스트에서 표현-내용 층위 간의 결합은 자연언어에서와 같은 관례적(조건적) 성격이 아닌 "도상적"이고 "형상적인" 성격을 지닌다. 일반적으로 조형예술에 특징적인 이 특성은 언어예술 텍스트에도 적용된다. "도상적 기호로서의 예술 텍스트는 표현 층위와 내용 층위 간의 '인과적 관계'의 원칙에 따라 구성되며, 따라서 구조언어학에서 통용되는 의미대로 표현 층위와 내용 층위 사이의 경계를 구분하기가 매우 어려워진다"(1970:33).

앞서 『구조시학 강의』에서 예술 텍스트 속의 모든 '형식적' 요소가 '의미화'되는 메커니즘을 살펴본 바 있다. 통사론적 요소들은 시 속에서 어느새 의미론적 요소로 바뀐다. 더 정확하게 말해, 일상언어에서 기호들의 경계를 표시하고, 텍스트를 의미론적 단위들로 구분해주던 통사론적 요소들은 예술 텍스트에서 의미론적 요소와의 명확하고 고정

적인 경계 구분 대신에 "복잡한 짜임переплетение"(1970:34)의 상태로
존재한다. 이에 따라 예술 텍스트의 한 층위에서는 통사론적이었던(즉
의미 외적이던) 것들이 다른 차원에서는 어느새 의미론적인 것으로 뒤
바뀌는 것이다.

그렇다면 예술 텍스트에서는 기호의 개념 자체가 다르다는 말은 무
엇을 뜻할까? 그것은 예술의 경우엔 텍스트와 기호의 관계가 달라진다
는 것을 뜻한다. 예술 텍스트 속에서는 통사론과 의미론 간의 일상적
대립이 해소된다. 그리고 이에 따라 '기호들의 경계'도 자연스레 소멸
된다. 예술 텍스트는 자신의 구성 요소들을 남김없이 긁어모아 의미를
부여하는바, 그렇게 함으로써 그 모든 것을 하나의 의미론적 단일체로
통합시킨다. 즉 자연언어의 분절적 기호들과 통사론적 단위들이 일종
의 '단일 기호'의 수준으로까지 고양되면서, 결국 "텍스트의 개념이 기
호의 개념과 등가가 되는 것(텍스트=기호)(1970:34)이다. 앞서 『구조
시학 강의』에서 제시된 바 있는 문학 텍스트의 원칙적인 '개별성'이 여
기서 새로운 표현을 얻고 있음에 주목하자. 예술 텍스트, 그것은 그 자
체로 하나의 '총체적인 기호'가 되는 것이다.

그렇다면 그건 대체 어떤 기호일까? 이미 살펴봤듯이 예술이라는 이
독특한 기호는 "자신의 내용을 모델링"(1970:33)하는 기호이다. 달리
말해 그것은 '기표의 구조로서 기의를 재현하는' 독특한 형식의 기호인
것이다. 이런 예술적 모델의 개념에 대응될 수 있는 기호의 유형이 존
재하는가? 물론 존재한다. 두말할 나위 없이 그건 바로 '도상적 기호'[13]

---

13) 기표의 구조로서 기의를 재현하는 도상적 기호의 가장 대표적인 형식은 다름 아닌 '이미지'
이다. 이미지야말로 의미론적 단일체로서의 '단일한 기호'이며, 그런 점에서 여러 기호의 통

이다.

지금껏 살펴본 것처럼, 로트만은 언어학의 기표-기의 대립 개념에 상응하는 표현-내용 층위 간의 대립 개념을 도입함으로써, 예술 텍스트의 의미론적 특수성을 해명하고자 한다. 그 전략은 다음과 같이 요약될 수 있다.

1) 기호 개념의 '자의성' 대신에 표현-내용 층위 간의 '도상적 관계'를 선택한다.
2) 둘 사이의 명확한 경계 구분 대신에 상호 구분 불가능한 복잡한 짜임을 제시하고, 그로 인한 의미론적 잠재력을 드러낸다.
3) 그렇게 함으로써 결과적으로 '(삶의) 모델로서의 예술'이라는 애초의 관념을 '도상적 기호'라는 기호학적 개념과 화해시킨다.

'텍스트' 개념을 '기호' 개념과 등치시키는 것, 즉 단일한 기호의 수준까지 고양된 텍스트의 개념은 이런 시도의 정점을 보여준다.

2차 모델링 체계―도상성과 언어 중심주의

'2차 모델링 체계'라는 용어에 담긴 언어 중심적 경향은 이미 앞서 지적했다. 사실 자연언어의 구조를 메타언어적 불변 항으로 간주하려

사론적 결합을 통해 만들어지는 언어 텍스트와 구별된다. 결국 여기서 로트만은 문학 텍스트를 사실상 '이미지'에 유비적인 어떤 것으로 사유하고 있다고 볼 수 있다.

는 경향은 로트만에 국한되는 특징이라기보다는 초창기 구조주의 기호학의 일반적 경향이었다. 예컨대 모스크바-타르투 학파의 일원이었던 가스파로프B. Gasparov는 이렇게 지적한다.

> 심지어 언어 구조와 2차적인 기호적 코드들 간의 차이점이 논의될 때조차 그러했다. 〔……〕 애초에 '언어 구조'와 '예술 텍스트 구조'의 구별이라는 그와 같은 문제 설정 자체가 이미, 당시 기호학 연구에서 일종의 공리로 받아들여졌던 구조 원칙의 단일성이라는 개념으로부터 도출되었던 것이다.[14]

예술적 유형의 기호체계들, 그중에서도 문학을 2차적인 것, 다시 말해 상대적으로 새롭고 보충적인 2차적 차원의 의미를 생성하는 과정으로 보는 시각은 분명 여러 형태로 나타날 수 있다. 예술적 활동의 과정에서 발생하는 그 같은 의미 작용의 2차적 체계를 일컫는 이름은 바르트의 "공시connotation,"[15] 에코의 "미적 개인어ideolekt"[16] 등 매우 다양하다.

하지만 로트만이 말하는 2차 모델링 체계로서의 예술 텍스트는 이런 일반적 유형들과 구분되는 중요한 특성을 갖는다. 그가 말하는 2차성은 '1차 언어(자연언어)의 상부에 구축된 체계'로서 이데올로기적·미

---

14) Б. М. Гаспаров, "В поисках 'другого,'" Московско-тартуская семиотическая школа, М., 1998, с. 16.

15) Р. Барт, "Основы семиологии," От структурализма к постструктурализму—французская семиотика, М., 2000, с. 299.

16) U. Eco, *A Theory of Semiotics*, Indiana University Press, 1978, p. 202; 번역본: 움베르토 에코, 『기호학 이론』, 서우석 옮김, 문학과지성사, 1985, 298쪽.

적·예술적 유형의 부가적 구조를 갖는다는 사실에 국한되지 않는다. 예술 텍스트를 특징짓는 또 하나의 중대한 속성이 존재하는바, 그건 바로 기호의 "도상성iconicity"을 향한 지향이다.

> 언어예술은 언어적 기호로서의 단어가 지니는 근본적 속성인 표현-내용 층위 간의 관례성〔조건성〕을 극복하고 조형예술에서와 같은 '도상적 원칙'에 따라 언어적 모델을 구축하려는 시도에서 시작된다. (1970:65)

여기서 보듯이, 로트만은 언어예술 텍스트에서 나타나는 이런 '도상적 성격'을 자동적 현상이 아닌 의식적이고 합법칙적인 기호학적 지향성으로 간주하고 있다. 자연언어 기호라는 질료적 조건에도 불구하고, 문학 텍스트가 조형예술의 특징인 도상적 원칙에 따라 예술적 모델을 구성한다는 이런 인식은, '2차 모델링 체계'라는 용어가 함축하는 매우 중대한 측면이다. 로트만의 2차 모델링 체계 개념을 에코의 '미적 개인어'나 '사적 약호' 개념 등과 등치시키는 일반적인 견해는 바로 이 점을 무시하고 있다.[17] 자연언어의 1차적 약호가 문학적 실천을 통해 새롭고 낯선 의미를 부여받는 과정을 일종의 미학적 일탈로 간주하는 에코의 견해는 본질상 여전히 형식주의적인 것('낯설게 하기')이다. 그렇게 보자면, 옐름슬레우L. Hjelmslev를 따라 문학적인 것의 특수성을 표

---

17) 가령 페터 지마의 다음과 같은 언급이 그러하다. "로트만이 '모델화하는 2차적 체계'로서 파악하는 것은 에코의 이론에서는 '사적인 약호' 내지 작가의 '개인어'에 해당된다. 〔……〕한 예술작품의 모든 층위에서 일어나는 모든 일탈의 밑바탕에 깔려 있는 규칙, 즉 모든 일탈 현상들을 상호 기능할 수 있도록 만드는 도식은 일종의 미적인 개인어이다." 페터 지마, 『문예미학』, 허창운 옮김, 을유문화사, 1993, 335쪽.

현 층위와 내용 층위 간의 일치, 즉 '표현과 내용의 닮은꼴'로 파악했던 그레마스A. J. Greimas의 견해가 오히려 비교의 대상이 될 만하다.

아무튼 명심할 것은 2차 모델링 체계라는 이 저명한 개념을 논하는 과정에서, 그것이 전제하는 언어 중심주의적 경향에만 머무는 것은 온당치 않다는 점이다. 그와 더불어 2차 모델링 체계로서 언어예술 텍스트가 보여주는 '도상적' 지향을 반드시 고려해야만 한다. 2차 모델링 체계의 언어 중심주의에 대한 비판은 물론 정당하지만, 적어도 로트만의 사유 체계에서 그 개념이 지니는 잠재성은 다른 곳에 있다. 그것은 '언어 위에.구축된 2차적 구조로서 언어의 유형을 따른다'는 일반적 자질이 아니라 '스스로의 질료적 본성에 반하여 의식적으로 도상성을 지향한다'는 또 다른 자질에서 나온다. 이 후자는 모스크바-타르투 학파의 '학문적 공용어'로 사용되었던 이 용어에 대한 '로트만식' 이해를 보여주는 지표인 것이다.

한편, 언어예술의 도상적 지향성을 강조하는 로트만의 이런 입장은 일견 언어학자 야콥슨의 입장을 떠올리게 하는 면이 있다. 주지하다시피 야콥슨은 이제껏 묻혀 있던 '변방의 개척자' 퍼스C. S. Peirce에 기대 기표-기의 관계의 원칙적인 자의성이라는 소쉬르의 명제를 보완하려고 했다. 그는 퍼스의 선구적인 발견을 높이 평가하면서 지금껏 과소평가되어왔을 뿐 아니라 경우에 따라서는 무시되기까지 했던 언어적 상징의 '도상적' 요소와 '지표적' 요소를 새롭게 인식할 필요가 있다고 주장했던 것이다.[18]

---

18) "그러므로 상징이 도상 혹은 지표를 포함할 수 있다는 퍼스의 참신하고 현실적인 생각은 언어학의 지평을 넓히며 긴급한 새 과제를 던진다. 이 기호학의 변방 개척자의 가르침은 언

　물론 '도상성' 자체는 매우 문제적인 개념으로, 다각도의 논의가 필요한 주제이다. 예컨대 예술 텍스트가 도상적 기호의 속성을 지닌다면 그 도상성의 함의를 어디까지 인정할 것인가? 잘 알려져 있다시피, 에코는 『기호학 이론』에서 "원 대상과 같은 성질을 지닌다" "그 대상과 비슷하다" "그 대상과 닮은꼴이다" "대상에 의해 동기화되어 있다"와 같은 기존 도상론의 전제들을 조목조목 비판하면서, "도상적 기호 역시 문화적으로 코드화되어 있을 뿐이며, 따라서 적정 코드화 단위로 분석될 수 있고 구어적 기호에서처럼 다원적 분절의 논제가 될 수 있다"고 결론지은 바 있다.[19]

　이와 관련해, 로트만 역시도 예술 텍스트의 도상성을 '절대적인' 것으로 이해하지 않았다는 점을 지적할 필요가 있다. 그것은 '정도'의 문제이며 '관계적인' 개념이다. 로트만은 도상적 기호 역시 조건화되어 있음을 충분히 인식하고 있었다. 그에 따르면, 가장 일반적인 도상적 기호인 그림조차도 "부피를 가진 3차원의 대상을 평평한 2차원의 형태로 바꾸어놓아야 할 필요성, 즉 투시법과 같은 조건적인 등가성의 원칙을 지닌다"(1973b:293). 뿐만 아니라 도상적 기호가 수반한다고 여겨지는 '이해의 용이함'이란 것도 "오로지 동일 문화권 내에서만 통할

학의 이론과 실천에 있어서 지극히 중요한 의미를 갖는다. 언어적 상징의 도상적 요소와 지표적 요소는 지금껏 과소평가되어왔고, 경우에 따라서는 무시되기까지 하였다. 언어에 지배적으로 나타나는 상징으로서의 특성, 그 결과 다른 기호, 특히 지표적 기호와 도상적 기호와의 근본적인 상이성, 이러한 사항 또한 현대 언어학적 방법론에서 당연히 고려되어야 할 것이다." P. Якобсон, "В поисках сущности языка," Семиотика (антология), М., 2001, с. 125; 번역본: 로만 야콥슨, 「언어의 본질의 추구」, 『문학 속의 언어학』, 신문수 옮김, 문학과지성사, 1989, 260쪽.
19) 움베르토 에코, 『기호학 이론』, 서우석 옮김, 문학과지성사, 1985, 212~41쪽.

수 있는 원칙"일 뿐이다. 그렇다면 로트만이 말하는 언어예술 텍스트의 도상적 지향이란 정확하게 무엇을 가리키는 것일까? 로트만이 들고 있는 사례를 살펴보자.

두 가지 종류의 기호, 즉 금지를 뜻하는 '사선'과 '말 그림'이 합쳐진 도로 표지판이 있다고 하자(이 표지판의 의미는 당연히 '말이 출입할 수 없다'는 뜻이다). 도로 표지판이라는 기호체계를 구성하는 첫번째 기호인 '사선'은 조건적(관례적) 성격을 갖고 있다('금지'라는 사선의 의미를 이해하기 위해선 도로 표지판 언어에 대한 관례적 지식이 필요하다). 반면, 두번째 말 그림의 경우는 배우지 않아도 안다. 그것은 대상(말)과의 '유사성'을 통한 도상적 성격을 띠고 있는 것이다. 정리하면, 이 도로 표지판의 기호체계는 사선이라는 조건적 기호와 말 그림이라는 도상적 기호의 조합으로 구성되어 있다.

그런데 여기서 말 그림 대신에 또 다른 관례적 기호인 '숫자'를 써 넣는 경우를 가정해보자. 이렇게 되면 관례적 기호인 첫번째 '금지의 사선'이 또 다른 관례적 기호인 '숫자'와 결합된다(즉 하나의 조건적 기호가 또 다른 조건적 기호와 조합되는 상황). 이 경우에는 두 기호 간의 관례성의 '정도'가 문제시된다. 당연히 사선 기호에 비해 숫자 기호는 관례성의 정도가 훨씬 떨어지며, 따라서 관례성의 정도 차이가 부각된다. 여기서 두 기호의 관례성의 정도가 보여주는 차이는 흥미로운 결과를 낳는데, 즉 앞선 사선 기호의 '명백한' 관례성을 배경으로 해서, 숫자 기호가 '기능상' 앞선 예의 '말 그림'에 대응되는 현상이 발생하게 되는 것이다. 바로 이런 경우, 그러니까 명백한 조건적 기호가 '유사' 도상적 기호와 결합되는 경우가 바로 로트만이 말하는 언어예술 텍스트의

'도상적 지향'에 해당한다. 그 자체로는 분명 조건적 기호인 언어 기호가 다른 기호들과의 결합 관계 속에서 '기능상' 도상적 기호에 대응되는 상황, 바로 그것이 예술 텍스트의 도상성이다. 즉 그것은 텍스트라는 '관계(들)'의 체계 안에서 발생하며, 또한 언제나 '정도'의 문제로 나타나는 것이다.

그림 1   그림 2

언어 텍스트가 자신의 질료적 본성(자연언어의 조건성)에도 불구하고 (혹은 그것을 극복하면서) '도상적 원칙'에 따라 언어적 모델을 구축하려고 할 때, 언어예술의 기호적 작동이 시작된다. 그러나 이는 언어예술 텍스트가 그 자체로 도상적 기호가 된다는 걸 뜻하는 게 아니다. 그것은 말 그대로 지향성을 갖는다는 뜻이다(숫자가 말 그림이 되는 게 아니라 기능상 '말 그림처럼' 작동한다는 것이다). 그리고 그 지향성의 '정도'는 언제나 스스로의 기호적 본성(관례성)과의 '상호 관계의 장' 안에서 움직이는 것이다.

그런데 여기서 무엇보다 흥미로운 사실은 따로 있다. 질료의 본연적 성격에 저항하면서 그것을 극복하려는 경향, 그러니까 도상성을 향한 언어예술의 '의식적 지향'이 결코 언어예술에 국한된 문제가 아니라는 사실이다. 로트만에 따르면, 그런 경향의 반대편에선 정확히 그와 대칭적인 또 다른 경향이 작동하고 있다. 무슨 말인가? 언어예술의 반대편, 즉 조형예술의 현장에서 우리는 정반대의 경향을 발견한다. 비언어예술인 조형예술이 자신의 질료적 성격(도상성)에도 불구하고 '조건성'을 향한 끝없는 지향을 보여주는 것이다. 조형예술은 관례적 기호체계가 아님에도 불구하고 그렇게 '되려고' 한다. 그것은 계속해서 그저 '보여주는 것'을 넘어 '이야기'를 시도하는 것이다. 예컨대 문학이 '조건적 기호'를 통해 도상적 기호를 지향한다면, 영화는 어떠한가. 도상적 기호를 사용하는 영화는, 그럼에도 불구하고 끊임없이 '서사'라는 조건적 기호 형식을 지향하고 있지 않은가.

이렇게 되면 문제는 조건성이나 도상성 어느 한쪽이 아니라는 결론이 나온다. 결국 문제의 핵심은 둘 사이의 독특한 결합과 상호 관계 자체에 있다. 형식주의나 바흐친의 입장과 구별되는 '기호학자' 로트만의 이론적 정체성이 분명하게 드러나는 대목이 바로 여기다. 그 입장에 따르면, 언어예술의 도상적 지향성의 문제는 결코 그 자체만으로는 온전히 해명될 수 없다. 그것은 반드시 반대편에서 작동하는 또 다른 경향과 더불어, 그것을 통해서만 해명될 수 있다. 요컨대 그건 문학(텍스트)의 영역을 훌쩍 뛰어넘는 메타 차원과 관련되는바, '말과 이미지' 혹은 '조건적 기호와 도상적 기호'의 대립과 상호 작용이라는 보편기호학적 주제의 하부가 되는 것이다. 문학 텍스트의 도상적 지향에 관한 로트만의 논의가 그 반대편 현장(조형예술)으로 이어져야만 하는 이유가 거기에 있다. 바로 이 문제를 제2장에서 논의할 것이다.

시 vs 산문—이중적 복잡화

그런데 언어예술의 도상적 지향성이라는 문제는 메타 차원의 보편기호학적 문제로 확장되기 이전에 문학 '내부'에서 좀더 집약적인 형태로 확인될 필요가 있다. 문학 장르의 문제, 즉 시와 산문의 대립 문제는 바로 그걸 확인할 수 있는 소규모 무대이다.

언어예술의 '도상적 지향,' 그러니까 언어를 통해 이미지(형상)를 창출하려는 경향은 어디에서 가장 잘 드러나는가? 알다시피 그건 시 장르의 가장 전형적인 특징이다. 시는 다름 아닌 '말로 된 그림'인 것이다. 시는 말로 되어 있음에도 불구하고 끊임없이 무언가를 '보여주려'고 하고, 무언가를 보여주기 위해 계속해서 '이미지'를 닮으려고 한다. 그렇다면 시는 도상적 기호에, 산문은 조건적 기호에 해당한다고 말해야 할까? 그렇지 않다. 피해야 할 것은 바로 그와 같은 일방적 할당의 논리이다. 반복하건대 진짜 중요한 것은 그들 간의 결합과 상호 작용의 가능성이다.

로트만의 주장에 따르면, 도상성을 향한 지향은 시 장르에 국한된 예외적 자질이 결코 아니다. 그것은 예술적 '산문'에도 똑같이 해당된다. 언어예술로서의 산문어는 시와 마찬가지로 자연언어의 본질적 속성을 극복하려는 시도에 기초한다. 다시 말해, (형식주의의 가정과 달리) 일상어는 결코 산문어와 같지 않다. 시가 그렇듯이, 산문어 또한 일상어를 극복해야만 한다.

그런데 여기서 상황을 복잡하게 만드는 요인이 또 하나 있다. 예술적 산문은 자연언어를 극복한 결과로서만 실현되는 게 아니다. 로트만에 따르면, 예술 산문은 "일정한 시적 체계를 배경으로 하여, 그것의 '부정'으로서 발생한다"(1964a:79). 즉 예술 산문은 시적 체계의 구조적인 부정이다. 무슨 말인가? 예술 산문에서의 '없음'은 그냥 없음이 아니라 '있어야 할 것의 없음,' 그러니까 기대되는 어떤 것의 '부정'으로서의 없음이라는 뜻이다. 산문은 그저 중립적인 일상어가 아니다. 그것은 '있어야 할 것'으로서의 '시적인 것'이 '부재'의 상태로 작동하고 있는 상황, 로트만의 유명한 개념에 따르자면, 시의 "마이너스 장치 минус-прием"[20]로서 발생한다. 당연히 이렇게 되면, 일반적인 상식과 달리 예술 현상으로서의 산문은 시보다 훨씬 더 복잡한 구조가 된다.

시와 산문의 구조적 관계를 바라보는 로트만의 이런 입장을 더 선명하게 이해하기 위해 형식주의자들의 견해와 비교해보자. 앞서 이미 인용했던 시클롭스키의 고전적 진술을 다시 떠올려보라.

이렇게 해서 우리는 시란 제동이 걸려 의도적으로 구부려진 말이라는

---

20) 로트만에 의해 도입된 "마이너스 기법/장치"라는 개념은 이른바 '관계의 사유'로서 구조주의적 접근법이 갖는 특징을 무엇보다 잘 보여준다. 그것은 표면적으로 실현된 양태에 주목할 뿐만 아니라 그것이 "어떠한 상황인가"라는 질문을 항상 고려한다. 이를테면 무도회장과 목욕탕에서 벌거벗고 돌아다니는 행위는 그 의미가 서로 같지 않다. '장전되었지만 발사되지 않은 총'과 '장전되지 않은 총'은 표면적인 결과의 동일함에도 불구하고 기능적인 면에서 결코 동일하지 않은 것이다. 구조시학은 '발사된 총'의 문제뿐 아니라 '장전되었지만 발사되지 않은 총'의 문제를 함께 다룬다. 다시 말해 구조적 분석은 기법/장치를 표면화된 실질적 지표들의 합계로서만 보지 않는다. 그것은 "복수적인 구성 축을 배면에 둔 가시화된 구조"이다. 예를 들어 각운이 없는 고대 러시아 영웅 시가와 현대의 자유시를 비교해보자. 형식주의의 (기술)시학이 두 텍스트의 표면적 일치(각운의 부재)를 토대로 그들을 동일시하는 반면에, 구조시학은 둘의 차별성을 인식한다. 왜냐하면 현대 자유시의 경우에는 엄격한 고전적 정형시를 '배경으로 해서' 각운의 부재가 '지각'되는 반면, 고대 시가는 그런 상대적 비교의 지점을 전제하고 있지 않기 때문이다. 전자의 경우 각운의 부재는 비각운, 곧 "마이너스 각운"의 존재에 해당하는 것이다.

76

정의에 도달한다. 시적 발화는 하나의 구성된 발화이다. 반면에 산문은 일상적인 말, 즉 경제적이고 올바른 말이다(산문의 여신dea prosae은 정상적이고 원만한 출산의 여신, 태아가 정상적인 위치에 자리 잡고 있는 여신이다).[21]

또 다른 형식주의자 지르문스키의 지적 역시 다르지 않다. "음성 형태들의 법칙에 맞는 질서화를 특징으로 하는 산문언어와 시적 언어는 구별된다."[22] 이들의 관점이 공유하는 암묵적인 전제는 무엇인가? 그것은 시어에 비해 산문어가 상대적으로 중립적인 언어이며, 그런 점에서 '역사적으로 선행하는' 담론 형식이라는 것이다. 시어는 당연히 산문어에 '기법적 가공'이 덧붙여진 언어, 그래서 더욱 복잡해진 '차후의' 담론 형식으로 간주된다. 요컨대 이들의 관점에 따르면, 산문에서 시로 향하는 방향은 '단순함'에서 '복잡함'으로 향하는 역사적 흐름에 해당한다. 즉 일상어/산문어의 단순함이 역사의 전개와 더불어 점차 시어의 복잡함으로 나아가는 것이다. 가령 지그문트 쵸르늬가 설정한 복잡성의 단계는 이를 잘 보여준다. 실용(일상) 산문→ 문학 산문→ 산문시 → 운율적 산문 → 자유시 → 엄격한 규칙의 고전 시가.

정말 그러한가? 시는 역사적으로 후행하는 형식이며, 그런 점에서 더욱 복잡한 형태인가? 로트만에 따르면, 상황은 정반대이다. 우선, 그는 예술적 산문이 일상적인 말과 일치하는 역사적으로 선행하는 형

---

21) В. Б. Шкловский, "Искусство как прием," О теории прозы, М., 1983, с. 22; 번역본: 슈클롭스키, 「기법으로서의 예술」, 『러시아 형식주의: 문학의 이론』, 츠베탕 토도로프 편, 김치수 옮김, 이화여자대학교출판부, 1988.

22) В. М. Жирмунский, Теория стихи, Л., 1975, с. 8.

식이라는 일반적인 견해는 근거 없는 추측일 뿐이라고 단언한다. 역사가 증명하는 바는 오히려 그 반대로, 시적인 말은 언어예술의 유일하게 가능한 '최초의' 형식이었다. "어린 아이들이 만들어내는 언어예술의 최초 형식이 언제나 시, 즉 일상어와 닮지 않은 언어라는 점은 특징적이다. 성숙한 예술은 비예술적인 말을 모방하면서 그와 가까워지려고 애를 쓰지만 시작 단계에서는 언제나 그로부터 벗어나려고 한다"(1970:102).

산문어가 아닌 시적인 말이 최초의 형식이라는 것은 결국 일상어와 유사해 보이는 산문어의 단순함이란 단지 외견상의 그것이라는 점을 가리키고 있다. 즉 산문은 시에 비해 역사적으로 더 늦은, 훨씬 더 복잡한 현상에 해당하는 것이다. 만일 산문의 정신이 단순함에 있다면, 그 단순함은 그냥 단순함이 아니라 '이중으로 복잡화된' 단순함이다. 왜냐하면 산문의 단순함은 그에 선행하는 '시적 체계'를 배경으로 해서, 그것의 '부재'(마이너스 장치)로서 실현되기 때문이다. "산문에 관한 미학적 인식은 시 문화를 배경으로 했을 때만 가능하다. 산문은 시보다 훨씬 뒤늦게, 미적 의식이 더욱 성숙했던 시대에나 나타날 수 있었던 것이다"(1964a:75). 예술적 단순성은 예술적 복잡성의 배경 위에서 발생하고 인지될 수 있는 것이다. 따라서 단순함에서 복잡함으로 나아가는 도식은 다음과 같이 역전되어야 한다.

구어 → 노래(텍스트 + 모티프) → 고전시 → 예술 산문

시적 모델은 물론 형식주의자들이 주장하는 것처럼 커다란 복잡성을 지닌다. 그러나 이에 못지않게 분명한 사실은 예술 산문 텍스트를 모

델링하는 과제는 전자에 비해 훨씬 더 복잡하고 어려운 과제라는 점이다. 요컨대 발생론적 측면뿐 아니라 복잡함의 정도에서도 진행의 방향은 형식주의자들의 그것과 반대가 되는 것이 옳다. 일상어/산문어의 '단순함'에서 시어의 '복잡함'으로 나아가는 것이 아니라 시의 '복잡함'으로부터 (이중화된 단순함이라는 점에서) '더욱 복잡한' 예술 산문의 '단순함'으로 나아가는 것이다.

푸시킨의 경우— 시와 산문 사이의 예술적 선택

시와 산문의 이런 구조적 대립 관계를 잘 보여주는 예로 로트만이 즐겨 드는 것이 바로 푸시킨이다. 러시아 근대문학의 아버지로 불리는 푸시킨A. Pushkin의 창작 과정은 시와 산문을 폭넓게 아우르는바, 이런 그의 문학사적 여정은 이른바 '시적인 것'과 '산문적인 것'의 복잡한 상호 관계를 보여주는 특징적 사례에 해당한다.

로트만은 우선 푸시킨 창작의 진화 과정을 '리얼리즘' 산문을 향한 점진적 완성의 길로 파악하는 일반적 견해를 부정한다(이런 견해는 특히 소련 시기에 지배적이었다). 그와 같은 견해는 몇 가지 사실을 통해 곧장 반박 가능한데, 가령 푸시킨의 '산문화' 과정은 창작 초기인 1820년대에 이미 (서사적이고 드라마적인 시를 통해) 분명하게 드러나고 있다. 즉 그것은 결코 후기에 국한된 특징이 아닌 것이다. 뿐만 아니라 리얼리즘을 향한 여정의 절정으로 간주되는 소설 『벨킨 이야기』 이후에도 푸시킨은 여전히 밀도 있는 시 작업을 계속해나갔다. 결국 시적인 것과 산문적인 것은 푸시킨에게 특정 시기에 일방적으로 할당된 원칙이 아니라는 결론을 내릴 수밖에 없다. 푸시킨의 창작 과정 전체는 시와 산문을 별개의 자족적 구성물로 바라볼 수 없도록 만드는 생생한 역사적 사례에 해당한다.

일찍이 형식주의자 티냐노프Yu. Tynyanov는 푸시킨의 운문소설 『예브게니 오네긴』에 나타난 "산문과 시 사이의 구조적 긴장"을 지적하면서 이렇게 언급한 바 있다. "의미의 역할을 하는 소리의 변형은 산문의 구성적 원칙이며, 음성의 역할을 하는 의미의 변형은 시의 구성적 원칙이다. 이 두 요소가 맺는 관계의 부분적 치환은 시와 산문의 작동 기제이다."[23] 티냐노프가 말하고자 하는 바는, 시 속에 산문적인 것을 도입하거나 반대로 산문에 시적인 것을 도입하는 경우를 주의 깊게 살펴보면, 결코 시와 산문의 근접 현상이 확인되지 않는다는 것이다. 그 대신에 보게 되는 것은 산문의 형태로 된 시(즉, 산문시)가 산문적 기능을 드러내면서 산문의 본질을 부각시키고, 반대로 시의 형태로 된 산문(즉, 시적 산문)이 시적 기능을 드러내면서 시의 본질을 부각시키는 모습이다. 한마디로 시와 산문의 뒤섞임은 그들의 '차이'에 기초하지 '유사성'에 기초하지는 않는다는 것이다.

결국 예술적 의식의 단일한 체계 내에서 시와 산문이 복잡하게 교직한다는 사실은 시와 산문을 '구조적으로 평행하는 두 개의 항'으로 바라보게끔 한다. 그리고 이런 관점은 극히 로트만적인 다음의 진술로 수렴된다.

---

23) Ю. Н. Тынянов, "О Композиции ʻЕвгений Онегинʼ," Поэтика. История литературы. Кино, М., 1977, с. 55.

예술 텍스트는 결코 하나의 체계, 혹은 어떤 단일한 경향에 속하는 법
이 없다. 이 경향은 각기 구조적 대립 항과의 충돌에 돌입하는바, 오직
그와의 '관계' 속에서만 존재하는 것이다. (1970:104)

푸시킨 예술의 위대함과 독특함은 바로 이런 구조적 대립의 효과적
인 사용에 있다. 그는 예술 텍스트의 '시적인 단초'와 '산문적인 단초'
의 고유성을 잘 알고 있었기에, 그들 사이에서 의식적인(즉 예술적인)
'선택'을 할 수 있었다. 흥미로운 것은 시와 산문 사이에서의 예술적
선택이라는 이와 같은 '푸시킨적인 현상'이 푸시킨 이후에도 '주기적으
로' 러시아 문학사에서 반복되었다는 사실이다. 시와 산문의 구조적 대
립은 결코 푸시킨만의 예외적인 현상이 아니었다. "텍스트의 구성적
기초로 '산문'을 선택했던 톨스토이와 도스토옙스키 소설 이후 상실되
었던 예술적 선택의 가능성은 이후 가르쉰과 체호프의 산문, 그리고
상징주의 시인들의 시에서 다시 출현했던 것이다." 하여 파스테르나크
에 이르면 우리는 또다시 "시와 산문의 푸시킨적인 동등화"라는 전형
적인 현상을 확인하게 되는 것이다(1970:107).

지금껏 살펴본 것처럼, 로트만 초기 기호학의 가장 중요한 문제의식
은 '모델로서의 예술'과 그로부터 도출된 '2차 모델링 체계'라는 개념이
었다. 이 개념의 인식론적 함의(재현을 통한 삶의 인식)와 더불어 그
안에 내포된 '언어 중심주의적' 태도가 문제시되었다. 로트만은 '도상
성'이라는 개념을 도입함으로써, 기존의 모델론을 보충하는 동시에 언
어예술 텍스트를 둘러싼 핵심 주제들—가령 삶과 예술의 관계, 자연
언어와 시적 언어의 차별성, 시와 산문의 관계 등—을 언어와 예술을

포함한 더 넓은 영역으로 확장시킨다.

예술 텍스트는 결코 하나의 체계, 혹은 단일한 하나의 경향에 속하는 법이 없으며, 모든 기능하는 체계란 오직 그것의 구조적 대립 항과의 관계 속에서만 존재하고 작동한다는 인식은 '문학'에 대한 새로운 접근법을 개시했을 뿐 아니라 그것을 '문화' 전체로 확장하기 위한 단초가 된다.

다시 강조하건대, 기호학자 로트만의 입장을 규정하는 가장 중요한 특징은 그의 궁극적인 학문적 지향점이 언어와 예술을 포함한 더 넓은 영역, 즉 '문화' 자체의 기호학적 특성에 조준되어 있다는 점에 있다. 언어예술의 도상적 지향성이 더 이상 문학에만 국한된 예외적 현상이 아니라 문화의 모든 영역에서 지속적으로 확인되는 '보편 법칙'의 한 발현으로 인식될 때, '자의적'(관례적) 기호와 '도상적' 기호 간의 최초의 이항 대립은 문화적 함의를 띠는 다른 대립의 계열체와 지극히 다양한 방식으로 관련되기 시작한다. 문학을 문화로 넓혀가기 위해 거쳐가야 할 하나의 관문, 그것은 조형예술의 문제이다.

제2장

예술과 조건성

—조형예술의 언어

도상적 기호의 조건성—재현과 '거울'

시 그리고 나중에는 예술 산문에 이르기까지, 언어예술은 조건적 기호의 질료로부터 도상적 성격이 뚜렷하게 드러나는 언어 형상을 창조하고자 애쓴다. 그렇다면 조형예술(넓게는 재현예술 일반)에서 그 반대의 과정을 확인할 수 있을까?

로트만의 논문 「도상적 수사」(1979)는 이에 대한 문제의식을 잘 보여준다. 문학이 질료의 조건성을 도상적 추구를 통해 극복해야만 했다면, 영화와 회화는 자신의 본래적인 도상성을 '조건화'해야만 한다. 영화, 연극, 회화와 같은 비언어적(재현적) 예술 장르가 자신만의 고유한 '언어'를 획득하게 되는 과정은, 문학이 자연언어와 구별되는 자신만의 언어를 성취하기 위한 투쟁의 과정에 비해 결코 간단하지 않다.

조형예술은 현실의 '재현,' 즉 "복제를 통한 중층화удвоение"(1979a:608)[1]와 관련된다. 현실을 비슷하게 복제함으로써 그것을 배가하는 과정은 조형예술의 본질에 해당한다. 메아리로부터 각운이, 그림자의 윤곽으로부터 그림이 생겨났다는 전설은 이런 점에서 심오한 의미를 지닌다(예술의 본질에 관한 '거울'의 메타포 역시 마찬가지이다). "그럴듯한 의사擬似 세계의 창조, 즉 원-대상과 닮았지만 그와 동일하지는 않은 또 다른 세계를 만들어낼 수 있는 마법적 기능은 예술의 자의식에 본질적이다"(1979a:609).

조형예술은 본질상 언제나 '현실성의 환상'을 만들어낸다. 그 환상이란 묘사 대상과 묘사된 이미지 간의 '동일성'의 감각에 기초한다. 이런 동일성의 환상은 신체의 일부분(가령 머리카락)을 그것의 주체와 동일시하는 주술적·고대적 의식에까지 거슬러 올라갈 수 있다. 그런데 이와 더불어 잊어서는 안 될 하나의 사실이 있다. 예술적 복제의 가능성이란 '사물'의 세계를 '기호'의 세계로 변모시키기 위한 존재론적 전제라는 점이다. 무슨 뜻인가?

우리는 실제 얼굴을 종이 위에 비슷하게 재현할 수는 있지만, 종이 위에 묘사된 얼굴을 실제의 얼굴처럼 쓰다듬을 수는 없다. 묘사된 대상은 그 대상과 연결되어 있던 모든 구체적인(즉 공간적·문맥적·실용적인) 연결로부터 '떨어져' 나온다. 현실의 복제를 통한 중층화라는 조형예술의 본질은, 묘사된 대상이 모든 실제적 관계로부터 '탈각'된다는

---

1) 숫자 2를 뜻하는 двое로부터 파생된 러시아어 단어 удвоение는 복제replication라는 뜻과 함께 배가(倍加, doubling)의 의미를 지닌다. 영문판에서는 replication 혹은 duplication으로 옮기고 있다.

이 기초적 사실에 기초한다. 결국 '대상 세계'를 '기호 세계'로 변모시키기 위한 존재론적 조건이란 표면적 동일성 아래에 자리한 근본적인 기호적 상황, 그러니까 현실의 대상이 현실적 맥락으로부터 절연되어 순전한 '기호적 세계' 속에 새롭게 편입된다는 사실인 것이다. 사물이 현실적 관계로부터 떨어져 나올 때 비로소 우리는 그것을 기호적으로 전유할 수 있게 된다.

바로 이런 기본적 전제 위에서, 도상적 기호의 '조건적 성격'[2]에 관한 논의가 가능해진다. 그 논의는 두 가지 측면에서 이루어질 수 있다. 첫번째로 도상적 기호(그림)의 1차적 조건성이 있다. 1차적 조건성이란 부피를 지닌 3차원의 대상을 평평한 2차원의 형태로 바꾸어놓아야 할 필요성을 말한다. 묘사 대상과 그림 사이에는, 예컨대 투시법(원근법)과 같은 조건적(관례적) 등가성의 원칙이 놓여 있다. 두번째로 도상적 기호의 '문화적' 조건성이 있다. 이는 도상기호의 특징인 이해의 용이함이라는 것, 즉 그것의 상대적인 '직접성' 또한 본질적으로는 '문화적으로' 조건화되어 있다는 점, 다시 말해 동일 문화권 내에서만 통용되는 원칙일 뿐이라는 점을 가리킨다. 이런 측면은 유럽 인상주의

---

2) 기호의 내용과 표현 사이의 규약적 성격을 뜻하는 '관례성'의 개념이 예술에 적용될 경우, '조건성'이라는 좀더 포괄적인 개념이 적합하다. 예술의 조건성은 예술작품을 하나의 독자적인 가상 세계, 그러니까 내부의 규약과 법칙에 따라 '자연스러운 것'으로 받아들이게끔 하는 약속의 체계를 뜻하기 때문이다. 관객이나 독자가 예술을 향유할 수 있는 것은 이 '조건'을 무의식중에 승인하기 때문이다. 가령 일본 전통 인형극에서는 인형의 줄을 조정하는 사람이 관객에게 그대로 노출되지만, 그 사람은 '보이지만, 보이지는 않는 것'으로 간주된다. 말하자면 이 '암묵적인' 약속이 인형극의 기호 세계를 성립시키는 전제인 것이다. 로트만의 예술적 조건성 개념에 관해서는 이장욱, 『혁명과 모더니즘』, 랜덤하우스중앙, 2005, 188~204쪽 참조.

회화가 중국인 감상자에게 받아들여지는 방식에서도 나타날 수 있지만, 더 넓게는 외계 문명과 접촉의 경우에도 해당될 수 있다. 과연 지구 문명 밖에 존재하는 생명체에게, '이해 가능한' 그림과 '이해될 수 없는' 글의 차이란 것이 존재할까. 이렇게 볼 때, 외계 문명과의 접촉을 위한 수단이 글과 그림이 아니라 수학적 관계를 도식화한 기하학적 형태여야 한다는 주장은 매우 시사적이다.

예술사에서 도상적 기호의 재현성이 다만 상대적인 특성일 뿐 절대적인 자질이 아니라는 점을 보여주는 사례는 수없이 많다. 때로는 그림 속에 나타난 기호가 이미지가 아닌 말, 다시 말해 '단어' 고유의 조건성(관례성)을 보여주는 경우도 발견할 수 있다. 예컨대 고대 이집트의 파라오 벽화가 그러하다. "고대 이집트의 파라오 벽화에서, 파라오는 실제 성과 관계없이 항상 소년으로 묘사되었다. 진짜 성은 명문을 통해서만 밝혀진다. 즉 파라오가 여성일 경우에는, 소년을 묘사한 그림이 소녀라는 내용에 대한 표현이 됨으로써 도상 기호의 본질 자체와 근본적으로 대립하게 되는 것이다"(1970c:376). 이 경우, 소녀를 뜻하는 소년 그림은, 표현(기표)과 내용(기의) 간의 관계에서, 말(단어)의 특징인 '자의적' 관례성을 보여주고 있는 것이다.

뿐만 아니라 고전주의 회화에서처럼 특정 디테일들이 고도의 관례성을 띠며 코드화하는 경우도 있다. 실제로 회화사에서는 지극히 사실적인 묘사가 사실은 화폭 위의 그림이며 관례일 뿐이라는 점을 강조하는 경우, 즉 '조건성을 향한 의식적인 지향'의 사례를 무수히 찾아볼 수 있다.

로트만에 따르면, 특정 시기에 회화에서 '거울'이 담당했던 기능은 그 좋은 예가 된다. 마치 시에서의 언어 유희처럼, 거울은 텍스트의 근본에 놓인 조건성을 드러내면서 예술의 언어를 청중의 주요 관심 대상으로 만든다. 가령 벨라스케스D. R. de Silva Velasquez의 그림 「거울 앞의 비너스Venus at her Mirror」의 경우를 보자(그림 1). 여기서 거울의 도입은 중심적 형상(비너스)을 일반적인 원근법 체계의 경계 내에서 서로 다른 두 가지 관점을 통해 보게끔 만든다. 즉 관람객은 그녀의 등을 보게 되지만, 동시에 거울 속에는 그녀의 얼굴이 반영되어 있는 것이다. 이렇게 해서 그저 주어진 대상이었던 '시점'이 따로 분리될 수 있는 독립적인 구조적 요소로서 부각되며, 이에 따라 의식적이고 독립적인 본질로서 제시된다.

그림 1   벨라스케스, 「거울 앞의 비너스」(1647~1651, 런던 내셔널 갤러리 소장)

얀 반에이크Jan Van Eyck의 유명한 그림 「아르놀피니 부부의 초상Le Portrait des Époux Arnolfini」에서도 동일한 기능을 수행하는 거울을 만

그림 2   얀 반에이크, 「아르놀피니 부부의 초상」(1434, 런던 내셔널 갤러리 소장)

날 수 있다(그림 2). 화폭의 중앙에 놓인 인물 형상들은 정면으로 얼굴을 보이고 서 있는 반면, 거울 속에는 그들의 뒷모습이 반영되어 있다. 게다가 거울 속의 상이 왜곡되어 있다는 사실 때문에 효과는 더욱 복잡해진다. 즉 거울의 구형球形 표면이 형상을 변형시켜 반영의 특수성에 더욱 주의를 집중시키고 있기 때문이다. 여기서 분명해지는 것은, 한 편으로 모든 반영이란 (반영이면서) 동시에 전위轉位라는 점이다. 그 반영은 대상의 특정 측면을 예리하게 부각시키는 '변형'인 것이다. 다른 한편으로 이는 해당 대상이 투사되는 공간 내에서 '언어'의 구조적 본성을 노출시킨다. 거울의 둥글고 볼록한 평면은 은행가와 아내의 형상이 얼마나 납작하고 직선적인지를 강조해준다. 여기서 화폭의 '평면성'과 그 위에 재현된 세계의 '3차원성' 사이에 가로 놓인 모순을 드러내는 것, 즉 예술언어의 본질 자체를 드러내 보여주고 있는 것이 바로 거울과 그 속에 반영된 시점이다.

한편, 푸코가 주-객체 자리바꿈 전략의 예로 지적한 바 있는 그림 「시녀들Las Meninas」역시 마찬가지이다. 벨라스케스로 하여금 회화 언어의 본질 자체를 명징한 인식의 주제로 만들 수 있게 해준 것은 그림 속에 나타난 거울과 '자기지시적' 요소들의 결합이었다. 주지하다시피 벨라스케스의 그림 속에는 그림을 그리고 있는 순간의 화가 자신이 묘사되어 있으며, 화폭 안 깊숙이 자리한 거울 속에는 화가가 그리고 있는 그림의 실제 대상(국왕 부부)이 반영되어 있다.

그림 3   벨라스케스, 「시녀들」(1656, 마드리드 프라도 미술관 소장)

상술한 모든 경우에서 '거울'이 행하는 역할은 다음과 같다. 우선 그것은 화가가 이미 복제한 것을 다시 복제한다. 동시에 그것은 현재 사용되고 있는 회화 언어의 한계 때문에 화폭 안에 담겨질 수 없는 것들

(다시 말해 화폭의 공간 밖에 자리하는 것들)을 화폭 안으로 끌어들이는 역할을 하고 있다. 마치 묘사되고 있는 것으로부터 묘사의 수단을 분리하는 것처럼 보이는 거울의 이런 작용으로 인해, 재현의 수단 자체가 재현의 대상으로 부각되는 것이다.

흥미로운 것은 로트만이 르네상스 '회화'에서 확인되는 이런 특징을 해당 시대의 언어예술에 연결시킨다는 점이다. 그는 회화언어의 본성에 관한 이런 자의식이 바로크 시대의 언어예술에 나타나는 일반적인 경향인 '언어 수사학rhetoric'을 놀랄 만큼 생생하게 상기시킨다는 점을 강조한다(1979a:611). 즉 여기서 또다시 확인하게 되는 것은 언어 텍스트와 조형 텍스트 사이에 존재하는 (거울과도 같은) '구조적 대칭 관계'인 것이다.

지금까지의 논의를 통해 분명해지는 것은, 시각적 측면에서건 언어적 측면에서건 예술적 실천이 순수한 이미지나 순수한 텍스트의 유토피아적 가능성을 해체한다는 사실이다. 언어적 담론에서 시각성(도상성)의 구상적 위상을 부정할 수 없는 것과 마찬가지로, 순전히 형과 색으로만 이루어진 회화에서 구상적 형식의 언어적 위상을 부정할 수 없다. 오히려 그것은 언어적인 것과 시각적인 것의 불가분한 결합, 둘 사이의 역동적 상호 작용의 결과물로 드러나는 것이다.

조형적 서사 — 이야기를 만드는 두 가지 유형

조형예술 장르에서 확인되는 '언어적 지향성'의 문제는 그러나 여기서 그치지 않는다. 더욱 흥미롭고 복잡한 문제는 따로 있다. 그것은 역설적이면서도 영원히 작동되는 한 가지 경향과 관련되는데, 바로 '그림이 서술(내러티브)을 지향한다'는 사실이 그것이다. 어째서 이 경향이 흥미롭고 복잡한가? 그건 질료의 본성상 조형예술이 서술에 복무하도록 되어 있지 않기 때문이다. 서사는 조형예술의 본성에 맞지 않으며, 따라서 이 경향은 본성이 아닌 '지향'에 해당하는 것이다.

텍스트로서의 '문자'는 기호라는 분절적 단위로 나누어진다. 다시 말해 분절적 단위로서의 기호들이 여러 차원의 통사체로 결합되어 자연스럽게 연쇄적 사슬(텍스트)을 형성하게 되는 것이다. 그렇다면 이미지로서의 '그림'은 어떠한가? 이미지는 분절적 단위로 나누어지지 않는다. 이때의 기호성이란 기호들의 연쇄와 결합이 아니라 대상을 평면 위에 투영하기 위한 몇몇 법칙(가령 원근법)의 결과로서 나타날 뿐이다. 문자의 경우에는 기호가 텍스트 이전에 존재하는 1차적인 것이며, 텍스트는 기호들의 연쇄와 결합을 통해 2차적으로 구성된다. 반면 그림의 경우에는 텍스트가 1차적이며, 기호는 텍스트 자체와 동일시되거나 혹은 언어적 전언과의 '유추'라는 2차적인 조작을 통해 나누어질 수 있을 뿐이다(이와 같은 2차적인 조작을 뒷받침하는 논거가 바로 앞 장에서 살펴본 '언어 중심주의'의 입장이다. 그 입장에 따르면, 회화적 질료의 비언어적 성격이 그 속에서 '언어적 구조'를 추출하는 것을 방해하지 않는다). 요컨대 문자와 그림, 즉 말과 이미지는 분절의 양태가 다를 뿐 아니라 기호와 텍스트의 관계 또한 상이하다.

그렇다면 다음과 같은 물음이 불가피하다. 명백한 분절성을 지니지 않으며, 따라서 자연언어적인 의미에서의 '기호 단위'를 추출해낼 수 없는 일정한 메시지가 있다고 할 때, 그 메시지는 과연 어떤 과정을 통해 서술 텍스트가 될 수 있는가?

비분절적-도상적 유형의 텍스트에 (억지로) 언어적 구조를 대입하는 2차적인 조작의 방식, 즉 언어 중심주의의 환원적 경향 대신에 다음과 같은 '다른' 대안이 가능하다. 만일 '기호 없는 기호체계'가 모순에 그치는 것이 아니라 명백한 현실이라고 한다면, 언어의 도움을 빌린 통상적인 서술은 단지 '이야기'의 가능한 두 유형 가운데 하나일 뿐이라고 주장할 수 있다. 바로 그것이 로트만의 입장이다.

로트만에 따르면, 서술 텍스트는 두 가지 방식으로 구축될 수 있다. 첫번째 방식은 우리에게 익숙한 '언어의 도움을 빌린 이야기'이다. 언어-기호는 주어진 언어의 규칙과 메시지의 내용에 따라 결합되어 '사슬'을 형성한다. 선형적 구조를 지니는 언어적 서술은 무엇보다도 '첨가,' 즉 새로운 단어와 구절, 문장을 '덧붙임으로써' 구축된다. 당연히 이러한 서술은 텍스트 용량의 증가를 가져온다. 한편 두번째 방식, 즉 내적으로 비분절적인 도상적 유형의 서술은 이와 다르다. 그것은 새로운 것의 첨가가 아니라 "내적 요소의 변형과 재배치"(1973h:790)를 통해 구축된다. 당연히 이 경우 텍스트의 용량은 늘어나지 않는다. 그렇다면 두번째 유형의 예로는 어떤 것이 있을까? 로트만이 도상적 서술의 가장 명징한 예로 드는 것은 "유아용 만화경"이다. 그에 따르면, 형형색색의 작은 유리 조각들은 대칭적 형상의 무한한 변형을 만들어내면서, 일정한 서술을 창조한다.

로트만이 말하는 첫번째 유형과 두번째 유형이 어떻게 다른지 좀더 구체적으로 살펴보자. 로트만은 성서의 '돌아온 탕자'의 모티프가 언어적 서술과 조형적 서술에서 어떻게 다르게 구현되는지를, 푸시킨의 소

설 『벨킨 이야기』의 해당 구절[3]과 러시아 전통 민화 양식 루복lubok[4]의
비교를 통해 보여준다. 루복에서 이 모티프는 다음과 같은 네 개의 그
림으로 구성된다.

---

3) 푸시킨의 소설 『벨킨 이야기』 중 '역참지기' 에피소드에 등장한다. 역참지기의 방에 걸려 있
   는 그림으로 푸시킨은 화자의 입을 빌려 이 그림을 상세하게 묘사한다. 이 그림은 딸 두냐의
   운명을 '길 잃은 양에 비유하는 역참지기의 생각을 반영하는 텍스트로서 본문의 내용과 상호
   텍스트적 관계를 지니는 한편 결말의 반전으로 인해 패러디적인 효과도 거두고 있다. "그림
   들은 길 잃은 아들의 이야기를 그리고 있었다. 첫번째 그림에서는 둥근 실내모를 쓰고 실내
   복을 입은 위엄 있는 노인이 안절부절못하는 젊은이를 떠나보내고 있는데 그는 노인으로부터
   축복과 돈 보따리를 성급히 받고 있다. 다른 그림에는 선명한 필치로 젊은이의 방탕한 행동
   이 그려져 있었다. 그가 거짓된 친구들과 수치를 모르는 여자들에게 둘러싸인 채 식탁에 앉
   아 있는 장면이었다. 그다음 그림에는 돈을 탕진해버린 젊은이가 삼각모를 쓰고 누더기를 걸
   친 채 돼지들을 치면서 돼지들과 먹이를 나누어 먹고 있었는데 그의 얼굴에는 깊은 슬픔과 후
   회가 서려 있었다. 마지막 그림은 그가 아버지에게로 귀환하는 장면이었다. 선량한 노인이
   예전의 그 둥근 실내모를 쓰고 실내복을 입고 아들을 향해 뛰어나간다. 길 잃은 아들은 무릎
   을 꿇고 있다." 푸시킨, 『벨킨 이야기·스페이드 여왕』, 최선 옮김, 민음사, 2002, 74쪽.
4) 루복lubok이란 값싼 목판화나 동판화로 인쇄한 그림으로서, 성상화인 이콘icon이 점차 쇠퇴
   하기 시작한 17세기 말경부터 본격적으로 등장한 일종의 러시아 민중 회화 장르이다. 흔히
   텍스트와 그림이 공존하는 형태로 이루어지는 루복은 러시아 민중들의 삶의 방식을 백과사전
   식으로 반영한 이미지로서, 일상적 삶의 다양한 정경과 풍습, 축제와 신화, 민담의 내용뿐 아

1) 집을 떠나는 아들을 축복하는 아버지

2) 아들의 방탕한 생활

3) 고통과 절망의 진창에 빠진 아들

4) 아들의 귀환

다음 그림은 위 네 가지 에피소드를 하나의 그림에 배치한 또 다른
루복이다.

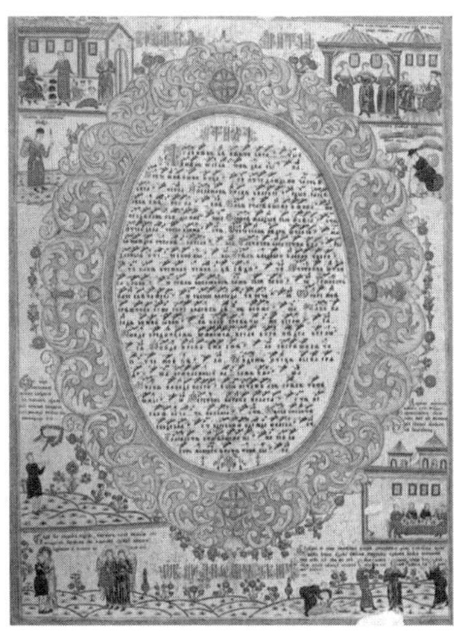

여기서 핵심은 새로운 요소와 정보를 '첨가'함으로써 구축되는 푸시킨의 언어적 서사와 달리 앞 네 가지 그림은 '동일한 그림'의 서로 다른 네 가지 변이형으로 지각된다는 점에 있다. 이 사실은 시공간의 변화에도 불구하고 인물들이 네 그림 모두에서 '똑같은' 모자와 의상을 입고 있다는 데서 드러난다. 모자나 의상 따위의 개인적 기호들은 인물의 '동일성'을 보존하는 불변체적 요소로 일련의 묘사에서 '통일성'을 보장한다. 즉 네 개의 그림에 나오는 인물들이 '같은 사람'임을 알게

니라 정치사회적 사건에 대한 흥미로운 풍자와 패러디를 담고 있다. 엄숙하고 성스러운 정교
문화의 위계와 통념을 전복시킨 '뒤집혀진 세계'를 보여주는 그것은 말하자면 민중적 해학과
풍자를 반영한 속화된 이콘이라고 할 수 있다.

한다(1973h:791). 사실 이와 같은 방식은 러시아 성상화(이콘)에서 차용한 것인데, 성자의 일대기를 묘사한 이콘에서 나이를 먹어도 성자의 옷은 시종일관 변하지 않은 채 동일하게 남아 있다.

결국 도상적 기호가 서술 텍스트로 전환될 수 있는 가능성은 그 속에 어떤 '내적인 움직임의 요소'가 있는지에 달려 있다고 할 수 있다. 예를 들어 한 인물의 미세하게 변화하는 얼굴 표정을 담은 영화 장면의 경우, 관객은 그것을 연속적인 것, 다시 말해 '하나의 장면(숏)'으로 인지한다. 그러나 '한 사람의 얼굴'이라는 불변 요소에도 불구하고, 그 안에는 이 숏의 범위 내에서 '변화할 수 있는' 가변적인 요소들이 존재하며, 이는 '내적 요소들의 변형과 재배치'라는 조형적 서사의 본질을 구현하고 있다고 볼 수 있다.

이 점을 잘 보여주는 또 다른 예를 살펴보자. 렘브란트Rembrandt Harmenszoon van Rijn의 그림 「튈프 교수의 해부학 강의」가 그것인데, 로트만에 따르면 이 그림은 정적인 이미지 속에서 '역동성'의 문제를 해결하는 흥미로운 방식을 보여준다. 그림의 중앙에는 해부학 실습 대상인 시체가 놓여 있다. 그 자체로 '정적 상태'의 본연적 차원(죽음)을 드러내고 있는 이 시체에 대립하고 있는 것이 강의에 참석한 인물들의 집단 초상이다.

우선 눈에 띄는 것은 외과의사의 두드러진 개별성이다. 그는 포즈 및 얼굴 방향 등에서 나머지 학생들과 뚜렷이 구별되는 개성적 형상으로 제시되어 있다. 더 흥미로운 것은 그림의 나머지 부분, 즉 수강생들의 형상이다. 일반적으로 예상할 수 있는 예술적 해결은 사실상 그림

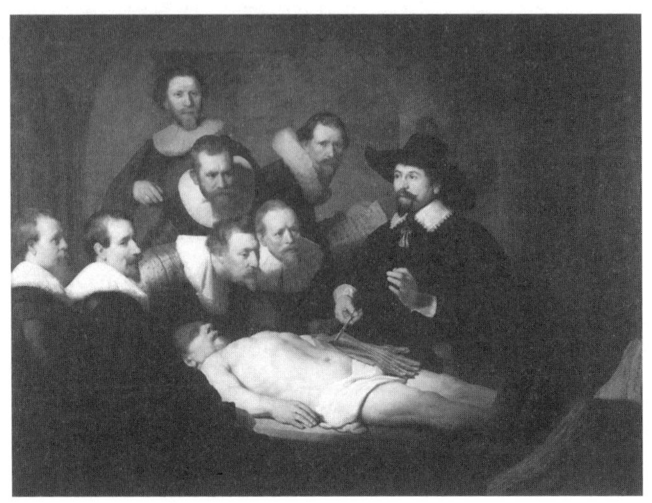

그림 4　렘브란트, 「튈프 교수의 해부학 강의」(1632, 헤이그 마우리초이스 소장)

의 역동적 중심을 차지하고 있는 외과의사의 형상을 부각시키고 수강생들의 집단 초상은 그에 비해 덜 개성적인 정적인 형상으로 제시하는 것이다. 그러나 이와 같은 '정상적인' 구성 방식 대신에 렘브란트가 선택한 해결책은 특별한 의미를 띤다. 로트만에 따르면 그는 "단일성 속의 다양성," 즉 포즈와 성격의 밀도 있는 스케일을 선택했다. 이 그림에서 집단 초상의 내적인 역동성은 "비슷할수록 더욱 잘 구별된다"의 원칙을 따라 구축되어 있다. 한마디로 그의 '해부학 강의'는 여러 얼굴로 된 '하나의' 얼굴이자 동시에 '하나가 아닌' 얼굴이다. 이는 단일한 것과 복수적인 것의 충돌은 부동성을 통해 운동을 표현하는 잠재적 가능성 중 하나라는 사실을 잘 보여준다(1993c:505).

이렇듯 로트만은 조형예술에 나타난 조건성의 차원을 지적하는 데 그치지 않고 그림을 통한 이야기의 '고유한' 기호적 방식을 해명하는

96

문제로까지 나아간다. 이런 입장이 기존의 언어 중심주의적 관점, 그러니까 내적으로 비분절적인 도상적 유형의 서술 텍스트에서 기호적 양태의 구조적 요소들을 '추출'하고 그에 분절성을 '주입'하려는 시도와 구별되는 것이라는 점을 알아차릴 필요가 있다. 로트만에 따르면, 그런 관점은 언어적 유형을 근본적인, 더 나아가 유일한 커뮤니케이션 형식으로 간주하려는 '환원적 습관'의 결과(1973h:790)에 불과하다. 그에 반해 언어의 도움을 빌린 통상적인 서술이 단지 '이야기'의 가능한 유형 중 하나일 뿐이며, '그림을 통한 이야기' 역시 고유한 서사의 형식을 지닌다는 로트만의 인식은 중대한 사고의 진전으로 간주되어야 한다.

한마디로 그것은 비언어적·비분절적 유형 고유의 기호적 존재 방식을 찾고자 하는 시도로서, 1960년대 초반 로트만 기호학의 언어 중심주의적 사고로부터 이미 상당 부분 거리를 둔 것이다. 대략 1970년대 초반에 로트만 사유의 내부에서 발생한 이런 변모를 통해 분절적 유형과 비분절적 유형 간의 대립과 상호 작용은 문학을 넘어 회화와 영화 등 개별 장르에서 반복적으로 탐구되기 시작한다. 한편, 그 탐구의 과정에서 영화는 상당히 중요한 길목을 이룬다. 말과 그림, 즉 조건적 기호와 도상적 기호 간의 복잡한 대립 및 상호 작용의 양상이 무엇보다 잘 드러나는 곳은 (문학도 회화도 아닌) 제3의 예술, 즉 영화에서이다. 로트만은 두 대립적 기호 유형의 가장 이상적인 종합을 다름 아닌 영화에서 발견했다. "영화는 본질상 두 가지 서술 경향, 즉 조형적 경향과 언어적 경향의 종합인 것이다"(1973b:317).

결국 로트만의 관점과 입장은 다음과 같이 요약될 수 있다. "도상적 기호와 조건적 기호의 세계는 단순하게 공존하지 않는다. 이들은 영원한 상호 작용, 부단한 상호 이행과 상호 배척의 과정 속에 존재한다. 두 세계의 상호 이행의 과정은 인간이 기호를 이용하여 세계를 문화적으로 획득하는 본질적 국면의 하나이다. 그리고 그 국면은 예술에서 특히 선명하게 나타난다"(1973b:293~94). 가령 영화는 모든 예술 중에서 가장 명백하고 의식적인 방식으로 이 상호 이행의 과정을 드러내고 활용하는 경우에 해당한다고 볼 수 있다.

한편, 예술 속에서 발견되고 확인되는 말과 그림 간의 복합적 상호 작용의 양상은 몹시 정당하게도 '예술'의 영역을 넘어 '문화' 전체로 확대될 수 있다. 즉, 분절적 유형과 비분절적 유형의 대립과 상호 작용이 예술적 실천의 특수한 사례가 아니라 '초지성적 메커니즘'으로서의 문화 자체를 지탱하는 가장 기본적인 원칙으로 자리매김되는 것이다. 최종적으로 이는 로트만 후기 사유의 가장 대표적인 명제라고 할 문화의 원칙적인 '복수언어주의' 개념으로 종합되기에 이른다.

텍스트 유형론— 문법 지향적 문화 vs 텍스트 지향적 문화

조건적 기호(말)와 도상적 기호(그림) 간의 기초적 대립이 '문화적' 함의를 얻는 과정에서 매우 흥미로운 또 하나의 이항 대립이 제시된다. 바로 '기호의 연쇄'로서의 텍스트와 '총체적 기호'로서의 텍스트 간의 대립이다. 사실상 이 대립은 서사 텍스트에 관한 앞선 논의에서 글과 그림의 형태로 이미 제시되었다고 볼 수 있으나, 이후 그 외연을 확장하면서 문화적 함의들을 추가해나간다.

우선 주목할 것은, 이런 대립적 구분 자체가 '텍스트'와 '언어'의 관계에 대한 기존의 언어학적 관점을 뒤집을 가능성을 내포한다는 점이다. 텍스트를 대상으로 하는 언어학적 연구는 접근법의 차이와 다양성에도 불구하고 하나의 단일한 전제를 공유한다. "언어가 텍스트에 선행하며 텍스트는 언어로부터 생성된다"는 전제가 바로 그것이다. 물론 이 전제는 소쉬르의 유명한 이항 대립, 즉 언어로서의 '랑그'와 텍스트로서의 '파롤' 간의 대립에서 출발하는 것이다. 소쉬르에게 랑그는 파롤에 선행하는바, 랑그는 '순수한 관계'들로 형성된 구조인 반면에 파롤은 이 구조의 '물리적 실현'이기 때문이다. 따라서 구조주의 언어학의 관점에서 볼 때 유일하게 적법한 연구 대상은 언제나 (파롤이 아닌) 랑그가 된다. 이런 관점에 따르게 될 때, 앞선 이항 대립의 첫번째 항, 즉 '기호들의 연쇄로서의 텍스트'가 유일하게 가능한 텍스트 개념이 되는 것은 당연하다.

그러나 이 관계를 문예학적이고 문화론적인 관점에서 바라보기 시작하는 순간, 문화의 보편적 모델에는 이와 다른 유형의 또 다른 텍스트들이 존재한다는 사실이 곧바로 드러난다. 텍스트가 기호의 연쇄로서 추출되는 2차적인 것이 아니라 1차적인 것으로 나타나는 경우들이 바로 그것이다. 로트만은 이를 '총체적인 기호로서의 텍스트'라고 부른다. 기호들로 분할되지 않는 텍스트, 그 자체로 총체인 이 텍스트들은 문화의 일반적 모델에서 본질적이다.

총체적인 기호로서의 텍스트와 기호들의 연쇄로서의 텍스트가 존재한다. 두번째 경우는 텍스트에 관한 언어학적 연구에서 많이 다루어지는데, 여기서는 후자가 텍스트의 유일한 경우로 여겨지곤 한다. 그러나 문화의 일반적인 모델에는 전자의 유형이 본질적이다. 거기서 텍스트의 개념은 기호들의 연쇄로 만들어진 2차적인 것이 아니라 1차적인 것으로 등장한다. 이런 유형의 텍스트는 분절적이지 않으며 기호들로 분할되지도 않는다. 그것은 그 자체로 총체이며 개별적인 기호들로 분할되는 것이 아니라 변별자질들로 분절된다. (1973d〔2008〕:109)[5]

다시 강조할 것은 이런 구분이 단지 언어(학적) 차원에 국한되지 않는다는 점이다. 이 구분을 '예술 텍스트'를 넘어 (인간의 행위 유형을 포함한) '문화 텍스트'로 가져다 놓게 되면, 몹시 흥미로운 또 다른 구분(들)이 제기될 수 있다. 1970년에 발표된 「유형학적 특징으로서의 "문화의 습득" 문제」에서 로트만은 원칙상 구분될 수 있는 두 가지 문화유형을 제시한다. "문법 지향적 문화"와 "텍스트 지향적 문화"가 바로 그것이다.

첫번째의 문법 지향적 유형은 '법칙'의 체계에 의해 지배된다. 여기서 텍스트는 개별 단위의 조합에 의해 2차적으로 만들어진다. 텍스트의 옳고 그름을 결정하는 것은 당연히 조합 규칙에 대한 그것들의 정합성이다. 반면, 두번째의 텍스트 지향적 유형은 (법칙의 체계 대신에) 텍스트 자체의 목록에 의해 지배된다. 거기서 1차적으로 먼저 제시되는 것은 일종의 '모방 모델'이라고 할 '텍스트 자체'이다. 규칙은 이 모델-텍스트로부터, 경우에 따라 2차적으로 추론된다. 로트만은 이런 문화의 두 유형을 구별하고 각각의 유형학적 특징을 제시한다.

---

5) 괄호 안의 앞 연도는 글이 처음 발표된 해를, 〔 〕는 한글 번역본 출간 연도를, : 이하는 해당 번역본의 쪽수를 가리킨다.

어떤 문화들은 스스로를 전례, 용례, 텍스트들의 일정한 총합으로 간주하는 반면, 다른 문화들은 스스로를 법칙과 규칙의 복합체로 간주한다. 첫번째 경우에는 존재하는 것이 곧 옳은 것인 반면에, 두번째 경우에는 옳은 것만이 존재하게 된다. (1970b:417)

여기서 '문법 지향적' 유형과 '텍스트 지향적' 유형이 각각 앞선 텍스트 구분, 곧 '기호들의 연쇄'로서의 텍스트 유형과 '총체적 기호'로서의 텍스트 유형에 대응되는 것임을 쉽게 알아차릴 수 있다. 무엇보다 흥미로운 것은 로트만이 이런 텍스트 유형론을 '언어 습득' 방식에서 나타나는 유형학적 차이에 연결시킨다는 점이다.

잘 알려져 있듯이, 어른과 어린아이의 언어 습득 방식에는 차이가 있다. 아이들은 언어의 규칙을 습득하기에 앞서 일련의 '실제 용례'들을 반복적으로 수행한다. 아이들은 텍스트를 '모방'의 형태로 수행함으로써[즉, 어른들의 말(텍스트)을 그대로 '따라 함'으로써] 언어를 배우는 것이다. 반면에 어른들은 낯선 언어를 습득할 때 일정한 조합의 규칙을 먼저 받아들이고 나서, 이후에 그것들을 텍스트로 '산출'하는 과정을 밟는다. 그들은 문법을 배우고 난 후, 그것을 기반으로 텍스트를 만들어내는 것이다. 쉽게 짐작할 수 있듯이 성인의 외국어 습득은 첫번째 유형, 즉 기호들의 연쇄로서의 텍스트에 해당하며, 아이의 모국어 습득은 두번째 유형, 즉 총체적인 기호로서의 텍스트에 해당한다. 전자의 경우는 언어(문법)가 텍스트에 선행하며, 후자의 경우는 텍스트가 언어에 선행한다. 로트만에 따르면 이와 같은 대응은 "우연이 아니다. 문화 코드의 구축을 위한 두 방법론은 구축 원칙들의 교체로 실현되는 단일한 진화 과정의 하부 단계로 간주될 수 있다"(1970b:424).

에코는 『기호학 이론』에서 로트만의 이 구분을 가져와 '편람hand book'에 의존하는 문화와 '경전The Book'에 의존하는 문화로 구분한 바 있다. 전자는 성인의 외국어 습득 유형에, 후자는 유아의 모국어 습득 유형에 각기 대응된다.[6)]

한편, 이 구분을 문화의 유형학적 변별자질뿐 아니라 단일한 문화체계의 '통시적인' 발전 단계에도 적용할 수 있다. 즉 상대적으로 텍스트적인 단초에 좀더 정향된 '유아적' 단계로부터 문법적 메타언어를 창출하는 '성숙한' 자기모델링 단계로 문화가 발전해가는 과정으로 간주할 수 있는 것이다. 실제로 문법 지향적 유형과 텍스트 지향적 유형 간의 이 구별은 '중세' 문화와 '계몽주의' 문화의 유형학적 차이를 분석한 논문 「문화유형론의 문제에 부쳐」(1967)에서 최초로 제기된 것이다. 훗날 이 구별은 '서구' 문화와 '러시아' 문화 간의 유형학적 차이로 다시 이어지게 된다.

텍스트에서 이미지로— 문화의 비분절적 모델을 향한 관심

이렇듯 로트만의 텍스트 유형론은 '문화적' 함의와 더불어 더욱더 흥미롭고 생산적이 된다. 그것은 단지 텍스트나 기호의 문제가 아니라 언어라는 문화적 기억의 '습득' 방식, 사조의 변별적 특성, 나아가 문화권의 차이로까지 연결될 수 있다.

그런데 여기서 반드시 짚고 넘어가야 할 문제가 있다. 앞서 말한 두

---

6) 움베르토 에코, 『기호학 이론』, 서우석 옮김, 문학과지성사, 1985, 155~57쪽.

번째 텍스트 유형, 즉 '총체적 기호로서의 텍스트' 유형의 가장 일반적인 경우가 다름 아닌 이미지라는 사실이다. 분절적 단위로 나누어지지 않는 총체적 기호로서의 텍스트, 말할 나위도 없이 그건 도상적 텍스트인 이미지를 가리킨다. 그것은 자연언어와 구별되는 연속성의 텍스트, 즉 그림인 것이다. 이미지의 시대인 오늘날, 이는 특별한 울림을 지닐 수밖에 없다.

> 분절적인 형식을 띠는 언어 모델(즉, 정보가 분절적인 형식으로 전달되는 상황)을 향한 지향은 20세기 초·중반 언어학을 특징짓는 현상이었다. 그러나 현대 기호학 이론에서 이런 현상은 연속적인 텍스트(즉, 정보가 비분절적인 형식으로 전달되는 상황)를 향한 관심으로 바뀌고 있다. 이런 교체는 문화 자체 내부에서 연속적인 텍스트를 더 지배적으로 사용하는 커뮤니케이션 체계가 점점 더 큰 의미를 지니게 된 오늘날의 상황에 대응하는 것이다. (1973d〔2008〕:110)

1970년대 초반에 로트만이 내린 이 진단은, 주지하다시피 오늘날 더욱 명백한 것이 되었다. 문명의 지배적인 관심이 분절적 형식에서 연속적 형식으로 옮아가는 현상은 오늘날 '문자에서 그림으로' '텍스트에서 이미지로' '문학에서 영화로' 따위의 여러 구호를 통해 표명되고 있다. 한 연구자에 따르면, 오늘날 이미지를 향한 전폭적이고 전 방위적인 관심의 증폭은 "그림으로의 전환pictorial turn"이라고 부를 수 있을 정도다. 말하자면 그것은 언젠가 철학사의 패러다임 전환을 가리켜 로티R. Rorty가 말했던 '언어로의 전회linguistic turn'에 이은 두번째 단계인 것이다.[7] 그에 따르면, 오늘날 '그림'은 일종의 패러다임의 위상을 획득했다. 과거에 언어가 그랬던 것처럼, 이제 그림은 인문학 학제 전반에 걸친 중심적 토론의 주제가 된 것이다. 이미지의 정의, 기능, 역할, 힘, 이데올로기, 무엇보다도 그에 관한 학문의 가능성이 활발하게 논의된다. 그러나 언어로부터 그림을 향하는 이런 움직임은 결코 순진한 '퇴행'을 의미하지 않는다. 오히려 그것은 이미지에 대한 '포스트-언어적인' 재발견에 해당하는 것으로, 이미지를 텍스트성, 시각성, 제도, 담론, 몸, 형상성 등이 복잡하게 뒤섞이며 유희하는 모종의 공간으로 새롭게 사유하려는 시도인 것이다.

하지만 다르게 볼 때, 문화의 비분절적 영역을 향한 이런 증대된 관심은 그 자체로 (소쉬르로 소급되는) 언어 중심적 기호학의 일련의 근본 상황을 재검토할 필요성을 지시하는 것이기도 하다. 앞서 지적했듯이, 소쉬르에 의해 기호학의 학문적 가능성이 최초로 제시된 이래, 기호적 삶의 연구에서 자연언어가 중심적 패러다임이 되어야 한다는 신념은 일종의 공리로서 간주되어왔다. 예컨대 언어학과 기호학의 포함 관계를 역전시킨 바르트의 언급은 잘 알려진 경우로, 그는 "언어학은 기호에 관한 일반과학의 일부도 아니며 특권적인 일부도 될 수 없다. 기호학이 오히려 언어학의 일부다"[8]라고 단언한 바 있다. 벤베니스트 또한 일찍이 자연언어를 여타의 기호체계를 위한 특별한 구성물, 곧 그것들의 '해석체'로 간주한 바 있다. 그에 따르면, 자연언어를 제외한 여타의 기호체계들은 자연언어가 지닌 메타-언어적 능력을 갖지 못한 채 단지 그로부터 기본 원칙들을 차용했을 뿐인 의미론적 체계에 불과

---

7) W. J. T. Mitchell, *Picture Theory*, The University of Chicago Press, 1994, p. 11.
8) R. Barthes, *Elements of Semiology*, Hill and Wang, 1977.

하다.[9]

요컨대 초창기 기호학에서 자연언어는 모든 여타의 기호체계를 그와의 유비에 따라 모델링할 수 있는 일종의 '기호학적 보편소'로서 등장한다. 1971년에 발표한 논문 「문화의 기호학적 메커니즘에 관하여」에서 읽게 되는 로트만의 다음 언급이 의미심장하게 다가오는 것은 바로 그런 상황을 배경으로 해서이다.

가장 핵심적인 질문 중 하나는 문화와 자연언어 간의 관계이다. 예전에 타르투 대학교에서 출판된 '기호학 시리즈'에서는 일련의 문화적 현상이 2차 모델링 체계로 정의된 바 있으며, 그렇게 해서 문화 현상들이 자연언어로부터 추론된 것이라는 점이 부각되었다. 사피어-워프Sapir-Whorf의 가설에 따라, 인류 문화의 다양한 발현에 미치는 언어의 영향이 일련의 저작에서 부각되었다. 최근 벤베니스트는 오직 자연언어만이 메타언어적 기능을 수행할 수 있으며, 이런 점에서 인간의 커뮤니케이션에서 완전히 특별한 위치를 차지한다고 강조했다. 그러나 그가 이 논문에서 주장하려는 것이 자연언어만이 고유한 기호학적 체계이며, 여타의 모든 문화적 모델들은 질서화된 고유한 세미오시스를 지니지 못한 채 자연언어의 영역에서 그것을 차용하고 있을 뿐인 의미론적 체계라는 것이라면, 이는 논쟁의 여지가 있다. 1차 모델링 체계와 2차 모델링 체계 간의 대립이 지니는 모든 정당성에도 불구하고(이런 대립 없이는 각각의 특수성 또한 추출 불가능하다), 실제의 역사적 기능 면에서, 언어와 문화

---

9) С. Т. Махлин, Семиотика-культура и искусство (опыт энциклопедического словаря), СПб., 2000, с. 25.

는 상호 분리 불가능하다. 언어란 (이 말의 온전한 의미에서) 문화의 콘텍스트 속에 침윤되지 않은 채 존재할 수 없고, 문화는 그 중심에 자연언어적인 유형의 구조를 지니지 않고서 존재할 수 없다. (1971a〔2008〕: 66)

비록 이 언급 이후에 곧바로 문화의 구조화를 위한 '주형鑄型 장치'로서 자연언어가 행하는 역할을 강조하고 있기는 하지만, 그럼에도 위 구절이 갖는 중요성은 아무리 강조해도 지나치지 않다. 여기서 로트만은 자연언어(구조)의 특별하고 예외적인 가능성에 대한 일반적 견해에 의문을 제기하고 있을 뿐 아니라 사실상 문화를 위한 '다른' 메타언어의 가능성을 암시하고 있다. 자연언어에서 차용하지 않은, 고유한 세미오시스를 지니는 '또 다른 메타언어'가 과연 존재할 수 있을까?

물론, '또 다른 메타언어'의 존재 가능성에 관한 다분히 가설적인 이 명제로부터 다음과 같은 후기 로트만의 저명한 명제를 곧바로 끌어들이는 것은 무리가 있을 것이다. "문화는 두 개의 1차 언어에 기초한다. 문화를 구축하기 위해서는 최소한 두 가지의 서로 다른 언어의 존재와, 실제 기능에 있어 그 둘의 번역 불가능성이 필수적이다"(1987:142). 그러나 이미 이 단계에서 자연언어만으로 문화를 구성하는 것이 불충분하다는 점이 십분 의식되고 있다는 사실은 의심의 여지가 없다. 그리고 바로 그런 불충분함에서 비롯된 성찰이 (자연언어와 구별되는) 또 다른 유형의 세미오시스를 찾고자 하는 집요한 추구를 낳았다는 점 역시도 의심의 여지가 없다. 모든 기호적 메커니즘의 '복수언어주의'라는 결정적 개념은 바로 그런 '낯선 언어'의 추구 과정이 낳은 결과물인 것이다. 훗날 로트만은 이를 다음과 같이 표현했다.

바로 이와 관련된 특성이 문화의 원칙적인 복수언어주의이다. 그 어떤 문화도 단 하나의 언어에 만족할 수 없다. 최소한의 체계를 구성하는 것은 나란히 존재하는 두 개의 언어, 가령 말로 된 언어와 조형적 언어의 세트이다. (1977a〔2008〕:216)

'타자적' 관점의 도입—도상성에서 공간성으로

또 다른 메타언어를 찾고자 하는 로트만의 여정은 '반대편 연안'의 버려진 영역, 그러니까 이제껏 상대적으로 경시되거나 주목받지 못했던 측면을 끌어들이는 방식을 취한다. 그러나 언제나 그렇듯이 '타자'의 영역과 언어를 향한 관심과 지향은 결국 스스로의 (내부) 세계를 온갖 모순과 비非단일성 속에서 다시 바라봐야 할 필요성으로부터 대두된 것이다.

독특한 문화-기호적 현상으로서 예술이 지니는 가장 중요한 특징은 그것이 인류 문화에 존재하는 모든 기호적 잠재력을 가장 극대화된 방식으로 사용한다는 점에 있다. 이 생각은 사실상 로트만 사유의 토대를 형성하는 가장 근본적인 전제에 해당한다. 지금까지의 고찰에서 이미 드러났듯이, 시는 결코 시적이기만 한 것이 아니고, 그림은 결코 회화적이기만 한 것이 아니다. 시는 시만이 아니고 그림은 그림만이 아니다. 또 그렇기 때문에 시는 시만으로 온전히 해명될 수 없고, 회화는 회화만으로 완벽하게 고찰될 수 없다. 모든 예술은 그 자체로 '복합 기호'인바, 예술을 바라보는 시각 또한 '종합적'이어야만 한다. 이런 '종합적' 시각의 장점은 무엇인가? 그것이 지니는 결정적인 장점은 특정 예술 장르의 '전문가들'이 시야에서 놓쳐버린 본질적 특성들을 새롭게 바라볼 수 있다는 데 있다. 개별 예술에 대한 로트만의 '비정통적' 접근이 이미 인정된 공식적 주장을 종종 문제 삼게 되는 것은 바로 이 때문이다. "유리 로트만 저작의 특징 중 하나는 그가 예술 비평가들보다 훨씬 더 일반적인 관점에서 조형예술에 관해 쓰고 있다는 점이다. 이는 때때로 그로 하여금 조형적 텍스트들의 본질적 특성을 간파하도록 하는바, 그의 색다른 연구 시각 탓에 예술사가들의 시야에서 벗어나는 것들이 감지되는 것이다.[10]

분명 이런 측면은 연구자 로트만을 특징짓는 중대한 자질과 관련되어 있다. 언제나 자신의 공간을 넘어 다른 공간을 향해 나아가려는 경향, 즉 '타자의' 관점에 서서 자신을 재고하려는 지향이다. 타자의 영역에 대한 관심, 암묵적으로 간과되거나 온전히 평가받지 못했던 '변방'을 향한 지향은 로트만 기호학의 초기 단계에서 주로 '언어예술 텍스트의 도상적 지향'이라는 주제를 둘러싸고 전개되었다. 문학예술이 조형예술을 배경으로 해서만 문화체계의 구성소로서 존재하고 기능할 수 있다는 사실이 명백해지면서, 조건적 기호와 도상적 기호 간의 최초의 이항 대립은 다양하고 풍부한 문화적 함의를 띠며 확장되어나갔다.

다시 강조하건대, 문학연구자로서 출발했던 로트만에게 '타자의 언어'로 대두되었던 가장 1차적인 영역은 '도상적 기호'의 영역이었다. 이미지 기호의 조형성은 조건적 기호의 대표적 모델인 문학이 스스로를 새롭게 바라보기 위한 '필수불가결한 타자'였던 것이다. 그렇다면 도상

---

10) Р. Г. Григорьев, "Парадокс Лотмана," Об искусстве, СПб., 1998, с. 8.

성과 더불어 문학 텍스트의 또 다른 타자를 찾을 수 있을까? 우리를 로트만 사유의 두번째 단락으로 이끄는 질문이 바로 이것이다. 문학예술의 두번째 타자는 무엇인가? 그 두번째 타자의 자리에서 우리가 만나게 되는 것이 바로 '공간성'이다.

타자의 영역을 향한 로트만의 집요한 관심은 '도상성'을 넘어 '공간성'으로 이어졌다. 당연히 여기서 염두에 두어야 할 것은 기호유형에서 '도상성'과 '공간성'이 맺는 유기적인 관련성이다. 즉 기호의 자의성이 시간성과 관련된다면, 도상성은 공간성과 짝패이다. 앞선 도상성의 예를 통해 충분히 예측할 수 있듯이, '공간성'을 향한 문제의식 또한 부분적이고 일회적이 아닌 포괄적이고 지속적인 성격을 띠고 있다. 로트만 기호학의 중심 테마로서의 '공간성'의 문제, 이어지는 제2부의 핵심 주제가 바로 그것이다.

제2부

공간

모든 문화는 세계를 '자체의' 내적 공간과 '그들의' 외적 공간으로
나눔으로써 시작된다.

공간적 관계의 언어는 예술적 모델링의 유일한 경우는 아니다. 그러나 그것은
1차적이고 근본적인 것이라는 점에서 매우 중요하다. 흔히 시간적 모델링조차도
공간적 언어 위에 구축된 2차적인 상부 구조로서 나타난다.

주인공이란 어떤 사람인가? 주인공이란 텍스트 속에서 '움직일 수 있는 사람,'
다시 말해 '경계를 넘을 자격을 갖춘 사람'이다. 다른 인물들에게는 허락되지
않은 경계의 돌파가 주인공에 의해 이루어졌을 때 사건은 발생한다.

제3장

'공간'으로서의 예술 텍스트

공간을 향한 지향

로트만의 사유 전반에서 공간 범주를 향한 두드러진 지향은 쉽게 감지된다. 그의 저작에서는 시간이 공간에 부수적인 2차적 범주로 간주된다는 인상을 종종 받게 된다. 시간에 대한 공간의 우위를 가정하는 그의 입장은 사실 학문적으로 논증된 명제라기보다는 로트만 자신의 주관적 견해로 받아들여질 여지가 없지 않다. 제자에게 보낸 한 편지에서 공간 범주가 갖는 보편성을 지적하며, 로트만은 이렇게 말한 바 있다.

우리는 일상적인 말에서 종종 시간 범주를 공간적 언어를 통해 표현하곤 합니다. 예를 들면 '이전의' '이후의' '시간이 흐른다' '시간이 멈춘다' 따위의 표현이 그러하지요. 하지만 반대로 공간적 개념을 시간적인

언어로 표현하는 것은 불가능합니다. (1997:720)

이런 견해는, 그러나 보편적으로 받아들여지는 것이라고 보기 어렵다. 언어학의 일반 상식에 따르면, 자연언어는 공간이 아닌 시간 범주와 더 직접적인 관련을 맺기 때문이다. 소위 '언어 중심적 기호학'의 정초자라고 할 소쉬르에 따르면, 기호학은 크게 두 가지 기본 원칙에 근거한다. 그 첫번째가 기표-기의 관계의 '자의성'이라면, 두번째는 기표의 '선형성linearity'이다. 이때 후자는 '시간'과 뗄 수 없이 연결되어 있다.

기표는 그 자신의 본질상 음성적으로 감지되는 것으로서 오직 시간 속에서만 전개되며 시간의 속성으로부터 차용된 자질들로 특징지어진다. 즉 그것은 길이를 소유하며, 이 길이는 하나의 차원, 즉 선을 지닌다.[1]

요컨대 '자의성'의 원칙이 형식과 내용 간의 '동기적motivated' 관계에 기초하는 모든 종류의 도상적 기호 형식을 제외시킨다면, 선형성의 원칙은 기표를 시간 차원에 종속시킴으로써 불가피하게 '공간' 범주와 관련된 언어적 잠재성을 차단한다. 소쉬르가 보기에 자연언어는 기호의 특성상 자의적이며, 동시에 시간적이다. 언어 중심적 기호학의 패러다임하에서 '도상적-공간적' 기호 작용 모델은 자연스럽게 주변화된다.

정보의 시간적 전달 채널이 음성적 소리의 청취와 관련되며, 정보의

---

1) Ф. Де. Соссюр, Труды по языкознанию, М., 1977, с. 103.

공간적 채널은 시각적 인지와 관련되어 있다는 사실은 되풀이 지적되어왔다. 이미 『라오콘, 미술과 문학의 경계에 관하여』(1760)에서 레싱 G. E. Lessing은 몸과 색을 기호로 삼는 조형예술(그림)과 시간 속에서 질서화된 기호들을 사용하는 문학예술(시) 사이에는 본질적인 차이가 있음을 주장했다.[2] 야콥슨 또한 시간 속에서 순차적으로 전개되는 음성적 기호를 수단으로 하는 커뮤니케이션과, 공간적 전체로서 인지되는 시각적 기호를 사용하는 기호체계 간의 근본적인 기호학적 차별성을 언급한 바 있다.[3]

문제는 이런 일반적 상식과 배치되는 로트만의 공간적 지향이 (그것의 명백한 이론적 성격에도 불구하고) 로트만 저작 전반에 걸쳐 충분히 체계적으로 검토된 바 없다는 점이다. 이런 이유로 이제껏 이 문제는 로트만의 사유를 구성하는 개별적이고 부분적인 주제로, 그러니까 특정 시대(중세)나 장르(시) 혹은 장소(상트페테르부르크)나 작가(고골, 단테, 불가코프)에 국한된 현상으로 간주되어왔다. 하지만 공간을 바라보는 이런 관점이 좁게는 로트만의, 넓게는 모스크바-타르투 학파 전체의 보편적 방법론 중 가장 눈에 띄는 특징의 하나라는 사실은 재론의 여지가 없다.

로트만은 「공간 기호학의 문제에 부쳐」(1986)라는 짧은 논문에서 자신들의 입장을 바흐친의 그것과 구별해 이렇게 표명한 바 있다.

---

2) Г. Э. Лессинг, Лаокоон, или О границах живописи и поэзии, М., 1957, cc. 186~95.

3) Р. Якобсон, "Вопросу о зрительных и слуховых знаках," Семиотика и искусствометрия, М., 1972, cc. 82~87; 영어본: R. Jakobson, "On Visual and Auditory Signs," *Phonetica* 11, 1964, pp. 216~20.

바흐친은 물리학적 사유(상대성 이론)에서 출발해 시간과 공간을 하나의 단일한 축에서 나온 현상으로 간주한다. 반면 우리는 수학적·위상학적 공간 개념에서 출발한다. 이 개념에 따르면, 공간은 연속성의 관계로 맺어진 복수의 대상(점)들의 집합이다. 이런 의미에서라면 의미론적인 공간, 색채의 공간, 윤리적 공간, 시간적 공간, 심지어는 물리적 공간의 공간에 관해서도 이야기할 수 있다. 여기서 공간은 모델화를 위한 보편적 언어가 되는 것이다.[4] (1986b:442)

시공간 범주를 두고 나타나는 이런 입장의 '차이'는 어디서 비롯되는 것일까? 결국 관건은 공간 범주를 향한 지향이라는 잘 알려진 사실 자체를 동어반복적으로 재확인하는 데 있지 않다. 외견상 동떨어진 듯 보이는 로트만의 다양한 이론적 개념을 '공간' 범주의 프리즘을 통해 재조명하고 그들 간의 논리적 연관성을 새롭게 확립할 필요가 있다. 다시 말해 공간을 향한 로트만의 지향이 지니는 본질적 의미를 그의 이론의 복잡한 내적 진화 과정 속에서 해명하는 것, 그럼으로써 이러한 지향이 지니는 포괄적이고 지속적인 성격을 확증하는 작업이 필요하다. 이런 문제설정은 로트만 기호학의 방법론적 진화 문제를 바라보는 새로운 관점을 제공할 수 있을 뿐 아니라 그의 학문적 유산을 좀더 총체

---

4) 반면 바흐친의 저명한 시공성(흐로노토프хронотов) 개념에서, 지배소는 공간이 아닌 시간이다. 문학작품에서 사건의 묘사가 흐로노토프적 형상이 될 수 있게 만드는 것은 특정한 공간 내에서 발생하는 (인간적·역사적) 시간적 특징들의 특별한 밀도와 구체성인바, 이런 점에서 공간은 시간의 '종속변수'일 뿐이다. М. М. Бахтин, "Формы времени и хронотопа в романе: Очерки по исторической поэтики," Вопросы литературы и эстетики, М., 1975, с. 235: 번역본: 미하일 바흐친, 「소설 속의 시간과 흐로노토프의 형식」, 『장편소설과 민중언어』, 전승희 외 옮김, 창비, 1998을 참조.

적으로 이해하는 데 도움을 줄 것이다.

공간적 관계의 언어 — 공간적 모델링

첫 저서 『구조시학 강의』(1964)에서 로트만은 예술의 두 가지 기본적 특성을 지적한 바 있다. 첫째, 예술은 반영의 수단을 가지고 삶을 인식한다. 둘째, 예술에서의 인식은 언제나 커뮤니케이션, 곧 메시지의 전달과 관련된다. 제1부에서 살펴본 로트만의 '모델로서의 예술' 개념이 거의 전적으로 첫번째 측면에 기대고 있다면, 두번째 저서 『예술 텍스트의 구조』(1970)의 기본 관심은 두번째 측면, 즉 예술의 '커뮤니케이션적 측면'을 향해 있다. 커뮤니케이션의 관점에서 예술은 "특별한 방식으로 조직화된 언어"로서 간주된다. 여기서 언어라는 말은 질서화된 기호를 사용하는 모든 종류의 커뮤니케이션 체계를 일컫는다. 언어가 커뮤니케이션 행위를 보장하는 모종의 추상적 체계를 의미한다면, 그 언어로 전달되는 어떤 것은 메시지를 뜻하게 될 것이다. 한마디로, "예술이 독특하게 조직된 언어라면, 예술작품, 즉 그 언어로 된 메시지는 **텍스트**로 간주할 수 있을 것이다"(1970:19).

그러면 이런 예술적 언어는 어떤 특징을 지니는가? 로트만은 『예술 텍스트의 구조』의 서두에서 이 물음에 대한 답을 시도하는데, 거기서 눈에 띄는 것은 모종의 '반복'이다. 로트만은 언어와 메시지의 관계를 해명하면서, 표현과 내용 층위의 특별한 관계를 말했던 자신의 이전 논의(『구조시학 강의』)를 사실상 반복하고 있다. 그에 따르면, 표현과 내용 관계의 '긴밀하고' '상대적인' 성격은 언어와 메시지의 관계에도 마찬가지로 유효하다. 즉 표현-내용 층위에서 그랬던 것처럼, 언어-메시지의 관계에서도 우리는 '내용적 요소들의 끊임없는 형식화'와 더불어 '텍스트 속 모든 요소의 의미화 경향'을 확인할 수 있다. 로트만에 따르면, "예술 텍스트를 인지할 때 우리는 언어의 많은 측면을 메시지로 느끼려는 경향이 있는 반면, 후대의 미학적 커뮤니케이션에서는 〔……〕 해당 작품이 통째로 언어가 된다"(1970:31). 이런 점에서 볼 때, 다음과 같은 모순되는 두 진술이 동시에 등장하는 것은 놀랍지 않다.

> 예술작품 속에 들어 있는 모든 것은 예술적 언어에 속한다. 동시에 예술작품 속에 들어 있는 모든 것은 메시지이다. (1970:29)

이런 결론은 사실상 "시에는 일반적 의미에서의 형식적 요소가 존재하지 않기에 시의 모든 요소는 곧 의미 있는 요소"라는 이전의 주장을 되풀이한 것이다. 그러면 어째서 이런 반복이 나타나는 것일까? 이런 반복을 낳은 주요한 원인 중 하나는 로트만이 여기서 '언어'라는 말로 의미하는 바가 단지 커뮤니케이션의 측면만이 아니라는 점이다. 언어는 커뮤니케이션 체계이지만 동시에 '모델링 체계'이기도 하다. 로트만의 단언에 따르면, "모든 언어는 커뮤니케이션 체계일 뿐만 아니라 모델링 체계이기도 하다. 정확히 말해 이 두 기능은 뗄 수 없이 연결되어 있다"(1970:26). 물론 "둘 중 어느 한 기능이 더 강하게 표현될 수도 있고 구체적인 사회적 용례에서 거의 전적으로 느껴지지 않을 수도 있다. 그러나 잠재적으로는 두 기능 모두가 현존한다"(1970:27).

그런데 이 대목에서 잠시 짚고 넘어가야 할 중요한 사항이 있다. 방금 지적했듯이, 로트만에게 언어는 커뮤니케이션의 수단일 뿐만 아니라 현실의 특별한 범주화, 즉 일정한 세계 모델이기도 하다. 문제는 로트만이 이로부터 응당 도출 가능한 (그리고 꼭 필요한) 또 다른 문제를 심각하게 제기하고 있지 않다는 점이다. 그것은 특정한 세계관으로서의 (언어의) '이데올로기' 문제이다. 서구 (포스트)구조주의의 경우, 바로 이 문제를 둘러싸고 언어 개념에 대한 근본적인 재고가 촉발되었을 뿐 아니라 나아가 그것의 (거짓) 투명성에 대한 전면적인 탈신화화 작업이 벌어졌다. 이를 무엇보다 잘 보여주는 사례는 아마도 기호학자 바르트의 사유의 변모 과정일 것이다. 언어를 통한 특정한 세계 모델의 구현 가능성이 또 다른 전제, 그러니까 바로 그런 (언어적) 모델이 '권력의 이데올로기'에 침윤된 억압의 체계일 수도 있다는 생각과 마주친 순간, 이번에는 언어(의 체계) 그 자체가 '독재적인' 색채를 획득한다. 바르트는 언어의 이 양면성을 다음과 같이 표현했다.

언어 활동은 사법 활동과 유사하다. 그리고 언어는 그것의 코드가 된다. 우리는 언어 속에 숨어 있는 권력을 알아차리지 못한다. 왜냐하면 그것이 언어라는 사실을 잊어버리기 때문이다. 언어는 범주화의 수단이며 모든 범주화는 곧 억압의 수단이기도 하다. 〔……〕 자신의 구조로 인해 언어에는 치명적인 소외의 관계가 스며들어 있다. 〔……〕 모든 언어는 통째로 강요의 일반-당위적 형식과 다름없는 것이다.[5]

이렇듯 모든 지시성에서 벗어난 '자유로운 기표'(/문자)라는 개념의

<hr>

5) Р. Барт, "Лекция," Избранные работы, М., 1994, cc. 548~49.

반대편에는 '권력'으로서의 언어(체계)라는 또 다른 개념이 자리하고 있다. 권력의 이데올로기는 세계 모델의 특정 형식을 통해 부여되며, 언어의 체계는 바로 그런 '주어진 체계'와 유사하다. 언어(기표)의 자유가 (권력의) 이데올로기로부터의 자유를 의미하고, (주어진) 언어체계의 해체가 곧 권력체계에 대한 공격으로 이해될 수 있는 것은 바로 그런 이유에서이다.

이데올로기 개념에 대한 로트만의 이론적 자의식은 과연 무엇인가라는 복잡한 물음을 접어두고, 일단 이 대목에서 떠오르는 역설이 있다. 언어에 대한 이런 태도, 스스로에게 메스를 대는 이런 반성적 태도는 결국 어떤 결과를 낳았던가? 이런 태도는, 문학을 "언어의 유토피아"로 상정하는 기대에 찬 희망에도 불구하고, 결국 문학 자체의 파괴적 상태로 나아갔다. 처음에는 '작가의 죽음'으로, 그다음엔 문학 그 자체의 '(자)살'로! 바르트의 다음 진술이 오늘날 '아방가르드적인 노스텔지어'의 색채를 띤 채 들리는 이유는 거기에 있을 것이다.

자신의 고독 속에서 항상 죄의식을 느끼면서도 기표(/문자)는 마침내 단어가 행복해지는 그 순간을 꿈꾼다. 그것의 신선한 직접성이 마침내 이상적인 형태로, 언어가 소외로부터 자유로워지는 저 새롭고 완벽한 아담의 세계를 예견하는 그런 순간 말이다. 기표의 다양성이 증가된다는 사실 자체가 새로운 대문자 문학을 구축한다. 그것은 자신의 언어를 만들면서 꿈의 구현을 향해 나아갈 것이다; 문학은 언어의 유토피아가 될 것이다.[6]

---

6) Р. Барт, "Нулевая степень письма," От структурализа к постструктурализму, М.,

아무튼 다시 로트만의 논의로 돌아오자면, 예술언어는 세계에 대한 일정한 모델, 즉 '모델링 체계'이다. 그것은 '전달'의 수단이지만 동시에 일정한 '재현'의 수단이기도 하다. 그런데 이와 더불어 반드시 주목해야 할 (하지만 흔히 간과되는) 예술언어의 또 다른 중요한 특징이 있다. 그건 바로 예술적 언어의 '보편성'이라는 자질이다. 로트만에 따르면, "예술적 메시지가 특정한 현상의 모델이 되는 반면, 예술적 언어는 좀더 일반적인 범주 속에서 보편성을 모델링하며, 이 점에서 구체적인 사물들과 현상들을 위한 존재 모델이 된다"(1970:30).

이후에 차차 밝혀지겠지만, 예술적 언어가 특정한 사건들의 구조적 원칙, 곧 일정한 '세계상'을 모델링한다는 로트만의 이런 생각은 앞에서 논의한 '도상성'의 개념과 더불어 로트만 기호학의 이후 전개 과정에서 아주 중요한 계기를 이룬다. 바로 이런 계기를 통해 '공간적 관계'의 모델을 '세계상'의 표현 수단으로 사용할 수 있다는 생각, 즉 세계상의 표현을 위한 매우 효과적인 수단인 "공간적 모델링(прост-

---

2000, c. 96. (강조는 필자.) 오늘날에는 이른바 "글쓰기(에크리튀르)의 영도"를 향한 바르트의 염원이 언어의 '앙가주망engagement'에 대한 뼈아픈 자성('언어는 근본적으로 오염된 것이며, 자립적이지도 순수하지도 않다')만큼이나 진부한 상식이 되었음을 부정하기 어렵다. '어법의 각인이 찍힌 질서에 대한 어떤 노예적 복종에서 해방된 순수한 에크리튀르,' 즉 아무것도 주장하지 않고 아무것도 부정하지 않고 그저 우뚝 서 있는 순수한 언어(의 가능성)라는 불가능한 꿈은 순진함의 또 다른 형태임이 판명되었다. 사실 이미 오래전에 그와 같은 유토피아적인 상황이란 오직 신화 속 풍경에 불과하다는 사실을 분명하게 지적한 이는 바흐친이었다. "오직 아담이라는 신화 속의 인물만이, 즉 인간의 발길이 닿지 않았고 아직까지 언어의 대상이 되어보지 못했던 세계에 최초의 말을 가지고 다가갔던 아담만이 대상 속에서 이루어지는, 다른 말들과의 이와 같은 대화적 상호 지향성을 처음부터 끝까지 진정으로 모면할 수 있었다. 구체적인 역사 속의 인간에 의한 담론행위는 이러한 특권을 갖지 못한다." M. M. Бахтин, "Слово в романе," Вопросы литературы и эстетики, М., 1975, c. 92.

ранственное моделирование, spacial modelling)"의 개념이 도출되기 때문이다.

사실 '공간적 관계'의 모델이 세계상의 표현 수단이 될 수 있다는 사고는 로트만 기호학 초기부터 이미 발견된다. 1965년에 발표된 「러시아 중세 텍스트에 나타난 지리적 공간 개념에 관하여」에서 로트만은 러시아의 중세 텍스트 속에서 "지정학적 공간의 개념"이 이에 대한 현대적 개념과 합치되지 않는 "종교적-도덕적 의미"를 획득하고 있으며, 이 점에서 해당 세계상의 "가치론적 지표"로서 작용한다는 사실을 밝혀냈다(1965:407~12). 이 세계 속에서 지리적 공간과 도덕적 가치는 상호 불가분하게 관련되어 있는바, 모든 종류의 지정학적 '이동'(움직임)은 곧 종교적-도덕적 가치 시스템을 통해 그 의미를 획득하게 된다. 가령 중세 문학에서 천국이나 지옥으로의 진입은 언제나 일종의 '여행'으로 인식되며, 당시의 인식 속에서 주인공의 도덕적 위상 변화는 언제나 공간상의 이동(한 장소에서 다른 장소로의 움직임)을 통해 실현되는 것이다.

물론 공간에 대한 이런 특수한 감각은 특정 시대만의 예외적 자질일 수도 있다. 중세 문화 연구가인 구레비치A. Gurevich에 따르면, 중세적 유형의 호로노토프는 시공간에 대한 현대적 개념과 확연히 구분되는 특징을 갖는다. "공간과 시간에 관한 시원적 이해의 본질은 이 범주들이 중립적 좌표가 아니라 사물들과 인간의 삶, 나아가 신의 섭리를 조정하는 거대한 신비적 힘으로 인식된다는 점에 있다. 그들이 감정적-가치론적 색채로 가득 차 있는 것은 그 때문이다. 〔……〕 공간에 깊숙하게 지향된 인식은 과거, 현재, 미래를 단일 평면 위에서 마치 동시적인 것처럼 받아들인다."[7]

그러나 로트만의 입장에서 보자면, 이런 감각은 중세 문화의 특징일 뿐만 아니라 인간 문화의 본질에 직결되는 보편적 자질이기도 하다. 즉 인간이 주변의 삶을 의미화하기 위해 사용하는 가장 보편적인 사회·종교·정치·도덕적 세계 모델은 필연적으로 '공간적 자질'을 지닌다. 본질상 비공간적인 개념들을 공간적인 관계의 언어를 통해 모델링할 수 있는 가능성은 인간의 사유 형식과 공간적 자질 간의 이와 같은 내밀한 관련성으로부터 도출된다.

> 높고 낮음, 왼쪽과 오른쪽, 가깝고 먼 것, 열림과 닫힘, 연속적인 것과 불연속적인 것 등의 공간적 자질은 가치 있음과 가치 없음, 선함과 악함, 내 것과 남의 것, 필멸과 죽음 등의 다양한 문화적 모델을 표현하기 위한 효과적인 수단임이 입증된다. 〔……〕 이렇게 해서 텍스트의 공간 구조는 곧 우주의 공간 구조의 모델이 되며, 텍스트 내의 성분들 간의 내적 통사론은 다름 아닌 공간적 모델화의 언어가 된다. (1970:466)

그런데 여기서 특별한 관심을 끄는 것은 공간적 모델링의 의미론적 잠재력에 대한 로트만의 생각이 움직여가는 방향이다. 공간적 모델의 형식이 세계상을 기술하는 수단이 될 수 있다는 생각은, 공간적 모델링 개념을 "문화를 유형학적으로 기술하기 위한 메타언어"로 정의하기에 이른다. 2차 모델링 체계 개념과 더불어 모스크바-타르투 학파의 가장 널리 알려진 개념인 "문화유형론(типология культуры, typology

---

7) А. Я. Гуревич, Категории средневековой культуры, М., 1984, с. 46.

of culture)"은 바로 이런 생각을 토대로 구축된다. 즉 그것은 일정한 문화 텍스트의 추상화된 모델인 '문화 모델'이 다름 아닌 공간적 모델의 형식을 통해 구축된 것이라는 원칙을 전제로 한다. 이 측면에 관해선 좀더 상세한 논의가 필요하다.

문화유형론— 공간적 메타언어

로트만이 말하는 문화유형론이란 무엇인가? 모든 문화는 일종의 기호체계로서 세계를 특정한 방식으로 모델링하고 있다. 즉 문화는 일종의 '모델링 체계'로서 나타나는바, 여기서 그 모델링의 방식은 결코 단일하지 않다. 마치 각각의 언어가 각기 나름의 방식으로 현실을 분절하고 개념화하고 있듯이, 문화는 '나름대로' 현실을 모델링하고 있는 것이다. 여기서 확인할 수 있는 것은 소쉬르적 인식론의 반향인바, 소쉬르에 따르면 언어는 경험적 현실을 단순히 '반영'하는 게 아니라 그것을 '구성'해낸다.

그런데 여기서 짚고 넘어갈 것은, 문화체계에 의해 서로 다른 방식으로 모델링된 세계라는 것은 사실상 해당 문화 자체의 '세계상,' 그러니까 문화의 '자기모델'이라는 점이다. 모든 문화는 자기 자신에 관한 모델, 곧 스스로의 자화상을 만들어내는데, 문화가 만드는 이 "자기기술(самоописание, self-description)"의 모델은 기호학적 탐구의 대상이 될 수 있다. 로트만의 문화기호학은 '어떤 문화(이)론인가'라는 질문에, 우리는 한마디로 답할 수 있다. 그것은 '문화의 자기기술'을 다루는 학문이며, 더 정확하게는 그 기술의 '유형학'을 취급하는 학문이다. 풀어 설명하면, 그것은 특정한 문화가 자기 자신을 이해하는 방식, 즉 자기 자신을 '기술'하는 방식에 1차적인 주의를 기울이면서, 나아가 그것이 (통시적으로) 변화해나가는 양상 혹은 하나의 유형이 (공시적으로) 다른 유형과 공존·대립·경쟁하는 양상을 고찰하는 학문인 것이다. 전자의 관심이 문화유형의 통시적 변화, 즉 '문화사史 기술'의 방법론으로 구체화된다면, 후자의 관심은 서로 다른 문화유형 간의 소통, 즉 '문화 상호 작용론'으로 실현될 수 있다.

결국 기호학 이론이자 문화 이론으로서 로트만의 문화기호학이 겨냥하는 가장 핵심적인 지점은 '현실이 문화적으로 재현되는 방식'에 대한 문제제기, 그러니까 넓은 의미에서의 '표상론(表象論, representology)'과 겹치는 지대일 것이다. 현실에 대한 특정한 재현의 방식(유형)은 어떤 이유로 어떤 과정을 통해 도입되며, 또 그렇게 재현된 세계상은 누구를 위해 복무하는가라는 물음은, 주지하다시피 근대성 이론, 표상사 연구, 탈식민주의를 위시한 현대 문화 연구의 가장 근본적인 문제의식이다. 로트만의 문화기호학은 문화사를 기술 모델(즉 표상)의 교체 과정으로 간주하고, 문화 간의 상호 작용을 서로 다른 문화유형 사이의 기호학적 커뮤니케이션 과정으로 파악하고자 한다. 뿐만 아니라 시대와 지역에 따라 달리 나타날 수 있는 이런 식의 문화 모델이 일정한 '유형'으로 '분류'될 수 있으며, 그런 (유형학적) 분류의 방식 자체가 문화를 기술하는 효과적인 도구가 될 수 있다고 전제하는 것이다.

상술한 특성을 갖는 로트만 문화유형학은 일련의 기본 전제에서 출발한다. "문화란 일정한 내용을 갖는 정보라는 관점에서뿐 아니라 〔……〕 사회적 코드들의 체계라는 관점에서도 파악할 수 있다"(1967c:57). 정보를 코드화하는 각각의 유형은 해당 사회의 자의식, 집단의 조직화, 나아가 개인의 자기조직화 및 사회적 행위의 근본 형식들과 밀접하게 관련되어 있다. 즉, 상이한 코드화의 유형에 따라 이 형식들 또한 달리 나타날 수 있다는 것이다. 그런데 로트만에 따르면, 문화의 유형을 결정하는 '주요한 문화 코드'의 숫자는 상대적으로 많지 않다. 실제 문화의 현저한 다양성은 상대적으로 적은 수의 단순한 유형들이 '복잡하게' 조합된 결과이다. 결국, 문화유형학의 기본 과제는 다음과 같이 정리될 수 있을 것이다. 첫째 "개별 문화의 '언어'가 기초하는 문화 코드의 주요 유형을 기술하고 그 비교학적 속성을 파악할 것," 둘째 "인류 문화의 보편소를 정의하고, 그에 따라 주요 문화 코드의 유형학적 특성의 단일체계를 구축할 것"(1967c:57).

첫번째 과제는 문화 코드의 주요 유형을 기술하는 작업이다. 다시 말해 그것은 문화의 유형학적 '차이'를 만들어내는 다양한 '대립 자질'을 찾아내고 그것을 기술하는 작업이라고 할 수 있다. 한편, 두번째 과제는 문화 모델의 보편 문법을 찾아내는 일이다. 즉 그것은 문화를 (유형학적으로) 기술하기 위한 '메타언어'의 단일체계를 창조하는 일을 요구한다. 로트만은 「문화를 기술하기 위한 메타언어에 관하여」(1968)라는 논문에서 후자를 직접 시도했고, 잘 알려진 '공간적 모델링'의 개념이 바로 이 작업에 동원되었다.

문화 모델과 세계상

문화의 메타언어를 살펴보기에 앞서 '문화 텍스트(текст культуры, cultural text)'와 '문화 모델(модель культуры, cultural model)'이라는 개념을 먼저 이해할 필요가 있다. 문화 텍스트란 특정한 문화유형에 속하는 모든 텍스트를 위한 불변체로 기능하는 모종의 텍스트–구성체인데, 이는 "해당 문화의 입장에서 파악된 현실의 가장 추상화된 모델"에 해당한다. 한마디로 그것은 "해당 문화의 세계상"(1968a〔2008〕: 18)이라고 할 수 있다. 그런데 세계상世界像이라는 말 자체가 보여주듯이, 문화 텍스트는 필수적으로 '보편성'의 자질과 더불어 '공간성'의 특성을 지닌다. 앞서 지적했듯이, 세계상이 반드시 공간적 특징을 띠게 된다는 것은 인류 문화의 보편적 특징이자 인간 의식의 인류학적 특성에 해당한다. 로트만에 따르면, "인간 의식의 인류학적 자질과 관련된 인류 문화의 가장 보편적인 특성 중 하나는 인간에 의해 사고되는 세계상이 필수적으로 공간적 자질을 지니게 된다는 점에 있다"(1970:466). 그리고 바로 이로부터 도출되는 가능성이 위상기하학topology의 도입이다. 위상기하학이란 "동종의 변형하에서 변하지 않는 형태의 특성을 연구하는 수학 분과의 도구"[8]로 일종의 '메타언어'의 자격으로 문화유

---

8) 위상기하학topology은 위치를 뜻하는 그리스어 '토포스topos'와 학문, 이성을 뜻하는 '로고스logos'를 결합해 만든 말로, 위치를 다루는 학문, 즉 위치와 형상에 관한 기하학이라고 할 수 있다. 크기, 길이, 형태 등 도형의 양적인 성질이 아니라, 도형을 이루고 있는 선, 면 등의 '연결 관계,' 나아가 그것들의 원소인 점들이 도형 속에서 차지하고 있는 '위치'를 다루는 학문이다. 위상기하학은 20세기 자연과학과 수학, 인문학을 가로지르는 보편적 경향을 잘 보여주는 사례이다. 위상기하학은 우리가 몸담고 있는 현실 공간과 무관하게 이론적으로 존재 가

형학 연구에 도입된다(1968a[2008]:17).

　그렇다면 문화 모델이란 무엇인가? 문화 모델은 위상학적 모델링의 도움을 받은 문화 텍스트의 기술, 그러니까 현실의 추상화된 모델인 문화 텍스트를 공간적 모델링을 통해 기술한 것을 말한다(25). 요컨대 공간적 모델링을 통해 기술된 문화 텍스트가 바로 문화 모델인 것이다. 문화 텍스트는 공간적 구조를 갖고 있는데, 그 공간적 구조를 공간적 모델링을 통해 기술하면 문화 모델이 된다. 당연히 이렇게 되면, 문화 텍스트의 공간적 구조와 문화 모델의 공간적 언어 사이에, 즉 기술 대상과 (그것을 기술하는) 메타언어 사이에 '이질동상(изоморфизм, isomorphism)'의 관계가 성립된다(여기서 예술작품 속에서의 형식-내용 층위 간의 도상적 관계라는 앞선 개념을 떠올리는 것은 자연스럽다).

　문화기술의 메타언어인 '공간적 모델링'이 나름의 문법적 질서를 갖는 일종의 '언어'로서 사유되고 있다는 점을 강조하자. 그것은 가령 야콥슨의 '이항 대립binary opposition'이나 그레마스의 '기호 사각형semiotic square' 모델과 마찬가지로, 의미의 구조를 표현하는 독자적인 형식 체계로서 등장하고 있는 것이다. 그러면 이런 문화 모델의 구체적인 특징과 양상은 어떠한가?

능한 어떤 '추상적 공간'(위상 공간)의 기능과 논리를 해명해냄으로써, 본래의 영역(수학)을 넘어 현대철학(들뢰즈), 정신분석학(라캉), 문학(문화) 이론(로트만, 그레마스) 등 인문학의 다양한 영역으로 활발하게 도입, 적용된 바 있다.

문화 모델의 기본 속성 — 분할, 차원, 지향성

문화 모델을 특징짓는 기본 속성은 다음과 같다. 첫째, 공간의 분할. 둘째, 공간의 차원. 셋째, 지향성이다(26). '공간의 분할'부터 차례로 살펴보자. 우선 문화 모델의 가장 일반적인 공통 자질은 문화의 공간을 상이한 두 부분(내부와 외부)으로 나눠놓는 '경계'의 존재성이다(그림 1). 이 기본 모델에 대한 가장 단순한 해석은 다음과 같다.

우리(내부) ↔ 그들(외부)

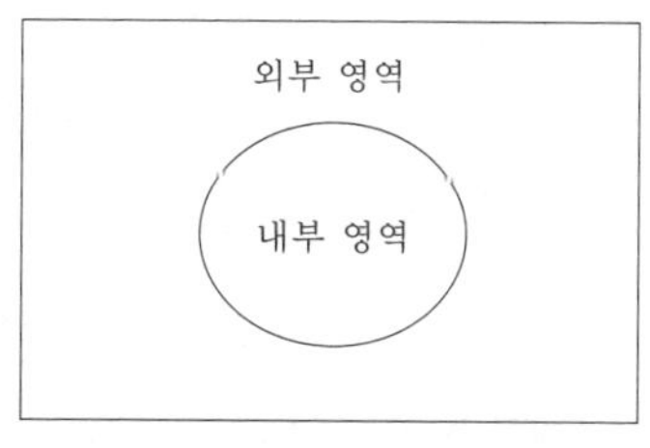

그림 1

내적 공간이 한정된 그룹의 점으로 채워진 폐쇄 공간이고, 외적 공간이 열린 공간임을 고려하면, '내부 ↔ 외부'의 대립은 자연스럽게 다음과 같은 해석을 낳는다. 즉, 내부 ↔ 외부는 '조직화된(구조를 지니는) 것 ↔ 조직화되지 않은(구조를 지니지 않은 것)' 사이의 안티테제를 공간적으로 기록한 것에 해당한다. 이 안티테제는 각종 텍스트 속에서 다음과 같이 다양한 대립을 통해 실현되며, 갖가지 해석을 도출한다.

내부 영역 ←---------------------→ 외부 영역

우리 민족	타 민족
(인종, 부족)	(인종, 부족)
성	속
문화	야만
지식인	민중
질서	혼돈

위 계열체의 목록은 얼마든지 다양하게 추가될 수 있다. '포함'과 '배제'라는 대립의 원칙이 문화 일반에 공통된 보편적 원리라면, 문화의 '안'과 '밖'을 나누는 경계의 특질은 해당 문화의 '유형'에 따라 달리 나타나는 상대적인 것이 된다. 모든 문화는 세계를 '자체의' 내적 공간과 '그들의' 외적 공간으로 나눔으로써 시작된다. 죽은 것으로부터 산 것을, 유목민으로부터 정착민을, 평야로부터 도시를 분리하는 이 경계는 국경일 수도 있고, 사회·민족적 혹은 여하한 종류의 또 다른 변경邊境일 수도 있다. 경계를 통해 분리된 내적 공간은 '우리의' 또는 '나 자신만의' '문화화되고' '안전하며' '조화롭게 조직화된' 공간인 반면에 '그들의' 외부 공간은 '적대적인' '다른' 공간, '위험스런' '혼돈의' 공간이 된다.

한편 이 기본 모델은 외부 영역이 영역 1과 영역 2로 분화되거나(그림 2) 이런 분화가 가치론적 위계를 동반하게 되는 식(그림 3,4)으로 한층 더 복잡하게 변형될 수도 있다. 첫번째 경우는 내부↔외부 사이의 대립이 존재하고, 그 둘이 함께 '이 세계'('여기')를 구성한다. '여기'의 외부에 '저 세계'로서의 '저기'가 존재하는 것이다. 예를 들어 두

개의 외부 영역이 신의 거주지라고 한다면, 내부 영역에 거주하는 인간에게 더 가까운(혹은 닮은) 정도에 따라 외부 영역 1과 2의 구별이 가능하다(즉 좀더 인간친화적인 신이 외부 영역 1에 거주한다). 한편 두 번째 경우는 외부 공간이 분명하게 구분되는 두 개의 하부 영역(가령 좋은 외부와 나쁜 외부)으로 나뉘는 경우로, 그들 각각이 상이하게 가치 평가된다. 가령 하늘과 지하 세계는 모두 지상(땅)의 관점에서 외부 영역이지만 가치론적 위계는 다르게 나타난다.

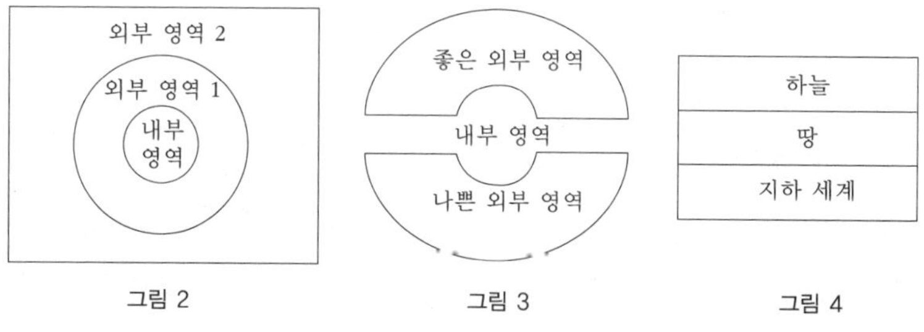

문화 모델의 기본 구조에 관한 로트만의 이런 설명은 사실 그 사유의 패턴이 보여주는 양상 면에서 새롭다기보다는 오히려 전형적인 것이다. 경계를 통해 특정 대상의 내부와 외부를 분할하는 행위는 자아와 타자를 대립적으로 구분함으로써 전자를 완결된 형식과 균형 잡힌 구조로 세우려는 관념적 의지의 기본 전략에 해당한다.[9] 사실상 배제를

---

9) 일본의 현대 사상가 가라타니 고진은 이런 관념적 의지를 '건축에의 의지'라는 말로 표현했다. 그에 따르면, 이런 '건축에의 의지'는 플라톤에서 시작해 구조주의에 이르는 서양 사상사의 흐름을 지배한다. 즉 그것은 관념적 건축의 역사, "은유로서의 건축"의 역사인 것이다. 가라타니 고진, 『은유로서의 건축—언어, 수, 화폐』, 김재희 옮김, 한나래, 1998, 47쪽.

통한 이런 타자화의 논리는 개인 심리의 개체적 차원에서 특정한 민족
문화의 차원에까지 걸쳐 있는 '정체성의 일반 원리'에 해당한다. 이를
테면 그것은 모든 문화와 사회란 "자아와 타자의 변증법에서, 즉 토착
적이고 진정하며 고향에 속한 '나'라는 주체와, 외래적이며 위협적일지
도 모르고 이질적인 저 바깥에 속한 '그것' 혹은 '너'라는 대상의 변증
법으로 만들어진다"[10]는 사이드E. Said의 인식과 공명한다. 정상적인
'우리'의 세계로부터 배제된 문화 외적 공간의 계열체는 '유아의 세계'
'타 인종의 세계' '무의식의 세계' '병적 세계' 등 다양한 목록으로 나타
날 수 있는 것이다.

문화 모델을 특징짓는 두번째 속성은 공간의 '차원'이다. 공간의 차
원에 따라 문화 모델의 유형은 달라질 수 있다. 경계를 통해 분할된
'이 세계'(내부)와 '저 세계'(외부)가 동일한 차원에 속하는지 그렇지
않은지에 따라 상이한 양상이 펼쳐지는 것이다. 여기서 동일한 차원에
속하지 않는다는 것은 둘 사이에 단의적인 대응 관계가 성립하지 않는
다는 것, 즉 각기 상이한 법칙성이 부여된다는 것을 뜻한다. 예를 들어
(우리의) 이 세계와 (그들의) 저 세계가 서로 다른 차원에 속하는 별개
의 세계로 간주될 경우, '저곳'에는 우리와 닮지 않은 존재들이 자리하
게 된다. 그들은 비인간적이며 불가해한 신적 존재들이거나 혹은 사회
적·윤리적으로 적대적인 존재들이다. 당연히 이 경우의 경계는 "이방

---

10) E. Said, *After the Last Sky*, New York: Pantheon, 1986, p. 40. 서양 문화사에서 '타자
화'의 다양한 전개 과정에 대한 흥미로운 논의는 리처드 커니, 『이방인, 신, 괴물—타자성
개념에 대한 도전적 고찰』, 이지영 옮김, 개마고원, 2004를 참조.

인들을 우리의 공간으로부터 제외시키는 시스템"으로 기능한다.

반면에 '여기'와 '저기'가 동일한 차원에 속하는 경우에는, 경계 너머의 세상이 낯설고 적대적이긴 하지만 원칙상 '나의' 세계와 다르지 않은 것으로 여겨진다. 말하자면 그것은 적대자도 단지 인간에 불과하다는 것을 확인하는 상황에 해당하는데, 가령 (전쟁 중에) 무시무시한 괴물처럼 생각되던 적군이 그저 '사람'일 뿐이며 무찌를 수 있는 존재라고 느끼게 되는 경우나, 적군 포로에게서 기대했던 무자비한 '적'(괴물)의 모습 대신에 또 다른 '인간'의 얼굴을 보게 되는 경우가 그러하다. 후자의 경우에, 경계의 도식은 휴머니즘 이념의 기초로 해석될 수 있다(1968a〔2008〕:33~34).

문화 모델의 마지막 속성은 '지향성'이다. '지향성'의 속성은 텍스트의 수행 주체의 시점과 결합하여 두 가지 변이형을 도출할 수 있다. 텍스트의 시점이 문화 모델의 내적 공간과 결합되어 발생한 지향을 "정正방향성"으로, 외적 공간과 결합되어 발생한 경우를 "역逆방향성"으로 지칭한다. 정방향성은 지향의 벡터가 내적 공간의 중심으로부터 외부를 향하며(그림 5), 역방향성은 외부로부터 중심을 향한다(그림 6). 전자가 조직화와 질서가 외부로 '확장'되는 과정을 모델링한다면, 후자는 내부를 향한 '무질서chaos'의 공격과 침투를 모델링한다(1968a〔2008〕: 27).

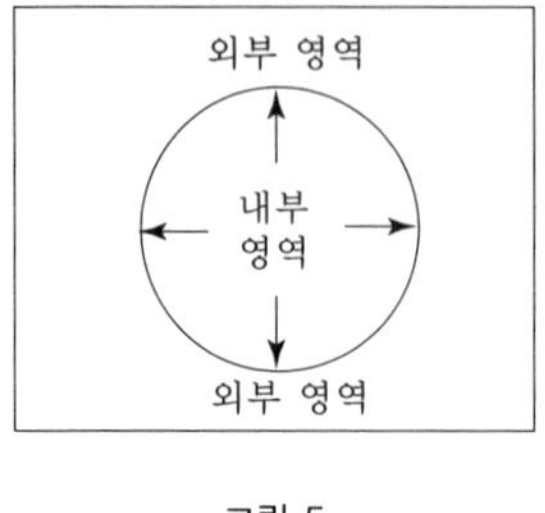

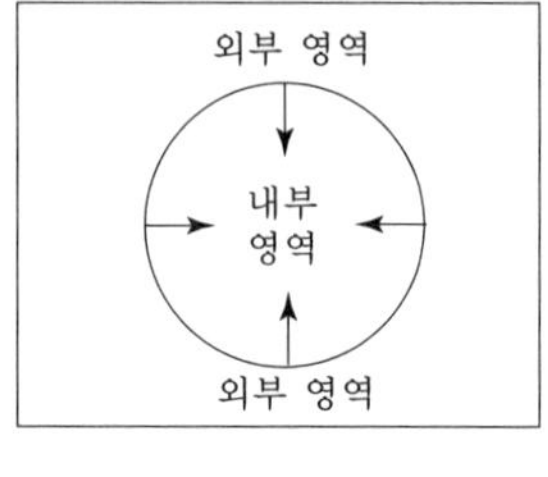

그림 5   그림 6

정방향 모델의 전형적인 도식은 '우리는 N을 갖고 있다'이다. N은 가치 있게 여겨지는 어떤 속성을 말하는데, 그 또한 다양하게 변형 가능하다(예컨대 현명함, 성스러움, 복 등으로). 반면 역방향 모델의 전형적인 도식은 '그들은 N을 갖고 있다'가 된다. 이때 N은 '그들'이 가진 어떤 부정적인 속성일 수도 있고, 혹은 그들이 갖고 있으나 빼앗아야 할 어떤 것이 되기도 한다.

주목할 것은 텍스트 수행 주체의 이런 지향성이 내외적 공간의 경계를 횡단하는 '경계 이월'의 가능성을 전제한다는 점이다. 뿐만 아니라 주어진 문화 모델 상에서의 횡단, 즉 '의미론적 경계의 돌파'는 슈제트의 기본 단위인 '사건'을 발생시킨다(바로 이 생각은 이후 로트만이 슈제트와 사건의 개념을 창조적으로 재정의하는 데 결정적인 단초가 된다. 이에 관해선 뒤에 다시 논의할 것이다). 로트만의 문화 모델은 내부와 외부, 그리고 그 둘을 가르는 경계로 이루어진 기본 모델을, 텍스트 수행 주체의 '시점'과 결합함으로써 정방향과 역방향이라는 변이형을 도출해내고 있으며, 나아가 주어진 세계상 안에 '움직임'의 요소(사건성)를 도입함으로써 내러티브의 단초를 심어놓고 있는 것이다.

하지만 부정하기 힘든 것은 로트만의 유형학적 문화 모델 역시 본질적으로 말해 경계를 통한 배제(타자화)의 논리라는 '정체성'의 기본 형식에 기초하고 있다는 점이다. 문제는 안과 밖의 대립에 기초하는 이런 형식이 경계로 나뉜 내부와 외부를 '실체화'할 수 있다는 점이다. 이와 같이 실체화된 대립 구도는 선을 자아 정체성 및 동일성의 개념과 등치시키고, 악의 경험은 우리 밖의 이질적 존재와 연결시키려는 사유의 흔적이다. 뿐만 아니라 그것은 주체 이전에 타자가, 타자 이전에 주체가 존재한다는 환상과도 통해 있다는 점에서, 일정한 한계와 문제점을 동반한다.[11]

문화적 타자의 두 가지 모델—비문화 vs 반문화

앞서 지적한 문화 모델의 기본 속성에 따르면, 문화에 관한 개념적 정의는 언제나 '문화 아닌 것'과의 대립에 기초한다. 즉 문화는 '문화 아닌 것'과의 대립을 통해 일정하게 '경계'(틀)지어진 어떤 닫힌 영역으로서 자신을 드러내는 것이다. 그리고 바로 이 닫힌 영역이 그것 외부의 열린 영역을 배경으로 해서 '기호적 체계'로서 등장하는 것이다. 그런데 흥미로운 것은 로트만이 바로 이 '문화 아닌 것'의 양상을 두 가

---

11) 로트만 기호학의 후반기에 등장할 '기호계'의 개념은 바로 이런 문제점에 대한 이론적 대응의 성격을 띤다. 더 이상 안과 밖의 나눔이 불가능한 무한의 공간, 상이한 언어와 다양한 기호체계의 존재와 기능을 위해 '선재'하는 기호학적 조건이라고 할 수 있는 이 개념을 통해 대립적 경계를 통한 문화 모델의 한계가 극복된다. 이에 관해서는 이 책의 제4부 제10장을 참조.

지의 상이한 유형, 즉 "비문화(некультура, nonculture)"와 "반문화(антикультура, anticulture)"로 구분하고 있다는 점이다. 문화는 비문화와 대립될 수 있을 뿐 아니라 반문화와도 대립될 수 있다. 각각의 대립은 어떻게 달리 나타나는가?

우선 첫번째 경우에, 조직화된 닫힌 영역인 문화에 대립하는 문화 외부는 비문화, 즉 조직화되지 않는 무질서와 카오스의 영역으로 간주된다. 이때 비문화는 그것이 문화를 이루는 일련의 자질들을 갖고 있지 못하다는 점에서 문화의 바깥, 즉 배제의 대상이 된다. 즉 비문화는 문화의 자질을 결여하고 있기 때문에 비문화이다. 하지만 다른 한편으로 비문화는 항상 자신의 영역 밖으로 팽창하려는 지향을 갖는 문화의 작용력이 미칠 수 있는 '잠재적인' 대상 영역이라는 점에서, '포섭'의 가능 영역이 된다. 즉 이 경우, 비-문화의 영역은 문화적 팽창의 잠재적인 후보지인 것이다.

그렇다면 문화가 비문화가 아닌 반문화와 대립하는 경우는 어떨까? 반문화의 경우에는, '문화 아닌 것'이 조직화되지 않은 혼돈의 영역으로 간주되는 게 아니라 '다른' 조직화의 영역으로 받아들여진다. 즉 이때의 문화 아닌 것이란 기호성의 '부재' 영역이라기보다는 오히려 '전도된' 기호성의 영역이다. 이를테면 그것은 문화의 뒤집혀진 유비로서의 '거울상'에 해당한다. 가령 '잘못된' 명칭은 규칙의 위반에 따르는 정보의 왜곡이라기보다는 그 자체로 '다른' 내용, '다른' 정보가 되는 것이다(그것은 '옳지 못한' 게 아니라 문자 그대로 '틀린' 것이다). 문화의 뒤집혀진 유비인 반문화의 영역은 문화와 마찬가지로 나름의 특별한 표현들을 지니며, 이 점에서 '부정성의 기호'를 지니는 문화로 간주될 수 있다. 반문화의 세계는 문명화되지 못한 자연이 아니라 뒤집혀

진 문화 영역, 말하자면 '반세계'에 해당한다.[12]

이로부터 도출될 수 있는 자연스런 추론은 문화적 대립의 두 유형학, 즉 '문화-비문화' 대립의 유형과 '문화-반문화' 대립의 유형이다. 상이한 문화유형은 당연히 서로 다른 세계상을 재현하며, 자기이해 및 타자의 모델링 양상을 달리하게 된다. 로트만에 따르면, 문화-비문화 간의 대립을 특징으로 하는 문화유형은 '구심적'(수축적)이기보다는 '원심적'(팽창적)이며, 상대적으로 '닫혀' 있기보다는 '열려' 있다. 이를테면 그것은 '형식'보다는 '내용'에 중점을 둔 문화로서, 이런 유형의 문화는 '텍스트'보다는 그것을 산출하는 '규칙'에 더 강하게 지향된다.

예를 들어 유럽 고전주의 예술 모델은 문화-비문화 대립 유형의 좋은 사례이다. 고전주의 모델은 무엇보다도 먼저 스스로를 '규칙들의 체계'로서 간주한다. 이 체계 속에서는 선행하는 규칙들에 잘 부합하는 텍스트만이 가치를 지니는 유의미한 것으로 유표화된다. 같은 이유로 규칙을 창조하는 자(비평가)가 실제 텍스트를 창조하는 자(작가)에 대해 지니는 우위가 자연스럽게 가정된다. 한편 고전주의 모델에서 '올바르지 못한' 텍스트는 규칙이 파괴된 텍스트, 말하자면 올바르지 못한 규칙이 사용된 경우로 이해된다. '올바르지 못한' 텍스트는 '옳은' 텍스트들과 동일한 요소들로 이루어져 있지만, 단지 그것들을 결합하는 방식이 전제된 규칙에 부합하지 않는 경우들인 것이다.

---

12) 로트만의 이런 접근이 동시대의 그레마스A. J. Greimas 기호학의 '기호학적 사각형' 모델을 연상시킨다는 점을 알아차리기는 어렵지 않다. 문화(진실된 것)와 비문화(진실되지 않은 것) 간의 대립이 모순 관계(특정 자질의 유무)라면 문화(진실)와 반문화(허위) 간의 대립은 특정 자질의 뒤집혀진 반복, 즉 상반성의 관계이다. 그러나 로트만의 이런 관점은 그레마스가 최초로 이 모델을 정식화(1970)하기 이전에(1967) 이미 문화의 유형학적 구분(중세적 유형-계몽주의적 유형)으로부터 도출된 것이다.

　반면에 문화-반문화의 대립을 특징으로 하는 문화는 상대적으로 '닫혀' 있는 수축적 유형이다. 그것은 '내용'보다는 '형식'에 중점을 둔다. 형식이 달라지면 내용도 달라지기 때문에 같은 내용을 상이한 형식들로 전달할 수 있는 가능성은 현저하게 제한된다. 규칙에 지향된 앞선 경우와 달리, 이런 문화유형은 '규칙'이 아닌 이른바 '정전 텍스트 canon들' 자체에 더 강하게 정향되어 있다.

　문화 아닌 것이 반문화로 받아들여지는 경우와 비문화로 받아들여지는 경우의 차이는 '악마'에 대한 마니교적 이해와 아우구스티누스적 이해의 차이에서 확인된다. 로트만에 따르면, 전자의 이해 속에서 악마가 악한 의도를 지닌 채 목적의식적으로 인간에 반하는 나쁜 힘을 행사하는 특정한 존재자로 간주된다면, 후자의 이해 속에서는 인간의 나약함 때문에 인간에게 해를 끼치게 되는 모종의 눈먼 힘으로 간주된다. 전자의 경우, 악마가 '뒤집혀진 신의 의지'(반문화)라면, 후자의 경우에 그것은 '무정형의 엔트로피'(비문화)다.

　여기서 말하는 '문화-반문화 대립'의 유형이, (문화 '외부'의 타자를 규정하는 방식에서), '문화-비문화 대립'의 유형에 비해 더욱 고대적이고 원형적인 양상을 띤다는 점은 쉽게 알아차릴 수 있다. 반문화는 원칙적으로 문화의 영역과 구분되는 반세계로서 자신의 고유한, 더 정확하게는, '뒤집힌' 시간과 공간, 그리고 행위 규범들을 지닌다. 예를 들어 반세계의 주체들(악마, 마법사)은 낮이 아닌 밤에 활동하며, 상부(/중심)가 아닌 하부(/주변)에 위치한다. 그들의 집은 反-집(즉, 숲)이고 그들의 태양은 反-태양(즉, 달)이다. 그들의 행위 규범은 뒤집힌 행위, 즉 반-행동이다. 반문화의 세계는 문화의 세계와 뚜렷하게 구분되는 '다른' 세계이지만 동시에 그것은 문화의 뒤집혀진 '반복'이 된다.

이에 반해 문화의 '외부'를 비문화로 간주하는 입장에 따를 때, 타자는 '틀린' 것, 즉 '달라서 잘못된' 것이라기보다는 (다만 한시적으로) '옳지 못한 것,' 그러므로 '동일화' 작용을 통해 최종적으로는 포섭되고 교정되어야만 할 그 어떤 '결여'로서 받아들여진다. 이를테면 이런 입장은 나와 다른 '타자'가 결국은 '나'와 같이 될 수 있다는 믿음에 기반하며, 동시에 궁극적으로는 타자 또한 나와 '동일한' 규칙을 소유하고 있다는 믿음에 기초한다(로트만이 이런 유형을 '코드/규칙에 정향된 문화'라고 불렀음을 기억하자). 따라서 이런 입장은 타자를 배척하면서 자아에만 원리적 특권을 부여하는 유아론적 입장이라기보다는 차라리 '내게 보편적인 것은 남에게도 보편적이다'라는 근대적 의미의 상호 주관적 입장에 더 가깝다고 볼 수도 있다(로트만은 이런 유형을 상대적으로 '열린' 문화라고 불렀다).

상호 주관성과 독아론

하지만 문제의 복잡성은 동일한 개념을 원래의 맥락이 아닌 역전된 맥락에서 바라볼 때 완전히 상반된 해석이 가능해진다는 점에 있다. 잘 알려진 바대로, 환원하는 구조로서의 서구적 이성의 자기동일성을 향한 포스트구조주의적 비판의 핵심은 위와 같은 근대적 의미의 상호 주관성이란 기실 '착종된 독아론獨我論'에 불과하다는 지적에 놓여 있다. 예를 들어보자. 서양 문화(문명)의 관점에서 파악된 대표적인 '비문화'인 동양은 그것이 서구적 정신의 '자기비판'을 위한 매우 효과적인 초월적 타자로서 '발견'(발명)되었을 때조차(가령 하이데거, 코제브, 바르트의 '오리엔탈리즘'을 보라), 여전히 서구 문화를 구성하는 어떤 근본적 자질들을 '결여'하고 있다는 사실로서 유표화된다. 이 경우 결여는 그 자체로 긍정성의 기호가 되며, 극단적인 경우 이렇게 '구성된' 긍정적인 타자는 부정적인 주체의 지배 규범을 전복한 형태, 즉 그것의 뒤집혀진 반복('반문화')으로 받아들여진다. 어떤 점에서 '자기반성적 장치'로서의 이런 타자는 현존하는 실제의 타자, 기존하는 구조(체계)의 '변형된' 모델을 통해서는 결코 인식될 수도 인정될 수도 없는 진정으로 '낯선' 타자와 직면하는 것을 사전에 차단해주는 고도의 보호막에 불과할 수도 있다.

다른 한편으로 '닫힌' 중세로부터 상대적으로 '열린' 근대(계몽주의)로의 이행을, 로트만적인 의미에서 반문화 유형으로부터 비문화 유형으로의 이동으로 받아들인다면, 이는 또 다른 차원의 비판적 견해로부터 자유롭지 않다. 가령 전근대 문화의 대표적인 반문화라고 할 수 있는 '광기'가 18~19세기를 거치며 어떻게 자신의 본연적인 긍정성(창조성, 육체성)을 상실하고 병리학적 차원에서의 '비-정상'으로 탈바꿈하게 되었는지에 관한 푸코의 분석은, 문화적 타자의 비문화화가 수반하는 노회한 전략을 분명하게 보여준 바 있다. 광기는 그것이 부분적인 결여(비-문화), 즉 한시적인 '병'으로 간주되는 그 순간부터 교정(/치료)과 통제(/감금)의 대상이 된다.

결국 "문화는 외부의 혼돈과 투쟁하고 있을 뿐만 아니라 그것을 필요로 하며, 따라서 문화는 혼돈을 파괴하고 있을 뿐만 아니라 그것을 창조하고 있다"는 로트만의 통찰력 있는 전언은, 문화의 외부는 무엇보다도 문화 자신의 안정성을 위해 고안되며, 종종 그것의 창조는 파괴(무력화)를 위한 수단일 수 있다는 인식에 의해 보완될 필요가 있다.

문화유형론과 문화사 기술

주지하다시피, 문화의 메타모델을 유형학적 대립 구조로 기술하고자 시도한 '문화유형론'의 이런 기획은 그와 같은 메타모델을 러시아 문화사의 실제 텍스트들에 적용한 문화사 기술의 시도로 이어진 바 있다. 로트만 기호학의 중기(1970년대 중반)에 해당하는 이 시기의 연구는 한 평자에 의해 '기호학적 역사주의'로 불린 바 있다. 이 시기의 '문화사 연구'는 사실 구조시학과 사회심리학, 그리고 인류학이 뒤섞인 복합 학제의 성격을 띠고 있다. 그것은 주로 러시아 역사의 전개를 기호적 패러다임의 교체 과정으로 기술하는 '문화사 모델' 연구와, 특정 시기 인간들의 일상적 행위를 문화체계 내에서 작동하는 문화적 코드들을 통해 읽어내는 '행위시학' 연구에 집중되어 있다.[13]

가령 문화유형론의 적용을 향한 최초의 진지한 시도라고 할 수 있는 논문 「기호와 기호체계의 문제와 11~19세기 러시아 문화의 유형론」(1970)에서 로트만은 '의미론'과 '통사론'이라는 두 가지 잣대에 근거해 문화체계를 네 가지 형태로 유형화했다. 또 1977년에 발표한 「러시아 문화의 역학에 있어 이원적 모델의 역할」에서는 중세로부터 18세기에 이르는 러시아 문화사의 전개를 모종의 원형적 모델("이원적 구조")의 역동적인 변형 과정(즉, 자기기술 모델의 교체 과정)으로 분석함으

---

13) 이 연구의 주요 저작들은 우리말로 번역되어 있다. 유리 로트만 외, 『러시아 기호학의 이해』, 민음사, 1993. 로트만의 '행위시학'에 관한 상세한 소개와 분석은 김수환, 「텍스트 이론에서 문화시학으로: 로트만의 '행위시학' 방법론을 중심으로」, 『러시아어문학 연구논집』 제18집, 2005, 103~35쪽을 참조.

로써, 이른바 러시아적인 문화유형이 갖는 특수성을 훌륭하게 정식화해 보여준 바 있다. 문화를 유형학적 대립의 양상으로 기술하려는 이런 기획은 이후 러시아와 서구의 문화유형을 각기 '종교적' 체계와 '마법적' 체계로 대별하고자 시도했던 논문 「문화의 원형적 모델로서의 '계약'과 '헌신'」(1981)에서도 계속 이어졌다.[14]

이 논문들에서 확인되는 지대한 설명력과 예리한 통찰은 재론의 여지가 없다. 로트만의 분석은 민족 문화를 위시한 모든 개별 문화(가령 특정 시기의 문화)가 자신의 정체성을 확립하는 과정에서 행하는 범주적 조작(즉, 내 것과 남의 것을 구분하고 그들 간의 가치론적 위계를 설정하는 행위)의 메커니즘을 선명하게 드러내 보여줄 뿐 아니라 역사적 과정에 참여하는 주체들의 '주관적' 의지와 그것이 문화의 전체 맥락에서 '객관적으로' 획득하게 되는 의미 사이의 역설적인 차이를 설득력 있게 논증한다.[15]

---

14) 1978년에 우스펜스키와 함께 발표한 「러시아 문화의 역학에 있어 이원적 모델의 역할」에서 로트만은 중세에서 18세기에 이르는 러시아 문화사의 전개를 모종의 원형적 모델의 역동적 변형 과정으로서 제시한다. 이때의 원형적 모델이란 원칙상 대립되는 두 문화 영역의 '양극적 배치'로 실현되는 러시아 문화의 '2원적 구조'를 가리킨다. '가치론적 중립지대'로서의 3항을 알지 못하는 이런 2원적 구조는, "미래의 시스템을 산출하는 구조적 비축 영역"을 보존함으로써 과격한 단절이 아닌 모종의 연속성을 보장하는 서구의 3원적 구조와 대비된다. 가령 천국과 지옥만으로 이루어진 정교의 체계는 서구 가톨릭 체계의 제3항, 즉 연옥을 알지 못한다.

15) 1980년대 중반에 문화유형론 및 (러시아) 문화사 기술과 관련된 로트만의 연구물들이 집중적으로 영역되었다. Iury M. Lotman, Lidiya Ya Ginsburg, & Boris A. Uspensky, *The Semiotics of Russian Cultural History*, edited by Alexander D. Nakhimovsky and Alice Stone Nakhimovsky, Ithaca and London: Cornell University Press, 1985; Ju. M. Lotman and B. A. Uspenskij, *The Semiotics of Russian Culture*, edited by Ann Shukman, Michigan Slavic Contributions, No. 11, Ann Arbor: University of Michigan, 1984; Morris Halle et al. (eds), *Semiotics. Semiotics and the History of Culture, In Honorem Georgii Lotman*, Michigan Slavic Contributions, No. 10, Ann Arbor:

지금껏 살펴본 문화유형론 관련 내용을 요약해보자. 로트만의 문화유형론은 세계 질서의 구성 자체가 필연적으로 공간적 구조를 기반으로 사고될 수밖에 없다는 것, 그리고 공간적 모델링은 그 세계상의 표현을 위한 매우 효과적인 수단으로 사용될 수 있다는 생각에 기초한다. 여기서 다음의 사실을 재차 강조할 필요가 있다. 유형론적 접근이란 문화에 대한 '내재적 기술 방식'이 지니는 한계에 대한 반성적 대안일 뿐만 아니라(내재적 기술은 비교를 위한 타자를 갖지 않는다), 자연언어로부터 차용되지 않은 독자적인 기호 메커니즘을 지니는 '또 다른 메타언어'를 창출해야 할 필요성에서 출발한 논리적 결과였다.

공간적 언어로 표현된 문화 모델에 관한 로트만의 생각이, 자연언어를 문화기술의 유일한 메타언어로 삼는 기존의 언어 중심적 접근법에 대한 반성적 거리 두기와 '함께 가는 것'이었다는 사실은 아무리 강조해도 지나치지 않다. 이미 1971년에 발표한 논문 「문화의 기호학적 메커니즘에 관하여」에서 벤베니스트의 입을 빌려 이를 우회적으로 표현한 바 있는 로트만은, 1977년의 논문 「집단적 지성으로서의 문화와 인공지능의 문제」에 이르면 기존 입장과의 확실한 '거리'를 명백하게 단언한다.

University of Michigan, 1984. "구조시학과 사회심리학, 그리고 인류학이 합쳐진 새로운 학제"라는 평가와 함께 이 연구들은 영미권의 관심을 받았고, 이른바 구조시학 이후의 '두 번째' 로트만의 도래로 받아들여진 바 있다. 이에 관해서는 D. Shepherd의 서평을 참조. "Lotman, Iu. M., Ginsburg, L. Ya., and Uspensky, B. A. *The Semiotics of Russian Cultural History* (Book Review)," *Slavonic and East European Review*, 64:3(1986:July), pp. 453~56.

　　문화기호학은 스스로를 독자적인 학문 분야로 인식하기 시작한 순간
부터, 문화의 복수언어적 구조의 기능적인 필연성을 설명해야 할 필요
성에 직면하게 되었다. 문화의 자료에 기호학적 방법을 적용하려는 시
도는 첫 단계에서 '사회적 삶의 내부에서 기호들의 삶을 연구하는 과학'
이라는 소쉬르의 유산을 실현하는 것으로서 구현되었다. "우리는 이를
기호학이라 부를 수 있을 것이다"라고 소쉬르는 결론지었다. 이 단계는
문화의 다양한 '언어들'을 언어적-기호학적 방법론을 통해 기술하려는
과제에 역점을 두었다. 그 결과, 기호학적 대상인 사회적 커뮤니케이션
의 다양한 체계를 아우르는 모종의 단일체를 구축하려 했다. 〔……〕 그
렇게 해서, 주요한 관심은 다양한 체계의 단일성을 드러내는 것, 문화의
다양한 언어를 메타 차원에서 단일한 〔대문자〕 언어로 나타내려는 것에
집중되었다. 이 단계에서 문화 연구는 단지 흥미로운 예증을 제공하는
영역이었을 뿐, 독자적인 학문 분과가 되지는 못했다. (1977a〔2008〕:
211~12)

　　하지만 로트만의 사고가 이 지점에 이르기까지, 그러니까 '독자적인
학문 분과'로서의 문화기호학에 관한 자의식에 도달하기까지는 여전히
많은 과정을 거쳐가야만 한다. '공간'에 관한 사유는 그 중요한 길목에
해당한다. 다시 강조하건대 "공간적 모델링"은 로트만에 의해 문화의
유형과 내용을 기술할 수 있는 '의미론적 모델'로서 간주될 뿐만 아니
라 고유한 '통사론적 구조'를 지니는 일종의 형식적 체계, 즉 '언어'로
서 사유되고 있다. 만일 공간적 모델링 개념이 형식적 체계의 언어로
서 간주될 수 있다면, 이 개념을 일종의 예술적 언어의 자격으로 실제
문학 텍스트에 적용시킬 가능성이 무리 없이 마련된다. 앞선 도상성의

경우가 그랬듯이, 공간적 모델링은 다름 아닌 '문학 텍스트'의 분석을 통해 그 이론적 중대성과 실제적 효용성을 동시에 증명한다. 공간적 모델링의 개념은 문화 모델뿐 아니라 문학 텍스트의 문제를 거쳐가야만 하는 것이다.

문학언어로서의 '공간'—고골의 예술 공간

공간의 언어를 어떻게 문학과 연결할 수 있을까? 시와 도상성을 연결시킨 앞선 푸시킨의 경우에서처럼, 공간성의 문제는 구체적인 창작 세계를 통해 해명된다. 푸시킨의 뒤를 잇는 19세기 러시아 작가 니콜라이 고골Nikolai Gogol의 창작은 '예술적 언어'로서의 공간 개념을 가장 잘 보여주는 실례에 해당한다. 1968년의 논문 「고골 산문에서 예술적 공간의 문제」에서 로트만은, 고골의 창작에서 예술적 공간은 인물들의 행위가 펼쳐지는 단순한 배경에 머물지 않는다고 주장한다. 고골 세계의 공간은 다양한 예술적 모델의 구축을 위한 모종의 형식적 체계로서 나타나며, 그런 의미에서 작가의 사유를 표현하기 위한 일종의 '추상적 언어'에 해당한다. 고골의 예술적 공간은 "문자 그대로 유표화되어 있는"바, 가령 톨스토이처럼 공간적 관계를 인물들의 도덕적 위상을 표현하는 '메타포적' 수단으로 사용하는 경우와도 구별된다.

톨스토이의 소설에서 인물들의 도덕적 특징은 그에 상응하는 예술적 공간의 유형과 은유적으로 대응된다. 예를 들어 움직이지 않는 인물("자기 공간을 갖는 인물")은 변화를 겪지 않는다. 그는 그럴 능력이 없거나 아예 필요성을 느끼지 않는다. 어디에 있건 항상 자신의 고유한 공간을 지니고 있기 때문에 사실상 '다른' 공간에 위치할 수 없기 때문이다. 소설『카자크인들』의 벨레츠키 공작은 스타니츠에서조차 그에게 어울리는 공간 유형인 모스크바의 사교계를 '가지고 다닌다.' 또한『전쟁과 평화』의 플라톤 카타예프는 프랑스군에 포로로 잡혔을 때조차 러시아의 시골을 '품고 있다.' 다른 한편 "움직이는 인물"도 있다. 그는 흔히 금지로서 나타나는 일정한 경계를 넘어 다른 공간으로 '이월'을 감행하는 인물이다. 이런 이월을 통해 그는 내적 진화를 겪는다.『전쟁과 평화』의 피에르 베주호프나『안나 카레니나』의 콘스탄틴 레빈이 바로 그와 같은 '길을 가진 인물'에 해당한다. 또한 예측 불가능한 자유로운 움직임을 통해 공간의 관례적 경계를 무시하고, 결국에는 개성의 내적 잠재력을 실현하는 경우도 있을 수 있다. 대표적으로 '하지-무라트'가 바로 그런 경우에 해당한다(1968b:417~18).

하지만 로트만에 따르면, 고골의 예술 세계에서 공간은 톨스토이의 경우와도 다르다. 문제는 고골에게 공간적 관계는 다양한 내용적-주제적 의미를 표현하는 특수한 예술적 모델에 그치는 게 아니라 작품 자체의 기반에 놓인 모종의 '추상적 언어'에 해당한다는 점이다. 공간적 관계의 체계는 고골 창작의 심층 구조 속에 편입되어 창작적 진화 과정 전반에 걸쳐 일종의 불변 형식으로 기능한다. 고골에게 공간Spatium이란 단지 은유가 아니라 문자 그대로 유표화되어 있는 것이다.

이항 대립적 공간의 언어 — 일상 vs 환상

이와 관련해 살펴봐야 할 것은 고골의 작품에서 의미론적 내용의 변화와 더불어 창작 과정 전체에 걸쳐 견고하게 유지되고 있는 "이항 대립적 공간 구조"이다. 먼저 『지칸카 근촌 야화』에 등장하는 첫번째 이항 대립인 일상적 공간 대 환상적 공간이 있다. 이 대립은 『미르고로드』에 이르러 다양한 이항 대립으로 변모한다. 가령 『옛 기질의 지주들』에서는 외적 공간 대 내적 공간의 대립으로, 『두 이반이 싸운 이야기』에서는 나(자신)의 공간 대 너(타자)의 공간의 대립으로 변주된다. 다시 『페테르부르크 이야기』에 이르면 상트페테르부르크라는 구체적인 지리적 공간 대 내용성을 완전히 탈각해 단순한 허구적 현실이 되어버린 독특한 관료주의적 세계 간의 대립으로 바뀐다. 마침내 『죽은 혼』에서 고골은 러시아 자체에 예술적 우주의 성격을 부여하면서, 이제껏 복잡하게 교직되어온 모든 예술적 공간 유형을 단일한 체계로 종합해낸다. 이렇듯 고골의 예술 텍스트에서 공간적 관계의 언어는 마치 여러 언어로 동시에 말하는 예술적 다성학처럼, 여타의 의미론적 체계들을 자신에게 종속시키는 일종의 '지배적 언어'로서 기능하고 있다.

그런데 고골의 작품에는 창작 전반의 지배소로 작용하는 공간적 언어의 특성을 잘 보여주는 또 하나의 특징이 있다. "현실적인 것"과 "환상적인 것"의 예술적 대립이 그것이다. 잘 알려져 있듯이, "현실성과 환상성의 독특한 뒤섞임"은 고골 작품 세계의 가장 큰 특징 중 하나이다. 유리 만Yuri Mann의 저명한 연구가 잘 보여주듯이, 이 현상은 단일한 양상으로 나타나지 않으며 여러 작품에서 다양하게 변형된다. 즉 텍스트 구조를 일정하게 변화시키면서 그 자체로 '진화'의 과정을 겪는 것이다. 흔히 지적되듯이, 고골의 후기 작품에 이르면 "환상성의 거절"이 나타나지만, 엄밀히 말하면 환상성의 예술적 효과가 사라지지 않은 채 오히려 강화되는 양상을 보여준다. 유리 만의 표현을 빌리자면, 그것은 "환상적이지 않은 환상성"[16]의 모습을 띠고 있다.

고골의 창작에서는 환상성의 세 가지 발전 단계를 확인할 수 있다. 주로 『지칸카 근촌 야화』에 해당하는 초창기에 고골은 환상성을 과거 세계에 할당하고 현실 세계에는 그것의 흔적만을 남겨놓는다. 『페테르부르크 이야기』를 비롯한 다음 단계에서는 점차 환상적 세계관의 담지자가 사라져버리고 낭만적 시학이 세심하게 패러디된다. 이후 『죽은 혼』에서 환상성은 이미 환상적 세계에서 벗어나 현실 자체를 향하는 바, 즉 환상이 '일상' 내부로 깊숙이 파고 들어가 사물과 인간 행위, 그들의 말하는 법과 생각하는 법 속에 스며드는 것이다. 이렇게 해서 결국 환상성 자체는 보존된 채로 "환상적이지 않은 환상성"이 획득된다.

당연하게도 로트만의 연구에서 고골의 환상성과 현실성은 창작적 진화의 전 과정에 걸쳐 공존하는 두 세계, 즉 서로 유사하면서도 상이한 두 개의 '공간'으로서 나타난다. "이 세계는 매우 닮았다. 하지만 그들의 닮음은 단지 외견상의 것일 뿐이다. 동화적 세계는 일상적 세계의 마스크를 쓴 채 그 흉내를 내고 있는 듯하다. 〔……〕 동화적 세계는 일상적 공간의 '외피를 덮어쓰고 있다.' 그러나 분명 용량의 차이를 보인다. 그것은 파열되고, 찌그러져 있으며, 뒤틀려 있는 것이다"(1968b: 420). 공간적 특성을 띠는 이런 대립은 이후에도 보존되는바, 『페테르부르크 이야기』에서는 뒤집혀진 형태를 취한다. "일상적 세계가 카오스로 변하는 순간, 그것은 환상성에 비해 결코 덜 환상적이지 않다"(1968b: 436). 가령 "코는 곧장 두 가지 공간으로 들어간다. 이항 대립 하에서 '현실적인 것'으로 받아들여지는 일상적 공간으로, 동시에 모든

---

16) Ю. В. Манн, Поэтика Гоголя, М., 1978.

148

것이 허위가 되어버리는 가상적 세계로 들어가는 것이다"(1968b:439).
이때 흥미로운 것은 "모든 종류의 공간적(시각적) 상상을 결정적으로
파괴해버리는" 공간적 구체성의 극단적인 '비결정성'(우리는 '코'의 크
기를 절대 구체적으로 떠올릴 수가 없다)을 배경으로, 현실성 그 자체가
모종의 환상성을 획득하게 되어, 급기야는 무언가 기이하고 이해할 수
없는 것이 되어버린다는 점이다. 만일 가장 '믿을 수 없는 일들'이 '명
명백백한' 현실성 안에서 벌어진다면, 그 환상성은 이미 환상적이지 않
은 것이 된다. 마르코비치의 언급은 바로 이 점을 지적하고 있다. "『페
테르부르크 이야기』에서는 환상적인 것과 현실적인 것이 서로 지나치
게 닮은 나머지 그들을 구분하는 것 자체가 불가능하다."[17]

　생전에 쓴 마지막 논문 「고골의 리얼리즘에 관하여」(1993)에서 로트
만은 이 두 현상의 상호 교차를 다음과 같이 요약했다. "일반적으로 고
골적인 '리얼리즘'이라 불리는 것은 사실 일상 속으로 들어간 판타지이
다. 반면 젊은 고골의 환상적 산문은 판타지 속으로 들어간 일상이다.
작가적 억양의 강조점은 바뀌었지만 근본은 그대로이다. 슈제트의 근
원에 놓여 있는 것은 언제나 독특한 사건인 것이다"(1993a:709). 결국
얻게 되는 결론은 무엇인가? 고골이라는 예술가의 고유한 작가적 세계
관, "독특한 사건의 감각"이라는 말로 요약될 수 있는 그의 '세계상'을
가장 효과적으로 표현하기 위한 최적의 수단은 다름 아닌 '공간적 관계
의 언어,' 특히 그것의 이항 대립적 형식이라는 사실이다.

---

17) В. М. Маркович, Петербурские повести Гоголя, СПб., 1989, с. 19.

고골의 예술적 시각—연극적 코드

고골의 예술적 공간에서 흥미롭게 다가오는 또 하나의 문제가 있다. 그것은 고골의 '예술적 시각vision'의 특이성이다. 고골의 예술적 시각이 형성되는 데 연극 및 조형예술이 현저한 영향을 미쳤다는 사실은 잘 알려져 있다(희곡 작가이기도 했던 고골은 어린 시절부터 연극애호가였던 아버지의 영향을 많이 받았다). 고골적 서사의 상당 부분은 '연극적 에피소드'의 언어적 전사에 해당한다. 뿐만 아니라 그는 종종 장면을 묘사할 때 조형적 수단들을 사용해 일종의 '그림'처럼 그려내곤 했다. 희곡 「검찰관」의 유명한 마지막 장면(모든 배우가 한순간 얼어붙은 것처럼 정지하는 장면)은 한 예이다. 고골적 서사의 독특한 특징인 '연극적 이미지'는 '인물들의 행위를 정지시키고'(벨르이의 표현을 빌리면 "운동성의 살해"[18]), 그것을 '포즈로 만들려는' 경향에서 잘 드러난다.

그런데 로트만은 이와 관련해 다음과 같은 흥미로운 언급을 한다. "고골은 마치 서사와 실제 사건 사이에 연극을 놓아두는 듯하다"(1968b: 421). 그러니까 고골의 경우에, 현실이 먼저 극장의 법칙을 따라 형성되고, 그다음에 서사로 바뀌는 것이다. 그리고 바로 이 점이 문학 텍스트에서 완전히 특수한 공간적 관계의 언어를 만들어낸다. 이 언급은 심오한 의미를 지니는데, 왜냐하면 대단히 흥미로운 하나의 문화적 사례, 즉 삶, 연극, 회화로 이루어진 '삼각형'의 문제를 건드리고 있기 때문이다.

---

18) А. Белый, Мастерство Гоголя, М., 1934, с. 169.

1979년 「극장적 언어와 회화: 도상적 수사의 문제에 부쳐」라는 논문에서 로트만은 극장의 문화적 위상을 다음과 같이 정의했다. "연극은 삶의 비분절적인 흐름과 조형예술의 전형적인 '정지된' 순간들의 분절 사이에서, 일종의 중간적 위치를 점하고 있다"(1979a:614). 그리고 연극의 그와 같은 중간적 위상이 "한편으로는 연극과 인간의 실제 삶 사이에서, 다른 한편으로는 연극과 조형예술 사이에서 벌어지는 끊임없는 코드 변환을 결정한다"(1979a:614). 즉 연극은 삶과 그림 사이의 중간 어딘가에 존재하는 것인데, 바로 그렇기 때문에 삶과도, 또 그림과도 계속적인 몸 섞기('코드 변환')를 수행한다는 뜻이다. 훗날 바로 이런 흥미로운 몸 섞기의 문제는 로트만의 특별한 고찰 대상이 되었다. 삶과 연극 사이의 코드 변환 문제는 「19세기 초반 문화의 지층에서 연극과 연극성」(1973)에서, 그리고 연극과 조형예술 사이의 코드 변환 문제는 「19세기 초반 인간들의 문화적 행위의 코드화 기제로서의 극장과 회화」(1973)에서 각각 집중적으로 다루어진다.

연극과 회화의 근접성은 연극이 정지된 분절적 국면들을 분할한다는 사실에서만 드러나는 것이 아니다. 그것은 연극 공간의 원칙적인 "제한성(닫힘)"에서도 나타난다. 막과 장으로 나뉜 연극적 우주는 독특한 "닫힌 세계"를 이루며, 모든 행위는 이 닫힌 공간 내에서 이루어진다. 닫힌 무대의 법칙이 위반되는 사례, 가령 피란젤로의 연극처럼 관객석을 향한 이월이 발생하는 경우들은 단지 그런 위반을 구조적으로 유표화함으로써 법칙 자체를 강화하고 있을 뿐이다. 무대 공간의 명확한 경계는 회화에서처럼 연극에 '보편성'을 부여한다. 그러나 다른 한편으로, 연극적 스펙터클은 명백한 파편, 즉 텍스트의 부분을 구성하는 '장면'으로 분할된다. 보편적 총체로서의 연극 세계는 동시에 개별 부분으로 이루어진 통사론적 연쇄로서 나타나는 것이다.

이로부터 내릴 수 있는 결론은 무엇인가? 그것은 고골의 작품에서 회화적 조형성을 문학적 서사와 섞어놓는 독특한 '코드화 체계coding system'로서 작동하는 것이 다름 아닌 '연극성'이라는 것이다. 연극적 코드가 이른바 중간적 위치를 차지하고 있고, 그런 의미에서 혼합적 특징을 갖기 때문에, 공간의 모델링에 변별적 특징을 부여하면서 예술적으로 유표화한다. 즉 "에피소드가 일상적·연극적·회화적·문학적 구현을 통해 동일시됨으로써 다양한 공간적 모델링의 특수성이 부각되는 것이다"(1968b: 420).

공간의 언어 — 문학의 '타자'

지금껏 살펴본 것처럼, 고골 작품 세계의 예술적 공간에 관한 로트만의 논문은 공간 범주가 고골의 창작에서 갖는 중대한 예술적 의미를 해명할 것을 목표로 한다. 그러나 이와 더불어 그것이 "공간적 모델링" 개념 자체와 관련된 지극히 이론적인 성격을 띠고 있다는 점을 지적하지 않을 수 없다. 논문의 마지막 단락은 이를 극명하게 보여준다.

이미 언급했듯이, 공간적 관계의 언어는 예술적 모델링의 유일한 경우는 아니다. 그러나 그것은 1차적이고 근본적인 것이라는 점에서 매우 중요하다. 흔히 시간적 모델링조차도 공간적 언어 위에 구축된 2차적인 상부 구조로서 나타난다. (1968b:447)

재차 강조할 것은 로트만이 여기서 다름 아닌 '문학작품'의 분석을 통해 위와 같은 결론을 이끌어내고 있다는 점이다. 일반적 견해에 따르면, 조형예술이 '공간' 범주와 관련되는 반면, 언어예술인 문학은 무엇보다도 먼저 '시간' 범주와 관련된다. 어떤 면에서 공간에 대한 시간의 우위는 문학의 질료인 자연언어 자체에 이미 전제되어 있다고 할 수 있다. 일련의 기호체계 가운데 자연언어를 특징짓는 속성은 언어적 표현이 공간을 시간 속에서 표현한다는 근본적 사태에서 유래한다. 모든 공간적 관계, 나아가 시각의 대상이 되는 모든 종류의 현실적 상(像)은 언어적 묘사로 전환되는 순간 이미 '시간 속에서 전개되는 순차성'의 형태를 띤다. 소쉬르가 단언한 대로, 청각적 기호 표현의 요소들은 하나의 "음성적 사슬chain"을 형성하면서 시간 축을 따라 연쇄적으로 이어지며, 복수의 조음된 단어는 결코 '동시에' 발음하거나 인지할 수 없는 것이다.

하지만 로트만의 전형적인 역설은 여기서도 적용된다. 무슨 말인가? 문학에서 시간 범주가 지배적이라는 바로 그 사실, 바꿔 말해 공간이 주변화된다는 바로 그 사실이 문학에서의 공간 표현에 최대치의 '비결정성'을 부여한다. 문학에서 공간 범주가 주변화된 '타자의' 영역이라는 바로 그 사실이 그것이 지니는 잠재적 가능성에 관한 논의를 유효한 것으로 만들어주는 것이다. 예술의 구조적 잠재성은 어디에 존재하는가? 이에 대한 로트만의 변함없는 답변은 다음과 같다. 그것은 자유롭게 '선택'할 수 있는 가능성의 지점, 그럼으로써 그 선택을 '의미심장한 것'으로 만들 수 있는 지점에 존재한다.

요컨대 문학 텍스트에서 "공간적 언어가 1차적이고 근본적이다"라는 로트만의 명제는 필연적으로 논쟁적 성격을 띨 수밖에 없다. 어떻게 보면 이 명제는 "문학은 자연언어 위에 2차적으로 구축된 2차 모델링 체계이다"라는 그의 기존 명제에 정면으로 대립되는 것이기도 하다. 본질상 이론적 성격을 띠는 이 문제는 로트만의 두번째 저서 『예술 텍스트의 구조』(1970)에서 온전한 이론적 전망을 얻게 된다. 예술작품의 구성의 문제를 다루고 있는 이 책의 마지막 장에서, 로트만은 다름 아닌 '공간 범주'에 기대어, 문학은 자신만의 언어로 말할 뿐 아니라 자신만의 세계를 창조한다는 점을 증명하고자 시도한다. 공간적 언어의 대표적인 형식이라고 할 '틀'의 문제, 즉 공간적 프레임의 주제가 이 시도의 핵심에 있다. 이어지는 제4장에서 이 문제를 다루어보자.

제4장

문화체계로서의 공간
—텍스트, 사건 그리고 슈제트

　예술적 공간을 향한 가장 기초적인 문제의식은 예술 텍스트가 나름의 방식으로 '제한된' 일정한 공간으로 나타난다는 사실에서 출발한다. "예술작품은 공간적으로 한정됨으로써 비로소 무한한 세계의 모델이 된다. 〔……〕 한정된 공간으로서의 예술작품은 묘사되는 삶의 부분만이 아니라 삶 전체의 총체적 사태를 재현하며, 따라서 무제한적 대상의 한정된 모델로서의 텍스트는 일련의 부분적 대상과 보편적 대상의 동시적인 모델이 된다(1970:204~205).

　당연히 텍스트의 이와 같은 공간적 제한성은 문학보다는 조형예술 장르에서 훨씬 더 두드러진다. 회화에서 '프레임'의 문제가 특별한 의미를 띠게 되는 것은 우연이 아니다. 고골의 예술 공간을 다룬 앞선 논문에서 이미 로트만은 이 문제를 회화와의 유비 속에서 다룬 바 있다.

　가령 창밖으로 보이는 어떤 풍경과 그것을 묘사한 그림의 경우를 비교해보라. 표면적인 동일성에도 불구하고 그것들은 근본적으로 다른 의미를 부여받는다. 유리창에 투영된 영상이 자연현상의 부분적인 재현에 불과한 반면, 그것의 의식적 재현인 '그림'의 경우에는 부분적 묘사가 필연적으로 일정한 보편성을 획득한다. 스스로 자족적인 예술적 구조, 즉 공간적으로 한정된 소세계로 인지되는 순간, 묘사된 풍경은 부분적 대상이 아니라 보편적 대상 전체와 관련되며, 이런 관련 속에서 세계 그 자체의 예술적 모델이 될 수 있게 된다. (1968b:416)

로트만은 그러나 이와 같은 프레임의 형식을 조형예술에 국한된 본질로 보지 않는다. 원칙상 조형예술을 포함한 모든 예술 텍스트는 자신만의 공간과 시간, 독자적인 가치체계와 행위 규범을 지니는 '독립된 세계'로서 우리 앞에 주어지며, 이 점에서 하나의 '자족적인 공간'으로 간주될 수 있다. '프레임'의 문제는 조형예술 텍스트에 국한된 문제가 아니라 재현을 본질로 삼는 예술 텍스트 일반의 문제로서 접근될 필요가 있다. '틀frame'의 기호학이라고 이름 붙일 수 있는 이 문제에 관해 좀더 폭넓은 지평에서 논의해보자.

틀의 기호학

흔히 액자, 틀, 테두리 등으로 번역되는 프레임은 시각예술을 포함한 예술 텍스트에 적용되었을 경우, 무엇보다 먼저 텍스트를 텍스트 외적인 공간으로부터 구분짓는 '경계'로 간주될 수 있다. 그러나 프레임의 기능이 그 이상의 의미를 지닌다는 사실은 그것이 뼈대, 골격, 구조 등을 가리키는 용어일 뿐 아니라, 동사로는 뼈대를 맞추다, 짜 맞추다shape, 구성하다construct 등의 의미를 지닌다는 점에서 이미 확인된다. 프레임은 텍스트의 경계이지만 동시에 텍스트를 텍스트이게끔 하는 어떤 '근본적인 골격'을 말하는 것으로, 가령 시각예술 텍스트의 경우에는, 현실적 대상의 특정한 '복제' 형태를 시각적 '재현'으로 성립하게끔 하는 가장 원초적인 공정에 해당한다.

'짜 맞추기'로서의 프레임이 재현의 문제와 밀접하게 관련된다는 것은 재현 자체가 지니는 본질적인 이중성과 무관하지 않다. 재현은 현실의 반영으로서의 모사이지만 동시에 언제나 현실의 특정한 변형으로서의 '번역'이다. 재현은 닮음의 창조이지만 동시에 그 닮음은 언제나 특정한 방식으로 '구성된' 닮음인 것이다.

하지만 프레임이라는 용어와 개념이 재현의 문제와 관련해 의미심장한 이론적 함축을 지니기 시작한 것은 사실 그리 오래된 일이 아니다. 작품의 외적 경계를 이루는 틀(액자)의 물리적인 현전을 전제로 하는 시각예술(회화) 분야에서조차, 오랫동안 프레임은 독자적인 이론적 성찰의 대상이 되지 못한 채 다만 예술작품 텍스트에 부가되는 잉여적·장식적 요소로만 여겨져 왔다.

그런가 하면 20세기 후반 들어 프레임의 개념은 예술학의 경계를 넘어선 다양한 분과 학문(철학, 사회학, 커뮤니케이션학 등)에서 각별한 관심의 대상이 된 바 있다. 예컨대 작품ergon에 부가되는 외적 장식〔틀/액자〕을 의미하는 '파에르곤paergon' 개념을 작품 자체의 존립을 위한 필수적이고 구성적인 계기("대리 보충supplement")로 재규정함으로써, 회화적 프레임의 개념을 해체적 기획의 주요 지점으로 부각시켰던 데리다의 논의[1]나, '상징적 상호 작용론'의 관점에 입각해 인간의 사회적

행위에 작용하는 문화적 규범 및 가치들을 일종의 소통적 프레임으로
파악하고자 했던 사회학자 어빙 고프만의 논의[2] 등은 그 대표적인 예
라고 할 수 있다.

프레임이라는 개념과 용어의 이와 같은 폭넓은 학제적 적용은 이 개
념이 지니는 문제적인 성격, 그러니까 이 개념을 둘러싼 인식론적 함
의의 예외적인 폭과 깊이에 기인하는 것이다. 틀(짓기)로서의 프레임
은 선택과 구획, 그리고 (재)배치를 통한 모든 종류의 개념적 사유 형
식을 대표하는 '원형적 모델'로서 간주될 수 있다. 지금껏 자명한 것으
로 여겨져 왔던 모든 종류의 개념적 체계(틀)의 존재 방식을 더 근본
적인 차원에서 의심해보고, 그러한 존재론적 자명성의 기저에 놓인 인
식론적 전제 자체를 '재기술'할 것을 지향하는 현대 인문학의 지배적인
경향 아래에서, 프레임은 그저 개념화를 위한 형식적 체계에 그치지
않고, 비판적 분석과 재규정을 필요로 하는 긴요한 '이론적 대상'이 되
었다.

그러나 다양한 학제적 분야를 아우르는 틀 개념의 이와 같은 문제적
성격과 더불어 반드시 강조해야 할 것은 프레임이라는 개념과 용어가,
무엇보다 먼저 현실을 재현하는 예술적 모델을 위한 가장 기본적인 형
식을 가리킨다는 점이다. 프레임은 특정한 '매체적' 수단을 통해 현실
을 '대체'함으로써, 그것을 '상징'하고자 하는 재현체계system of repre-
sentation 일반이 공유하는 필수적 자질인바, 바로 그 점에서 프레임은

---

1) J. Derrida, "The Paergon," *The Truth in Painting*, Chicago: University of Chicago
   Press, 1987〔*La vérité en peinture*(1978)〕.
2) E. Goffman, *Frame analysis: An Essay on organization of Experience*, Northeastern,
   1986.

'기호학적 접근'의 정당한 대상이 될 수 있다. 주지하듯이 기호학은 기호적 (대체) 수단을 통한 상징적 재현의 메커니즘을 해명할 것을 기본 목표로 삼기 때문이다. 예술 텍스트에서 프레임이 행하는 구성적 기능의 문제를 해명하기 위한 본격적인 시도가 이미 30여 년 전에 마이어 샤피로의 저명한 (시각)기호학적 접근에서 '최초로' 개시되었다는 사실은 이런 점에서 매우 시사적이라고 할 것이다.[3]

앞서 지적했듯이, 경계로서의 프레임은 현실적 대상의 특정한 복제 형태를 기호학적 재현으로 성립시키는 원동력이며, 이런 점에서 가장 '원초적인' 기호학적 공정에 해당한다. 기호학은 지금껏 재현이 갖는 인식론적 의미에 대한 고찰과 함께, 그러한 재현의 다양하고 구체적인 '방식,' 즉 텍스트의 의미를 창출하기 위한 복잡한 형식적 메커니즘을 해명하는 데 매진해왔다. 따라서 그것은 프레임은 무엇을 의미하는가 (프레임의 철학), 프레임은 무엇을 은폐하는가(프레임의 이데올로기)라는 질문과 함께, 프레임은 (예술 텍스트 속에서) 실제로 어떻게 작동하고 기능하는가(프레임의 수사학)라는 질문에 답하기 위한 유효한 방법론적 도구가 될 수 있다. 요컨대 프레임은 그 자체로 이미 기호(학)적인 현상이며, 기호학은 프레임의 의미와 기능을 고찰하기 위한 가장 유효한 접근법이 될 수 있는 것이다.

---

3) M. Schapiro, "On some problems in the Semiotics of Visual Art: Field and Vehicle in Image-Signs," *Semiotica* 1, 1966, pp. 223~42.

예술적 재현과 프레임

프레임은 예술적 공간의 물질적 '경계'이다. 그리고 그것의 가장 기본적인 기능은 예술 텍스트를 비예술 텍스트로부터 '구분'짓는 것이다. 즉 프레임의 경계 밖에 놓여 있는 것은 주어진 작품의 구조에 포함되지 않는 것, 요컨대 작품이 아니거나 혹은 다른 작품이 된다. 이 구분과 경계가 실제의 물리적 현전과 다를 수 있다는 점에 유의해야 한다.

가령 18세기의 극장에서 특권층을 위한 일등석은 무대의 전면에 위치했기 때문에 일반 관객들은 무대 위의 배우와 함께 일등석 관객들을 보아야만 했다. 하지만 프레임의 내부 공간, 즉 극의 예술적 공간에는 무대 위의 배우들만이 포함되었다. 말하자면 일반 관객은 무대 위의 일등석 관객들을 '보고 있지만' 그러나 그들을 '인식'하지는 않는 것이다. 다른 예로, 일본 전통 인형극에서는 인형의 줄을 조정하는 사람이 관객에게 모습을 보이며 그대로 노출된다. 하지만 이 경우에도 역시 그 사람은 '보이되 보이지 않는 것'으로 간주된다. 그는 인형극 세계의 '외부'로 간주되는 것이다. 또 다른 예로, 삼성전자의 로고가 적혀 있는 세종문화회관의 막(이것은 회관에서 상연되는 모든 극에 이용된다)은 극 텍스트의 경계 밖에 있는 것으로 간주되지만, 공연을 위해 특별히 제작된 '내부 막'은 텍스트의 일부가 될 수 있다.

결국 여기서 중요한 것은 프레임을 통한 경계 설정이 단순히 물리적으로 텍스트와 비非텍스트를 나누고 있을 뿐 아니라 예술 텍스트의 내부 공간을 '구성적으로 확립하는' 기능을 수행한다는 점이다. 한마디로 그것은 텍스트의 구축을 위한 '구조적 기제'로서 기능하는 것이다(바로 이 때문에 프레임의 문제는 예술의 '조건성' 개념과 뗄 수 없이 연결되어 있다).

작품의 주변이나 경계에 부수적으로 덧붙여진 (그런 점에서 단지 작품의 부속물이자 장식물paergon에 불과한) 프레임이 작품이라는 순수한 내면ergon, 즉 내적 완결성을 띠는 예술적 공간을 만들어내기 위한 필수불가결한 전제이자 조건이 된다는 점은 프레임의 역설적인 정체성을 이룬다. 프레임은 필수불가결한 장식물이자 '구성적 보충물'이며, 특정한 예술작품을 시각적 공간 내에서 '자족적인 것'으로 만들어주는 가장 본질적인 기제에 해당한다.

> 프레임을 통해서, 그림은 단지 다른 많은 것 가운데 하나인 어떤 시각적 대상이 아니라 명상contemplation의 대상이 된다. 〔……〕 이렇게 제시된 세계는 완전히 충만하며, 그것 외부에는 아무런 명상의 대상도 존재하지 않는다. 이것은 재현적 구성 내에 자족성autonomy을 확립하는 공정인 것이다.[4]

그렇다면 어떤 예술작품이 (프레임의 작용을 통해) 내적으로 완결된 자족적인 것으로 여겨지게 된다는 것은 정확히 무엇을 뜻하는가? 프레임을 통해 외적 공간과 내적 공간을 분할한다는 것, 틀짓기를 통해 예술적 공간을 한정한다는 것은 예술작품의 '보편성'과 관련해 중대한 의

---

4) L. Martin, "The Frame of Representation and Some of its Figures," *The Rhetoric of the Frame–Essays on the Boundaries of the Artwork*, edited by Paul Duro, Cambridge University Press, 1996, p. 82.

미를 갖는다. 앞선 로트만의 예에서, 창밖으로 보이는 일정한 풍경과 그것을 묘사한 그림은 근본적으로 다른 의미를 부여받는다. 유리창에 투영된 영상이 자연현상의 한 '부분적' 재현에 불과한 반면, 그것의 의식적 재현인 그림은 부분적 묘사임에도 불구하고 필연적으로 일정한 '보편성'을 획득한다. 프레임에 의해 '공간적으로 한정된' 소세계로 인지되는 순간, 묘사된 풍경은 부분적 대상이 아닌 보편적 대상 전체와 관련된 '세계 그 자체'의 예술적 모델이 된다. 이런 점에서 손가락으로 만든 정방향의 사각형을 통해 현실의 장면들을 제한된 화면(프레임)으로 바꿔보는 영화감독들의 직업적 습관은 지극히 논리적인 행위라고 볼 수 있다.

프레임과 상호 매체성

그런데 프레임의 문제에 기호학적으로 접근할 때, 가장 핵심이 되는 질문은 프레임이라는 개념의 '메타(이론)적' 적용 가능성이다. 프레임의 문제를 대하는 '기호학적 문제의식'을 지금껏 주로 시각예술(회화) 분야에 집중되어왔던 기존 논의와 구별하는 가장 결정적인 차이는 이 개념의 상호 매체적intermedia 본질에 대한 이론적 전제라고 할 수 있다. 즉 기호학이 보는 프레임의 수사학은 원칙상 상호 매체적이다. 이런 상호 매체적 관점에 따르면, 회화의 액자뿐 아니라 극장(연극)의 각광, 문학이나 음악작품의 시작과 끝, 영화의 스크린 등은 모두 예술적 재현 양식에 적용될 수 있는 공통 법칙의 다양한 형식이다. 말하자면 그것들은 개별 장르와 매체를 포괄하는 모종의 '기호학적 보편소'의 구체적 발현 양태인 것이다. 이런 관점에서 프레임이라는 용어는 상이한 기호 유형을 질료로 사용하는 이질적인 예술 장르(매체)를 좀더 통합적인 관점에서 고찰해볼 수 있도록 하는 메타-이론적 개념이 될 수 있는 잠재력을 갖는다. 이런 접근이 이질적 매체들 간의 복잡한 교환과 융합의 문제, 즉 '상호 매체성'의 문제에 생산적인 시사점을 제공해줄 수 있음은 당연하다.

다른 한편으로, 이질적인 기호체계들 간의 부딪침과 섞임의 문제를 주시하는 예민한 시선은 개별 매체의 틀 '내부'에서 벌어지는 복잡한 (내적) '틀짓기'의 문제를 해명하는 데서도 마찬가지로 유효하다. 흔히 '프레임 속의 프레임mise en abyme'으로 지칭되는 다양한 구성적 형식(문학의 액자 형식으로부터 연극의 극중극 형식, 영화의 화면 내 프레임에 이르기까지)은 재현의 양태를 '복수화'함으로써 스스로의 매체성을 드러내는 '자기반영적self-referential' 역할을 수행하고 있다. 그런데 자기반영성과 더불어 확인되는 또 하나의 중대한 특징은, 단일한 예술적 공간 내부에서 서로 다른 기호성을 갖는 둘 이상의 부분이 병치될 때 반드시 현실성과 허구성 혹은 자연성과 관례성 사이의 긴장된 상호 관계가 이중화되고 복잡화된다는 점이다.[5] 재현 내부에 또 다른 재현이 자

---

5) 20세기 러시아 작가 미하일 불가코프M. Bulgakov의 소설 『거장과 마르가리타』는 바로 이런 이중적 복잡화의 메커니즘을 잘 보여주는 사례에 해당한다. "텍스트 속의 텍스트"의 전형적인 사례인 이 작품은 두 개의 독립적인 이야기가 장을 달리하면서 순차적으로 진행된다. 현대 모스크바를 배경으로 하는 장들이 명백한 '현실성'의 특징들을 보이는 반면, 고대 로마의 예루살렘을 배경으로 하는 장들은 "비현실성"의 특징을 보인다. 그런데 "일단 현실성과 비현실상 간의 이런 대립의 관성이 구축되고 나면, 이 두 영역의 재설정을 통한 관객과의 유희가 시작된다. 즉 (현실적인) 모스크바의 세계가 오히려 가장 환상적인 사건들로 가득 차게 되고, 반대로 작품 속 주인공인 '거장'에 의해 창작된 '허구의' 세계〔예루살렘 텍스트〕가 엄격한 현실성의 법칙에 따라 그려지는 것이다. 결국 이념적-철학적인 의미에서 이와 같은 '이야기

리할 때(그림 안의 그림, 극 내부의 극, 이야기 속의 이야기), 반드시 둘 중 하나의 기호적 관례성이 강화되는 현상이 동반된다. 여기서 또다시 중요해지는 것은 개별 매체 내부에서 다양한 방식으로 실현되는 여러 프레임 간의 충돌과 교섭 양상을 기호적 혼종성의 관점에서 재검토해 볼 수 있는 가능성이다.

문학 텍스트와 프레임—서사 이론과 문학적 틀

문학 텍스트와 틀은 어떻게 연관되는가? 문학 텍스트를 대상으로 틀의 문제를 논한다는 것은 일견 모순적인 것처럼 여겨질 수 있다. 왜냐하면 그 연결은 불가피하게 다음의 질문들을 동반하기 때문이다. 과연 문학작품의 틀이란 존재하는가? 존재한다면 그 양상과 기능은 무엇인가?

재현 일반의 원초적 구성소로서 프레임에 부여된 역할은 보편적이다. 예술작품의 내부와 외부 공간을 '분리'해 그것을 작품 외적인 세계로부터 '경계'짓고 이렇게 분리된 내부 세계를 '완결'된 의미론적 총체로 바꾸어놓는 틀 본연의 구성적 기능은, 시각예술의 경우와 마찬가지로 문학 텍스트의 경우에도 여전히 본질적이다. 일찍이 르네 웰렉은 고전적 저작인 『문학의 이론』(1948)에서 문학작품을 실제 세계로부터

속 이야기'의 심화는 현실로부터 이탈하여 언어 유희를 향해 가는 것이 아니라, 그 반대로 '보기에 그럴듯해 보이는' 거짓 현실의 세계로부터 벗어나 세계적 신비의 진짜 본질 속으로 진입하는 것으로서 나타난다. 두 텍스트 사이에 거울상의 관계가 수립되는바, 실제 대상처럼 보이는 것은 단지 그 자신이 반영에 불과한 것의 왜곡된 반영임이 드러나게 되는 것이다" (1981b:435).

격리시켜 그것을 자율적이고 자기목적적인 구조로 만드는 틀짓기frame-work의 인식론적 의의와 기능을 강조한 바 있다. 언어 예술작품의 '시작'과 '끝'이 텍스트의 공간적 경계를 지시하고 있을 뿐 아니라 작품 속에서 회화 장르의 틀(액자)에 해당하는 일정한 '구성적' 장치로 기능하고 있다는 사실은 그것의 '종결화 기능'에서 잘 드러난다.

1965년에 발표한 논문 「예술 텍스트에서 '시작'과 '끝' 개념의 모델적 의미에 대하여」에서 로트만은 '시작'과 '끝'의 문제가 문학작품뿐 아니라 문화체계 일반에서 지니는 커다란 의미에 주목한 바 있다. 그에 따르면, 시작과 끝 범주의 독특한 모델링 기능은 훨씬 더 일반적인 문화 모델들과 직접적으로 관련된다. 즉 "명백하게 시작을 지향하는 문화"와 "끝을 지향하는 문화" 간의 유형학적 구분이 가능하다. 전자에는 시작을 유표화하는 많은 신화와 중세 텍스트가, 후자에는 끝을 유표화하는 갖가지 종말론적 유형의 텍스트가 속한다(1965b:428).

그런가 하면 로트만의 이런 관점은 모스크바-타르투 학파의 핵심적 이론가 중 한 사람인 보리스 우스펜스키B. Uspensky의 이른바 '시점 이론'에도 직접적인 영향을 끼쳤다. 우스펜스키에 따르면, 틀은 조형예술뿐 아니라 문학 텍스트에서도 재현을 조직화하는 근본 원리에 해당한다. "바로 틀—그것이 회화의 액자를 의미하건 문학 텍스트의 특정한 구성적 형식을 의미하건 간에—이 재현을 조직화한다. 그것은 재현에 기호학적 성격을 부여함으로써 비로소 그것을 재현이 되게끔 만들어준다."[6] 『구성의 시학』(1970)에서 우스펜스키는, 예술적 묘사에서 '틀'의

---

6) Б. Успенский, Поэтика композиции, СПб., 2000, с. 225; 번역본: 보리스 우스펜스키, 『소설 구성의 시학』, 김경수 옮김, 현대소설사, 1992.

문제가 내적 묘사와 외적 묘사 간의 교체, 즉 "내적 시점과 외적 시점 간의 상호 이동의 문제"와 직접적으로 관련되어 있다고 주장하면서, 이런 시점 교체 현상이 예술작품의 여러 (심리적·시공간적·어휘적·이데올로기적) 차원에서 일종의 구성적 틀의 기능을 수행하고 있음을 논증한 바 있다.

우스펜스키는 "서사의 테두리"의 몇 가지 특징을 언급하면서, 러시아 동화에 나타나는 "결말부"가 일종의 프레임으로 기능하고 있다고 지적한다. 이는 언젠가 리하초프 또한 언급한 바 있다. 동화는 흔히 행복, 죽음, 결혼, 연회 따위로 끝이 나는데, 바로 이런 "결말부의 행복이 동화적 시간의 끝을 의미한다." 즉 "시간의 완전한 정지"가 일종의 결말의 기법으로 등장하면서, 프레임의 기능을 수행하게 되는 것이다.[7]

유사한 시각은 로트만에게도 발견된다. 그에 따르면 "예술작품 속에서 사건의 흐름은 서술이 종결되는 그 순간 정지한다. 그 이후로는 더 이상 아무런 일도 일어나지 않는다. 지금껏 살아남은 인물들은 영원히 죽지 않으며, 사랑을 쟁취한 인물은 더 이상 그것을 잃어버리지 않는다"(1970:210). 이와 같은 종결의 원형적 형태는 물론 설화나 민담, 동화에서 쉽게 찾아볼 수 있다. 그런데 여기서 중요한 것은 이런 언어적 서술의 종결 방식이 텍스트의 공간적 한계에 상응한다는 사실 자체가 아니다. 중요한 것은 바로 그런 종결의 방식이 '개별적 사건'의 묘사를 통해 '세계 자체의 사태'에 관해 말하는 예술 텍스트의 본질을 구현하고 있다는 점이다. 결혼식, 연회, 장례식 등 민담의 전형적인 종결

---

7) Д. С. Лихачёв, Историчская поэтика русской литературы. Смех как мировоззрение, СПб., 2001, с. 22.

부는 사건의 흐름을 정지시키는 구성적 장치이면서, 동시에 결말의 상황을 '영원한 것'으로 만드는 의미론적 유표소인 것이다('이렇게 해서 그들은 영원히 행복하게 살았다').

요컨대 여주인공의 비극적인 최후를 묘사하는 종결부는 곧 (그런 사건이 벌어지고 있는) 세계 그 자체의 비극성에 관한 전언이 된다. 달리는 기차에 몸을 던진 안나 카레니나의 최후는 19세기 러시아 귀족 사회의 한 여성의 운명을 넘어 동시대 여성의 삶 전체, 나아가 모든 인간의 운명에 관한 이야기로 확장될 수 있다. 문학 텍스트의 프레임이 갖는 이런 종결화의 기능은 분명 앞서 지적한 회화 프레임의 구성적 역할에 상응한다.

텍스트로서의 공간—사건과 슈제트

예술 텍스트의 공간이 갖는 심오한 의미는 텍스트가 시작과 끝을 지니는 제한된 공간이라는 점에 그치지 않는다. 더 본질적인 측면은 텍스트의 물리적인 공간성이 아니라 그 자체로는 결코 공간적이지 않은 '추상적 개념들'이 지니는 '공간적' 함의에 있다. 로트만에 따르면, 인간이 주변 삶을 의미화하기 위해 사용하는 가장 보편적인 사회·종교·정치·도덕적 세계 모델은 "필연적으로 공간적 자질을 지닌다. 어떤 점에서 보편성이라는 개념 자체가 이미 많은 사람에게 추상적인 공간의 성격을 갖는바, 이는 간단한 사고 실험에서도 드러난다.

우리는 일종의 심리적 실험을 수행할 수 있다. 구체적인 자질들이 결여된, 극도로 일반화된 어떤 개념으로서 '모든 것'을 상상하고 그 특질들을 정의했을 때, 대부분 이 특질은 공간적 자질을 지니게 된다. 많은 경험에서 알 수 있듯이 보편성이라는 개념 자체가 대부분의 사람에게 추상적 공간의 성격을 띤다. (1970:211)

문제의 핵심은 인간의 사유 형식과 공간적 자질 사이에 모종의 내밀한 관련성이 존재하는 것처럼 보인다는 점이다. 인간의 사유에서 가장 흥미롭고도 역설적인 사실은, 의식이라는 것 자체가 내용상 결코 공간적이지 않음에도 불구하고 언제나 어떤 공간으로서 인지된다는 점이다.

관념은 결코 공간 속에 존재하지 않지만 관념 속에는 항상 공간이 존재한다. 그 안에서 관념화되는 모든 것은 오직 공간적 연속으로서만 사유될 수 있다. 이것은 인간의 의식이 외적 세계를 전유하는 놀라운 방식이다. 그 밖의 다른 어떤 방법으로도 인간에게 세계가 외적인 것으로서 관념화될 수는 없다.[8]

로트만에 따르면, 바로 이로부터 본질상 비공간적인 개념들을 공간적 관계의 언어를 통해 모델화할 수 있는 가능성이 도출된다. 앞서 언급했듯이 "높고 낮음, 왼쪽과 오른쪽, 가깝고 먼 것, 열림과 닫힘, 연속적인 것과 불연속적인 것 등의 공간적 자질은 가치 있음과 가치 없

---

8) N. Hartmann, *Philosophie der Natur*, Berlin, 1950, p. 15: В. Н. Топоров, "Пространство и текст," Из работ московского семиотического круга, М., 1997, с. 456에서 재인용.

음, 선함과 악함, 내 것과 남의 것, 필멸과 죽음 같은 다양한 문화적 모델을 표현하기 위한 효과적인 수단임이 입증된다." 즉 이렇게 해서 "텍스트의 공간 구조는 곧 우주의 공간 구조의 모델이 되며, 텍스트 내의 성분들 간의 내적 통사론은 다름 아닌 공간적 모델화의 언어가 된다"(1970:466).

공간적 관계의 언어가 텍스트의 내적 통사론으로 기능하고 있다는 확신은 독특한 '사건'의 개념, 나아가 '슈제트'의 개념으로 발전한다. 로트만에게 사건이란 "주인공에 의한 의미론적 경계의 횡단"을, 슈제트shuzet란 그러한 '사건들의 총체'를 의미한다. 주지하다시피 이와 같은 슈제트와 사건의 개념은 구조주의 문학 이론가 로트만의 가장 널리 알려진 개념 중 하나이다. 그러나 이 독특한 개념을 논하기에 앞서 먼저 서사narrative의 개념을 '공간' 범주와 관련시켜 논한다는 것이 무엇을 뜻하는지 간략하게 살펴보자.

시간 vs 공간—서사의 문제

초창기 서사론narratology의 지배적 경향은, 잘 알려진 것처럼, 구조 언어학의 기존 성과들을 작품 분석에 원용하는 방식을 취했다. 이 과정에서 자연스럽게 등장한 것이 시학詩學을 넘어서는 (일반)담론학, 그러니까 시가 아닌 산문 텍스트를 다루는 '서사 기호학'의 눈부신 성과물들이었다. 시클롭스키, 프로프, 레비-스트로스, 바르트, 그레마스로 이어지는 연구의 흐름들은 그렇게 탄생했다.

그런데 주로 형식주의의 서사 이론과 프로프의 유산에 기초해 문학 서사의 '일반 문법'을 기술하려고 했던 이들 서사 기호학의 탐구는 대부분 문학 텍스트의 '통사론적 구축 형식'에 주목했다. 그들의 주된 관심사는 '사건'의 미메시스적 재현과는 원칙적으로 구별되는 서사물 자체의 내적 논리를 밝혀내는 일, 한마디로 '이야기의 수사학'에 있었던 것이다. 의미론(미메시스)에 대한 통사론(서사물의 내적 조직화)의 우위는 구조-기호학적 서사 이론의 일반적 특성이었다.

흥미로운 것은 구조주의 기호학의 직접적 세례를 받지 않은 서사론의 '다른' 접근들, 가령 커모드F. Kermode의 허구 이론이나 리쾨르P. Ricœur의 서사 이론 등에선 오히려 현실의 서사적 재현이 갖는 인식론적 함의가 다각도로 조명된다는 점이다. 예를 들어 커모드는 인간에 의한 허구 생산, 좁게는 문학적 플롯의 창조를 "무정형의 혼돈에 맞서 세계를 이해하고 그것에 조화로운 형식의 질서를 부여하고자 하는" 인간적 욕구의 자연스런 발현으로 이해한다.[9] 또 리쾨르에 따르면, 이야기는 "불명확한 비언어적 경험들로 구성된 삶과 사건들을 자기화하기 위한 인간적 수단"에 해당한다.[10] 이야기를 한다는 것은 사실을 배열하는 것이며 사건들을 정돈하는 것이다. 결국 이런 의미에서 서사란 사실들 간의 일정한 관련성을 구축함으로써 삶을 '인식'하는 수단인 것이다. 주목할 것은 이들의 접근에서 문학적 플롯을 포함한 모든 서사 모델이 분절적인 구획의 단위, 즉 '시작'과 '끝'을 지니는 모종의 프레임으로 나타나고 있다는 점이다. 말하자면 이들에게, 시곗바늘의 '똑-

---

9) 프랭크 커모드, 『종말의식과 인간적 시간』, 조초희 옮김, 문학과지성사, 1993.
10) П. Рикер, Время и рассказ, СПб., 1998; 번역본: 폴 리쾨르, 『시간과 이야기』, 김한식 · 이경래 옮김, 문학과지성사, 1999.

딱' 소리로 대변되는 시간의 분절 양식은 곧 인간적인 방식으로 현실을 틀짓는 행위에 해당하며, 따라서 그건 인간에 의한 세계의 서사적 '재현'을 만드는 가장 원초적인 기제에 해당하는 것이다.

　물론 문학적 서사의 개념을 '공간' 범주와 관련시켜 논하는 것이 일반적인 경우라고 말하기는 어렵다. 서사에 관한 상식에 따르면 문학적 서사는 무엇보다 먼저 '시간' 범주와 관련되기 때문이다. 서사는 곧 시간성이라는 이런 일반적 상식을 넘어서기 위한 출발점은, 문학적 서사의 문제가 서사 텍스트의 내적 통사론만으로는 결코 완벽하게 해명될 수 없다는 사실을 받아들이는 것이다. 서사라는 것은 허구적 서사물 너머의 영역, 정확하게는 현실 자체의 인지적 모델링 작업과 본질적으로 관련되어 있다. 다시 말해 그것은 인간이 현실을 인지하는 방식, 곧 '시공간'의 인간적 경험 형식과 뗄 수 없이 연결되어 있는 것이다.

　그렇다면 이런 이중적 통찰로부터 제기되는 과제는 무엇일까? 시간성의 대명사라고 할 수 있는 문학적 서사의 개념을 그것 '내부'로부터 다시 성찰해볼 필요성이다. 다르게 말해 그 과제는 문학적 서사의 개념 '안'에 이미 본래부터 자리해 있는 '공간적' 성격을 재확인하는 작업이라고 할 수 있다. 시간성과 공간성의 고유한 메타-모델 내부에 자리한 (내적) 타자의 자리를 확인하고, 그것의 불가피성을 확증할 때, 그와 같은 정형화된 이분법의 논리가 온전히 포괄하지 못하는 불투명한 '얼룩,' 데리다의 표현을 빌리자면 체계의 잉여로서의 '대리 보충'에 해당하는 특정한 '오염'의 현상을 발견할 수 있을 것이다.

문학적 서사의 내적 타자—오염과 혼종

우리는 문학적 서사의 개념과 관련된 몇몇 (이론적) '용어'를 바로 그런 '오염'의 관점에서 다시 생각해보는 것으로 출발할 수 있을지 모른다. 우선, 문학 비평의 영역에서 일종의 공인된 개념으로 정착된 바 있는 '리듬rhythm'이라는 용어를 보자. 이 용어는 각별히 흥미로운 역사를 지니고 있다. 일반적으로 이 용어는 음악이나 음성적 발화와 같은 시간적 현상에 합당한 것으로 조각, 회화, 건축 등의 대상에 적용되는 경우에는 은유적인 것으로 이해된다(가령 '건축적 리듬'). 그러나 미첼에 따르면, 리드모스rhythmos의 그리스어 어원인 'ery'는 본래 무언가를 '그리거나drawing' '새기는inscribing' 행위를 의미했으며, 원래 형식, 모양, 패턴 따위를 지칭하는 데 사용되던 용어였다. 이 점에서 리듬이라는 용어가 시간예술로 전이되는 과정에서 '춤'의 매개가 존재했다는 사실은 지극히 흥미롭다.

리드모스는 본래 춤을 추는 과정에서 인간의 신체가 취하는 어떤 동작position, 말하자면 몸이 만들어내는 특정 패턴이나 유형schemata을 의미했다. 예를 들어 발을 올리거나 내리는 등 일련의 뚜렷한 패턴이나 동작이 자연스럽게 반복되었고, 이것이 춤의 인터벌을 구성하게 되었다. 음악이나 노래가 춤과 어우러졌으므로 무용수에 의해 반복되는 동작은 음악에서도 역시 뚜렷한 인터벌로 감지되었던 것이다. 〔……〕 음악과 시의 기초적인 구성소가 운각foot이라고 불리는 것은 바로 이 때문이다.[11]

리듬이라는 용어의 기원이 춤, 더 깊게는 특정한 '유형'과 관련된다는 점은 무엇을 시사하는가? 이것은 한편으로, 각종 시각예술의 영역을 향한 이 용어의 강력한 '침투력'을 설명해주는 것이면서(그러니까 조각, 회화, 건축, 영화 속의 '리듬'을 말할 때, 우리는 그것을 시원적 의미로 되돌리고 있는 것이라고 할 수 있다), 동시에 다른 한편으로는 그와 같은 용어의 '전이 현상,' 다시 말해 특정한 '오염'의 메커니즘이 얼마나 뿌리 깊은 것인지를 뚜렷이 예증해준다.

그렇다면 문학 텍스트의 질료인 자연언어는 어떨까? 언어의 시간성은 그 내부에 공간성을 내포하고 있을까? 시간을 '순차적인' 사물들의 질서로, 공간을 '공존하는' 사물들의 질서로 간주했던 라이프니츠의 고전적 정의만 보더라도, 구어적verbal 발화가 지니는 시간적 성격은 명백해 보인다. 앞서 지적했듯이, 청각적 기호로서 언어 기표에 수반되는 시간성은 소쉬르가 이미 단언한 명제이다. 청각적 기호 표현의 요소들은 하나의 "음성적 사슬chaîne"을 형성하면서 시간 축을 따라 연쇄적으로 이어지는바, 복수의 단어는 결코 '동시에' 발음되거나 인지될 수 없다(기표의 '선형성'의 원칙).

흥미로운 것은, 소쉬르가 언어 기표의 전적인 시간성을 단언하는 바로 그 대목에서, 언어의 공간적 성격과 관련된 기호적 역설이 드러나게 된다는 점이다. 역설의 핵심은 여기서 소쉬르가 언어 기표의 '시간적' 성격을 확증하려는 바로 그 목적을 위해 '공간적' 차원의 비유를 도

---

11) J. J. Pillot, *The Ancient View of Greek Art*, New Haven: Conn, 1974, pp. 133~34; W. J. T. Mitchell, "Spacial form in Literature: Toward a general theory," *The Language of Images*, The University of Chicago Press, 1980, pp. 180~81에서 재인용.

입하고 있다는 점에 있다. 소쉬르에 따르면, 기표는 '길이'를 지니며, 다시 이 길이는 하나의 차원, 즉 '선'을 갖는다.[12] 시간성을 설명하기 위해 불가피하게 공간성의 비유에 의존해야 하는 이 상황은 (소쉬르의 의도와는 무관하게) 시공간의 인간적 경험 형식 자체에 내재한 근원적 역설을 전형적으로 노출한다.

시간의 근본적인 역설은 무엇인가? 그것은 시간이 공간(적 개념)의 '중개' 없이 있는 그대로 말해질 수 없다는 점이다. 길거나 짧은 시간, 이전과 이후의 시간, 멈춘 시간, 달리는 시간 등, 인간의 시간 경험과 관련된 거의 모든 언어적 표현은 변함없이 시간을 일종의 '선형적인 연속체continuum'로 간주하는 공간적 이미저리에 의존하고 있다. 분명한 것은 여기서 공간과 시간이 서로 충돌하기보다는 '섞이고' 있으며, 공간은 시간에 대립하기보다는 오히려 그것을 위한 기본적인 '인지적 기반'으로 기능하고 있다는 점이다. 시간 밖에서 공간을 '경험할' 수 없듯이, 공간적 척도를 동원하지 않고서는 결코 시간적 경험을 '이야기할' 수 없다. 공간은 시간의 몸통이며, 이런 점에서 시간과 공간을 각각 영혼과 육체에 비유하는 고전적 수사는 의미심장함을 더한다.

한편, 구어적 발화를 대상으로 하는 소쉬르의 언어학이 시공간의 문제와 관련해 지니는 더욱 흥미로운 역설은 강력한 이론적 담론으로서 그것이 거쳐간 역사적 단계의 측면에서도 이야기될 수 있다. 기표의 '시간적' 차원으로의 종속성을 명백히 함으로써 소쉬르의 언어학은 불가피하게 공간 범주와 관련된 언어적 잠재성을 차단했다. 그러나 다른 한편으로 그것은 20세기 자연과학과 인문학에서 공통적으로 발견되는

---

12) Ф. Де. Соссюр, Труды по языкознанию, М., 1977, с. 103.

하나의 지배적 경향을 이끌어낸 장본인이기도 하다. 이른바 '추상적 모델'을 향한 지향, 즉 구체적인 현상의 배후에서 '공시적 구조'의 모델을 발견하고자 하는 광범위한 지향이 바로 그것인바, 예컨대 주네트의 다음과 같은 지적은 이 점을 분명하게 보여준다.

> 최근 반세기 동안 언어학의 발전은 베르그송의 분석의 적법성을 〔……〕 확증해주었다고 할 수 있다. 랑그와 파롤을 엄격하게 구분하고, 언어 행위의 작용에 있어서 전자에 중심적인 역할을 부여하면서 말이다. 이 언어 행위는 순전히 변별적인 관계들의 체계인데, 그 안에서 각각의 요소는 단일한 총체 속에서 그것이 차지하는 위치와 수평적·수직적 관계 속에서 동종의 요소들과 맺는 관계에 의해 규정된다. 분명 소쉬르와 그의 계승자들은 공간적이라고 해야 할 언어의 존재 양태를 강조해주었다.[13]

자연언어의 '공간적' 존재 양태, 암묵적인 체계 속에서 파악되는 이 언어적 공간성은 당연히 음성적 발화보다는 '문자 텍스트' 속에서 훨씬 더 명백한 방식으로 구현될 수 있다. 기표 혹은 글쓰기écriture가 음성적

---

13) Ж. Женетт, Фигуры: Работы по поэтике, Т. 2, М., 1998, с. 279. 앞선 장에서 살펴본 바 있는 위상기하학(로트만의 문화유형론 기술 방법은 이를 적극적으로 원용한다) 역시 20세기 자연과학과 수학, 인문학을 가로지르는 이러한 보편 경향의 대표적인 실례 중 하나로 볼 수 있다. 크기, 길이, 형태 등 도형의 양적인 성질이 아니라 도형을 이루고 있는 선, 면 등의 연결 관계, 나아가 그것들의 원소라고 할 수 있는 점들이 도형 속에서 차지하고 있는 '위치'를 다루는 학문인 위상기하학은 (우리가 몸담고 있는 현실 공간과 무관하게) 이론적으로 존재할 수 있는 모종의 '추상적 공간'(위상 공간)의 기능과 논리를 해명해냄으로써, 본래의 영역을 넘어 현대 인문학의 다양한 영역으로 활발하게 도입된 바 있다.

파롤의 표기 수단 이상의 의미를 갖는 것으로 간주되는 순간, 텍스트라고 불리는 것의 동시성 안에서 기호, 단어, 문장, 담화들의 배치와 상호 관계에 주의가 집중되는 순간, 언어학적 표현의 선형적(시간적) 특성은 문학 텍스트의 공간적 실존 속에서 지워져버린다. 주네트에 따르면, 바로 그렇게 해서 "에크리튀르의 명백한 공간성은 언어 행위의 심오한 공간성에 대한 상징으로 간주될 수 있게 된다."[14]

지금까지 살펴본 것처럼, 문학에서 공간의 문제는 텍스트의 공간적 경계(프레임), 인간 사유의 공간성 성격, 구어의 공간적 심상 및 문자 écriture의 이미지성에 이르기까지, 여러 차원에 걸쳐 다채롭게 드러난다. 즉 문학 텍스트에서의 공간 문제는 원칙적으로 문학이라는 단일 매체의 경계를 초과하는 좀더 넓은 지평과 관련된다. 문학적 공간에 관한 물음은 '시간 대 공간'의 이분법을 비롯한 문화의 각종 구조적 대립 항을 내포한 '집약적 주제'로서, 원칙상 문학을 넘어선 문화체계 일반으로 연결되는 것이다.

'서사'(슈제트)와 그것의 기본 단위로서의 '사건'의 개념을 공간 범주와 관련시키는 로트만의 독특한 사유는, 물론 '공간적 모델링'이라는 그의 앞선 개념에서 비롯된 논리적인 결과물이다. 하지만 동시에 그것이 이제껏 살펴본 문학적 공간의 다채로운 담론적 스펙트럼을 배경으로 한 중대한 이론적 발언이기도 하다는 점에 유의할 필요가 있다.

그렇다면 이제 논의를 좀더 구체화해보자. 문학적 서사의 개념 속에

---

14) Ж. Женетт, Фигуры: Работы по поэтике, Т. 2, М., 1998, сс. 280~81.

서도 앞서 말한 시공간 범주 간의 불가피한 섞임과 공존 현상을 발견할 수 있을까? 가령 서사의 개념을 둘러싼 이론적 논의의 시원적 지점이라고 할 수 있는 러시아 형식주의는 어떠한가? 이른바 중기 형식주의의 중심 테마를 이루는 슈제트론에 따르면, '슈제트'(/플롯)는 "작품에 주어져 있는 모습대로의 순서와 연결에 따라 제시되어 있는 모티프들의 전체"를 뜻한다. 그것은 "경험적-인과율적인 시간 질서에 따라 연결된 사건의 총체"인 '파블라'(/스토리)와 구별된다.[15] 풀어 설명하자면, 현실의 경험적 순서를 그대로 따르는 파블라가 미학적으로 재-가공되기 이전의 원재료, 즉 예술적 '질료'에 해당한다면, 슈제트는 예상된 파블라의 진행과 어긋나는 모든 종류의 일탈, 온갖 종류의 서사적 구성 '기법'을 적용한 결과물이라고 할 수 있다. 요컨대 '낯설게 만들어진' 스토리, 변형된 이야기가 플롯인 것이다.[16]

홍미로운 것은 (형식주의의 이해 속에서) '시간의 재구성'을 통한 파블라의 변용으로 이해되는 슈제트의 개념이 사실상 분명한 '공간적' 함의를 지닌다는 점이다. 이는 형식주의의 슈제트 개념을 설명하는 가장 일반적인 도식만 살펴봐도 곧바로 드러난다.

파블라 : A-B-C-D-E ----------→ 슈제트 : D-C-A-B-E

슈제트 구성 기법

---

15) Б. В. Томашевский, Теория Литературы. Поэтика, М., Л., 1925, c. 134.

16) 형식주의의 슈제트론 전반에 대해서는 В. Б. Шкловский, "Связь приемов сюжетосложения с общими приемами стиля," Теория прозы, М., 1983, cc. 26∼62; "О функции сюжета," Избранные в двух томах, М., 1983, Т. 2, cc. 150∼204와 В. Я. Пропп, Морфология сказки, М., 1997, cc. 18∼20(번역본: 블라디미르 프로프, 『민담 형태론』, 어건주 옮김, 지식을만드는지식, 2009 참조).

앞 도식에서 드러나는 것처럼, 슈제트 구성 기법의 본질은 파블라 속에 주어져 있는 모티프들을 계열화하여, 콘텍스트를 해체시킨 상태에서 그것을 다시금 새롭게 '몽타주'하는 것에 있다. 인과율적이고 경험적인 스토리의 전개 흐름을 잘라내면서, 그것 대신에 문학적 시간의 관습성을 전면적으로 노출시키는 작업, 흔히 '시간 치환'으로 불리는 이 기법은, 결국 모티프로서의 사건들을 어떻게 배열(/배치)할 것인지의 문제로 귀착된다. 즉 A-B-C-D-E를 D-C-A-B-E로 바꾸는 것이다. 형식주의 슈제트 이론의 대표자인 시클롭스키가 슈제트 구성 기법과 장치를 지칭하기 위해 고안한 용어들은 그 자체로 공간성과 서사성이 얼마나 밀접하게 관련되어 있는지를 잘 보여준다. 평행 기법прием параллели, 계단식 구성ступенчатость, 환상環狀 슈제트сюжет колцевой, 자리 바꿈перестановка 따위의 용어를 보라.[17] 결국 이는 공간성의 자질이 서사성에 대립되는 반명제가 아니라 오히려 (문학적) 서사의 메커니즘에 깊숙이 관여하는 본질적 요소라는 점을 시사한다.

사건—금지된 경계의 횡단

그렇지만 어쨌든 시클롭스키와 프로프 등으로 대표되는 형식주의 서사론의 유산이 전제로 삼는 것은 슈제트의 기본 단위로서 사건의 개념

---

17) Оге А. Ханзен-леве, Русский Формализм, М., 2001, сс. 230~51; В. Б. Шкловский, Теории прозы, М., 1929 참조.

이 지니는 '통사론적' 본질이다. 의미심장한 것은 로트만이 형식주의 서사론과 더불어 러시아의 문학 연구가 베셀롭스키의 이론을 중대한 학문적 유산으로 상속받고 있다는 사실이다. 베셀롭스키는 이른바 '모티프'의 개념을 발전시킨 이론가인데, 그에 따르면 슈제트는 "더 이상 세분할 수 없는 하나의 논리적 총체"이다. 그리고 바로 이 슈제트를 이루는 가장 중요한 기본 단위에 해당하는 것이 모티프이다. 모티프는 결국 "주제tema"로 발전해가기 때문에 본질상 '의미론적 측면'과 깊게 관련을 맺는다.[18] 로트만은 이 두 가지 학문적 유산(형식주의 서사론 + 베셀롭스키 모티프론)을 '종합'해 독특한 사건 개념을 구상하게 되는데, 이런 종합의 양상은 다음의 구절에서 잘 드러난다.

슈제트의 원초적 요소인 기호-모티프를 둘러싼 베셀롭스키의 생각은 프로프의 통사론적 분석 및 시클롭스키의 통사-기능론적 분석에 못지않게, 이 문제[사건의 개념]에 대한 현대적 해결을 예비했다. (1970:224)

로트만에 따르면, 슈제트의 단위로서의 사건 개념은 작품 속에서 그것이 전달되는 방식, 즉 서사의 '통사론적 구성'에 의해 결정될 뿐만 아니라 특정한 사건을 사건이게끔 만들어주는 현실과의 '의미론적 상관성'에 의해서도 결정된다. 그렇기 때문에 "특정 사실이나 행위에 관한 그 어떤 묘사도, 문화의 유형에 따라 결정되는 2차적인 의미론적-구조적 지평에서 그것이 어떤 자리를 차지하는지가 결정되기 전까지는

---

18) А. Н. Веселовский, "Поэтика сюжета," Историческая поэтика, М., 1989, cc. 300~306.

사건이나 비사건으로서 정의될 수 없다"(1970:224).

현실과의 의미론적 상관성이 사건의 '사건성'을 결정한다는 것은 무엇을 뜻하는가? 사건의 개념이란 결코 자족적인 어떤 것이 아니라 일련의 사실들을 사건으로 혹은 비사건으로 만드는 일정한 '세계상'과 유기적으로 관련되어 있다는 것을 의미한다. 요컨대 사건을 사건으로 만드는 것은 해당 세계상의 유형이다. 그런데 여기서 이러한 '사건'이 언제나 그것이 속한 세계상이 부여하는 일정한 '법칙'을 배경으로, 그 법칙에 대한 의미심장한 '일탈'의 형식으로 구현된다는 점이 가장 중요하다. 로트만에 따르면, 문학작품 속에서 슈제트의 기본 단위가 되는 '사건'은 "다른 인물들에게는 '금지'되어 있는 '의미론적 경계'가 주인공에 의해 돌파되었을 때" 비로소 성립한다. 주인공에 의해 의미론적 '공간'의 경계 이월이 감행되었을 때, 사건은 비로소 발생하게 되는 것이다.

문학작품의 '주인공'에 대한 그의 독특한 정의는 바로 이런 사건 개념으로부터 도출된다. 주인공이란 어떤 사람인가? 로트만에 따르면, 주인공이란 텍스트 속에서 '움직일 수 있는 사람,' 다시 말해 '경계를 넘을 자격을 갖춘 사람'이다. 다른 인물들에게는 허락되지 않은 경계의 돌파가 주인공에 의해 이루어졌을 때 사건은 발생한다. 반대로 주인공이 그에게 할당된 의미론적 공간 내부에서만 움직일 때, 사건은 사건이 되지 못한다. 슈제트의 단위인 사건을 발생시키기 위해 주인공은 경계를 넘어야만 한다. 단테가 유령의 영역으로 하강해야만 하는 이유, 로미오와 줄리엣이 서로에게 금지된 영역을 넘나드는 이유, 라스콜리니코프가 금지된 살인을 행하는(즉, 선을 넘는)[19] 이유, 귀족 혁명가가

---

19) 도스토옙스키의 소설 『죄와 벌』에서 '죄'를 뜻하는 명사 Prestuplenie는 prestupiti라는 동사

민중에게 다가가기 위해 자신의 사회적 환경으로부터 탈출해야 하는 이유가 바로 거기에 있다.

이 대목에서 또다시 눈길을 끄는 것은 프랑스 구조주의 서사론과의 일정한 거리이다. 그들의 일반적 특징은 문학 텍스트의 지시적(미메시스적) 차원을 부정하고 서사물에 고유한 '내적 문법'(만)을 추출하려는 지향이다. 가령, 바르트의 언급은 전형적이다.

> 모든 서사 텍스트에서 모방은 우연적 요소에 불과하다. 이야기의 기능은, 그것이 텍스트 외부의 무엇인가를 '재현'하는 데 있지 않다는 점에서 〔……〕 결코 미메시스적이지 않다. 이런저런 슈제트의 순차성이 지니는 "리얼리티"는 그것이 사건을 원래대로의 '자연적' 순서에 맞게 복원하는 데 있는 것이 아니라 해당 순차성을 조직화하는 내적 '논리' 자체 안에 놓여 있다.[20]

프랑스 서사론에서 구체적인 텍스트 분석의 예가 주로 탐정소설과 같은 유형의 작품에 집중되었다는 점(가령 바르트의 제임스 본드 분석)은 아마도 이와 무관하지 않을 것이다. 흔히 텍스트의 숨은 의미는 내러티브의 과정을 다 통과한 후 마지막에 가서야 명확하게 밝혀진다. 즉, 사건의 현실성은 그것이 어떻게 이야기되는지에 달려 있는 것이다.

반면, 로트만은 사건의 개념 자체를 사건을 규정하는 '문화의 유형'

에서 파생된 것인데, 이 동사는 어원상 모종의 '선을 넘어가다'라는 뜻을 갖고 있다. 즉 어떤 선을 넘어가는 순간, 죄가 성립되는 셈이다.

20) Р. Барт, ″Введение в структурный анализ повествовательных текстов,″ От структурализма к постструктурализму, М., 2000, с. 231.

에 상관적인 것으로 본다. 말하자면 사건 개념이 외부 세계와 맺는 의미론적 상관성의 문제를 다른 각도에서 풀어버리는 것이다. 예컨대 눈에 띄는 사건이 전혀 아무것도 일어나지 않는 어떤 텍스트가 있다고 가정해보자. 만일 어떤 문학작품 속에서 정말로 아무 일도 일어나지 않는다면, 우리는 "단지 일어난 일이라고는 언어의 모험뿐이다"라고 말해야 할까? 로트만의 맥락에서 더 생산적인 것은 그와 같은 '비-사건' 자체를 '사건'으로 만드는 특수한 문화의 맥락, 즉 그와 같은 '세계상'의 특수성을 논하는 것이다. 즉 그 특수한 세계 속에서는 어떤 일의 일어남이 아니라 일어나지 않음이 오히려 주어진 세계상에 대한 일탈을 의미하며, 따라서 사건이 될 수 있는 것이다. 실제로 러시아 문학사에서는 그와 같이 '아무 일도 일어나지 않음'을 말하는 텍스트를 적지 않게 만날 수 있다. 그와 같은 "비-사건성의 내러티브"는, 가령 체호프 작품의 구성적 특징에 해당하며, 나아가 러시아 모더니즘 산문들에 이르면 거의 구성적 원칙의 차원으로까지 상승하게 된다.[21]

---

21) 여기에 관해서는 B. Шмидт, "Проблематичном событии в прозе Чехова," Проза как поэзия, СПб., 1998, cc. 263~77을 참조. 무언가를 함이 아니라 하지 않음에 대한 완강한 주장이 불러오게 되는 독특한 의미론적 하중의 문제는, 가령 허빈 멜빌의 소설『필경사 바틀비』의 중심 주제이다. 들뢰즈에서 아감벤까지 많은 철학자의 특별한 관심을 끈 이 소설의 주인공 바틀비는 "안 하는 편을 택하겠습니다I prefer not to"라는 독특한 어법을 구사하는데, 이때의 무위inoperosita는 미未실현이 아니라 의도적인 비非실현으로서 (로트만의 어법으로 말하자면, '장전되지 않은 총이 아니라 장전되었으나 발사되지 않은 총'), 이른바 (비잠재성의) '잠재성'을 드러내는 실례로서 간주된다.

슈제트 없는 텍스트—신화적 유형의 기호 작용

사건의 문화유형적인 상관성과 함께 로트만의 슈제트 개념이 보여주는 또 하나의 특징은 이른바 '슈제트 없는 텍스트'에 대한 고려이다. 사건의 개념을 위반되어서는 안 되는 일정한 법칙의 위반으로 정의하면서, 로트만은 텍스트를 두 가지 그룹으로 나눈다. "슈제트 없는 텍스트"와 "슈제트 있는 텍스트"가 그것이다. 여기서 특별한 관심을 끄는 것은 로트만이 전자를 후자를 위한 '1차적이고 근본적인 것'으로 간주하는 대목이다.

> 이렇게 해서 슈제트 없는 체계는 1차적이며, 독립된 텍스트 속에서 구현될 수 있다. 슈제트를 지니는 텍스트는 2차적이며 언제나 더 근본적인 슈제트 없는 구조 위에 첨가된 층을 형성한다. (1970:228)

이 구절을 읽으면서, 고골 작품의 예술적 공간에 관한 로트만의 앞선 언급을 떠올리지 않을 수 없다. "공간적 관계의 언어는 그것이 1차적이고 근본적인 것이라는 점에서 중요하다. 종종 시간적 모델링조차도 공간적인 언어 위에 구축된 2차적인 상부 구조로서 나타난다." 슈제트 없는 체계의 1차성을 말하는 위 인용구가 공간적 언어의 1차성에 관한 이전의 언급을 잇는 이론적 응답의 성격을 지닌다는 점을 알아차려야만 한다.

여기서 말하는 1차적이고 근본적인 체계는 당연히 공간적 구조를 포함할 뿐 아니라 명백한 '분류적 성격'을 띤다. 즉 이 근본적 체계는 "자신만의 세계"를 창조하면서, 해당 세계의 내적 조직화에 "일정한 질서"를 부여하는 것이다. 그것은 질서 잡힌 구조를 부여하는 분류화 기능과 함께 또 한 가지 중대한 기능을 수행하는데, 일정한 "세계상"의 구축이 바로 그것이다. 그리고 이때 "세계상의 구축을 위한 조직적 기반"(1970:212)이 되는 것이 바로 '공간적 모델'인 것이다. 이런 전제 위에서 로트만의 유명한 언급인 "슈제트는 주어진 세계상과의 관련 속에서 발생하는 혁명적인 요소이다"가 곧바로 이해된다. 슈제트란 주어진 세계상의 공간 모델에 변형이 발생했을 때, 이를테면 그것의 경계가 횡단되었을 때 발생하는 것으로, 기존 세계상의 관점에서 봤을 때 언제나 혁명적이다.

결국 이것이 뜻하는 바는 '질서'가 없는 곳에서는 '혁명'도 없다는 사실이다. 혁명은 반드시 기존의 질서를 필요로 한다. 로트만에 따르면, "현대의 슈제트 텍스트는 이 두 가지 층위 간의 충돌, 그들 간의 구조적 긴장의 산물인바, 슈제트 (넓게는 모든 서사) 속에는 언제나 이 두 가지 측면이 공존해야만 한다"(1970:228). 그런데 여기서 질서에 해당하는 것, 즉 "보편성을 모델링하는 텍스트의 측면을 신화적인 것이라고 부를 수 있다면, 현실의 특정한 에피소드를 모델링하는 측면을 파블라적인 것이라고 부를 수 있다"(1970:206). 신화적 측면을 배제한 채 오직 파블라적인 측면에만 기댄 텍스트를 구축하는 것은 불가능한데, 왜냐하면 "현실의 한 단면으로 예술을 대체하려고 할 때조차, 불가피하게 그것은 보편적 성격을 띠는 모델을 창조하게 되며, 결국 일정 부분 현실을 '신화화'할 수밖에 없기 때문이다"(1970:206).[22]

<hr>

22) 현대의 서사 텍스트를 바라보는 로트만의 이러한 이해는 이후에 유사한 종류의 유형학적 대

여기서 "신화적인 것"이라는 개념과 용어는 각별한 주목을 요한다. 우선, 앞서 지적했듯이 세계상에 구조적 질서를 부여하는 그것은 본질 상 공간적 구조의 성격을 띤다. 또한 그것은 본성상 분절적이고 언어 적인 기초가 아닌 연속적이고 도상적인 단초에 기반하고 있다. 로트만 에 따르면, 문화에 의해 형성되는 공간적 모델의 중대한 특성은 여타 의 근원적인 기호학적 모델링 형식과 달리 '언어적-분절적' 근원이 아 닌 '도상적-연속적' 근원에 기반하고 있다는 점이다.

공간적 모델링의 근본을 구성하는 것은 가시적으로 떠올릴 수 있는 도 상적 텍스트들이며 그것의 언어화는 2차적인 성격을 띤다. 우주의 이미 지는 이야기되기보다는 춤을 춤으로써, 논리적으로 설명되기보다는 그 려지고, 노래 불려지며, 건축됨으로써 더 쉽게 파악된다. 여기서 1차적 인 것인 대뇌의 우반구적 활동인 것이다. (1990:203)

문학적 서사의 근본 토대에서 서사 문학 모델의 '타자'(즉 신화적 메 커니즘)를 발견하고, 그것의 여전한 작용력을 확증하려는 로트만의 지 향은, 문학적 공간의 문제를 둘러싼 이제까지의 논의에 지극히 중요한 의미를 지닌다. 글로 쓰인 텍스트로서의 문학은, '근대 문자 문화'의

립 쌍 개념을 만들어낸다. 그중 하나가 '선형적' 시간성과 관련된 '슈제트 발생적' 텍스트 구
조라면, 다른 하나는 원칙적으로 '순환적' 시간성에 종속되는 '신화 발생적' 텍스트 구조이
다. 본질상 신화적 성격을 띠는 후자의 구조는 '일어나야만 할 것'으로서의 법칙과 질서, 규
범의 세계와 관련된다. 세계의 다양한 측면을 일정한 불변형으로 수렴해냄으로써 세계를 질
서 잡힌 형태로 분류할 것을 지향하는 이와 같은 근원적인 텍스트 유형은 자신의 순환적 시
간성과 결부된 뚜렷한 '공간적' 성격을 보여주게 될 것이다. 이에 관해서는 다음 장에서 본
격적으로 논의될 것이다.

관점(이야기/읽기/쓰기)에서 보기에는 '이질적인' 기호 양태(노래하기/춤추기/보여주기)를 지니는 각종 '타자(들)'와 근본적으로 결부되어 있으며, 나아가 의식적으로 그러한 '타자'를 지향하고 있다. 여기서 또다시 떠올릴 수밖에 없는 것은 초기 단계부터 존재했던 전형적인 사유 패턴, 즉 역동적 상호 관계 속에 놓인 구조적 대립 항이라는 로트만의 생각이다. 슈제트, 넓게 보아 서사적 형식 일반은 그것과의 구조적 대립 관계에 놓인 신화적 메커니즘을 함께 고려하지 않고서는 결코 온전히 해명될 수 없다. 이 두 대립 항은 통시적으로 교체되는가 하면 공시적으로 공존하기도 한다. 어쨌든 그 공존과 상호 작용 자체는 시공간을 넘어선 보편적이고 항구적인 현상이다.

　　결국, 분절적 유형이나 비분절적 유형이 지배적인 것으로 대두되는 현상은 문화 발전의 특정 단계와 연관된 것이다. 하지만 반드시 강조할 것은 두 경향이 공시적으로 공존하는 것으로도 제시될 수 있다는 점이다. 그들 사이의 긴장(가령, 말과 그림 간의 투쟁)은 문화 전체에서 가장 항구적인 메커니즘 중 하나이다. 둘 중 어느 하나의 지배가 상대방을 완전히 억압하는 형식을 취하는 것은 아니다. 일방의 지배는 단지 문화가 특정한 텍스트 구조를 보다 지배적인 것으로서 지향하는 형식일 뿐이다. (1973d〔2008〕:112)

한편, 이 대목에서 주목해야 할 사실은 로트만 기호학의 초기 단계부터 줄곧 유지되어온 도상성과 공간성의 테마가 '신화적인 것'이라는 새로운 개념적 틀 안에서 하나로 합쳐지고 있다는 점이다. 현대적 의식을 특징짓는 논리적·언어적 유형과 함께 문화의 반대편 축을 담당하고 있는 또 다른 의식의 유형, 로트만이 '신화주의'라고 이름 붙인 이 개념 속에서, 지금껏 로트만 기호학을 이끌어온 '도상성'(제1부)과 '공간성'(제2부)이라는 두 핵심 테마는 마침내 하나로 종합되기에 이른다.

　주로 '도상성'과 '공간성'의 개념을 중심으로 심화되어온 로트만의 사고는 1960년대의 구조주의적 패러다임으로부터 눈에 띄게 '이탈'한 바 있으며, 이러한 이탈은 불가피하게 소쉬르의 언어 중심주의적 테제와의 개념적 거리를 만들어냈다. 현대 기호학의 시조인 소쉬르의 테제와 비판적으로 대화하는 이 과정은, 한편으로는 로트만의 이론적 사유가 그 자신의 '과거'를 비판적으로 극복해가는 과정과 다르지 않았다. 그러나 이것이 '문화기호학'이라는 새롭고 독자적인 학문 분과의 정립으로 나아가기 위해서는 이전의 문제의식들을 통합하는 좀더 총체적인 대안적 모델이 필요했다. 로트만의 경우, 그것은 '신화적 유형의 기호 작용'이라는 문제로서 대두되었다. 이어지는 제3부의 핵심 주제는 바로 이 신화적 유형의 기호 작용이다.

제3부

신화

신화적 세계에는 매우 독특한 유형의 세미오시스가 작동하고 있다.
신화적 의식 속에서 기호는 고유명사와 비슷하다.

커뮤니케이션의 체계는 두 가지 방식으로 구축될 수 있다. 첫번째 경우는
한 사람에서 다른 사람으로 전달되는 기지旣知의 정보를 다룬다.
두번째 경우는 정보의 증대, 변형, 다른 범주들 속에서의 재정식화가
논의의 대상이 된다.
이때, 정보의 발신자와 수신자는 한 사람 안에 공존한다.

고도로 조직화된 텍스트는 자신의 지능적 자질을 드러내면서 커뮤니케이션의
단순한 수단이기를 그친다. 텍스트에 대한 새로운 이해 속에서 '사용자가
텍스트를 해독한다'라는 공식 대신에 또 다른 더 정확한 공식이 가능해진다.
'사용자는 텍스트와 교제한다.'

제5장

신화-이름-문화

신화적 세계상의 문제— '타자'의 재현

로트만은 1973년에 보리스 우스펜스키와 함께 「신화-이름-문화」를
발표했다. 이 논문은 무엇보다 문화적 '메타기술'을 향한 로트만의 관
심의 결과로서, 이 점에서 1968년의 「문화의 유형학적 기술을 위한 메
타언어에 관하여」를 잇고 있다고 볼 수 있다. 논문은 두 가지 종류의
메타기술에 대한 분석으로 시작된다.

1. 세계는 물질이다.
2. 세계는 말馬이다.

이 두 문장은 동일한 계사인 '-는'을 공유하지만, 그 의미 작용은 전
적으로 상이하다. 첫번째 문장의 '는'이 모종의 상응 관계를 가리킨다

면, 인도의 철학서인 『우파니샤드*Upanishad*』에서 뽑은 두번째 문장의
'는'은 직접적인 동일시를 말하고 있다. 뿐만 아니라 술어에 해당하는
'물질'과 '말' 역시 서로 다른 층위에 속한다. 첫번째 문장의 물질이
'메타언어'에 해당한다면, 두번째 문장의 말은 '메타텍스트'에 해당한
다. 메타언어가 '묘사적 기술'의 논리적 언어를 통해 만들어지는 반면,
메타텍스트는 묘사되는 세계와 묘사의 체계 사이에 원칙적인 이질동상
성을 가정한다.

다르게 말해, 전자가 모종의 추상적인 기술의 언어(즉, 메타기술의
범주)를 향한 지향을 보여준다면, 후자는 위계질서상 더 높은 자리를
차지하는 원-대상, 한마디로 대상의 '원형상праобраз'을 향한 지향을 보
여준다. 그렇기 때문에 동일시를 뜻하는 계사 '는'이 전자에서는 부분
과 전체, 전체 집합으로의 포함 등으로 이해될 수 있는 모종의 '상응'
을 뜻하게 되는 반면, 후자의 경우엔 직접적인 동일시를 가리키게 되
는 것이다. 로트만에 따르면, 첫번째와 같은 유형이 '비신화적'(혹은
묘사적) 유형이라면, 두번째와 같은 유형이 바로 '신화적' 유형에 해당
한다(1973a〔2008〕: 143~44).

그렇다면 문화 기술의 이와 같은 유형학적 구분을 통해 로트만이 말
하고자 하는 바는 무엇인가? 결론부터 말하자면, 그것은 신화적 텍스
트의 고유한 '신화적 의식과 구조'가 유형학적으로 보편적인 현상이라
는 점이다. 즉 '신화적인 것'은 논리적·기술적 구조에 침윤된 현대적
의식과 함께 문화의 전 시기와 영역에 걸쳐 지속적으로 작동한다. 문
화 속에서 어느 한쪽의 지배적 상황이나 주관적 지향이 나타날 수는 있
어도, 일방의 전면적 승리는 원칙상 불가능하다. 요컨대 여기서 로트

만이 말하는 신화적 의식과 구조는 근대 이후 인류 문화 속에서 독점적 지위를 누려온 이른바 '언어 문화적 단초'에 대한 일종의 '유형학적 대립 항'으로 부상하게 되는 것이다.

이 주장을 받아들이기 위해서는, 우선 무엇보다도 로트만이 사용하는 신화(혹은 신화주의)라는 용어의 의미를 이해해야 한다. 그것은 통상적 의미와 구분되는바, 로트만이 말하는 신화란 특정한 '서술 텍스트' 혹은 '언어적 체계'로서의 신화가 아니다. 그가 염두에 두는 것은 외려 '특정한 의식의 현상'으로서의 신화이다. 글로 쓰인 텍스트로서의 신화는 이미 (신화 이후의 의식을 통해) '번역된' 텍스트, 그러니까 일종의 혼합물에 해당한다.

> 본 논문에서는 특정한 서사 텍스트로서의 신화의 문제에 별다른 관심을 두지 않으며, 따라서 신화적 슈제트의 구조에도 주의를 기울이지 않는다(즉, 신화를 하나의 체계로 간주하고 그에 입각해 신화적 요소들의 계열축에 주의를 집중하는 접근법과도 거리를 둔다). 신화 혹은 신화주의를 말하며 항시 염두에 두고 있는 것은 다름 아닌 의식의 현상으로서의 신화인 것이다. (1973a〔2008〕:145)

여기서 알 수 있듯이, 로트만의 신화론은 신화적 서사 텍스트의 '문법'을 추출하는 것을 지향하는 프랑스 구조주의-기호학(레비-스트로스, 바르트, 그레마스 등의 신화론)과 구별된다. 뿐만 아니라 그것은 프로프의 학문적 유산을 상당 부분 계승하고 있는 동시대 소비에트의 구조주의적 민속학 연구(대표적으로 멜레틴스키E. M. Meletinsky의 민담의 구조적 기술 방법론)로부터도 거리를 둔다. 신화를 둘러싼 로트만의 관심은 글로 쓰인 텍스트, 즉 이야기로서의 신화가 아니라 신화적 의식 구조의 메커니즘을 향해 있다.

그러면 "세계는 말이다"라는 문장에서 드러나는 신화적 기술의 특징은 무엇인가? 신화적 기술의 특징은 "이 세계의 대상들이 자신과 동일한 방식으로 구축된 동일한 세계를 통해 기술된다"는 점에 있다(앞 문장에서 세계와 말은 동일 세계에 속한다). 말하자면 신화적 기술은 원칙적으로 "단일언어적이다."

이와 달리, 비신화적인 기술은 명백하게 복수언어적이다. 왜냐하면 메타언어를 통한 기술이란 결국 '다른' 언어(가령 범주상 상위에 속하는 개념적 언어)를 향한 지향이기 때문이다. 비신화적 텍스트의 경우에는 정보가 대체로 '번역,' 그러니까 다른 언어로의 재-기술을 통해 정의된다. 반면, 신화적 텍스트에서 문제가 되는 것은 대상이 (같은 언어세계에 속한 다른 대상으로) 직접 '변형'되는 과정이다. 결국 신화적 기술과 비신화적 기술의 문제는 "원칙적으로 단일언어적인 의식과, 상이한 방식으로 구축된 (최소) 둘 이상의 언어를 전제하는 또 다른 의식 사이의 대립으로 수렴될 수 있다. 그리고 이때 신화적인 기술을 지속하는 의식이 바로 '신화적인 의식'을 뜻하게 되는 것이다.

그렇다면 특정한 '의식의 현상'으로서 신화주의는 어떤 점에서 근대 문화의 유형학적 대립 항으로 간주될 수 있는가? 이는 신화적 세계상을 지배하는 근본적인 기호적 원칙을 확인해보면 분명하게 드러난다. 신화적 세계 속에서, 언어적 세계상이 떠받치는 두 가지 근본 원칙은 명백하게 주변화된다. '자의성'과 '시간성,' 이 두 가지 원칙이 후퇴하는 대신에 그들의 짝패에 해당하는 두 원칙, 즉 '도상성'과 '공간성'이 지배적 원칙으로서 대두되는 것이다. 그 양상을 차례로 살펴보자.

신화적 세계상의 도상성

신화적 세계의 도상성은 어떻게 드러나는가? 앞서 지적했듯이, 신화적 세계에서 모든 대상은 원칙상 단 하나의 대상, 그러니까 위계질서상 최상부에 속하는 하나의 원형상을 표상한다. 사실상 이것이 뜻하는 바는 신화적 유형의 텍스트에서 다양한 인물과 대상의 "무조건적 동일시 경향"을 발견하게 된다는 것이다. 그 세계를 지배하는 근본 법칙은 "모든 것의 모든 것과의 유비," 즉 동형동상이다. 예를 들어보자. 신화 속에서 날, 해, 인간의 생/사와 같은 순환들은 서로 동형동상으로 간주된다. 밤, 겨울, 죽음의 세 대상이 동일시되는 것은 현대적 의식 속에서 받아들여지는 것처럼 '메타포'가 결코 아니다. 그것들은 '모두 같은 것,' 더 정확하게는 '동일한 하나'의 변형인 것이다. 「문화 현상」(1978)이라는 또 다른 논문에서 로트만은 이런 강력한 동일시의 경향을 다음과 같이 설명한다.

한 가지 예를 통해 이를 살펴보기로 하자. 신화적인 의식을 특징짓는 것은 시간에 대한 폐쇄적이고 순환적인 관계이다. 한 해의 순환은 하루의 그것과 유사하고, 인간의 삶은 식물의 그것과 유사하다. 탄생-죽음-부활의 법칙은 모든 것을 지배한다. 이런 세계의 보편 법칙은 모든 것에 대한 모든 것의 유비로서, 조직화를 위한 핵심적인 구조적 관계는 동질동상의 관계이다(가을=저녁=노년, 임신=땅에 씨 뿌림=어둡고 폐쇄적인 장소로 들어가는 모든 행위들=죽은 자의 매장=식사). 이렇게 해서 '죽은 자=씨앗=곡물'의 등식이 가능하다("=" 기호는 '유사하다'로 읽는다). 싹을 틔우려면 씨를 뿌려야 하듯이, 재생을 위해서는 죽음이 필수적이다. 육체를 분해하는 것, 즉 그것을 여러 부분으로 뜯어서 땅 위 여기저기에 던져놓는 것—혹은, 그것을 뜯어먹는 것—이 파종과 마찬가지의 행위로, 부활과 재생을 가능케 한다는 관념은 유추적 사유만이 설명해줄 수 있다. 이런 유형의 사고의 근저에 깔린 강력한 유비화의 경향은, 실제 세계의 다양한 현상들을 단 하나의 현상의 〔상이한〕 기호들로 보도록 만든다. 즉, 그것은 같은 범주에 속하는 대상들의 모든 다양성을 단일한 (대문자) 대상으로 간주하게끔 한다. (1978〔2008〕:233~34)

한편, 이와 같은 신화적 유형의 동일시는 비신화적 유형의 언어로 번역되었을 때 (특히 예술에서) '은유적인 구성'을 만들어낸다. 그러니까 은유는 신화를 오늘날의 의식에 보다 친숙한 형태로 번역한 것에 해당하는 것이다. 하지만 엄밀한 의미에서 은유는 번역의 산물이기 때문에 신화와 구별되어야 한다(원칙상 신화 텍스트에서는 은유라는 것이 불가능함을 유념하라). 로트만의 주장에 따르면, 우리에게 알려진 모든 신화 텍스트는 '변형'의 결과라는 점을 염두에 두어야 한다. 즉, 그것들은 "신화적인 의식을 문자적이고 선형적인 언어와 선형적이고 시간적인 역사의식의 축으로 변역한 결과"(1978〔2008〕:234)로서 우리에게 주어진 것이다. 한편, 비신화적인 의식의 범주로 번역된 은유적 텍스트의 경우는 대개 "상징적인 것"으로서 지각된다. 물론 이때의 상징은 퍼스적 의미에서의 상징이 아니라 표현과 내용 사이의 내적 결속이 가정되는 일반적 의미에서의 상징을 말한다. 이때의 '상징' 역시 신화를 후대의 기호학적 의식의 관점에서 읽어낸 결과인데, 이때 그것은 "도상 기호이거나 혹은 유사-도상 기호로 재해석될 수 있는 어떤 것"에 해당한다(1973a〔2008〕: 162).

　신화적 세계와 의식의 도상(은유·상징)적 성격과 관련해 특별히 흥미로운 것은 '부분'의 개념이다. 신화적 세계에서는 '부분'의 개념이 매우 독특한 의미를 부여받는데, 즉 부분은 전체의 한 '단편'이 아니라 그 자체로 전체의 '상징'이 된다. 로트만의 설명에 따르면, 신화적 사유는 '메타언어'의 도입을 통해 논리적 상관성을 구축함으로써(즉, 범주화를 통해) 다양한 대상 사이의 관계를 설정하는 것(가령 "세계는 물질이다"라는 문장처럼)이 아니다. 그것은 대상언어 차원에서 작동되는 무조건적 동일시를 통해 각각의 대상을 '명명'하고 '인지'한다(가령 "세계는 말馬이다"와 같은 문장). 신화적 세계 안에서 대상은 '자질이나 속성признаки'으로 분해될 수 없다. 모든 사물은 완전한 전체로서 간주된다. 다시 말해, 신화적 세계 속의 부분은 특정한 '자질'로서 전체를 특징짓는 것이 아니라 그 자신이 하나의 개별적인 '총체'로서 '전체'와 '동일시'된다. 여기서 알 수 있는 것은 역설적이게도 신화적 세계란 논리적 위계의 측면에서는 '단일 세계적'이지만(신화적 세계의 '단일언어성'을 기억하라), 의미론적 차원에서는 고도로 '위계적'이라는 점이다(최상부에 위치한 '원대상'을 향한 지향을 기억하라). 즉, 신화적 세계는 "자질"로는 나뉘지 않지만, 엄청나게 많은 "부분"으로는 분할될 수 있는 세계인 것이다.

여기서 변별적 자질로의 분할에 대응되는 것은 '부분'으로의 분할이다
(신화에서 '부분'은 비신화적 텍스트의 '자질'(속성)에 해당하지만, 동시
에 그것의 메커니즘상 자질과는 분명하게 구분된다. 왜냐하면 여기서
부분은 전체를 특징짓는 것이 아니라, 전체와 동일시되고 있기 때문이
다. 신화에서 종種의 논리적 개념(일정한 대상의 집합)에 대응하는 것은,
비신화적 관점에서 볼 때 여럿인 대상을 하나로 간주하는 관념이다.
(1973a〔2008〕:147)

신화적 세계의 독특한 부분-전체 관계에 대한 적절한 비유는 이른바
'깨어진 거울'에 관한 중세의 메타포이다. 이 비유에서 전체의 단편으
로서의 부분은 그 자체로 전체와 동일시된다. 얼굴 전체를 비추는 거
울이 깨어졌다고 가정해보자. 이때 깨어진 거울의 조각조각(부분)은
각기 얼굴(전체)을 반영하고 있다. 즉 표현면은 부서졌어도 내용면은
부서지지 않은 '전체'로서 남아 있는 것이다. 그렇기 때문에 내용의 관
점에서 보면 부분은 전체와 동등한 의미를 갖는다. 내용과 형식의 통
일에서, 부분은 전체의 구성소가 아니라 전체를 '대표'(대신)한다.[1] 말
하자면 여기서 부분은 '대우주'(전체)를 자신 속에 반영하면서 그것과
동일시되는 '소우주'로 간주되는 것이다.

---

1) 이와 같은 부분의 개념, 즉 대우주를 자신 속에 반영하면서 그것과 동일시되는 일종의 '닫힌
소우주'로서 부분을 이해하는 로트만의 관점은 라이프니츠의 '단자monad' 개념을 떠올리게
한다. 이후 로트만은 논문 「주체이자 그 자신에게 객체인 문화」(1989)에서 단자 개념을 이용
해 '기호계'의 구성 단위인 '기호학적 개인성'을 정의하려는 시도를 보여주게 된다. 이 책의
제12장을 참조하라.

신화적 세계의 공간성

신화적 세계는 도상적 성격에 못지않게 분명한, 오직 그 자신에게만 고유한 '공간에 대한 이해'를 보여준다. 로트만에 따르면, "공간에 대한 특수한 이해는 신화적 세계의 본질이다"(1973a〔2008〕: 153). 신화적 의식 속에서 공간은 "어떤 질적인 연속체"가 아니라 마치 "고유명사를 지니는 개별적 대상들의 총체"처럼 제시된다. 즉 공간은 마치 개별대상들 사이에서 "끊어져 있는" 듯하며, 따라서 우리의 관점에서 볼 때 〔공간의〕 기본적인 자질이라고 할 수 있는 "연속성" 같은 것을 지니지 않는다. 이에 따른 흥미로운 결과 중 하나가 바로 신화적 공간의 "파편적 성격"이다.

하나의 장소locus에서 다른 장소로의 이동은 마치 시간 외부에서 이루어지는 듯한데, 즉 고유명사로 지칭되는 장소 안에서, 공간은 시간적 흐름과 관련하여 제멋대로 축소되거나 팽창되기도 한다. 또한 대상은 새로운 장소에 위치함으로써 이전 상태와의 관련성을 잃어버리고 다른 대상이 된다(대체로 이에 상응하는 것이 이름의 교체이다). 신화적 공간이 공간적이지 않은 다른 관계들(의미론적·가치론적 관계 등)을 모델링할 수 있는 능력을 갖는 것은 이 때문이다. (1973a〔2008〕: 154)

비공간적인 관계들을 모델링하는 신화적 공간의 특성에 관한 마지막 문장은 명백히 앞서 살펴본 로트만의 '공간적 모델링' 개념을 연상시킨다. 그러니까 본질상 비공간적 개념을 공간적인 관계의 언어를 통해 모델링할 수 있는 가능성은 신화적 세계 구조 속에서 명백한 현실이 되고 있는 것이다. 사실 이와 같은 대응은 매우 의미심장하다. 왜냐하면 이를 통해 외견상의 명백한 '분절성'에도 불구하고 공간적 모델링 개념이 본질상 언어적-분절적 단초가 아닌 도상적-연속적 단초로 수렴되는 것임을 확인할 수 있기 때문이다. 또한 신화적 세계의 공간이 고유명사로 가득 찬 파편적 공간이라는 지적은 문학 텍스트를 자신 내부에 일련의 '하부-공간들'을 포함하는 특정한 의미론적 공간으로 바라보는 로트만의 앞선 견해를 보충해준다. 서로 다른 인물들이 (각자의 고유명사로 지칭될 수 있는) 상이한 공간 유형에 속하기 때문에, 그들 간의 복잡한 분할의 관계는 일종의 "공간적 다성악"(1970:221)을 만들어내게 되는 것이다.

이처럼 신화적 세계상은 도상성과 공간성을 그 특징으로 한다. 도상성과 공간성의 특징이 언어적-분절적 문화유형의 지배하에서 상대적으로 억압된 문화의 변경에 해당한다는 사실로부터 로트만이 말하는 신화적 세계의 위상을 짐작할 수 있다. 신화적 의식의 구조와 메커니즘이란 결국 우리에게 익숙한 논리적-언어적 세계상과는 다른 가능성의 영역, 곧 '타자적' 기호 작용의 영역에 해당한다. 이를테면 그건 『일반 언어학 강의』의 소쉬르가 아닌 또 한 명의 소쉬르가 골몰했던 바로 그 문제적 영역[2]을 가리키고 있다. 게르만 전설과 아나그람을 연구하던

---

2) 언어학자 소쉬르 안에 자리한 여러 모습, 소위 '여러 명의 소쉬르'에 대한 논의는 김성도, 『로고스에서 뮈토스까지 ― 소쉬르 사상의 새로운 지평』, 한길사, 1999를 참고하라. "아나그람의 발견과 더불어 시작된 '두 명의 소쉬르'라는 표현과 더불어, 소쉬르 사상을 복수로 쓰는 것이 유행이 되어버렸다. 아나그람 연구자 소쉬르를 일러 어떤 이는 불행한 방황이란 말을

소쉬르에게 표상 불가능한 어떤 것, 체계에 저항하는 그 무엇이 도사리고 있는 '언어학' 너머의 자리[3]로 다가왔던 그 영역이 로트만에게는 다름 아닌 신화적 의식이라는 이름으로 나타났다고 볼 수 있다.

신화적 세계의 혼종성

앞서 말했듯이, 신화적 기호 작용의 문제에 관한 사유의 핵심은, 신화적 의식과 구조가 유형학적으로 보편적인 현상이며, 개별 문화 단계에서 그것의 쇠퇴와 부흥을 말할 수는 있어도 완전한 소멸은 불가능하다는 주장이다. 언어적 사유 형식에 익숙한 우리의 의식에 낯선 것으로 나타나는 것일 뿐 신화적 의식은 아주 중대한 '문화적 기능'을 수행하고 있다.

그 대표적인 예가 '집단적 기억'이라는 문화의 본질적 역할이다. 신화적 의식은 '비유전적 정보'의 기억과 전달이라는 문화의 본질적 메커니즘을 위한 불가결한 구성소가 된다. '글로 씌어진 것,' 즉 '기록되어 남겨진 것'만이 전달되고 기억된다는 언어적 의식의 통상적 관념은 여기서 역전된다. 세계의 법칙성과 질서, 행위의 규범은 씌어지고 읽혀짐으로써 배우는 게 아니라 춤, 노래, 그림 따위의 각종 상징으로 이루

썼고, 〔……〕 다른 어떤 이들은 아나그람에서 또 다른 『일반 언어학 강의』를 발견하였다." 앞의 책, 326쪽.
3) 소쉬르가 『아나그람』과 『전설에 대한 연구』에서 직면했던 '표상 불가능한 것'의 문제를, 라캉의 '실재' 개념과 비교한 흥미로운 시도로는 최용호, 「라캉과 쏘쒸르: '실재하는 것'에 대한 물음」, 『라캉의 재탄생』, 김상환·홍준기 엮음, 창비, 2002, 229~52쪽 참조.

어진 '행위'의 총체, 곧 '제의ritual'의 형식을 통해 익히는 것이다. 특정 상황에 대한 관념, 감정, 행위의 규범은 이른바 비언어적 형식의 수단을 통해 집단 구성원의 의식 속에 각인되고, 바로 그런 수단을 통해 기억되고 전승된다. 주지하다시피 관습적·반복적인 것의 기억을 지향하는 이런 경향은 '문화 이전의 문화,' 즉 "구술 문화"의 본질에 해당한다 (1990:246).

다시 강조하건대, 중요한 것은 서로 상반되는 두 가지 유형의 모델화 방식 간의 공존과 상호 작용이다. 그 공존과 상호 작용은 문화의 보편적·항구적 현상이다. 한쪽 축에서는 상이한 것들 간의 신화적 동일시 메커니즘(예컨대 시적 사유나, 부분적으로는 수학-철학적 사유의 고유한 동형동상·이질동상의 원칙)이 드러나며, 다른 쪽 축에서는 언어로 된 서사 텍스트의 특징적인 인과론적-연대기적 순차성과 논리적 연관 관계가 드러난다. 세계 구조의 인간적 체험은 이 두 가지 축 사이의 구조적 긴장의 장 위에서 발생한다. 즉 이들 간의 끊임없는 '내적 번역'과 '텍스트적 교배'로써 구현되는 것이다. 요컨대 인간 의식, 그리고 그를 통해 재현된 세계 구조는 결코 순수하게 신화적이거나 순수하게 언어적인 형식으로 존재할 수 없다. 어느 경우에나 우리가 마주하게 되는 것은 이미 일정하게 혼합된 '혼종성'인바, 결국 이는 다음과 같은 지극히 중대한 결론으로 이끈다.

결국 다음과 같은 가정이 가능하다. 존재론적으로 조건화된 신화적 층위는 의식(그리고 언어) 안에 뿌리내리고 있으며, 그것이 결국 신화적인 지각의 축과 비신화적인 지각의 축 사이의 긴장을 창출하면서, 의식과 언어를 이종적〔혼종적〕인 것으로 만들어준다. 〔……〕 즉 이종성이라는 것 자체가 인간 의식의 본질적인 자질이며, 그것의 메커니즘을 위해서는 최소 둘 이상의 상호 번역 불가능한 체계의 존재가 필수적이라는 설명이 가능한 것이다. (1973a〔2008〕:158~59)

인간의 의식 자체가 이종적〔혼종적〕이며, 상호 번역 불가능한 둘 이상의 체계를 필수적으로 요구한다는 이 주장은 후기 로트만 사유의 가장 핵심적인 명제가 된다. 이 명제는 1970년대 내내, 그리고 1980년대 초반까지 지극히 다양한 측면과 양상을 통해 반복적으로 (재)확인된다. 그리고 마침내 그것은 후기 로트만 사유의 가장 중요한 이론적 테제인 문화의 "복수언어주의poliglotism" 개념으로 이어진다. 결국 복수언어주의 개념을 낳게 되는 본질적인 통찰, 인간 의식의 혼종성에 관한 통찰은 1973년에 발표된 바로 이 논문 「신화-이름-문화」에서 최초로 명료하게 정식화되었던 것이다.

고유명사의 기호학

신화적 의식에 관한 로트만의 사유에서 가장 눈에 띄는 대목은 인간 의식의 이종성과 관련된 '고유명사'의 기호학적 존재 양상이다. 로트만에 따르면, 고유명사, 즉 "이름과 신화는 본질적으로 관련되어 있다." 일정한 의미에서 그들은 상호 규정적이며 서로에게 수렴된다. 즉 "신화는 개인적(즉, 인칭적)이며, 이름은 신화적이다."

신화적 세계에는 매우 독특한 유형의 세미오시스가 작동하고 있다. 그것은 일반적으로 명명命名의 과정으로 수렴될 수 있다. 신화적 의식 속에서 기호는 고유명사와 비슷하다. (1973a〔2008〕:147)

로트만의 설명에 따르면, 고유명사는 신화적 층위의 핵심을 구성한다. 신화적 세계 속에서는 모든 것, 이를테면 인간뿐 아니라 모든 사물은 각자의 고유한 이름을 갖고 있다. 『롤랑의 노래』에 나오는 롤랑R. Roland의 칼은 뒤랑달Durandal로, 『니벨룽겐의 노래』에 나오는 지크프리트Sigfried의 칼은 발뭉Balmung으로 불린다. 보통명사가 어떤 추상적 개념과 관련된 것으로 나타난다면, 그에 상응하는 고유명사의 예에서는 특정한 동일시, 즉 다른 영역에 속하는 이질동상적 대상과의 상호관계가 문제시된다. 결국 "고유명사의 보편적 의미를 극단적으로 추상화하면, 그것은 결국 신화로 수렴된다고 말할 수 있다. 신화적 관념 특유의 말과 지시 대상 간의 동일시가 발생하는 것은 다름 아닌 고유명사의 영역에서이다"(1973a〔2008〕:151).

이와 관련해 상기할 것은 고유명사의 일반적 의미가 원칙적으로 동어반복적이라는 점이다. 이름은 사물의 어떤 추상적인 모델이나 그에 대한 개념을 의미하는 것이 아니다. 이런저런 이름은 변별적 자질을 통해 특징지어지지 않으며, 단지 해당 이름이 귀속되어 있는 대상 자체를 가리키고 있을 뿐이다. 다르게 말해 같은 이름을 지니는 대상들의 집합은 그 이름을 지녔다는 특성 외에 그 어떤 특별한 자질(특징)도 공유하지 않는다. 로트만이 인용하고 있는 야콥슨R. Jakobson의 지적은 바로 그 점을 보여준다.

고유명사는 언어학적 코드에서 특별한 위치를 차지한다. 고유명사의 일반 의미는 코드에 대한 지시 없이는 정의될 수 없다. 영어의 코드 안에서 '제리Jerry'는 제리라는 이름을 가진 사람을 의미한다. 여기서 순환성은 명백하다. 이름은 바로 그 이름이 부여된 사람 자신을 의미하고 있는 것이다. 강아지pup는 어린 개를 의미하고, 잡종mongrel은 피가 섞인 개를, 사냥개hound는 사냥하는 데 쓰이는 개를 의미한다. 하지만 피도Fido라는 개 이름은 그 이름을 갖는 개 이외의 그 어떤 것도 의미하지 않는다. 강아지, 잡종, 사냥개와 같은 단어의 일반적 의미는 강아지스러움pupihood, 잡종성mongrelness, 혹은 사냥개적임houndness과 같은 추상화를 통해 지시될 수 있는 반면, 피도Fido의 일반 의미는 이런 식으로 기술될 수 없다. 러셀B. Russell의 말을 바꿔 말하자면, 피도라는 이름을 지닌 개는 많지만, 그들은 피도이즘, 즉 피도다움Fidoness이라는 그 어떤 공통의 속성도 공유하지 않는 것이다.[4] (1973a〔2008〕:148)

요컨대 피도라는 개 이름은 '피도이즘,' 즉 피도다움이라는 그 어떤 일반적 속성(유적類的 자질)과도 무관하다. 그것은 단지 피도라고 불리는 '바로 그 개' 자체를 지시하고 있을 뿐이다. 일본의 비평가 가라타니 고진은 언어학적 범주로서 고유명사를 특징짓는 이와 같은 (재귀적) '순환성'과 '개별성'을 철학적 차원에서 재성찰한 바 있다. 그는 특수성에서 일반성으로 이어지는 일반적인 유적類的 회로에 포섭되지 않는 단독성-보편성의 고리를 들어 '단독성singularity'의 모델을 주장하는데, 이는 로트만이 말하는 신화적 세계상의 고유명사의 존재론과 크게

---

4) 원문은 Р. Якобсон, "Шифтеры, глагольные категории и русский глагол," Принципы типологического анализа языков различного строя, М., 1972, с. 96.

다르지 않다. 고진에 따르면, 고유명사는 어떤 언어로 옮긴다고 해도 그대로라는 점에서 '보편적'인 것이지만, 결코 교환(대체)될 수 없는, 즉 번역될 수 없는 것이라는 점에서 '단독적'이고 '개별적'이다. 특수성이 일반성의 관점에서 파악된 개별성이라면, 단독성은 일반성의 회로에 속할 수 없고 반복될 수 없는 개별성이다. 이것은 '그것 이외의 다른 어떤 것도 아닌 바로 그것'으로서, 고진은 이런 '단독성'만을 주체에 의해 내면화될 수 없는 진정한 '타자성'으로 간주한다.[5]

다시 강조하지만, 자신의 원칙적인 개별성〔단독성〕으로 인해 고유명사는 그 어떤 일반화된 추상적 기호로도 '번역'될 수 없다(한국의 김철수는 러시아에서도 여전히 김철수이다). 그것은 대상으로부터 분리할 수 있는 기호가 아니라 그 대상 자체의 분리 불가능한 특질을 이룬다. 그리고 바로 그 점에서 고유명사는 언어 기호체계의 일반적 회로에 완전히 회수되지 않는 '잔여물'의 성격, 즉 언어 기호의 '내적 타자성alterity'을 대변하고 있는 것이다.

고유명사의 체계가 단순히 자연언어의 한 영역을 이루는 게 아니라 그것의 독특한 신화적 층위를 구성한다는 로트만의 주장은 바로 그 점을 적시하고 있다. 로트만에 따르면, "일련의 언어적 상황 속에서 고유명사가 보여주는 행태는 여타의 언어 범주에 속하는 단어의 그것과 너무도 확연히 구분되기 때문에, 마치 상이한 방식으로 구축된 '다른' 언어가

---

5) 고진의 고유명사론에 관해서는, 가라타니 고진, 『언어와 비극』, 조영일 옮김, 도서출판 b, 2004, 339~61쪽과 가라타니 고진, 『트랜스크리틱—칸트와 마르크스』, 송태우 옮김, 한길사, 2005, 169~87쪽을 참조.

자연언어의 영역에 통합되어 있다는 생각이 들 정도"(1973a〔2008〕:152)
이다. 앞서 언급했듯이 이 대목에서 자연스럽게 떠오르는 것은 '또 한
명의 소쉬르,' 즉 아나그람 연구가 소쉬르이다. 신화 텍스트에 사용된
고유명사의 기능과 본질을 탐색하던 그는 주지하다시피 이 분석되지
않는 기호, 기호 아닌 기호 앞에서 극복할 수 없는 양자택일에 직면했
다. 그 딜레마는 "기호과학이 아나그람을 분석하기 위해 재료의 이질
적-부정적 양상을 고려하든가, 아니면 언어학적 합리성의 생존을 위해
아나그람 연구를 포기하든가 하는 것이었다."[6]

　중요한 것은 고유명사가 자연언어 체계 내에서 갖는 타자성의 위상
이란, 곧 신화적 세계상이 문화체계 일반에서 갖는 타자성을 대변하는
예라는 점이다. 고유명사가 번역될 수 없다는 사실, 그것은 신화적 의
식이 원칙적으로 다른 차원의 기술로 번역될 수 없다는 사실을 대변한
다. 그러므로 고유명사의 기호학적 존재론은 곧 인간 의식의 혼종성
〔이종성〕을 증명하는 중요한 예증이 된다. 만일 의식의 이종성이 없었
더라면, 다시 말해 인간 의식의 이종성이 신화적 언어와 이질동상적인
모종의 층위(대표적으로, 고유명사)를 그 내부에 담고 있지 않았더라
면, 현대적 의식의 담지자인 우리가 신화를 묘사(기술)할 수 있는 가
능성 자체가 의심스러운 것이 되었을 것이다.

　결국 우리 사유의 이종적 성격 자체가 내적인 경험에 의거하여 신화적
의식을 재구할 수 있도록 해준다. 이런 점에서, 신화주의에 대한 이해는
곧 회상回想에 상응하는 것이 된다. (1973a〔2008〕:161)

---

6) 김성도, 앞의 책, 321쪽.

신화적 의식, 그것은 결국 우리 자신(의 의식) 안에 존재론적으로 조건화된 '타자'라고 볼 수 있다. 말하자면 그건 '낯선' 자아, 단지 억압되어 망각되었을 뿐인 '내적 타자'인 것이다. 그래서 신화에 대한 이해는 (이미 알고 있는 어떤 것을) 다시 떠올리는 행위, 즉 '회상'에 해당할 수 있다. 나중에 언급하겠지만, 신화적 이해의 이와 같은 재귀적 성격(이미 아는 것을 다시 떠올림)은 '고유명사'의 특징이면서 동시에 로트만의 주요 개념 중 하나인 '자기커뮤니케이션autocommunication'[7]의 특징이기도 하다.

문화유형론— 고유명사를 지향하는 문화

이렇듯 모든 문화 텍스트에는 불가피하게 이종성이 깃들어 있지만, 그렇다고 해서 문화에 대한 유형학적인 구분이 무의미해지는 것은 아니다. 가령 '고유명사를 향한 지향'은 신화적 유형의 문화와 비신화적 유형의 문화를 구별하는 유형학적 특징이 될 수 있다. 신화적 유형의 문화와 고유명사의 공통점은, 체계 내의 의미론적 움직임이 점진적 발달의 성격을 띠는 대신 첨예하게 단절된 의도적인 (재)명명 행위를 통해 작동한다는 데 있다. 신화적 관점에서 볼 때, '새로운 상황'은 곧 '새로운 이름'에 대응된다. 하나의 상황에서 다른 상황으로 바뀌는 변화는 '나는 새로운 하늘과 땅을 보았다'는 식으로, 이를테면 모든 고유

---

7) 자기커뮤니케이션 개념에 대해서는 제7장을 보라.

명사를 완전히 바꾸는 행위로서 여겨지는 것이다.

이를 잘 보여주는 러시아 문화사의 두 가지 사례가 있다. 18세기 초
반 러시아의 황제 표트르 대제가 추진했던 서구화 개혁은 모스크바적
인 중세를 거부하고 유럽식의 근대를 도입하고자 했던 방대한 문화공
학의 계획이었다. 급진적인 유럽화의 형태를 취한 러시아의 근대화 프
로젝트하에서 당시의 귀족들은 과거에 통용되던 (일상적) 행위의 규범
과 관례를 하루아침에 서구 유럽식으로 바꿔야만 하는 상황에 처하게
되었다. 즉, 통상적으로 '자연적인' 행위의 영역에 해당하던 영역이 어
느 날 갑자기 통째로 '학습'의 영역으로 변모된 상황에서 먹고, 입고,
마시고, 인사하는 법 따위의 모든 일상 행위의 규범을 (마치 외국어를
배우듯이) 새롭게 익혀야만 했던 것이다. 18세기 러시아 문화가 직면
했던 이런 격심한 문화 변동 현상에 대한 기호학적 탐구는, 이른바 '행
위시학'과 관련된 로트만의 몇몇 논문에서 직접 다루어진 바 있다.

표트르 대제에 의해 추진된 이와 같은 급진적인 서구화 개혁은 사실
상 국가 정체성의 재명명再命名에 해당하는 것이었다. 로트만에 따르면,
"표트르 대제의 동시대인들이 자신의 시대를 이해하는 양상에서 무엇
보다 주목을 끄는 것은 놀라울 정도로 빠르게 형성된 신화적 카논이다"
(1973a〔2008〕:167). 국가의 "완전하고 총체적인 재건"에 대한 깊은
확신은 이른바 "창조주 표트르"에 대한 신화로 이어졌고, '새로운' 러
시아의 창조는 곧 새로운 이름의 부여, 말하자면 (옛날식) 이름의 완전
한 교체로 이해되었던 것이다. "국가의 이름을 바꾸고, 수도를 이전하
고, 새 수도에 '외국식' 이름을 지어주고, 국가 원수의 칭호를 바꾸고,
관등의 명칭과 제도를 변경하고, 일상생활 속에서 '나의' 말〔모국어〕과

'타자의' 말[외국어]을 바꾸어놓는"(1973a[2008]:168) 이 모든 과정이 증명하는 것은, 표트르 시대의 신화적 의식 속에서 고유명사의 영역이 엄청나게 팽창했다는 사실, 대다수의 보통명사가 기능적으로 고유명사의 범주로 이동했다는 사실이다.

다른 한편으로, 같은 시기 정반대의 사회 계층에서는, 신화적 의식의 또 다른 명백한 발현이 나타났다. '참칭자' 푸가초프E. I. Pugachov를 둘러싼 현상이 바로 그것이다. 푸가초프는 예카테리나 여제 치하인 1773년에 대규모 코사크 농민 반란(푸가초프의 난)을 일으킨 주역으로, 예카테리나의 죽은 남편 표트르 3세를 참칭하며 모든 민중에게 자유를 돌려주기 위해 여제에 맞선 전쟁을 선포했다. 우랄에서 시작된 반란은 급속도로 퍼져 러시아 최대의 농민 반란으로 발전했으나 2년 만에 진압되었다. 로트만에 따르면, "표트르 3세와 푸가초프 중에서 어떤 이름이 진짜인가라는 식의 문제 설정," 즉 "푸가초프의 몸에 황제의 징표가 새겨져 있다는 이야기" 등은 이름의 문제를 둘러싼 전형적인 신화적 태도를 그대로 드러낸다. 이를 보여주는 무엇보다 생생한 사례는 모스크바 역사박물관에 전시된 푸가초프의 초상화이다. 이 초상화는 한 무명화가가 예카테리나 2세의 초상화 위에 '덧칠해' 그린 것이라는 사실이 판명되었다. 초상화는 회화의 영역에서의 고유명사에 해당하는 것으로, "초상화를 겹쳐 새로 그리는 작업이란 결국 새 이름을 부여하는 것과 같은"(1973a[2008]:171) 것이다.

유아어와 탈기호적 사유

고유명사와 신화의 관련성을 보여주는 마지막 대목은 이른바 '유아어nursery-words'의 문제이다. 고유명사를 지향하는 언어적 경향은 인간 개체의 신화적 단계'라고 할 수 있는 '유아어'의 세계를 생생하게 연상시킨다. 로트만에 따르면 "모든 단어를 고유명사로 간주하려는 경향, 인식을 명명의 행위와 동일시하는 것, 시간과 공간에 대한 독특한 지각 등 유아 의식의 전형적인 특징들은 곧 신화적 의식의 특징과 다르지 않다"(1973a[2008]:156).

유아의 세계에는 고유명사와 일반명사 간의 구분이 존재하지 않는다. 야콥슨의 지적대로, 고유명사는 "유아가 가장 먼저 획득하는 것인 동시에 실어증 증상에서 가장 나중에 사라지는 것이기도 하다"(1973a[2008]:157). 주지하다시피 성인이라면 동사를 사용할 만한 위치에서, 아이는 감탄사와 같은 단어조합을 만들어내며 "행위의 준언어학적[8] 묘사"(1973a[2008]:158)에 호소한다. 행위의 담지자와 혼연일체를 이룬 행위, 즉 고유명사의 상태로 제시되는 행위는 유아적 담화의 특징인 것이다.

당연한 말이지만 신화적 유형에 속하는 이와 같은 유아의 의식 세계는 성인의 의식 구조 안에서 결코 완전히 사라지지 않는다. 그것은 본질적인 모델화 메커니즘의 하나로 계속해서 기능하며, 따라서 이러한

---

8) 준언어paralanguage는 의미를 수정하거나 감정을 전달하기 위해 사용하는 모든 비언어학적 의사소통의 요소를 말한다. 말의 고저, 크기, 억양을 비롯한 각종 제스처를 포함한다. 이런 준언어적 요소들에 관한 연구를 준언어학paralinguistic이라고 부른다.

사실을 무시한 채 성인의 의식과 행동 패턴을 이해한다는 것은 불가능하다.

　지금껏 살펴본 것처럼, 구체적인 실현 양태는 너무도 다양하지만, 신화주의는 모든 문화에서 발견되며 문화사의 전체 과정에서 놀랄 만한 안정성을 보여준다. 신화주의의 이런 안정성은 그것의 ‘타자성’을 통해 해명될 수 있다. 주지하듯이 신화는 사물의 이름을 붙이는 행위가 사물을 인식하는 행위와 동일시되는 특수한 세미오시스의 결과이다. 거기서 표현과 내용, 이름과 대상 사이에는 본연적인 결속이 가정된다. 그런데 이런 특수한 기호 작용은 그것의 낯선 타자성 탓에 기호 작용 자체의 ‘외부’로 간주될 수 있다. 즉 기표와 기의 간의 조건적 관계가 당연한 것으로 간주되는 ‘기호적’(포스트-신화적) 관점에서 볼 때는, 신화 세계의 기호 작용 자체가 ‘탈기호적인 것asemiotic’으로 여겨질 수 있는 것이다.

　흥미로운 것은 탈기호적인 것으로서의 신화가 문화의 특정 국면에서 “기호적 사유에 대한 대안”(1973a〔2008〕:166)으로 받아들여진다는 사실이다. 어째서인가? 로트만의 설명에 따르면 “기호적 의식은 자신 내부에 사회적 관계들을 축적하기 때문에, 각종 사회적인 악에 맞서는 투쟁은 흔히 문화사에서 개별 기호체계를 부정하거나 아니면 기호성의 원칙 자체를 부정하는 형태로 표출되곤 한다”(166). 신화적인 사유, 대개는 그와 함께 유아적인 의식을 향한 강력한 호소는 바로 그런 경우에 생겨난다. 사회적 관계를 비판하려는 문명 비판적 의도가 결국은 문화적 관례의 요체인 ‘기호(성)’ 자체를 향한 비판으로 나아가게 되는 것이다. 우리의 의식과 표현을 지배하고 있는 기호 자체가 사회적 관계와 문화적 관례의 발생기이자 유표자라는 사실이 자각되고 나면, 후자에 대한 급진적 비판(문화 비판)은 필연적으로 전자에 대한 거부(기호 파괴)로 귀결되게 마련이다.

이렇게 볼 때, 언어 비판에서 문화 비판으로, 결국은 기호 비판으로 나아갔던 바르트의 행보는 매우 시사적이다. 주지하다시피 언어와 권력의 공모 관계를 일찌감치 간파했던 바르트는 1960년대의 '신화론'을 통해 그 나름의 '문화 비판'을 시도한 바 있다. 하지만 그가 최종적으로 나아간 방향은 이데올로기 비판이 아니었다. 그것은 이데올로기를 넘어선 기호 비판, 정확하게는 기호(성) 자체의 '바깥'을 향한 모색이었다. 바르트 후기 사유의 핵심은 제도적·관습적인 학습을 통해 얻어지는 일반적인 의미, 즉 스투디움studium을 어떻게 넘어설 것인지에 놓여 있다. 문화에 의해 '길들여진' 평균적인 감정 상태를 깨뜨리기 위해서는, 그것과는 전혀 다른 '제3의 의미'가 필요하다. 스투디움을 깨뜨리기 위해 오는 의미, 본질상 소통 불가능한 개인적 의미를 바르트는 푼크툼punctum이라고 불렀다. 바르트가 다른 글에서 '무딘 의미obtuse meaning'라고 부르기도 했던 이 '다른' 의미란 결국 기호(학)적 언어의 관점으로는 결코 파악될 수 없는 의미, 문화 '밖'에서 펼쳐지는 '탈기호적' 사유에 해당하는 것이다.[9]

---

9) 롤랑 바르트, 『카메라 루시다 ―사진에 관한 노트』, 조광희 옮김, 열화당, 1986, 31~32쪽 참조. 만일 이런 탈기호적 의미 작용을 문화라는 상징계의 '외부'가 아니라 그것 '내부'의 불가피한 '공백'으로 사유한다면, 아마도 그건 라캉적인 '실재'의 개념에 더 가까워질 것이다. 하지만 그와 같은 바깥/공백의 자리를 어떻게 부르던 간에, 핵심은 그 자리가 대변하는 '타자성'에 있다. 그것이 '다르다'는 것, 즉 상징계의 일반성으로 결코 '환원될 수 없다'는 사실이 중요하며, 그 환원 불가능성의 '불가피성'을 또한 확증하는 일이 중요하다. 로트만의 경우에 그 작업은 '신화적인 것'의 이름으로 수행되었다고 볼 수 있다.

모던-이전—신화적 타자

지금까지 암묵적으로 제외되었던 문화의 변방, 그 타자의 영역을 내부로 끌어들여야만 할 필요성은 기존 기호학 이론의 몇몇 근본적 전제를 근본적으로 재검토하지 않을 수 없게끔 만들었다. 그리고 이 과정은 로트만 기호학 자체의 외양을 상당 부분 바꿔놓게 된다. 로트만은 적어도 두 가지 측면에서 사유의 중심 방향을 수정한다. 첫째, 문화의 선차성이 분명하게 '비언어적' 기반에 돌려진다. 이제 (자연)언어 구조는 도상적 성격을 띠는 근원적 세계상을 2차적으로 추상화한 결과로서 인식된다. 둘째, 기호체계의 '혼종성'을 '단일성'에 앞서는 근본 상황으로 인식한다. 즉 언어의 '다중성'이 더 근본적이며, 단일한 보편어를 향한 지향은 그에 대해 2차적이다.

이 시기 로트만의 사유가 보여주는 '탈중심적' 경향이 그의 이론적 전망을 포스트구조주의의 전략에 가깝게 접근시키는 것은 사실이다. 그는 언어의 보편 구조로 수렴되는 질서 잡힌 '전체성'에 관한 관념에서 탈피하고 있을 뿐 아니라 기호체계의 활동이 지니는 모순적인 복합성을 끊임없이 강조한다. 하지만 외견상의 유사성에도 불구하고 1970년대 이후 로트만 사유의 방향이 포스트구조주의의 전형적 행보와 일정한 거리를 둔다는 점은 반드시 지적되어야만 한다.

신화에 대한 탐구가 잘 보여주듯이, 로트만은 체계 내부의 균열과 잔여를 인정하고 체계에 모순과 역동성을 부여하기 위해, 모던을 '넘어가는 것'(포스트-모던)이 아니라 오히려 모던 '이전으로' 더욱더 깊숙이 들어가고 있다. 그는 점점 더 깊숙하게 '문화의 지층' 속으로 들어갔던바, 그 과정에서 표층 아래에서 여전히 기능하고 있는 '문화적 기억'의 메커니즘은 정당한 생명과 숨결을 되돌려 받는다. 의미의 수동적인 저장고가 아니라 창조적인 '발생기'로서 문화적 기억을 되살릴 때, 체계의 '새로움'은 넓고 깊게 드러난다.

문화의 공시적·통시적 평면을 깊이 있게 아우르는 로트만의 탐색이 야기한 '새로움'의 지평은 분명 포스트구조주의의 그것과 구별된다. 구조주의적 지향에서 출발했던 로트만의 사유는 언어적인 것, 분절적인 것의 극단적인 추구 속에서 마침내 의미 자체를 텍스트로부터 (유희적으로) '비워버리는' 대신에, 의미를 담는 '또 다른 방식들'에 대한 문제를 심각하게 제기했다. 그리고 그것은 철저하게 '문화' 속에서, '문화'를 통해 탐구되었던 것이다.

제6장

신화적 코드와 슈제트의 발생

신화 발생적 구조 vs 슈제트 발생적 구조

제4장에서 로트만은 현대의 슈제트 텍스트를 두 가지 층위 간의 충돌과 긴장의 산물로 파악한 바 있다. 보편성을 모델링하는 '신화적' 측면과 현실의 특정 에피소드를 모델링하는 '파블라적' 측면이 그것이다. 이러한 슈제트의 개념은, 신화적 유형의 기호 작용에 대한 이해가 심화됨에 따라 한층 더 정교하게 변용되는데, 특히『예술 텍스트의 구조』에서 언급했던 '슈제트 없는 구조'의 개념이 새롭게 다루어진다.

1973년에 로트만은「신화-이름-문화」와 함께 테제 형식의 짤막한 논문「슈제트 텍스트의 신화적 코드에 관하여」를 발표한다. 이전에 현대의 슈제트 텍스트가 기반하는 1차적이고 근원적인 체계로 이해되었던 '슈제트 없는 구조'는 여기서 슈제트 텍스트를 위한 일종의 '신화적 코드'로서 (재)정의된다. 로트만은 현대의 슈제트 텍스트의 발생 문제를, 신화적 텍스트들이 분절적-선형적 체계로 광범위하게 '번역'된 결과, 그러니까 "신화적 유형의 전前슈제트적 서사체계"가 심대한 변형을 겪은 결과로 설명한다(1973i:670).

로트만에 따르면, 이런 번역과 변형의 흔적을 현대 슈제트 텍스트에서 발견할 수 있는데, 그중 하나가 현대 서사에 나타나는 '다인물성'과 '분신'의 형상이다. 본래 '원형상'을 향한 위계적 구조를 따르는 신화 텍스트에서는 여러 인물이 한 인물의 변이형으로 간주된다. 그런데 여러 층위의 인물들이 더 이상 동일인의 다른 이름으로 받아들여지지 않고 복수의 형상으로 갈라지게 됨에 따라, 분신 관계의 인물 형상이 출현하게 되었다는 것이다.

사실 이런 관점은 신화적 서사의 유형을 슈제트 텍스트의 역사적 전신으로 간주하는 듯한 인상을 준다. 이에 대한 체계적이고 이론적인 응답의 성격을 갖는 논문이 이후에 발표되는데, 「유형학적 조망에서 본 슈제트의 발생」(1979)이 그것이다. 1973년의 논문과 구별되는 가장 커다란 특징은, 이전에 슈제트의 개념이 거의 전적으로 예술적 '공간'과 관련해 전개되었다면("금지된 경계의 이월"), 여기서는 '시간,' 정확하게는 두 개의 서로 다른 시간 유형과 연결되고 있다는 점이다.

슈제트는 통사론적인 개념인바, 시간의 체험과 관련된다. 우리가 부딪치게 되는 것은 두 가지 유형의 시간에 대응되는 두 가지 유형의 사건 형식이다. 순환적цикличная 시간과 선형적линейная 시간이 그것이다. (1979b:224)

　로트만에 따르면, "현대의 슈제트 텍스트는 유형학적으로 보편적인 두 개의 근원적 텍스트 유형 간의 상호 작용과 교접의 결과"(1979b: 226)이다. 하나는 원칙적으로 '순환적인' 시간성에 종속되는 "신화 발생적 텍스트 구조"이고, 다른 하나는 '선형적' 시간성과 관련된 "슈제트 발생적 텍스트 구조"이다.

　그렇다면 순환성과 선형성의 이런 차이는 어떻게 드러나는가? 전자가 자신의 특징인 이질(/동질) 동상의 원칙에 따라 '극단'과 '무질서'의 세계 속에 '법칙'을 확립하고 '규범'을 세운다면, 후자는 세계의 법칙성이 아니라 그것으로부터의 '일탈,' 규범이 아닌 '예외'의 경우를 기록한다. 즉, 전자의 구조가 영속적(비시간적)이고 끊임없이 반복되는 사건들에 관해 이야기한다면, 후자의 구조는 일회적이고 우연적인 사건들, 즉 주어진 세계 질서로부터 벗어난 것으로 간주되는 모든 것에 관해 적는다(이 대목에서 당연히 텍스트의 '신화적 측면'과 '파블라적 측면'에 관한 앞선 논의를 떠올리게 된다).

　세계의 다양한 측면을 일정한 불변형으로 수렴하는 능력으로 인해 첫번째 유형의 텍스트는 기능적으로 '과학'의 자리를 대신할 수 있다. 그것은 순수하게 과학적인 유형에 해당하는 일련의 문화적 성취—가령 수력-천문학 같은—를 자극한다. 반면, 두번째 유형에서 발전한 연대기나 실록 같은 역사 텍스트는 슈제트적 서사의 역사적 근원이 된다. 신화가 '일어나야만 할 것,' 곧 '원칙'에 관해 이야기한다면, 후자는 '실제로 일어난 것,' 즉 '사건'을 기록한다. 전자가 '1년 중 어느 절기에 추수가 있어야 하는지'에 관해서 말한다면, 후자는 '올해의 추수가 어떠한지'에 관해 적는 것이다. 후자로부터 '선형적 시간,' 즉 원인과 결과의 순차적 관계성에 대한 예민한 관심이 부각되고, 그 결과 '역사'에 대한 관념이 형성된다.

한편, 신화는 자신의 세계 모델 안에서 대응물을 찾을 수 없는 실제적 사건의 영역을 곧바로 '비존재'로 간주한다. '반복'과 '질서'로 이루어진 신화적 세계상의 관점에서 법칙과 규범으로부터 이탈된 '이례적'이고 '일회적'인 것들은 곧바로 무無로, 즉 '존재하지 않는 것'으로 여겨지는 것이다. 세계의 영원한 구조와 본질은 역사적 시간의 법칙에 종속되지 않기 때문에 시간과 결합된 것은 곧 존재하지 않는 것과 마찬가지가 된다. 반대로 연대기적-역사적 세계는 실제로 관찰되는 현실의 양상에 맞지 않는 신화적 법칙성을 폐기하고, 그 자리에 사건의 순차성과 인과관계를 내세운다.

그러나 앞선 신화적 의식의 경우에서와 마찬가지로, 이런 상반된 두 유형 간의 대립 또한 역사적인 것이라기보다는 '유형학적'인 것으로 보아야 한다. 신화 발생적 구조가 역사적-연대기적 구조에 의해 대체되는 것이 아니라 둘 모두가 함께 작용하는 것이다. 상반된 원리와 구조를 지니는 두 모델링 방식의 '공존'과 '상호 작용'은 보편적이고 항구적인 현상이다. 언제나 그렇듯이 로트만에 따르면, 세계 구조의 인간적 체험은 이 두 가지 축 사이의 끊임없는 내적 번역과 텍스트적 교배로써 구현되는바, 슈제트 역시 이와 같은 구조적 긴장의 장 안에서 작동할 수밖에 없는 것이다.

그런데 위와 같은 입장이 사실상 제기하는 것은 슈제트의 문제를 텍스트의 경계 '너머'에서 사고해야 할 필요성이다. 슈제트의 개념은 인간적 삶과 그것을 둘러싼 세계와의 관계, 다시 말해 인간적 (세계) 경험과 의식의 차원에서 접근되어야만 한다는 것이다. 이런 입장은 로트만이 슈제트의 구조적 단위인 '사건'의 개념을 그것이 속한 문화의 유형(세계상)에 의존하는 것으로 파악했을 때 이미 예견된 것인데, 이는 다음과 같은 구절을 통해 명백하게 표명된다.

> 슈제트는 인간이 삶을 의미화하기 위한 강력한 수단이다. 예술적 슈제트 서사를 발명함으로써 인간은 비로소 〔……〕 사건의 비분절적 흐름으로부터 분절적 단위들을 구분해내고, 그것들을 일정한 의미와 결합시켜 (즉, 의미론적으로 해석하여) 질서화된 사슬 속에서 조직화하는 (즉, 통사론적으로 해석하는) 법을 배우게 되었다. 〔……〕 슈제트 텍스트를 만듦으로써, 인간은 삶 속에서 슈제트를 구분할 수 있게 되었으며 그렇게 해서 이 삶을 스스로에게 설명할 수 있게 되었던 것이다. (1979b:242)

슈제트를 삶의 의미화를 위한 대표적 수단으로 여기는 로트만의 이런 관점은 자연스럽게 『시간과 이야기』 3부작에 표명된 리쾨르의 입장을 떠올리게 한다. 주지하다시피 리쾨르에게 "이야기(서사)란 우리가 세계 안에서 살아나가는 수단이다. 그것은 불분명한 경험들, 일정하게 비언어적인 경험들로 구성된 인간의 삶과 사건을 자기화하기 위한 수단[1]인 것이다. 이야기를 한다는 것은 사실들을 배열하고 사건들을 정돈하는 것, 그리고 그들 사이에 일정한 관련성을 구축함으로써 삶을 인식하는 것이다. 그리고 이때 무엇보다 중요한 것은 그런 인식이 '시간'의 체험과 관련된다는 점이다.

---

1) П. Рикер, Время и рассказ, Т. 1, СПб., 1998, с. 7.

기본적인 전제는 역사의 서술 행위와 인간적 경험의 시간적 자질 간에
는 [……] 대응이 존재한다는 것이다. 바꾸어 말하면, 시간은 서사적으
로 분절되었을 때 비로소 인간적이 될 수 있으며, 이야기는 시간적 존재
의 조건이 되었을 때 비로소 완전한 의미를 획득하게 되는 것이다.[2]

'시간성'과 '이야기'(서사)의 본질적인 관련성을 바라보는 로트만과
리쾨르의 시각 차를 여기서 상세하게 논할 수는 없지만 눈에 띄는 차별
성 하나는 언급할 필요가 있다. 리쾨르는 서사와 시간 형식의 공통분
모인 '선형성'과 '분절성'에 주목하면서, 로트만의 슈제트 논의 중 나머
지 한 축을 담당하는 '순환적 시간성'의 문제를 사실상 도외시하고 있
다. 앞서 지적했듯이, 통사론적 개념으로서의 슈제트는 두 가지 유형
의 사건 형식과 관련되는바, 그 하나가 순환적인 유형이라면 다른 하
나는 선형적인 유형이다. 일회적 사건이 아니라 반복되는 영속적 사건
에 대해 말하는 신화적 유형의 텍스트 발생 메커니즘은 순환적 시간성
과 관련되며, 현대의 관점에서 볼 때 비시간적(공간적) 성격을 띤다.
로트만에 따르면, "신화적 텍스트들의 순환적 세계는 뚜렷한 위상학적
조직화를 지니는 다층위의 구조를 만들어낸다. 신화의 위상학적 세계
는 분절적이지 않다"(1979b:225).[3]

---

2) Там же, с. 65.

3) 이와 관련해 눈여겨봐야 할 것은 리쾨르가 시간 감각에 관한 아우구스티누스의 유명한 언급
을 인용하는 부분이다. "만약 미래와 과거가 존재한다면, 나는 그것이 어디 있는지 알고 싶
다. 만약 이를 알 수 없다면, 나는 적어도 다음 사실만은 알고 있다. 어느 곳이건 간에 거기
에 있는 것은 미래도 과거도 아닌 현재일 뿐이다. 미래는 아직 거기에 없고 과거는 이미 그곳
에 없다. 무엇이건, 어디에 있건 간에 그것들은 단지 현재로서만 존재한다." 의미심장하게도
리쾨르는 이 언급에서 "시간의 인간적 인지를 위한 서사의 필수성"만을 보고 있을 뿐 이 언급

물론 이처럼 선형적 시간성과 더불어 위상학적(공간적) 성격을 띠는 순환적 시간 감각을 포함하는 슈제트는 "삶을 의미화하는 강력한 수단," 곧 '언어'의 역할을 수행하기 위해 자신의 본래적 내용성을 탈각해야만 한다. "현대적 의식 안에서 사유의 고대적 구조들은 내용성을 탈각하는바, 이 점에서 언어의 문법적 범주에 온전히 대응되는 것이다"(1979b:233). 하지만 내용성의 탈각이 그것의 작용력의 중지를 의미하는 것은 결코 아니다. 구체적인 개별 문화의 텍스트 발생 메커니즘에서 어느 한쪽을 향한 지향이 나타날 수는 있어도, 문화의 실제 메커니즘에서는 (선형성과 순환성이라는) 두 원칙의 공존, 그들 사이의 긴장과 상호 작용이 언제나 목도된다.

그런데 흥미로운 것은 좀더 지배적인 위치를 차지하기 위한 두 메커니즘의 이런 투쟁이 예술 텍스트에서는 완전히 다른 성격을 획득한다는 점이다. 로트만에 따르면, "예술 텍스트에서는 그들 간에 상호성이 최대로 실현되는바, 즉 투쟁하는 구조들이 상이한 차원에 '위계적으로' 배치되는 것이 아니라 하나의 차원에 '대화적으로' 배치되는 것이다"(1979b:236). 서로 다른 텍스트 발생의 메커니즘이 위계적이 아니라 대화적으로 공존하는 예술적 상황을 가장 잘 보여주는 예는 도스토옙스키의 소설 세계이다. 이에 관한 로트만의 논의를 살펴보자.

자체가 보여주는 명백한 '신화적'(정확하게는 중세적) 성격을 보지 못한다. 그 시대 사람들로 하여금 "과거, 현재, 미래를 마치 하나의 평면에 놓여 있는 것처럼, 어떤 점에서는 동시적으로 존재하는 것처럼" 인식하게 했던 것은 다름 아닌 '중세적 호로노토프의 특수성,' 즉 "시간보다는 공간을 지향하는" 세계 모델의 특수성이었던 것이다. 중세적 호로노토프의 특징에 관해서는 А. Я. Гуревич, Категории средневековой культуры, М., 1984, с. 46을 참조하라.

슈제트 텍스트의 신화적 구조—도스토옙스키

도스토옙스키의 소설 세계가 "신화적 사유의 고대적 구조들"과 밀접한 관계를 맺고 있다는 사실은 아주 일찍부터 지적되어왔다. 모스크바-타르투 학파의 주요 일원이었던 토포로프V. Toporov의 연구가 대표적이다.[4] 그는 소설 『죄와 벌』을 상세히 분석하면서, 의미론적으로 유표화된 일련의 단어(대표적으로 "별안간вдруг" "기이한странный" 등)에 주목하여 도스토옙스키의 텍스트가 우주론적 내용을 담고 있는 고대 텍스트들에서 목도되는 "신화시학적mythopoetic 구조"에 깊숙이 침윤되어 있다고 주장한 바 있다. 비록 토포로프의 분석이 도스토옙스키 소설의 '어휘'와 신화시학적 사유 구조 사이의 깊은 의미론적 상관성에 집중하고 있지만, 도스토옙스키 소설 세계의 '신화주의'의 문제가 어휘론의 차원에 국한되는 것은 아니다.

가령 『죄와 벌』의 공간적 형상이 그러하다. 작품의 공간 형상은 "(내적인) 중앙부 공간"과 "(외적인) 주변부 공간"의 기본적 대립에 기초한다. 여기서 전자가 "숨 막힘"과 "비좁음"의 감각으로 제시되는 중앙부의 "집안"(가령 라스콜리니코프의 다락방)에 해당한다면, 이 공간 밖의 장소(가령 유형지 시베리아)는 "넓이"와 "광활함"으로 제시된다. 이런 공간적 대립은 물론 내부의 닫힌 일상 공간과 외부의 트인 환상 공간을

---

4) В. Н. Топоров, "О структуре романа Достоевского в связи с архаичными схемами мифологического мышления ("Преступление и наказание")," Миф. Ритуал. Символ. Образ. Исследования в области мифопоэтического, М., 1995, cc. 193~258.

대립시킨 고골을 떠올리게 한다. 뿐만 아니라 "일몰"의 시간이 갖는 의미 또한 예사롭지 않은데, 그것은 인물의 행위를 촉발하는 자연력 стихии의 기호로서 나타난다(자연력이 힘을 행사하는 일몰의 시간에 인물은 행동한다). 여기서 알 수 있는 것은 도스토옙스키 소설에서 "시간과 공간은 그 안에서 행위가 펼쳐지는 단순한 틀(혹은 수동적인 배경)에 머무는 것이 아니라 (인물의 행위를 결정하는) 적극적인 변수이며, 그런 점에서 어느 정도는 슈제트에 대응될 수 있는 것으로 나타난다"[5]는 점이다.

이 외에도 텍스트의 일정 부분, 특히 슈제트 공간의 '중심부' 묘사에서 신화 텍스트 특유의 기호와 지시 대상 간의 '이질동상성'이 나타난다는 점이 흥미롭다. 토포로프에 따르면, 해당 부분들에서 "중심부를 묘사하는 언어는 전체 소설의 공간 구조에 상응하는 구조를 부여받는 듯하다. 즉 수축성, 답답함, 숨 막힘의 상황(특히 다락방)에서 실제로 언어가 극도로 수축되고 전망을 상실하는 것"이다. 반면에 주인공이 이 답답한 중심부를 벗어나 외부를 향하자마자 이런 언어적 특징들 또한 사라진다. 주인공의 심리 상태(대상)와 그것을 표현하는 형식(기호)은 여기서 이질동상이다.

무엇보다 주목할 부분은 로트만이 도스토옙스키 소설에 관한 바흐친의 저명한 사유(대화적 구조)를 나름대로 재해석하는 대목이다. 그가 이해하는 '대화적 구조'는 두 개의 상이한 텍스트 구조화 원칙이 '대화적 방식을 통해' 단일한 텍스트의 서사 형태 속으로 통합되는 양상을 뜻한다. 여기서 두 개의 상이한 텍스트 구조화 원칙이란 도스토옙스키

---

5) Там же, с. 201.

소설에서 비교적 뚜렷이 구분되는 두 영역, 즉 '일상적 행위'의 영역과 '이데올로기적 충돌'의 영역을 가리킨다. 로트만은, 도스토옙스키 소설에서 이념적 차원에 부여된 슈제트 구성의 역량("도스토옙스키 소설의 경우에는 이념적인 핵심이 텍스트의 슈제트적 움직임을 직접적으로 조직화한다")과 더불어 그 반대편에서 작동하고 있는 또 다른 원칙을 강조한다. 일상적 행위의 슈제트 전개를 조직화하는 이 또 다른 원칙은 "별안간вдруг"이라는 단어로 가장 잘 표현되는 "그럴 법하지 않음"이라는 원칙이다(1979b:225).[6]

여기서 바흐친의 유명한 언급이 의미심장하다. 주지하다시피, 바흐친은 도스토옙스키 소설의 중심 구조 안에서는 독백적 구성이 '대화'로 대체된다고 지적한 바 있다. 이를 로트만식으로 풀어 다시 말해보면 다음과 같다. 사상가 도스토옙스키의 "이데올로기적 중심"은 법칙과 질서를 구조화하는 신화 발생적 텍스트 유형에 해당한다. 하지만 그것이 전부는 아니며, 그에 대한 '대화적 상대 항'으로서 과잉과 무질서를 특징으로 하는 슈제트 발생적 구조의 또 다른 원칙이 기능하고 있다. "그럴 법하지 않음"이라는 원칙이 바로 그것이다.

요컨대 '대화주의'가 질서화된 이론의 영역 속으로 침투한 삶의 다양성에 해당한다면, '신화주의'는 그와 정반대의 양상으로 실현된다. 즉 삶의 다양성을 추상화하고 법칙화하는 것이다. 그런데 여기서 반드시 염두에 두어야 할 것이 있다. "도스토옙스키에게서 예측 불가능성과

---

6) 도스토옙스키의 소설 세계에서 '별안간'이라는 단어가 지니는 풍부한 의미에 관해서는 토포로프В. Н. Топоров 앞의 책 중 "Приложение 2—О "вдруг" у Достоевского и Белого," сс. 214~18을 보라.

불합리함은 스캔들의 특징일 뿐 아니라 기적의 특징이기도 하다”(239)
는 점이다. 도스토옙스키에게서 기적은 불합리하고 예측 불가능한 것
이지만 동시에 모든 삶의 대립을 일거에 소거하는 ‘종말론적인’ 것이기
도 하다. 바로 그런 이유로 ‘기적’의 모델은 ‘재생’에 관한 신화적 관념
과 직접적으로 연결될 수 있다. 과거의 죄 많은 삶이 완벽하게 종결되
고 바야흐로 새로운 존재가 시작된다는 믿음, 완벽하게 새로운 재생
(부활)에 대한 유토피아적 믿음이 바로 그것이다. 라스콜리니코프의
유명한 외침은 이를 잘 보여준다. “지금의 나는 무엇인가? 나는 제로
다. 내일은 무엇이 될까? 나는 내일 무덤에서 부활하여 새로운 삶을
시작할 것이다!”

이렇듯, 이데올로기적 중심이 주변적 텍스트의 구조적 특징을 자신
속에 빨아들인다면, 그 반대편에서는 “신화주의가 과잉의 영역에 침투
하여 그것을 변형”시킨다. 결국 로트만이 말하듯, 도스토옙스키의 소
설에서는 서로 다른 원칙으로 소급되는 두 개의 대립하는 체계가 “상호
구조적 관계 속에 돌입하여 서로를 무효화하지 않은 채 새로운 질서의
유형을 창조하고 있는 것이다”(1979b:236).

도스토옙스키 소설의 신화주의

문학 텍스트를 신화주의의 관점에서 접근하려는 연구자들이 다름 아
닌 도스토옙스키의 소설에 줄곧 관심을 기울여온 것은 우연이 아니다.
19세기 러시아 리얼리즘의 정전 중 하나인 도스토옙스키의 소설은 일
반적 도식에 포함시키기 어려운 독자적 특징들을 보여준다. 무엇보다

눈에 띄는 것은 슈제트 구성의 특이성이다. 주지하다시피 도스토옙스키 소설에서는 에피소드들의 결합이 현실적 핍진성과 너무나 동떨어져 있는 나머지(이른바 "별안간"의 법칙!) 그 결합을 주관하는 슈제트 형성 원칙을 "그럴 법하지 않음"의 원칙이라고 부르고 싶을 정도이다.

하지만 도스토옙스키 이후 러시아 문학사의 발전 과정은 이와 같은 특성이 리얼리즘적인 의미에서의 핍진성의 결핍이라는 약점이 아니라 오히려 그런 원칙으로부터 의식적인 일탈, 곧 "마이너스 기법"이었다는 사실을 증명해주었다. 잘 알려진 것처럼, 체호프에 와서 그와 같은 문제적 슈제트는 창작 세계 전반을 규정하는 가장 큰 특징이 되었다. 그 세계에서는 본질상 '아무 일도 일어나지 않을' 뿐 아니라(무사건성) 이미 일어난 행위들 역시도 비가역적 의미를 지니지 못한다(즉, 되돌린다고 해도 바뀌는 것은 없다!). 그리고 바로 이런 특징들은 20세기의 모더니즘 산문, 흔히 '장식체 산문'이라고 불리는 러시아 아방가르드에 이르면 그 자체로 텍스트 구조의 구성적 원칙의 차원으로까지 격상되는 것이다.[7]

---

7) 장식체 산문ornamental prose이란 1920~1930년대에 활동한 러시아 산문작가들의 문체를 특징짓는 용어로서 도입되었다. 애초에는 보리스 필냑B. Pil'njak, 니콜라이 니키틴N. Nikitin, 프세볼로드 이바노프V. Ivanov 등 주로 1920~1925년 사이의 작품만을 지칭했으나 이후 니콜라이 레스코프N. Leskov, 알렉세이 레미조프A. Remizov, 안드레이 벨르이A. Belyj, 예브게니 자먀틴E. Zamjatin, 이삭 바벨I. Babel, 유리 올레샤Jurij Olesha 등을 포괄하는 개념으로 확장되었다. 미르스키의 정의에 따르면, 장식체 산문이란 "독자의 주의를 작품 속의 모든 사소한 디테일, 즉 단어와 소리들, 그리고 리듬들에 집중시키는 산문"을 뜻한다. 이들의 문체적 특징은 고문체, 구어체, 방언의 사용부터 동음이의어와 단어 유희까지 광범위하다. 언어를 반복적으로, 심지어 최면을 거는 것처럼 결합, 재결합시키면서 장식적인 틀 속에 언어를 모티프로 사용하려는 경향을 갖는다는 점에서 공통적이다. 모더니즘의 한 갈래인 이 작품들이 장식체 산문이라고 불리는 이유는 그들의 형식적 특징이 추상을 지향하는 원시예술의 장식과 유사한 일정한 반복적 패턴을 보여주기 때문이다.

러시아 아방가르드, 특히 장식체 산문이 리얼리즘 산문에서의 통사론적 순차성 대신에 "순환적이고 계열적인 고대적 질서"가 지배하는 세계를 창조하려고 했다는 사실은 잘 알려져 있다. 인과론적 사슬이 탈각된 자리에 그를 대신해 등장하는 것이 고대적 유형의 원칙인바, 그것의 주된 특징은 '말'과 '사물'을 동일시하는 신화적 유형인 것이다. 러시아 미래주의의 "일원론적 관점"을 지적한 스미르노프I. Smirnov에 따르면, 미래주의의 시 세계에서는 마야콥스키의 시가 말해주듯 사물의 교체는 곧 이름의 교체에 해당한다. "갑자기 모든 사물이 돌진했다/목청을 높이며/낡아빠진 이름들의 넝마를 집어던진다(마야콥스키)."[8]

신화적 사유 및 언어의 차원에서는 단어(이름)와 사물 사이에 아무런 조건성도, 재현의 관련성도 존재하지 않는다. 이름, 그것은 사물을 지시하는 기호가 아니라 사물과 직접적으로 일치하는 어떤 것이다. 여기서 다시 확인할 수 있는 것은 고유명사를 둘러싼 고유한 신화적 관념이다. 자신을 둘러싼 주변 세계와 그것을 인식하는 자기 자신을 구분하는 법을 아직 배우지 못한 태초의 인간의 고대적이고 "감각적인" 사유가 그것이다. 이 대목에서 신화적 세계의 비관례적 성격에 관한 로트만의 다음 언급을 떠올리게 되는 것은 자연스럽다.

이름과 대상 간의 이와 같은 동일시는 고유명사의 비관례적인 성격, 즉 그것의 존재론적 본질을 결정한다. 바로 그렇기 때문에, 신화적 의식은 세미오시스의 보다 발달된 관점에서 볼 때 탈기호적인 것으로 해석될

---

8) И. Смирнов, "Художественный смысл и эволюция поэтических систем," Смысл как таковой, СПб., 2001, с. 108에서 재인용.

수 있다. (1973a〔2008〕:151)

리얼리즘의 세계에서 순전히 조건적인(관례적인) 상징으로 받아들여지는 '말'은 신화적 사유의 세계에서는 도상적 기호, 즉 의미의 물리적 형상이 된다. 러시아 모더니즘(특히 장식체 산문)의 원칙적인 '도상성'을 지적하면서 시미트V. Shmidt는 그것을 "말과 사물 간의 신화적 동일시의 구조적 재건," 곧 "신화적 사유의 재생"으로 정의한 바 있다.[9] 시미트에 따르면 산문의 장식체화는 불가피하게 슈제트의 약화를 가져온다. 장식적 경향은 서사 담론의 언어적 통사론뿐 아니라 이야기되는 역사의 주제적 통사론 또한 자신에게 복속시켜, 결국 원인과 결과로 이어진 "시간적 순차성"의 자리에 "인과 외적이고 시간 외적인(공간적인)" 결합을 부여한다. 그렇게 해서 일반적인 슈제트 텍스트의 구성 원칙인 공간에 대한 시간적 관계의 우위 상황은 뒤바뀐다. 시간적인(인과율적인) 순차성이 더 이상 텍스트의 단일성을 만들어내지 못하는 상황에서, 그를 대신해 모종의 "동시성," 다시 말해 (텍스트의 통사론적 축 상에서 서로 멀리 떨어져 있는 요소들 사이에 구축된) 관계의 "공간성"이 대두하게 되는 것이다.

그렇다면 이런 상황에서 텍스트의 이해는 무엇을 뜻하는가? 그저 텍스트를 따라 읽는 것만으로 앞서 말하는 '관계의 공간성'을 이해할 수 있을까? 여기서 텍스트의 "이해"란 곧 텍스트의 개별 요소들 사이에 공간적인 관계(즉 대응)를 '구축'하는 일을 가리키게 된다. 토포로프의

---

9) В. Шмидт, "Орнамент—поэзия—миф—подсознание," Проза как поэзия, СПб., 1998, с. 301.

다음 언급은 이를 잘 보여준다.

　　이런 의미에서 도스토옙스키의 소설은 모든 대응하는(혹은 반복되는) 모티프들이 수직 축을 따라(위-아래로) 정렬되고, 통사론적 연쇄를 조직화하는 모티프들이 수평 축을 따라(좌-우로) 정렬되는 방식으로 구축된다고 할 수 있다. 이때 수평 축에 따른 독해는 소설을 이야기하는 것 рассказывание에 해당하고, 수직 축에 따른 독해는 소설을 이해하는 것 понимание에 해당할 것이다.[10]

　　여기서 텍스트를 이해한다는 것은 텍스트의 통사론적 축 상에서 서로 동떨어져 있는 요소들 사이에 특정한 대응 관계를 '공간적'으로 (재)구축하는 것을 뜻한다. 당연히 이와 같은 텍스트의 '공간적 재구축' 과정은 독자 입장에서의 적극적인 인지 과정을 동반한다. 에피소드들 간의 숨겨진 대립과 대응을 드러내기 위해 독자는 수동적 관객이기를 그치고 다양한 양태와 형식으로 제시되는 텍스트를 자기 나름대로 재구축해야만 하는 것이다.

---

10) В. Н. Топоров, "О структуре романа Достоевского в связи с архаичными схемами мифологического мышления ("Преступление и наказание")," Миф. Ритуал. Символ. Образ. Исследования в области мифопоэтического, М., 1995, с. 207.

텍스트의 공간적 읽기와 시간적 읽기

그런데 독자 입장에서의 적극적 읽기라는 이 문제는 사실 보기만큼 간단치 않다. 특히 그것이 '공간적' 읽기 모델과 관련될 경우, 이론적 입장 차이를 드러내는 징표가 되기도 한다. 가령 독자의 자유롭고 창조적인 해석을 강조했던 포스트구조주의의 흐름이 기존의 텍스트 모델 중 무엇보다 먼저 거부하고자 했던 것이 바로 이런 '공간적인 독해'의 모델이었다는 사실을 기억해야 한다. 그들에게 텍스트는 (연구자의 분석을 기다리는) 복잡하게 조직된 의미론적 '공간'이 아니라 역동적인 담화, 즉 그것을 '따라가는' 과정 자체에서 쾌락을 얻어야만 하는 어떤 '운동'의 체험을 뜻한다. 여기서 독자가 수행하는 것은 발화의 선형적 시간성 안에서 텍스트를 몸소 '체험'하는 열린 독서의 과정이지, 텍스트 내적 '공간'에 숨겨진 의미를 드러내는 '분석'의 과정이 아니다. 그것은 오히려 텍스트를 따라 걷는 '산책'에 가깝다. 예컨대 바르트의 다음 구절을 보라.

우리는 그 어떤 단일한 의미도, 심지어 텍스트의 여러 가능한 의미 중 어느 하나를 찾아내는 것조차도 목표로 삼지 않는다. 〔……〕 우리는 '텍스트에 대한 설명'으로 이해되는 '텍스트 해설'에 임하려는 것이 아니다. 우리는 단지 서사를 그것의 생성 과정 속에서 포착하려고 시도했을 뿐이다. 〔……〕 우리의 (텍스트) 구조화는 읽기의 과정에서 자동적으로 솟아나오는 것 이상으로 깊이 들어갈 생각이 없다.[11]

바르트의 이 언급에서 암묵적으로 전제되고 있는 것은 시간 축을 따르는 자유로운 독서 경험의 '능동성'과 텍스트의 공간적 분석에 따른 이해의 '수동성' 간의 대립이다. (바르트에 따르면 오직 능동적 읽기만이 텍스트의 '쾌락'을 준다.) 하지만 과연 텍스트의 공간적 재구축 과정은 수신자의 입장에서 수동적이기만 한 것일까? 공간적 독해는 수신자의 적극적인 능동성을 배제하는가?

앞선 시미트의 지적에 따르면, 러시아 장식체 산문의 시공간 구조는 결국 (말과 사물을 동일시하는) "신화적 사유의 재생"에 해당한다. 그렇다면 그것을 '읽는' 독자의 인지 과정 또한 그와 같은 신화적 세계 모델을 따르게 되는 것은 아닐까? 다시 말해 텍스트의 특정한 모델은 나름의 특수한 유형의 '인지'의 문제와 유기적으로 관련된 것이 아닐까?

이른바 신화적 유형에 해당하는 독특한 '화용론적' 본질에 관한 물음이 제기될 수 있는 대목이 바로 여기다. '신화적인 것'과 관련된 로트만의 논의 중 가장 흥미로운 부분에 해당하는 이 논의는 다음과 같은 물음으로 요약될 수 있다. 현대의 슈제트 텍스트를 지탱하는 한쪽 축에 해당하는 '신화적 층위'는 그 자신만의 독특한 '화용론적' 자질을 지니는가? 즉 신화적 유형(만)의 화용론적 특징이란 것이 존재하는가?

1970년대 초반 로트만의 사유를 강력하게 지배했던 '신화적인 것'의 단초는 '도상적 의미론'의 세계와 '공간적 통사론'의 세계일 뿐만 아니라 '상호적-적극적 화용론'의 세계이기도 하다. 이제까지 거의 지적된 바 없는 이 중대한 측면에 관해 이어지는 장에서 상세히 살펴보자.

---

11) Р. Барт, "Текстовый анализ одной новеллы Эдгара По," Избранные работы, М., 1989, с. 429.

제7장

화용론적 메커니즘으로서의 신화주의

열린 텍스트—의미 작용인가 해석 작용인가

로트만 기호학 전반에서, 텍스트와 수신자 간의 관계, 즉 화용론의 문제는 의미론과 통사론에 비해 상대적으로 적은 비중을 차지한다. 이를 잘 보여주는 예로 1970년에 발표된 「기호와 기호체계의 문제와 11~19세기 러시아 문화의 유형론」을 들 수 있는데, 문화유형론을 향한 최초의 진지한 시도라고 할 수 있는 이 글에서 로트만은 사실상 화용론을 일방적으로 제거한 채 기호학의 나머지 두 영역에만 의거해 문화체계를 네 가지 형태로 유형화한다. (1) 의미론적 유형, (2) 통사론적 유형, (3) 의미론, 통사론의 부정적 유형, (4) 의미론, 통사론의 종합 유형(1970b: 401~402)이 그것이다.

실제로 이런 측면은, 텍스트 인지 과정에서 수신자의 역할을 강조하는 소위 '주체의 옹호자'들에게 로트만 기호학의 부정할 수 없는 취약점으로 여겨지곤 한다. 예를 들어 그것은 "기호학으로부터 퍼스적 의미에서의 화용론을 결정적으로 제거하는 것"(그르지벡)[1]으로, "화용론, 즉 정신분석학적 의미에서의 주체 개념의 명백한 부재"(크리스테바)[2]로, 무엇보다 "단 하나의 주체, 연구자 그 자신밖에 존재하지 않는 구조주의"의 세계(바흐친)[3]로 이해된다.

동시대의 에코 기호학과 비교해본다면 이런 측면은 더욱 명백하게 드러난다. 에코 역시 로트만과 마찬가지로 기호체계의 의미론적 작동 방식을 밝히는 데 주력한 것은 사실이지만, 이른바 '해석기호학'으로 일컬어지는 그의 이론에서 전체 작업을 관통하는 일관된 흐름은 '해석의 논리와 그 메커니즘에 대한 치밀한 탐색'이라고 할 수 있다. 해석의 이론은 이미 '표현된' 텍스트의 내용을 해석하는 과정을 고유의 분석 대상으로 삼고 있으며, 그 점에서 커뮤니케이션 과정의 두 축인 발신자와 수신자 사이에서 해석은 거의 전적으로 '수신자'의 몫으로 돌아간다. 1979년 출간된 『이야기 속의 독자』를 비롯해 『해석의 한계』(1990), 『해석과 과잉 해석』(1992), 『허구의 숲으로 난 여섯 발자국』(1994) 등, 에코의 다양한 이론적 성찰은 모두 주어진 텍스트가 수신자에 의해 고유의 내용을 구체적으로 실현하는 방식에 대한 논의로 이루어져 있다. 그리고 거기서 해석을 대하는 에코의 관점은 분명 '작가'보다는 '독자'의 편에 서 있다.[4]

1) О. С. Асписова, "Восприятие московско-тартуской семиотической школы в Германии," Московско-тартуская семиотическая школа, М., 1998, с. 287.

2) Е. И. Балаховская, "Московско-тартуская семиотическая школа во Франции," Московско-тартуская семиотическая школа, М., 1998, с. 297.

3) М. М. Бахтин, "Из записей 1970~1971 годов," Эстетика словесного творчества, М., 1986, с. 358.

그렇다면 로트만의 경우는 어떠한가? 주로 문학에 집중된 초기 이론에서 예술작품의 '해석' 문제는 무엇보다도 '코드 변환(perekodirovka, transcoding)'의 개념 틀 안에서 논의된다. 예술적 커뮤니케이션에서 원칙적으로 상이한 코드(최소한 발신자와 수신자의 두 가지 코드)가 복수적으로 사용된다고 가정할 때, 정보의 전달 과정에서 텍스트 자체는 일정한 변형, 곧 '코드 변환'에 처해지며, 그 결과로 이전에는 알려지지 않았던 새로운 코드가 생겨난다. 지적할 것은 〔적어도 이 시점(1970)까지는〕 로트만의 입장이 원칙적으로 '작가'의 우위를 전제하고 있다는 점이다.

수신자는 발신자의 언어와 투쟁에 돌입하게 되며, 아마도 이 투쟁에서 '패배'하게 된다. 작가는 독자에게 자신의 언어를 강요하며, 독자는 그것을 자기화하여 삶의 모델화를 위한 수단으로 만든다. (1970:37)

흥미롭게도 종종 비판의 대상이 되곤 하는 로트만의 이런 입장이 상이한 이론적 입지를 지니는 사람들에게는 상대적인 취약점이 아니라 결정적인 '가치'로 간주된다. 그것은 로트만의 이론을 "새로운 자아도취적 문학 연구 경향들"로부터 구분해주는 소중한 자산으로 여겨진다.

"예술 텍스트의 인지는 언제나 작가와 독자 간의 투쟁이다"라고 로트

---

4) 에코의 기호학 이론에서 '해석'의 문제에 관해서는, А. Р. Усманова, Умберто Эко: парадоксы интерпретации, Минск, 2000을 참조.

만은 적었다. 그리고 이 투쟁에서 로트만은 분명히 작가의 편에 서 있
다—역사적 진실이 그에게는 창조적 자기주장보다 더 소중했던 것이다.[5]

가스파로프M. L. Gasparov에 따르면, 바로 이 점에서 로트만의 이론
은 소비에트 마르크스주의 문예 이론뿐 아니라 현대의 포스트구조주의
적 경향과도 구별된다. "1960년대에서 1990년대까지 우리 문화사에서
유리 로트만의 구조주의는 여전히 과학성의 이름으로 싸우고 있다. 도
그마주의의 시대와 안티도그마주의의 시대 둘 다에 맞서서."[6]

이런 상반된 가치 평가는 무엇을 뜻하는 것일까? 그것이 말해주는
바는 '화용론'을 둘러싼 이론적 입장 차이란 단지 기호학 내부의 문제
에 그치지 않는다는 점이다. 정보의 발신자와 수신자 간의 관계인 화
용론의 문제는 텍스트 '해석'의 문제와 결부되어 구조주의와 포스트구
조주의 간의 주요한 이론적 변별점을 이룬다. 거칠게 말해, 텍스트의
고정적 의미를 해체하고 그것을 다양한 기표의 불확정적 운동으로 바
꿔놓으려는 포스트구조주의의 기획이란, 구조주의의 과학적 '분석' 행
위에 자유롭고 유희적인 '독서' 행위를, 텍스트 내적 요소를 통합하는

---

5) М. Л. Гаспаров, "Лотман и марксизм," в книг. Ю. М. Лотман, Внутри мыслящих
  миров, М., 1996, с. 426.
6) 같은 쪽. 가스파로프의 잘 알려진 바흐친 비판 역시 이와 관련되는 것이다. 그에게 '타자의
  관점'에 서는 것을 목표로 하는 로트만이 문학 연구가필олог라면, 새로움을 지향하는 1920
  년대 혁명주의 영향 아래에서 '타자의 것(말)'을 극복함으로써 자기 자신을 표현하는 것
  самоутверждение'을 목표로 삼는 바흐친은 철학자философ가 된다. 이에 관해서는 М. Л.
  Гаспаров, "М. М. Бахтин в русской культуре XX века," Избранные труды, Т. 2,
  М., 1997, cc. 485~96 참조.

‘공간적’ 의미화 전략에 ‘시간 축’을 따르는 주관적이고 비체계적인 연상 체험을 대립시킴으로써, 결과적으로 ‘작가’와 ‘독자’ 간의 화용론적 권력 관계를 역전시킴을 의미한다.

알려진 바대로, 포스트구조주의는 ‘구조’뿐 아니라 ‘작가’에 대해서도 전쟁을 선포했다. ‘구조’와 ‘작가’는 공히 작품 속에 내재한 참된 의미의 추구라는 구호 아래 여하한 종류의 열림과 다양성을 억압하는 ‘로고스의 요원agent of Logos’이며, 따라서 구조의 ‘해체’는 반드시 ‘작가의 죽음’을 동반해야 한다. 작가는 죽어야만 하는데, 왜냐하면 “작가가 뒤켠으로 물러서는 순간, 암호 해독적 해석에 관한 모든 전제들은 곧바로 의미 없는 것이 될 수 있기”[7] 때문이다. 이렇게 해서 “문학 연구는 과학이 되어야만 한다”는 구조주의적 구호는 다시 “과학에서 문학으로”라는 새로운 방법론적 선언으로 교체되었던 것이다.[8]

하지만 로트만의 경우에 문제는 그리 간단하지 않다. 1960년대에 학문적 삶을 시작한 로트만의 사유는 (바르트가 그랬던 것처럼) 1990년대 초반에 이르기까지 쉼 없는 내적 진화를 계속했다. 이런 진화의 과정에서 로트만의 ‘텍스트’ 개념 또한 당연히 심대한 변화를 겪을 수밖에 없었다. ‘복수언어의 동시적 실현’을 요체로 하는 후기 로트만의 텍스트 개념은 결코 고전적 구조주의에서 말하는 바와 같은 ‘그 자체로 자족적인 절대적 총체’ 따위가 아니다. 그것은 변화하는 맥락에 따라

---

7) Р. Барт, ˝Смерть автора,˝ Избранные работы, М., 1989, с. 389.
8) 「문학 연구는 과학이 되어야만 한다」와 「과학에서 문학으로」는 각각 로트만과 바르트가 발표한 논문의 제목이다.

스스로 변모하는 '개방적이고 역동적인 의미 생성체'로서 등장한다.

그런데 더욱 큰 문제는, 이미 지적했듯이 로트만의 사유 전반에서 텍스트 화용론에 관한 눈에 띄는 입장을 찾아볼 수 없다는 점이다. 그 것은 일종의 이론적 '공백'에 해당하는바, 로트만의 '열린 텍스트' 개념 에서 화용론이 차지하는 위상의 문제는 이를테면 '추론'과 '증명'의 대 상이 된다. 로트만은 이론적 사유의 중대한 변화에도 불구하고, 화용 론의 문제에 관해서만은 시종일관 침묵한 것일까? 만일 그렇다면, 초 창기 문학 이론에 나타난 그의 입장을 후기의 '열린 텍스트' 개념과 어 떻게 화해시킬 수 있을 것인가? 정보의 수신자(독자)의 의식 속에서가 아니라면 텍스트는 어떻게 '열릴 수' 있으며, 텍스트의 '열린' 의미 작 용은 과연 어느 지점에서 '열린' 해석 작용과 겹쳐져야만 하는가?

분명한 사실은 후기 로트만의 사유에 관해 정당한 평가를 내리기 위 해서는 결코 화용론의 문제를 우회할 수 없다는 점이다. 결국 관건은 '화용론'과 관련된 로트만의 입장을 1970년 이후 발표된 다양한 저작을 통해 정합적으로 재구성할 수 있는지에 달려 있다. 화용론 자체가 로 트만의 사유 전반에서 '주변부'에 해당한다는 사실을 감안한다면, 이 작업은 추론을 통한 이론적 '재구축'의 성격을 지닐 수밖에 없다. 그럼 에도 결정적인 '빈자리'를 채워가는 재구축의 시도는 온전한 건물을 세 우기 위한 필수적인 과정일 수밖에 없다.

텍스트를 둘러싼 유희─수신자에서 참여자로

텍스트와 그를 대하는 인간 사이의 관계를 뜻하는 '화용론'에 대한 현대적 이해는 매우 다양한 스펙트럼을 보여준다. 텍스트, 발신자(작가), 수신자(독자), 의미라는 네 항목이 각각의 모서리를 이루는 정방형을 가정해보자. 이때 이들 각각의 배치 구도에 따라 화용론적 관계는 다양하게 정의될 수 있다. 우선 그것은 텍스트의 내적 구조와 그 구조 속에 담긴 의미를 명징하게 드러내고자 하는 연구자의 학문적 탐색 과정(구조주의)을 의미할 수 있다. 둘째로, 변화하는 문맥에 따라(텍스트 내적 구조와 관계없이) 끊임없이 새로운 의미를 생산해내는 독자의 자유연상-해석적 과정(포스트구조주의)으로 여겨질 수도 있다. 그런가 하면, 텍스트를 매개로 한 대화를 진행하며 텍스트 속에 '내포된' 이상적 작가의 이미지(내포 작가)에 상응하는 이상적인 '내포 독자'를 찾아가는 실제 독자의 변증법적 여정(독자 중심 비평)으로 이해될 수도 있고, 혹은 그저 수신자 자신의 목적에 부합하는 특정 텍스트의 기능을 추출해 '이용'하고자 하는 텍스트 처리의 실용적 과정(리처드 로티)으로 간주될 수도 있다.[9] 그러나 여러 입장 간의 차이에도 불구하고, 화용론에 관한 현대적 이해는 한 가지 공통된 입장을 공유한다. 그것은 독자의 역할에 대한 관심, 즉 독자의 위상을 정보의 수동적 수신자

---

9) 텍스트 '해석'의 문제를 둘러싼 이런 다양한 이론적 입장 간의 차이와 논쟁에 관해서는, U. Eco, *Interpretation and Overinterpretation*, Cambridge University Press, 1992와 움베르토 에코, 『해석이란 무엇인가』, 손유택 옮김, 열린책들, 1997을 참조.

로부터 텍스트의 의미 실현 과정에 적극 개입하는 참여자로 간주하려는 경향이다. 독자는 텍스트를 읽는 동시에 해석하며, 이런 의미에서 받아들이는 동시에 참여한다.

이 문제와 관련해 우선 눈에 띄는 흥미로운 사항이 있다. 수신자의 적극적인 역할, 능동적인 참여자로서 수신자의 위상에 대한 로트만의 본격적인 관심이 발견되는 것은 문학에 관한 저작이 아니라 러시아의 민중 회화 양식인 루복[10]에 관한 글에서이다. 로트만은 1976년에 발표한 「러시아 민화들의 예술적 본성」에서, 루복의 독특한 기호적 특성이라고 할 수 있는 언어 텍스트와 회화 이미지의 병존 현상이 야기한 다양한 효과와 메커니즘을 분석하는데, 여기서 루복 세계의 '화용론'에 관한 그의 이해가 특별한 관심을 끈다. 민속적 세계에서 발견되는 완전히 독특한 '청중의 입지'를 지적하면서, 로트만은 다음과 같이 언급한다.

> 문자 문화의 틀 안에서 청중이 텍스트를 소비한다면, 민속문학적 분위기 속에서 청중은 텍스트 안에서 텍스트와 유희한다. (1976:482)

로트만에 따르면, 루복이란 미학적으로 인지되는 텍스트 자체라기보다는 "청중의 의식 안에서 텍스트로 재구축되기 위한 재료"(1976:490)에 불과하다. 루복의 청중은 "그림이 그려진 종이를 단지 쳐다보는 데 그치지 않는다. 그는 예술적 재구축을 위한 능동적인 행위를 수행하는

---

10) 러시아 민중 회화 장르인 '루복'에 관해서는 p. 93 각주 4번 참조.

데, 이러한 반복적인 유희의 체험 속에서 청중은 단순한 구경꾼이 아니라 소리치고, 공감하며, 휘파람을 불어대는, 공동의 작업을 위한 참여자로서 등장한다"(1976:482). 만일 이와 같은 청중의 입지를 어린아이들이 그림을 체험하는 방식과 비교해본다면, 이런 유형이 갖는 '유희적 성격'은 곧바로 드러난다.

어린아이들은 그저 '바라보지смотрят' 않는다. 그들은 그려진 재료(그림)를 '음미한다рассматривают.' 그들은 만져보고, 그것을 믿고, 만일 텍스트가 인상적이라면, 뛰고, 달리고, 소리치고, 노래를 시작한다. (1976:482)

그런데 문제는 이런 독특한 화용론적 측면이 루복이란 장르에 국한된 일회적이고 예외적인 현상이 아니라는 점이다. 표면상 전혀 다른 주제를 다루고 있는 「정보적 역설로서의 정전적 예술」(1973)에서 우리는 거의 동일한 맥락을 지향하는 로트만의 언급을 찾아볼 수 있다. 글의 도입부에서 로트만은 예술적 창작 행위의 본질이 규칙의 '위반'이 아닌 '수행'에 놓이는 예술 유형, 가령 민속문학, 중세 예술, 고전주의 등을 '동일성의 미학을 추구하는 예술'로 정의하면서 다음과 같은 질문을 던진다. "엄격한 결합 규칙을 지니며 극단적인 안정화, 즉 정전화의 경향을 보여주는 한정된 요소들로만 이루어진 특정 체계는 어째서 자동화되지 않은 채 자신의 정보성을 보존할 수 있게 되는가?"(1973g: 438)

이런 질문이 사실상 제기하고 있는 것은 민담 유의 예술적 체계를 특징짓는 '반복'의 문제이다. 예술에서 '반복'은 어떤 의미를 갖는가? 주지하다시피 민간설화는 늘 일정한 패턴을 갖고 있다. 가령 "옛날 옛적에……"로 시작하는 이야기엔 반드시 세 명의 인물(아니면 동물)이 등장하며 그들에겐 늘 세 번의 시련이 닥쳐온다. 또 매번 인물이 등장할 때마다 그를 '수식하는 어구'가 다시 따라붙는가 하면, 심지어 두세 문장이 통째로 반복되는 경우도 있다. 흥미로운 것은 이런 상투적인 반복이 민담을 즐기는 데 별다른 방해가 되지 않는다는 점이다. 사실 대부분의 민담이 충분히 예측할 수 있는 패턴을 따라 진행되는 탓에, 어찌 보면 줄거리 자체는 그다지 중요하지 않을 수도 있다. 말하자면 그건 기대를 뒤집는 기발한 '반전' 따위로 승부하는 자리가 아니다. 심지어 줄거리를 이미 다 알고 있는 경우에도 여전히 그 이야기는 즐길 만한 것이 된다. 이런 역설은 어떻게 가능한가.

이 문제는 당연히 연관된 두번째 질문을 낳는다. 내가 이미 알고 있는 정보를 나 자신에게 다시 전달하는 경우, 그러니까 순전한 '반복'에 해당하는 예술적 커뮤니케이션은 어째서 단순한 '잉여'가 되지 않는가. 요컨대 예술적 반복은 어째서 반복에 머물지 않는가.

로트만은 '동일성의 미학'에 기대고 있는 민속문학 작품을 '내적 통사론'에 입각하여 묘사하려는 경향, 더 정확하게는 "정전적 유형의 예술 속에서 자연언어와의 유비를 보려는 지향"〔당연히 프로프나 그레마스식의 구조적 기술 방법론(설화문법론)이 이에 해당한다〕을 언급하면서 이렇게 지적한다. "그런 식의 방법론을 통해 우리가 얻게 되는 것은 비록 매우 본질적이긴 하지만, 그럼에도 불구하고 단지 '일면적인' 구조적 평면에 불과하다. 아마도 우리는 여기서 매우 특징적인 어떤 구조적 메커니즘의 작용을 놓치게 되는데, 그것은 다름 아닌 '청자'의 의식 속에서 텍스트를 탈자동화시켜주는 메커니즘이다"(1973g:438).

여기서 로트만이 말하는 "청자들의 의식 속에서 텍스트를 탈자동화시키는 메커니즘"이 무엇인지를 이해하려면 그가 말하는 상이한 두 가지의 정보 유형에 관해 알 필요가 있다. 로트만에 따르면, 원칙적으로 상이한 본성을 지니는 '독해'를 전제하는 두 가지의 정보 유형이 존재한다.

그중 하나는 '메모'의 유형으로서, 여기서 전언은 텍스트 사체 속에 담기며 완전한 형태로 추출될 수 있다. 또 다른 유형은 '기억을 위해 매듭을 지어놓은 수건'의 유형으로서, 여기서 텍스트는 단지 기억을 위한 기능만을 수행한다. (1973g:438)

첫번째 경우 정보는 어딘가 (수신자의) 외부에서 처리되어 온전한 형태로 수신자에게 전달된다. 반면 두번째 경우에는 외부에서 주어지는 것은 정보의 특정한 '부분'일 뿐이다. 그것은 일종의 '자극제'의 역할을 수행하며 수신자의 의식 속에서 정보가 증대되도록 만들어준다. 특징적인 것은 이런 자극제적 정보 유형의 경우, 언제나 "정보를 받아들이는 자가 스스로 의식을 재구성할 수 있도록 엄격하게 조직화된 텍스트"로서 나타난다는 점이다. 당연히 그 경우 "수신자는 정해진 용량의 정보가 전달되기만 할 때에 비해 훨씬 능동적인 역할을 수행하게 된다"(1973g:439).

결국 로트만이 말하고자 하는 바는 민속문학 작품(가령 루복)의 예술적 메커니즘이 명백하게 두번째 원칙에 따라 작동한다는 사실이다. "형식 차원의 고도의 조직성은 형식과 내용 간의 일원적 관계를 무너뜨리고 '매듭'의 원칙에 따라 구축되기" 시작한다. 즉, 민속문학적 예술 정보의 수신자는 완결된 정보를 받는 대신에 "자신에게 귀 기울이기 위한 최적의 조건 속에 놓이게" 되며, 이때 "그는 단순한 청자가 아니라 그 자신 역시 창조자가 되는 것이다"(1973g:440).

로트만의 이 논문은 비록 외견상으로는 '정전적 예술의 정보적 역설'의 문제를 다루고 있지만, 사실상 논의의 중심에 놓인 핵심적인 내용은 위에 제시한 두번째 유형의 텍스트에서 나타나는 고유한 '화용론적 관계'이다. 그러나 이와 함께 간과할 수 없는 것은 여기서 상이한 두 가지 텍스트 유형('메모'의 유형과 '매듭'의 유형) 간의 대립이 로트만의 또 다른 대립 항을 직접적으로 연상시킨다는 점이다. 문화체계 속에 공존하는 두 가지 커뮤니케이션 모델, '나-그/녀(Я-ОН/А)' 체계와 '나-나(Я-Я)' 체계가 바로 그것이다.

자기커뮤니케이션 — 나에게서 나에게로

같은 해에 발표된 「문화체계 속의 커뮤니케이션의 두 모델에 관하여」(1973)에서 로트만은 일반적으로 지배적인 것으로 여겨지는 '나-그/(녀)' 커뮤니케이션 유형과 구별되는 일종의 구조적 대립 항으로 주체가 정보를 그 자신에게 전달하는 경우인 '나-나' 커뮤니케이션 유형을 내세운다.

인간 커뮤니케이션의 체계는 두 가지 방식으로 구축될 수 있다. 첫번째 경우는 한 사람에서 다른 사람으로 전달되는 기지旣知의 정보를 다루는 반면 〔……〕 두번째 경우 정보의 증대, 변형, 다른 범주들 속에서의 재정식화가 논의의 대상이 된다. 〔……〕 이때 정보의 발신자와 수신자

246

는 한 사람 안에 공존한다. (1973c:84)

　정보의 발신자와 수신자가 한 사람 안에 공존한다는 것은 무엇을 뜻하는가? 그것은 내가 이미 잘 알고 있는 어떤 정보를 나 자신에게 다시 전달하는 경우를 가리킨다. 로트만은 이런 유형의 커뮤니케이션을 '자기커뮤니케이션(автокоммуникация, autocommunication)'이라고 부른다. 일종의 정보적 역설에 해당하는 이런 경우는 표면적인 역설에도 불구하고 결코 드물지 않고, 오히려 문화의 보편적 체계 안에서 아주 커다란 기능을 행하고 있다. 이 흥미로운 문화적 기능은 당연히 앞서 지적한 예술적 '반복'의 문제에 직결될 뿐 아니라 예술의 영역을 넘어선 일상 전반에서 작동하고 있는 것이다.

　그렇다면 자기커뮤니케이션의 예로는 어떤 것이 있을까? 중요한 일정이나 계획을 미리 달력이나 수첩에 적어놓는 경우를 생각해보자. 이때의 나는 누구에게 무엇을 전달하고 있는가? 나는 (미래의) 나에게 내가 이미 알고 있는 특정한 정보를 전달하고 있다. 즉 원칙상 '기억'을 위해 행하는 모든 메모는 자기커뮤니케이션에 해당한다고 볼 수 있는 것이다. 하지만 또 다른 경우를 가정해볼 수도 있다. 어떤 일을 기억하기 위해서가 아니라 단지 자신의 내적 상태를 좀더 명료하게 만들기 위해(즉, 생각에 집중하기 위해) 종이 위에 반복적으로 무엇인가를 끼적이는 경우를 생각해보라. 이때의 나도 역시 새로운 정보를 첨가하기보다는 이미 알고 있는 어떤 것을 다시 곱씹고 있을 뿐이다.

　이제 상술한 두 경우를 약간씩 변형해보기로 하자. 우선 메모의 목적이 이후에 상기하기 위함이 아니라 어떤 비밀스런 메시지의 전달에 있는 경우라면 어떨까. 나는 이 메시지를 지정된 수신자만 알아볼 수 있는 특별한 방식으로 코드화하고자 할 것이다. 로트만은 이와 같은 커뮤니케이션의 생생한 사례로 『안나 카레니나』의 유명한 사랑 고백 장면을 든다.

"그건 다름이 아니라," 그는 이렇게 말하고는 다음과 같이 머리글자만을 써 보였다. '언, 당, 나, 그, 수, 없, 말, 그, 영, 그, 수, 없, 것, 아, 그, 그, 수, 없, 것?'이 글자들이 뜻하는 바는 다음과 같은 것이었다. '언젠가 당신은 나에게 그럴 수 없다고 말씀하셨는데, 그것은 영원히 그럴 수 없다는 뜻인가요, 아니면 그때만 그럴 수 없다는 것이었나요? 〔……〕 "이해했어요," 그녀는 홍조를 띠며 말했다. "그렇다면 이게 무슨 뜻이지요?" 그는 '영원히'라는 뜻의 머리글자를 가리키며 물었다. "그건 영원히, 라는 뜻이에요." 그녀가 대답했다.[11]

이 장면에서 사랑을 고백하는 남자 주인공 레빈은 단지 문장을 이루는 단어들의 앞 글자만을 썼을 뿐인데도 여주인공 키티는 단박에 그것을 알아차린다. 이 에피소드가 상징하는 바는 명백하다. 그것은 키티와 레빈이 이미 정서적으로 '하나의' 존재가 되었다는 것, 사실상 자기 커뮤니케이션의 상태에 이르렀다는 것이다(내 모든 것을 속속들이 알고 계신 신에게 기도를 드리는 상황이나 군대에서 암호를 사용해 피아를 식별하는 것 역시 다르지 않다. 신과 군대 동료는 사실상 이미 나와 한 몸인 것이다).

---

11) 레프 톨스토이, 『안나 카레니나』, 이철 옮김, 범우사, 1999, 519쪽.

한편 두번째 경우, 즉 종이 위에 무언가를 반복적으로 적어 내려가는 행위를 좀더 조직적이고 문화적인 차원에서 실행한다면 어떻게 될까. 예컨대 '돌 정원' 앞에서 명상하고 있는 일본 불교의 승려를 떠올려보자. 이 공원은 작은 돌 더미를 정교하게 쌓아올린 소규모 정원이다. 정교한 패턴을 감상하는 것은 (마치 종이 위의 반복적인 끼적임이 그런 것처럼) 반드시 '내적 명상'을 위한 어떤 분위기를 창출하게 될 것이다(염주를 이용한 반복적인 손동작 역시 마찬가지이다). 어째서 성당이나 사찰의 장식적 무늬가 유독 '반복적인 패턴'을 추구하는지를 생각해보면 쉽게 납득할 수 있다.

여기서 무엇보다 중요한 것은 내적 명상을 위한 기제로서 돌 더미가 행하는 기능이다. 그것은 자신의 의미론적 내용을 지니지 않은 채 자기커뮤니케이션의 주체 내부에서 내적 명상을 촉발하는 '자극제'의 역할을 하고 있다. 즉, 이런 반복적 리듬 자체가 소통의 과정에 임하는 주체의 재구성을 자극하는 것이다. 로트만에 따르면, "나-나' 커뮤니케이션 텍스트는 개인적 의식 속에 축적되어 있는 무질서한 연상들을 조직화하려는 경향을 띠는바, 그것은 자기커뮤니케이션 과정에 참여하는 개인성을 재조직하는 것이다"(1973c:83).

주목할 것은 톨스토이의 에피소드와 일본 승려의 예가 공유하는 흥미로운 공통점이다. 두 경우 모두 확인할 수 있는 것은 특정한 형식적 질서, 즉 명백한 통사론적인 원칙에 따라 구축된 어떤 '리드미컬한' 시리즈들이다. 정교한 수학적 리듬에 따라 쌓아올린 자갈 더미로부터 일정한 패턴이 느껴지는 사찰(사원)의 장식, 머리글자만으로 이루어진 톨스토이식 암호에 이르기까지, '유사-리듬적 형태'로의 지향성은 확실하게 드러나는 공통 자질이다. 맥락과 메시지를 변형하고, 궁극적으

로는 커뮤니케이션에 참여하는 주체 자신의 개인성에 변모를 가져오게
되는 것은 바로 이런 '유사-리듬적 형태'를 띠는 "외적 코드의 개입"인
것이다.

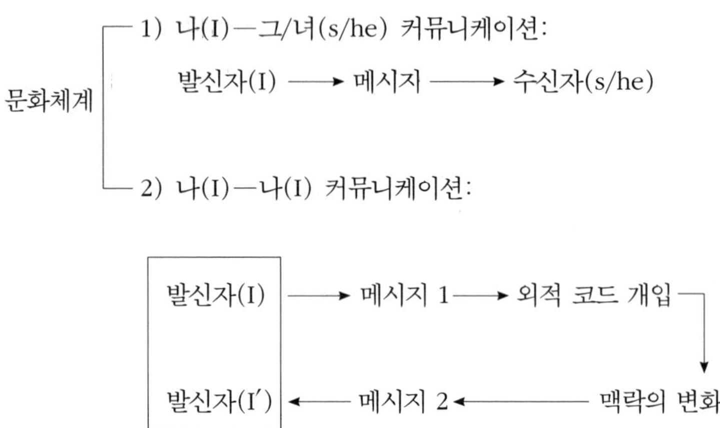

한편, 이와 같은 '나-나 커뮤니케이션'의 형식적 특징(유사-리듬적
형태)을 자연스럽게 떠올리게 하는 것은 무엇인가? 말할 것도 없이 그
건 우리가 시 텍스트에서 흔히 보게 되는 구조적 자질이다. 자기커뮤
니케이션이 이른바 '시적인 것'의 본성과 맞닿아 있다는 사실은 의심할
여지가 없다. 하지만 로트만에 따르면 자기커뮤니케이션의 특성은 텍
스트의 형식적 차원에만 머무는 것이 아니다. 그것은 예술 텍스트의
수용 과정 자체의 본성에 직결된다. 예를 들어 톨스토이의 소설 『안나
카레니나』를 읽는 독자를 상상해보자.

여성 독자 N이 안나 카레니나라는 여인이 불행한 연애 사건의 결과
기차에 몸을 던졌다는 메시지를 받았을 때, 그녀는 자신의 기억 속에서

이 전언을 이미 알고 있던 것들에 덧붙이는 대신에, 다음과 같이 결론짓는다. '안나 카레니나는 나다.' 그리고 그녀는 자기 자신, 타인과의 관계, 그리고 아마도 그녀 자신의 행위에 대한 이해마저 새롭게 변화시킬 것이다. 이 경우 분명 여성 독자는 해당 소설을 메시지로서 읽는 것이 아니라 그녀 자신의 자기커뮤니케이션 과정 속에서 일종의 코드로서 사용하고 있는 것이다. 푸시킨의 타티야나는 바로 그런 방식으로 소설을 읽는다. (1973c:85)

말하자면 예술 텍스트의 독자는 그것을 메시지로 받아들일 수 있을 뿐 아니라 코드로도 받아들일 수 있다. 전자의 측면이 상대적으로 나–그(녀) 커뮤니케이션에 가깝다면 후자의 측면은 나–나 커뮤니케이션의 성격을 띤다(안나 카레니나는 나다!). 모든 개별 장르나 시대는 이 두 보편체계 중 어느 하나에 다소간 정향된 것으로 나타날 수 있다. 가령 '나–그' 커뮤니케이션에 좀더 정향된 문화는 상대적으로 '역동적인,' 하지만 정보 수신자의 측면에서 보자면 더 '수동적인' 유형이라고 할 수 있다(그것이 정보를 이미 '완결된' 형태로 받아들인다는 점을 기억하라). 반대로 '나–나' 커뮤니케이션에 더 정향된 문화는 덜 역동적이긴 하지만 수신자 측면에서는 훨씬 더 '능동적인' 유형으로 간주할 수 있을 것이다. 상투어들을 받아들여 그것을 다시 자신의 의식의 텍스트로 변형시켜야만 하는 민담의 청중에 비해, 근대 유럽 소설을 읽는 독자가 훨씬 수동적이라는 점은 분명하다. "극장을 찾는 관객은 카니발의 참여자보다 수동적"(1973c:89)인 것이다.

그런데 여기서 잊지 말아야 할 것은, 예술이 바로 이런 두 커뮤니케이션 모델의 '동시적인 작동'에 기반하고 있다는 점이다. 예술은 항상

이 두 유형 간의 구조적 긴장 위에서 작동한다. 로트만에 따르면, 예술 텍스트가 생성하는 미학적 효과는 텍스트가 청중의 의식 속에서 두 유형 모두와의 관련성을 보존한 채 하나의 커뮤니케이션 체계에서 또 다른 체계로 '전이'되는 순간 발생한다. 이를테면 그 효과는 독자인 내가 안나 카레니나라는 3인칭 여인의 삶을 '나'라는 1인칭의 그것으로 옮겨 놓을 때 발생한다. 훗날 로트만은 예술 텍스트의 이런 특징을 다음과 같이 표현했다.

> 예술 텍스트는 원칙적으로 1인칭과 3인칭의 관계, 말하자면 고유명사들의 공간에 대한 지향이 3인칭 시점의 객관적 서술과 맺는 관계를 복잡화할 수 있는 가능성에서 출발한다. 이러한 관계 속에서 예술 텍스트의 가능성은 우리에게 꿈의 심리적 경험과 유사한 것으로 간주될 수 있다. (1992b: 39)

요컨대 한쪽 극으로부터 상대적으로 멀어진다고 해도 결코 이러한 구조적 긴장의 장 자체를 이탈함을 의미하는 것이 아니다. 핵심은 두 구조적 대립 항의 공존과 상호 작용에 있지 어느 한쪽의 지배와 소멸에 있지 않다. 문학작품이 아무리 잡지를 모방한다고 할지라도, 그것은 자기커뮤니케이션의 전형적 자질, 예컨대 여러 차례 반복해서 읽을 수 있는 '독서의 반복성'과 같은 특징을 여전히 보존한다. 마찬가지로 언어 예술 텍스트가 아무리 메시지이기를 멈추려고 애써본다 해도 예술의 전 역사가 증명하듯이 그것은 불가능하다.

신화적 화용론— '다른' 유형의 수신자를 찾아서

이제껏 살펴본 것처럼 반복의 역설을 해명하는 자기커뮤니케이션은 두 가지 특성을 지닌다. 하나는 그것이 지니는 '재귀적' 성격(내가 이미 아는 것의 전달)이며, 다른 하나는 소통 과정에서 발생하는 '능동적' 성격이다. 이 두 가지 특성을 염두에 둔 채, 논의의 출발점이었던 '화용론'의 문제로 돌아가 보면, 몹시 흥미로운 사실을 도출할 수 있다. 최초의 질문은 로트만의 사유 전반에서 텍스트 화용론이 차지하는 위상과 그 의미에 관한 것이었다.

비록 로트만은 창작의 시기를 통틀어 직접적으로 화용론의 문제를 다루는 논문을 단 한 편도 발표하지 않았지만, 이제까지 상술한 내용에서 일관되게 이어지는 어떤 내적 흐름을 감지하는 것은 어렵지 않다. 분명하게 드러나는 한 가지 사실은 로트만이 '다른 유형의' 수신자, '다른 유형의' 화용론적 관계를 탐색하는 과정에서 루복과 민속문학 등 고대적 문화유형 속으로 점점 더 깊게 들어가고 있다는 점이다. 화용론의 문제를 다루는 현대적 이론들이 독자를 일방적 수신자에서 능동적 참여자로 바꿔놓는 텍스트 메커니즘을 고찰하는 과정에서 주로 '모더니즘' 작품에 기대고 있음을 상기한다면, 로트만이 보여주는 이런 정반대의 행보는 분명 일반적인 것이라고 하기 어렵다. 로트만은 닫힌 텍스트를 열어젖히기 위해 모던을 '넘어가는 것'(포스트-모던)이 아니라 오히려 모던의 '이전으로' 계속해서 회귀하고 있는 듯하다. 이런 회귀의 과정이 결국 대면하게 된 결정적 차원이 다름 아닌 '신화(적인 것)'였음은 이미 앞서 살펴본 바대로다. '타자'와의 만남은 결국 자신 속에 잠재된 '또 다른 자아'의 이미지를 '상기'하는 과정과 다르지 않았고, 그것이 '신화'의 이름으로 대두되었던 것이다.

그렇다면 결국 남게 되는 최종적인 물음은 다음과 같다. 현대의 슈제트 텍스트, 나아가 문화 메커니즘 자체의 한 축을 담당하는 '신화적 기호 작용semiosis'은 자신만의 독특한 화용론적 자질을 지니는가? 로트만의 텍스트에서 매우 이례적인 경우에 속하는 다음의 언급은 이 물음에 대한 중요한 해결의 실마리를 제공한다.

이와 함께 우리는 이처럼 상호 대립되는 근원적인 두 가지 텍스트 유형이 원칙적으로 구별되는 '화용론적 본성'을 지닌다는 사실을 반드시 언급해야만 할 것이다. 신화적 텍스트의 세계 속에서 〔……〕 천체의 배열과 인간 신체 기관들, 해의 구조와 나이의 구조 같은 것들 사이에는 상호 대응의 관계가 성립될 수 있다. 이것은 기초적인-기호학적 상황을 도출한다. 〔……〕 인간의 내적 세계의 소우주와 그를 둘러싼 외적 세계의 대우주가 동일시됨으로써, 외적 세계의 사건에 관한 그 어떤 서사도 모든 개별 청중에게 친숙하고 개인적인 관계를 지니는 것으로 받아들여질 수 있게 된다. 신화는 언제나 나 자신에 관해 말하는 것이다. (1979b:226)

신화적 세계는 모든 사물이 오래되고 잘 알려져 있는 친숙한 관계들의 세계라는 사실을 이미 지적한 바 있다. 모든 것이 '이름'으로 불리는 이 '친숙한 관계'는 인간 개체의 유아적 단계라고 할 수 있는 신화적 세계의 특징을 이룬다. 하지만 그것은 또한 수신자와 발신자가 공통의 '참여자'가 되어 상호 소통하는 루복의 세계, 민속문학의 세계, '나―

나' 커뮤니케이션 세계의 특징이기도 하다. 그림을 보고서 '뛰고 달리며 소리 지르는' 유아의 체험은 '감탄하고 공감하며 휘파람을 불어대는' 루복 감상자의 반응과 다르지 않으며, 궁극적으로 그것은 '언제나 나 자신에 관해 이야기하는' 신화적 세계의 다른 판본들에 해당하는 것일 수 있다.

신화가 지극히 친숙하고 사적인 관계들의 세계라고 본다면, 이 세계 속에서 벌어지는 관계 형식(커뮤니케이션)은 결코 일방적-수동적인 것일 수 없다. 반대로 그것은 언제나 쌍방적-적극적인 형식으로 나타난다. 1970년대 초반 로트만의 사유를 강력하게 지배했던 '신화적인 것'의 단초가 '도상적 의미론'의 세계, '공간적 통사론'의 세계일 뿐만 아니라 '상호적-적극적 화용론'의 세계이기도 하다는 점, 이는 지금껏 수행해온 이론적 재구축의 중대한 결론이다. 이는 또한 '신화적인 것'을 향한 로트만의 문제의식이 도상성과 공간성이라는 기존의 두 핵심 주제를 집약하는 수렴적 성격을 지닌다는, 앞선 장의 결론에 부합하는 것이기도 하다. 요컨대 로트만은 신화적 세계에 이르러 비로소 의미론, 통사론, 화용론이라는 세 꼭짓점을 총괄하는 문화적 메커니즘의 모델을 갖게 된 것이다. 전반기의 문제의식이 신화라는 모종의 수렴점을 통과한 이후, 로트만의 사유는 새로운 방향을 향해 움직여갈 수 있었다.

텍스트와 청중의 구조

로트만에게 화용론적 관계란 원칙상 구별될 수 있는 두 가지 유형의 커뮤니케이션 간 유형론의 문제로 사유되고 있음을 확인했다. 그러면

로트만의 이런 입장은 기존의 텍스트 화용론, 즉 작가의 규범적 '의도'
와 독자의 해석적 '자유' 간의 투쟁적 권력 관계에 집중하는 기존 논의
에 어떤 새로운 돌파구를 제공할 수 있을까?

1977년의 논문 「텍스트와 청중의 구조」에서 로트만은 텍스트 해석에
관한 일반적 전제를 지적하면서, 자신의 관심이 그와는 다른 측면을
향해 있다고 주장한다. 그 일반적 전제란 "발신자와 수신자의 코드가
일치하지 않을 경우 텍스트는 수신자에 의한 해독의 과정에서 변형된
다"는 것이다. 즉 변형의 방향은 수신자로부터 텍스트로 향하는바, 수
신자에 의해 텍스트가 변형되는 것이다. 그러나 로트만에 따르면 텍스
트 화용론은 이와 구별되는 또 다른 측면을 갖고 있다. "메시지가 수신
자에게 작용하면서 동시에 수신자의 형상을 변화시키는 문제"(1977b:
161)가 바로 그것이다. 즉 수신자가 텍스트를 변형시키는 게 아니라
메시지(텍스트) 자체가 수신자에게 작용하면서 그의 형상을 변화시킨
다는 것이다.

무엇보다 주목할 것은 이 물음의 전복적 성격이다. 여기서 로트만은
텍스트와 독자 간의 화용론적 관계에서 독자에 의한 텍스트의 해석과
그로 인한 텍스트의 변형이라는 일반적 구도가 아니라 정반대의 방향,
그러니까 '독자를 향한 텍스트의 작용'을 문제 삼고 있다. 그에 따르면,

모든 텍스트(특히 예술 텍스트)는 우리가 '청중의 형상образ аудитории'
이라고 부르고자 하는 어떤 것을 포함하고 있는바, 이러한 청중의 형
상은 실제 청중에게 일종의 규범적 코드로서 적극적으로 작용한다.
(1977b:161)

　이런 입장이 텍스트 화용론에서 일방적으로 작가의 손을 들어주는 것과 다르다는 점을 우선 지적하자. "텍스트와 청중 간에는 수동적인 인지로 특징지을 수 없는, 차라리 대화의 본성을 지니는 관계"가 성립한다. 이때 흥미로운 것은 그들 간의 대화적 관계를 보장해주는 것이 발신자와 수신자 간 공통의 '코드'뿐 아니라 그들이 공유하는 공통의 '기억'이라는 점이다.

　대화적 담화를 특징짓는 것은 두 대립적 언술 간의 코드의 공통성뿐 아니라 발신자와 수신자가 공유하는 특정한 공통 '기억'의 존재이다. 〔……〕 모든 텍스트는 코드와 메시지뿐 아니라 특정한 유형의 기억(기억의 구조와 그 내용의 성격)을 향한 지향으로 특징지어질 수 있다. (1977b: 161)

　이와 관련해 당연히 떠오르는 것은 앞서 이미 언급한 '신화적 화용론'의 특성이다. 발신자와 수신자 간 최대치의 공통성(코드의 공통성뿐 아니라 '기억'의 공통성)에 기초한 커뮤니케이션이란, 결국 '신화' 속에서 가능해지기 때문이다. 관계의 극대화된 '친밀성'과 적극적인 '상호성'으로 정의될 수 있는 신화적 유형의 화용론은, 다른 면에서 보자면 최대한 확장된 '기억의 공통성'으로 이해될 수 있다. "신화가 언제나 나에 관해서 말한다"는 로트만의 앞선 언급은 신화가 언제나 '내가 이미 알고 있는 것'만을 말한다는 뜻이며, 그건 다시 말해 '공통의 기억 속에 이미 기입된 것'만을 전달한다는 말과 다르지 않다. 어떤 점에서 공통 기억의 전달로서의 신화적 커뮤니케이션이란, 자아를 확장한 거대 세계 자체의 '자기커뮤니케이션'에 해당한다.

언제나 그렇듯이 예술적 유형의 텍스트는 신화적 화용론의 이런 근원적 자질을 탈각하지 않았을 뿐만 아니라 오히려 그것을 적극적으로 활용한다. 예술 텍스트는 독자(청중)의 형상을 극대화된 친밀성의 세계로 가져갈 수 있는 특수한 능력을 지니며, 이때 작동하는 예술적 기억의 메커니즘은 명백히 자기커뮤니케이션의 성격을 보여준다.

실제의 담론적 행위에서 어떤 사람이 공식적인 언어를 사용하는지 아니면 친밀함의 언어를 사용하는지의 문제는 발신자와 수신자 간의 언어외적 관계(더 정확하게는 '공식적임과 친밀함'의 위계)에 의해 결정된다. 예술 텍스트는 청중을 이러한 위계 속에 놓인 입장들의 체계와 대면하도록 만들며, 청중으로 하여금 자유롭게 작가가 지시하는 구역으로 옮겨 앉도록 허락한다. 즉 텍스트는 독서의 순간에 독자를 작가가 무엇이든지 말할 수 있는 정도로 '친근한' 사람으로 바꿔놓는 것이다. 이렇게 해서 작가는 독자의 기억 용량을 변화시키게 되는데, 왜냐하면 작품을 수신하는 과정에서 청중은 인간적 기억의 구성적 힘을 통해 자기 자신에게 알려지지 않았던 어떤 것을 기억해낼 수 있기 때문이다. (1977b:165, 강조는 로트만).

로트만이 강조해 표현한 인용문의 마지막 구절은 특히 흥미롭다. 우리가 이전에는 전혀 몰랐던 사실을 결코 '기억'해낼 수 없다는 점을 감안한다면, "알려지지 않았던 어떤 것을 기억해낸다"는 로트만의 저 수수께끼 같은 언급은, 신화적 화용론이 지니는 예외적인 특성을 고려하지 않고서 결코 온전히 해독될 수 없다. 이전에 알려지지 않았던 것을 기억해낸다는 말은 결국 자기커뮤니케이션 과정에 포함된 개인의 의식이 재구축된 결과, 다시 말해 공통의 기억 속에 잠재되어 있던 어떤 사실들이 다시금 '상기'되는 과정이 아닐 수 없다.

청중의 구조 vs 내포 독자

이는 로트만의 '청중의 형상' 개념을 독일 수용미학에서 말하는 '내포 독자'의 개념과 일방적으로 동일시할 수 없다는 점을 말해준다. 잘 알려진 바대로, 독일의 콘스탄츠 인지미학에서 말하는 내포 독자란 실제 독자에게 일종의 강제적 규범으로 받아들여지는 텍스트적 구조, 즉 텍스트적 지시instruction를 실제 독자에게 부여하는 특정한 역할을 뜻한다. 즉 진정한 문학적 대상이란 객관적 텍스트도, 그것의 주관적 체험도 아니다. 그것은 '텍스트와 독자 간의 상호 관계' 자체이다. 요컨대 문학 텍스트의 의미란 텍스트의 신호들과 독자의 이해가 상호 작용한 결과물과 다름없다는 것이다.[12]

그러나 문제는 이런 관점이 그 본질에서 '모던으로 위장된 보수적 전통주의'로 해석될 수 있다는 점이다. 어떤 점에서 '독해의 이상적 모델'로서의 내포 독자 개념은 또 다른 이상적 모델로서의 '내포 작가'에 대응하는 구조적 짝패에 불과하다. 그렇게 되면 결국 텍스트 해석의 문제는 다소간 '잘된 독해'(실제 독자가 '내포 독자'의 역할을 잘 수행했

---

12) W. Iser, *The act of Reading*, Baltimore: Johns Hopkins University Press, 1978. 내포 독자 개념에 대한 자세한 이해를 위해서는 O. B. Слолоухина, "Концепция читателя в современном западном литературоведении," Художественная рецепция и герменевтика, M., 1985, cc. 210~31을 참조.

을 경우)와 다소간 '잘못된 독해'(실제 독자가 이 역할을 제대로 수행해내지 못했을 경우)라는 두 가지 경우의 문제로 손쉽게 환원되어버릴 수도 있는 것이다.[13]

에코는 『해석의 한계』와 『이야기 속의 독자』에서, 텍스트 해석이 퍼스의 "무한정한 기호 작용"을 따르는 계속적인 '열림'의 과정이라는 자신의 기존 견해를 상당 부분 수정하면서 '전형적 독자'라는 새로운 개념을 도입한 바 있다. 하지만 이 개념 또한 근본적인 면에서는 '이상적 독자 모델'의 혐의를 벗어나기 어렵다. 에코는 "작품의 의도"라는 개념을 제시하면서, 이것이 텍스트 이전의 "작가의 의도"로 환원될 수는 없지만 "독자의 의도"에 제약을 가하는 중요한 역할을 한다고 주장한다. 결국 그에 따르자면, 텍스트의 목표는 '전형적 독자,' 그러니까 텍스트 독해의 계획된 방향대로 (물론 다원적 해석을 포함해서) 텍스트를 읽는 독자를 만들어내는 것이 된다.[14]

텍스트와 독자 간의 상호 작용 문제에 접근하는 로트만의 방식은 이와 다르다. 로트만의 관점에서 볼 때, 텍스트가 독자에게 미치는 작용력을 포함한 넓은 의미의 화용론은 모두 '유형론'의 대상이다. 즉, 특정한 유형의 '읽기'를 지향하는 특정한 '유형'의 텍스트들이 존재하며, 이러한 텍스트의 유형은 그것이 속한 문화의 특정한 '유형'과 유기적으로 관련된다. 이러한 정식화가 시사하는 중요한 통찰은 텍스트 화용론의 문제가 '작가-텍스트-독자'라는 고전적 삼각형의 틀 내에서 결코

---

13) 이저W. Iser의 '내포 독자' 개념에 대한 이와 같은 비판에 관해서는 Н. А. Компаньон, Демон теории, М., 2001, cc. 173~84를 참조.

14) 이에 관해서는 U. Eco, "Intentio Lectoris: The State of Art," *The limit of interpretation*, Bloomington & Indianapolis: Indiana University Press, 1990, pp. 44~51을 참조.

완벽하게 해명될 수 없다는 사실이다. 모든 종류의 텍스트적 활동의 '의미론적' 측면이 그것이 속한 문화적 맥락(로트만의 표현대로라면, 그 텍스트가 속한 '문화유형'의 문제)과 단절된 채 파악될 수 없듯이, 텍스트 활동의 '화용론적' 관계 또한 개별 텍스트가 속해 있는 사회-문화적 '유형'의 특수성을 고려하지 않고서 온전히 해명될 수 없다. 요컨대 텍스트 화용론의 문제는 그 자체로 이미 '독자가 주어진 텍스트를 어떻게 해석할 것인가'의 문제와 더불어 또 다른 질문을 포함하는 것이다. 해당 텍스트는 그것을 창조한 시대의 '사람들'에게 무엇을 의미했는가, 해당 문화의 유형 속에서 그 텍스트는 어떻게 '기능'했는가라는 물음이 바로 그것이다.

사실상 이런 입장이 가리키고 있는 것은 텍스트를 둘러싼 화용론적 관계의 기존 개념 자체를 새로이 정립할 필요성이다. 독자 혹은 청중이라는 개념이 주어진 텍스트가 속한 문화유형과 그것을 창출한 특정 시대의 '사람들'로 대체되는 순간, 텍스트와 독자의 관계를 '객체'로서의 대상과 '주체'로서의 해석자 간의 관계로 이해하는 일반적인 화용론의 개념은 적절치 못한 것으로 드러난다.

텍스트 화용론—텍스트와 인간

화용론의 개념을 텍스트와 그것이 속한 문화체계 간의 관련성을 통해 새롭게 규명해보려는 흥미로운 시도는 로트만의 논문 「흘레스타코프에 관하여」(1975)에서 찾아볼 수 있다. 이 논문은 이제까지 주로 고골의 희곡 「검찰관」에 대한 비평적 측면에서 다루어졌을 뿐 이론적이고 방법론적인 측면에서는 거의 조명받지 못했다. 논문의 서두에서 로트만은 문학작품을 대하는 두 가지 상이한 관점을 구분한다. 그중 하나는 문학작품을 "고유한 내부 구조를 지니는 독립된 예술 세계로서 다루는" 관점이고, 다른 하나는 그것을 "보다 높은 질서의 구조적 통일성을 나타내는 좀더 보편적인 현상, 다시 말해 특정한 문화의 일부로서 바라보는" 관점이다(1975c:337).

로트만은 이 글에서 고골 작품의 동시대인들, 소위 '희대의 거짓말쟁이들'(드미트리 자발리신, 그의 동생 이폴리트 자발리신, 로만 메독스 등)의 행위 유형 및 심리적 동기를 면밀히 분석함으로써, 고골이 창조한 문학적 인물인 흘레스타코프의 독특한 역사-심리학적 조건을 밝혀내고 있다. 이때 로트만이 기대고 있는 방법론적 관점은 명백하게 후자, 즉 문학작품을 특정 문화의 일부로 바라보는 관점이다. 그런데 다소 놀라운 것은, 로트만이 이 연구의 진정한 대상을 다름 아닌 '텍스트 화용론'의 문제로 규정하고 있다는 점이다.

그러나 여기서, 다음과 같은 질문을 던지는 것이 타당할 것이다. '대체, 무엇이 우리의 관찰 대상인가?' 〔……〕 아마도 우리의 관찰 대상은 매우 어려운 연구 주제인 텍스트 화용론의 연구로 간주되어야 할 것이다. 이 영역이 지금까지 연구자들의 관심을 거의 끌지 못한 것은 우연이 아니다. 무엇보다 (퍼스와 모리스에 의해 정식화된바) 화용론적 관계라는 개념 자체가 복잡한 기호체계에 적용되었을 때 충분히 명확하지 못한 것으로 드러난다. 기호와 인간 사이의 관계, 정보의 발신자와 수신자 간의 관계는 명확하게 정의 내리기 어렵다. 왜냐하면 여기서는 '관계'라는 단어 자체가 의미론과 통사론에서 사용되는 것과는 매우 다르게, 즉 용어상의 정의와 동떨어진 의미로 사용될 수 있기 때문이다. '사람들'이라는 개념은 여기서 즉각적인 물음을 유발한다. 이 경우 인간은 기호학적·사회학적·심리학적, 혹은 또 다른 그 어떤 기술의 대상으로 간주되는 것인가? (1975c:349)

로트만은 고골의 작품에 나타난 흘레스타코프라는 한 문학적 형상에 대한 연구의 핵심 주제를 인간과 기호 간의 관계, 즉 '텍스트 화용론'이라 단언하면서, 그 경우 '인간'이라는 개념을 어떻게 이해할 것인지를 묻고 있다. 문학작품을 포함한 복잡한 예술 텍스트의 화용론에서 '인간'의 개념은 매우 불명료하다. 사실 문제는 개념의 불명료함에만 있지 않다. 연구의 대상이 역사적 자료일 경우, 특정 시기에 유통되었던 텍스트에 관한 다양한 집단의 태도를 알려주는 자료가 부족한 때가 많다. 그러나 이와 같은 자료의 결핍은 한 가지 중요한 특성에 의해 보충된다. 로트만에 따르면, "중세 시대는 텍스트에 대한 수신인의 태도가 〔실제로〕 어떠했었는지에 관한 정보는 제공하지 않지만, '어떠했어야만 했는가'에 관한 정보는 제공해준다." 실제로 어떠했는지(현상)가 아니라 어떠했어야 했는지(규범)에 관한 이런 정보는 해당 텍스트와 문화적 수신자 간의 관계를 재구축하는 데 아주 유용한 자료가 될 수 있다. 문제는 이러한 재구축을 위해 어떤 방법론을 사용할 것인가이다. 바로 이 대목에서 로트만은 역사적 자료의 분석에 적용되는 화용론 개념의 '새로운' 정의를 시도한다.

'사람들'이라는 개념을 특정한 문화의 구조적 법칙에 따라 조직된 집단의 개념과 교체하는 일은 아마도 타당하게 여겨질 수 있을 것이다. 이

때 주어진 문화와 관련해 이 집단은 특정한 종류의 '텍스트'로 여겨질 수 있다. 이렇게 되면 '화용론적 관계'란, 각기 나름의 구조를 지니며 서로 다른 위계적 위치를 차지하되 공히 동일한 문화적 총체의 범위 내에서 작동하는 두 텍스트 간의 관계로 간주될 수 있다. (1975c: 350)

'사람들'이라는 개념이 어떻게 해서 "특정 문화의 구조적 법칙에 따라 조직된 집단의 개념"으로, 나아가 그 문화를 구성하는 "텍스트"로 여겨질 수 있는가? 그와 같은 견해는 한 가지 중대한 전제하에서만 가능하다. 바로 예술 텍스트의 경계를 넘어선 영역이 결코 기호학의 경계를 넘어서는 영역이 아니라는 것이다. 즉, 텍스트의 '이전'과 '바깥'에는 '날것 그대로의 현실'과 '있는 그대로의 사람들'이 존재하는 것이 아니다. 거기엔 문학 텍스트와 함께 해당 문화의 체계를 구성하는 다양한 문화 구성체가 존재한다. 텍스트 밖의 현실과 인간은 이미 그 자체로 '문화적' 현실이며 '문화적' 인간이다. 로트만의 이런 입장은 그가 '행위시학'으로 알려진 자신의 테제[15]를 다음과 같이 리얼리즘 텍스트 (고골의 작품)에 적용할 때 분명하게 드러난다.

---

15) 로트만은 「홀레스타코프에 관하여」(1975)를 쓰기 이전에 이미 낭만주의적 행위시학에 관련된 두 편의 논문〔"Театр и театральность в строе культуры начала XIX века"(1973) ; "Сцена и живопись как кодирующие устройства культурного поведения человека начала XIX века"(1973)〕을 발표했다. 로트만의 '행위시학' 개념에 따르면, 19세기 초반 러시아의 낭만주의적 문화유형 속에서 예술의 영역은 동시대 사람들의 실제적인 행위를 위한 일종의 범례로서 작용했으며 이에 따라 "삶은 서둘러 예술을 모방했다." 행위시학과 관련된 로트만의 글은 '예술 텍스트가 어떻게 독자의 의식과 행동 양식에 적극적으로 작용하는가'라는 화용론적 관점에서 읽혀질 수 있다. 로트만의 '행위시학'과 관련된 상세한 논의는 김수환, 「텍스트 이론에서 문화시학으로—로트만의 행위시학 방법론을 중심으로」, 『러시아 어문학 연구논집』 제18집, 2005, 103~35쪽 참조.

우리는 이미 앞에서 낭만주의적 텍스트의 능동성에 관해 언급했다.
[……] 그러나 사실주의의 능동성은 확실히 이와는 다른 성격을 지닌
다. [……] 어떤 점에서 사실주의는 낭만주의에 비해 훨씬 더 조건성을
지향한다고 말할 수 있다. 유형화된 이미지들을 묘사하는 사실주의 작
품은 예술 텍스트의 경계 너머에서 이미 일정한 문화적 가공을 겪은 자료를
상대한다. 텍스트 밖에서 이미 인간은 스스로의 문화적 배역을 선택하
고, 자신의 개인적 행동을 특정한 사회적 역할에 포함시킨다. 예술 텍스
트의 세계 속으로 들어오면서 그는 이중으로 코드화된다. [……] 사실
주의 텍스트는 원칙상 '재현된 것 안에서의 재현'이라는 상황을 지향하
고 있는 것이다. (1975c:363, 강조는 필자)

인용한 구절에서 도출할 수 있는 중요한 통찰은 무엇인가? 첫째, 이
지점에서 이미 텍스트 화용론의 문제는 좁은 의미의 화용론적 관계, 그
러니까 인간에 의한 텍스트 해석의 차원을 넘어서는 훨씬 더 넓은 영역
과 관련된다는 점이다. 여기서 로트만이 말하는 화용론적 관계란, '텍
스트'가 그것이 속한 특정 문화유형의 조건들, 좀더 일반적인 용어로
특정 텍스트가 생성, 소비, 유통되는 장場인 '문화적 맥락'과 맺는 관련
성의 문제에 해당한다. 둘째, 텍스트를 만들어내고 그것을 소비하는
동시대의 '사람들'은 (텍스트와 마찬가지로) 해당 시기의 '문화적 총체
의 경계 내에' 머물면서 그것의 구성소로 기능하고 있는, 문화체계의
구조적 요소이다. 로트만의 표현대로라면, 텍스트의 경계 밖에서 이미
현실과 인간은 "문화적 가공의 산물"로서 나타나며, 그 점에서 텍스트
와 인간의 관계는 단일한 문화체계 속에 위치하는 서로 다른 '텍스트

간의 관계'로 간주될 수 있다. 요컨대 그것은 날것으로서의 현실, 혹은
그것의 1차원적 반영이 아니라 차라리 '반영의 반영' '재현 속의 재현'
인 것이다.

텍스트 속의 텍스트 vs 상호 텍스트

이렇듯 일반적으로 '객체'로서의 텍스트와 '주체'로서의 인간 사이의
'해석적' 관계로 이해되는 화용론은 로트만에게서 새롭게 파악된다. 화
용론적 관계, 그것은 '텍스트들 간의 관계,' 더 정확하게 말하면 '텍스
트가 그것의 외부(들)와 맺는 관계'이다.

기존의 입장들이 텍스트의 화용론적 측면을 주로 고전 철학에서의 주
관적 범주와 동일시했던 것과는 달리 실제 텍스트의 화용론적 측면은 다
름 아닌 텍스트 작동работа의 한 측면이다. 이때 텍스트 작동의 체계는
외부적인 어떤 것이 내부로 들어옴을 포함한다. 이 '바깥의 것'이 다른
텍스트이건, (다른 텍스트로서의) 독자이건, 혹은 문화적 맥락이건 다르
지 않다. 텍스트의 내적 구조 안에 잠재된 새로운 의미 생산의 가능성이
현실화되기 위해서는 이 바깥의 것이 반드시 필요하다. (1981b:428)

텍스트의 화용론적 측면은 결코 텍스트에 대한 다양한 '해석'에 국한
되는 것이 아니다. '작동 메커니즘'으로서의 텍스트 화용론은 자신과
같지 않은 (또 다른) 의식과의 상호 작용, 곧 '외부적인 것'의 도입을
필수적으로 전제한다. 그 도입은 때로 텍스트 구조의 근본적인 변화를

수반하기도 하는데, 이런 변형은 왜곡이 아니라 체계의 본질 자체가 발현되는 과정에 해당하는 것이다. 이 과정이 독자의 의식 속에서 텍스트가 변형되는 과정(일반적으로 '해석'이라고 불리는 과정)뿐 아니라 그 반대의 과정, 그러니까 텍스트 내부로 도입된 독자의 의식이 변형되는 과정 역시 포함하게 되는 것은 당연하다.

주목할 것은 '다른' 텍스트, '다른' 의식과 접촉의 불가피성을 전제하는 이런 작동 모델을 가리키기 위해 로트만이 "텍스트 속의 텍스트"라는 개념을 사용하고 있다는 점이다. "텍스트 속의 텍스트"는 그 자체로, 텍스트와 텍스트 바깥의 접촉과 상호 작용, 외부적인 어떤 것의 내부 진입을 구현하는 존재론적 이미지가 된다. 여기서 텍스트의 바깥은 물론 또 다른 텍스트(들)로 이루어져 있지만, 그 외부 세계란 (인간과 텍스트를 포함한) '문화의 체계'라는 사실을 반드시 염두에 두어야만 한다. 다시 말해 로트만의 '텍스트 속의 텍스트' 개념은 '텍스트'와 '문화'의 관계라는 문제와 밀접하게 연관되어 있다. 이 점이 왜 중요한가?

1981년에 발표된 논문 「텍스트 속의 텍스트」는 상호 이질적인 다양한 하부 텍스트가 텍스트 공간 내에서 충돌할 때 발생하는 역동적 의미 작용을 분석의 대상으로 삼고 있다. 즉 그것은 "텍스트를 구성하는 다양한 부분들 사이의 코드화의 차별성"(1981b:431) 문제, 다시 말해 텍스트 공간 내에서 벌어지는 타자적 의식(말, 담론)의 접촉 문제를 다룬다. 문제는 텍스트 내적 공간의 근원적인 혼종성을 전제하는 이 개념이 포스트구조주의의 '상호 텍스트성' 개념을 분명하게 연상시킨다는 점이다. 로트만의 단언에 따르면, 홀로 동떨어진 의식은 결코 새로운 의미를 발생시킬 수 없는바, "의미의 발생기, 사유하는 구조로서 텍스트는 그것이 활동하기 위한 상대자를 필요로 한다. 〔……〕 능동적으로 활동하기 위해 의식은 의식을, 텍스트는 텍스트를, 문화는 문화를 필요로 하"(1981b:429)는 것이다.

상호 텍스트성 개념의 주창자로 알려진 크리스테바에 따르면, "모든 텍스트는 인용의 모자이크, 곧 다른 텍스트로부터의 흡수와 변용의 결과물이다. 이렇게 해서 상호 주관성의 자리에 '상호 텍스트성' 개념이 놓이게 된다. 모든 시적 언어는 동시에 최소 두 가지 방식의 독해에 처해지는 것이다."[16] 주지하다시피 이 개념은 영향이나 패러디 따위의 전통적인 문학 개념과 동일시될 수 없는 원론적인 성격을 띤다. 모든 텍스트는 다른 텍스트와의 관계에서 언제나 '사이에 있는 텍스트между-текст'라고 주장하는 바르트에 따르면 "상호 텍스트성을 텍스트에 어떤 기원이 있다는 식으로 이해해서는 안 된다. '기원'과 '영향'을 향한 모든 추구는 문학작품의 지속에 관한 신화에 답하는 것이다. 텍스트는

---

16) Ю. Кристева, "Бахтин, слово, диалог и роман," Вестник Московского университетеа, Сер, 9, Филология, 1, 1995, с. 99. 불가리아 출신의 크리스테바는 미하일 바흐친의 사상을 서구 지성계에 최초로 소개한 것으로 알려져 있다. 그녀가 주창한 '상호 텍스트성' 개념은 바흐친의 소설론, 특히 대화주의dialogism 및 다성성polyphony의 개념에 상당 부분 빚지고 있다. 대학에서 프랑스 누보로망에 대한 박사학위 논문을 쓰던 중 프랑스 정부 초청 장학제도를 통해 파리로 유학을 떠난 그녀는 (당시 그녀의 수중에는 단돈 5달러와 바흐친의 책밖에는 없었다고 전해진다), 뤼시앵 골드만과 롤랑 바르트를 비롯한 당대 프랑스의 쟁쟁한 사상가들과 교류하게 된다. 당시 프랑스의 전위적 문학 그룹이었던 『텔켈Tel quel』지의 편집위원으로 활동하는 한편, 멤버 중 한 명이었던 필리프 솔레르와 결혼한다. 그녀 이전에 츠베탕 토도로프가 그랬듯이, 러시아 문예학의 유산은 동유럽 출신의 학자가 서구 지성계에 '안착'하기 위한 효과적인 수단이 되어주었다. 한편, 그녀는 모스크바-타르투 학파의 학술지인 『기호체계 문집』을 최초로 서방에 번역, 소개한 주인공이기도 하다. 뿐만 아니라 로트만이 사망한 이듬해 발간된 미국 학술지 *PMLA*(*Publication of the Modern Language Association of America*)의 로트만 특집호에 로트만에 관한 추모 에세이를 싣기도 했다. J. Kristeva, "On Yuri Lotman," *PMLA*, Vol. 109, No. 3, May 1994, pp. 375~76.

무질서하고 포착되지 않는, 그러면서 동시에 이미 읽혀진 인용들, 곧 인용 부호 없는 인용들로 이루어진다."[17]

그렇다면 이런 상호 텍스트성의 개념과 로트만이 말하는 텍스트 속의 텍스트 개념은 어떻게 다른가? 기억해야 할 것은 텍스트 속의 텍스트 개념은 개별 텍스트의 존재 상황을 뜻할 뿐 아니라 텍스트의 바깥 혹은 텍스트들의 총체로서 '문화'의 존재론적 모델이기도 하다는 점이다. 거대-텍스트로서의 문화 자체가 다름 아닌 '텍스트 속의 텍스트'의 형태로 구조화되는 것이다.

문화의 총체는 하나의 텍스트로 간주될 수 있다. 그러나 꼭 강조할 것은 이 텍스트가 '텍스트 속의 텍스트'라는 계층적 위계로 구조화되어 텍스트들 간의 복잡한 교직을 만들어내는 텍스트라는 점이다. 텍스트라는 용어 자체가 어원상 짜임을 의미한다는 사실로부터 우리는 텍스트의 개념을 시원적 의미로 되돌릴 수 있다. (1981b:436)

여기서 또다시 확인되는 것은 로트만의 문화 모델과 포스트구조주의 텍스트 모델 간의 차이와 거리이다. 문화에 대한 로트만의 이해는 결코 '인용 부호 없는 인용들의 모자이크,' 보르헤스적인 의미에서 바빌론의 도서관에 해당하는 게 아니다. 인용들의 '무질서한 모자이크'와 '계층적 위계로 구조화된 복잡한 체계' 사이에는 분명한 거리가 있다. 로트만에 따르면 "문화는 텍스트들의 무질서한 집적이 아니라 위계적이고 복잡하게 구성되어 기능하는 체계이다"(1981b:431). 이때 개별

---

17) Р. Барт, "От произведения к тексту," Избранные роботы, М., 1989, с. 418.

텍스트는 기호의 무한정한 우주의 동형이 아니라 복잡하게 조직화된 문화(라는 거대 텍스트)의 동형이다. 텍스트 바깥에는 수없이 많은 또 다른 텍스트가 존재하지만, 그들 모두는 '텍스트 속의 텍스트'의 형태로 위계지어진 단일한 문화적 총체의 경계 내에서 작동하고 있다.

바로 그렇기 때문에 텍스트는 여하한 종류의 주관적이고 자의적인 해석에 일방적으로 열린 무정형의 실체가 될 수 없다. 텍스트가 독자의 의식과 접촉함으로써 변형을 겪게 되고, 스스로의 내적 구조를 재조직하게 됨은 의심할 바 없다. 하지만 그런 재조직의 가능성에는 분명 한계가 있다. 로트만은 "문화적 맥락의 변모 과정에서 기념비(적인 작품)들이 새롭게 재해석되는 것과 텍스트가 표현할 수 없는 의미들을 자의적으로 텍스트에 부여하는 것"은 다르다고 말한다. "화용론적 관계는 주변적이거나 자동화된 구조를 활성화시킬 수는 있지만 텍스트에 원칙적으로 부재하는 코드를 텍스트 속으로 끌어들일 능력은 갖고 있지 않다"(1981b:428~29).

텍스트— '매체'에서 '주체'로

텍스트와 문화의 동형성을 강조하는 로트만의 관점은, 일견 문화체계의 위계적 성격과 조직화의 자질을 텍스트에 부여함으로써 텍스트 의미 작용의 열린 가능성을 제한하는 것처럼 보일 수도 있다. 하지만 실상은 그 반대이다. 텍스트와 문화가 동형적이라는 것은 문화가 지니는 각종 기호학적 자질을 텍스트에 역시 투사한다는 것, 다시 말해 텍스트가 일종의 '문화의 압축 모델'처럼 기능한다는 것을 뜻한다. 텍스

트는 문화체계가 지니는 모든 종류의 기호학적 가능성을 '잠재적으로'
전유하고 있다. 텍스트는 고립된 '물적 대상'에 머무는 게 아니라 자신
의 '기억'을 소유한 채로 외부적 상황에 적응하며, 끊임없이 낯선 외부
의 '타자적인 것'을 받아들일 줄 안다. 능동적으로 스스로의 본질을 새
롭게 구성해나갈 수 있는 역동적인 조직체, 바로 그것이 텍스트인 것
이다.

  결국 텍스트의 창조성에 관한 로트만의 사유는 '독자에 의한 열린
해석 가능성'이라는 기존의 수용미학적 입장에 비해 훨씬 더 근본적인
것임이 판명된다. 가령 이 지점에서 로트만의 이론적 입지는 1970년대
초반 '문화'와 '텍스트'라는 동일한 핵심어를 가지고 출발했던 에코의
그것과 분명하게 갈라진다. 퍼스의 사유를 경유한 에코에게, "본래 게
으른 장치"인 텍스트가 자신의 잠재적 가능성을 활성화시키기 위해서
는 이른바 '백과사전적 역량'을 갖춘 독자(수신자)의 해석적 협력이 필
수적이다.[18] 반면 로트만에게 텍스트는 결코 '게으른 장치'에 머물 수
없는 '창조적이고 역동적인 의미의 발생기'를 뜻한다. 텍스트는 해석적
대상, 즉 의미의 블랙박스일 뿐만 아니라 문화의 모든 가능성을 담지
한 '문화의 모델'인 것이다.

  텍스트를 바라보는 로트만의 이런 관점이 결국 텍스트 자체를 커뮤
니케이션의 '매체'로부터 '주체'로 바꿔놓는 방향으로 나아갈 것이라는
점은 충분히 예측할 수 있다. 메시지를 전달하는 매체로서의 기능은
텍스트가 지니는 잠재적 가능성 혹은 '기능' 중 단 하나에 지나지 않는
다. 텍스트의 개념과 기능은 메시지의 전달 이외에도, 야콥슨의 커뮤

---

18) 김운찬, 「에코의 백과사전 개념 연구」, 『기호학 연구』 제6집, 1999, 51쪽.

니케이션 모델의 나머지 다섯 가지 구성 요소(발신자, 수신자, 맥락, 코드, 채널) 전부와 관계할 수 있다.

텍스트는 발신자와 수신자 사이의 '접촉'을 구축하며 '언어'를 변형시키고 '수신자'를 변형시키며, '발신자' 그 자신까지도 변형시킨다. 게다가 이 과정에서 텍스트는 그 스스로 변형되면서 더 이상 자신과 동일하지 않은 어떤 것이 될 수 있다.[19]

텍스트적 활동의 메커니즘은 변화와 생성을 전제한다. 정보의 수신자가 해석을 통해 텍스트에 담긴 의미를 변화시키는 것이 전부가 아니다. 온전히 기능하는 텍스트라면, 발신자와 수신자의 '접촉'을 구축하는 과정에서 '발신자'와 '수신자,' 그들의 '언어'(코드), 결국엔 그 자신(텍스트)까지를 변화시킨다. 말하자면 이제 텍스트는 커뮤니케이션의 단순한 '매체'가 아니라 하나의 독자적인 '주체'로서 커뮤니케이션의 과정 속에 참여하는 것이다.

고도로 조직화된 텍스트는 자신의 지능적 자질을 드러내면서 커뮤니케이션의 단순한 수단이기를 그친다. 그것은 수준 높은 독자성을 지니는 정당한 담화의 상대자가 된다. 작가(발신자)와 독자(수신자)에게 있어 텍스트는 적극적이고 독립적인 역할을 수행하는 지적 조직체로서 대화에 참여한다. [……] 텍스트에 대한 새로운 이해 속에서 '사용자가

---

19) М. Ю. Лотман, "За текстом: заметки о философском фоне тартуской семиотики (Статья первая)," Лотмановский сборник 1, М., 1995, с. 218.

텍스트를 해독한다'라는 공식 대신에 또 다른 보다 정확한 공식이 가능해진다. '사용자는 텍스트와 교제한다общается.' (1981c:131~32)

러시아 민중 회화 루복에서 출발해 '텍스트 속의 텍스트'라는 독특한 문화 모델까지 이어져온 우리의 논의에 비춰볼 때, 텍스트를 매체에서 주체로 옮겨놓는 로트만의 이런 발언은 결코 예사롭게 들리지 않는다. 이 발언의 의미를 온전히 이해하기 위해서는 '두 겹'의 시선이 필요하다. 우선 '사용자가 텍스트와 교제한다'라는 마지막 구절을 러시아 민중 회화 루복의 독특한 청중 세계에 관한 앞선 지적과 겹쳐 읽을 수 있어야 할 것이다.

문자 문화의 틀 안에서 청중이 텍스트를 '소비'한다면, 민속문학적 분위기 속에서 청중은 텍스트 안에서 텍스트와 '유희'한다.

하지만 이 두 발언의 명백한 유사성을 알아차린다면, 그 유사성의 배면에 자리한 분명한 '거리' 또한 인식할 수 있어야 할 것이다. '루복'의 독특한 화용론적 특성이 '텍스트 자체'가 지니는 기호학적 잠재성으로 간주되기까지, 로트만은 먼 길을 돌아와야 했다. 이 장에서 살펴본 모든 것은 이 두 발언 사이에 가로놓인 다채롭고 풍부한 사유의 움직임을 이론적으로 재구축해본 것에 해당할 것이다.

소통에서 창조로—신화적인 것에서 인격적인 것으로

'신화적인 것'과의 만남은 로트만 기호학의 발전 과정에서 중대한 의미를 지닌다. '신화'를 향한 로트만의 문제의식은 도상성과 공간성이라는 기존의 두 핵심 주제를 집약하는 '종합'의 성격을 띨 뿐만 아니라 그의 사유를 새로운 방향으로 움직이게 하는 '전환'의 계기가 되었다. 후자와 관련해 다시 한 가지 사실을 강조하기로 하자. 후기 로트만 기호학의 핵심 명제인 기호학적 '혼종성'과 '복수언어주의'의 개념은 ('낯선' 자아의 형상으로서의) 신화적 사유에 대한 성찰에서 '최초로' 도출되었다(제5장 참조). 「신화-이름-문화」와 같은 해에 발표된 「문화의 기호학적 연구에 관한 테제들」(1973)에서 로트만은 단언한다.

하나의 고립된 기호학적 체계는 아무리 완벽하게 구조화된 것이라 할지라도 문화를 구성하지 못한다. 이를 위해서는 최소한의 메커니즘으로서 상호 연관된 기호학적 체계의 쌍이 요구된다. 문화의 메커니즘을 구성하는 가장 일반적인 이중언어 체계를 명시적으로 보여주는 것은 자연언어로 된 텍스트와 그림이다. 언어의 혼종성을 향한 지향, 그것은 문화의 특징적인 자질이다. (1973d〔2008〕:129)

문화의 '이중 채널성,' 즉 최소 둘 이상의 상이한 문화 모델의 공존과 상호 작용은 극히 다양한 문화의 발현 양태에서 보편적으로 확인된다. 어떻게 보면 이 지점까지 로트만이 겨냥한 주요 목표는 이런 이중채널성의 '불균등' 상태를 교정하는 일이었다고 볼 수 있다. 즉 문화의 복수언어적 구조의 한쪽 계열을 담당하는 도상성, 공간성, 신화성의 모델을 적극적으로 부각시킴으로써, 근대 문화의 지배소인 조건성, 시간성, 논리성의 모델과의 '균형 상태'를 회복하는 것이다. 주지하다시피 이는 주변화된 '타자'의 영역이 결코 부차적이고 보조적인 역할에 머물지 않는다는 점, 오히려 문화 속에서 적극적으로 기능하고 작용하는 본질적인 요소라는 점을 다양한 각도에서 증명하는 방식으로 실현되었다.

결국 로트만에 따르면, 원칙상 상이하게 조직된 두 대립 항의 공존과 상호 작용은 문화의 전 영역에서 확인되는 보편 현상이 된다. 상호 이질적인 대립 항의 공존과 상호 작용 현상은 여러 저작에서 매번 새로운 범주를 통해 다양한 방식으로 묘사되지만, 결국 이 모든 대립의 양상은 기호체계로서의 문화를 살아서 기능하는 메커니즘으로 만들어주는 필수적인 '내적 혼종성'의 실례에 해당하는 것들이다.

하지만 이런 증명을 통해 불균형이 어느 정도 해소된 상황에서 새로운 질문은 불가피하다. 바로 '왜'와 관련된 질문이다. 가장 기초적인 단계에서 지극히 복잡한 수준에 이르기까지, 문화체계의 전 영역에서 일관되게 확인되는 이런 복수언어적 양태는 '도대체 왜 필요한가?' 그와 같은 기호학적 존재 양태는 과연 무엇을 의미하며, 그것이 야기하는 결과는 무엇인가?

이질적인 기호 모델의 공존 및 상호 작용이라는, 어떤 점에서 연구의 초기 단계부터 이미 존재했던 이 문제의식을 전면적이고 포괄적인 문화적 프레임 안에서 재규정해야 할 필요성은 바로 이 질문과 더불어 본격 제기된다. 로트만 기호학의 관심이 '문학'에서 '문화'로, '언어'(기호)에서 '텍스트'로, 그리고 의미(정보) '소통'에서 의미 '창조'의 문제로 옮아가는 과정 역시 이 핵심 질문들에 답해나가는 과정과 다르지 않다.

신화적 세계의 이질성과 그것의 필요불가결성을 발견한 이후, 1970년대 중반 이후 로트만에게 무엇보다 중요했던 과제는 '혼종성'의 조건 자체를 '창조성'을 위한 본질적 계기로서 정당화하는 일이었다. '창조성'의 계기가 전면화되는 순간, 로트만 기호학의 새로운 핵심 과제가 자연스럽게 부각된다. 바로 기호체계에 '인격'의 자질을 부여하려는 시도, 이른바 '기호학적 인격'의 개념이 그것이다. 창조성은 무엇을 뜻하며 그것은 왜 기호체계로서의 문화에 본질적인가? '사유한다는 것'의 본질은 무엇이며, 그것은 '인격'의 개념과 어떻게 관련되는가? 이어지는 제4부의 주제는 바로 이 '기호학적 인격'의 개념이다.

제4부

인격

어떤 사유하는 조직체도 단일언어적일 수 없다. 모든 지적 구조의
필수적인 조건은 내적인 기호학적 이종성이다.

비非이해 혹은 부정확한 이해는 커뮤니케이션 체계 내의 기술적인 결함을
증명하는 것이 아니다. 그것은 그 체계가 지니는 복잡성, 즉 더 복잡하고 중요한
문화적 기능을 수행할 수 있는 능력을 말해주는 징표이다.

'자가생성하는 로고스'는 고립을 전제로 하지 않을 뿐 아니라 애초부터
그런 가능성을 배제한다. 생각하는 구조는 결코 홀로 작동할 수 없다.

그것을 벗어나서는 기호 작용 자체가 불가능해지는 기호 연속체,
그것이 바로 '기호계'이다.

기호계의 경계지대는 기호학적 적극성이 최고조에 달한 곳이다. 바로 그곳에서
다수의 '메타포적 번역'의 메커니즘이 작동하고 있으며 양 방향으로 펌프질을
하고 있는 변형된 텍스트들이 기능하고 있다.

제8장

역동적 모델과 자기기술

체계의 단일성이라는 문제

이질적 기호 모델의 공존 및 상호 작용이라는 일관된 문제의식은 '복수언어주의'라는 명확한 개념 정의를 얻게 되었다. 다시 말하건대, 문화는 결코 하나의 언어에 만족할 수 없다. 그것을 위해서는 최소 두 개(이상)의 서로 다른 언어의 공존과 상호 작용이 필수적이다. 이 개념은 후기 로트만 기호학의 거의 전 영역에 걸쳐 가장 근본적인 전제로서 작용하게 된다. 하지만 이 개념을 '창조성' 및 '인격'의 개념과 대질시키며 다채롭게 심화시키기 이전에, 로트만은 먼저 한 가지 중대한 문제와 대결해야만 했다. 그것은 바로 '체계의 단일성'이라는 문제이다. 단일한 체계라는 관념, 구조주의적 체계 개념의 원론적 전제를 이루는 이 개념은 정당한가? 이 개념 안에서 기호 모델의 공존 및 상호 작용, 즉 문화의 원칙적인 '복수언어성'을 온전히 기술하는 것이 과연 가능한가? 체계의 단일성, 단일한 '이상적 언어'라는 관념의 허구성에 대한 깨달음을 로트만은 훗날 마지막 저서 『문화와 폭발』에서 다음과 같이 표현하게 된다.

> 현실을 표현하기 위한 최선의 메커니즘으로서의 이상적 언어라는 관념은 허위이다. 최소한의 작동하는 구조는 개별적으로 외적 세계를 포괄할 수 없는 둘 이상의 언어의 공존이다. 이 무능력은 결점이 아니라 존재의 조건인바, 바로 그것이 '타자,' 그러니까 다른 개인성, 다른 언어, 다른 문화의 불가피성을 결정한다. 〔……〕 복수성의 상황이 보다 근원적이고 1차적이며, 이후에야 그를 기반으로 단일하고 보편적인 언어를 향한 지향이 발생한다. 바로 이 후자가 문화에 의해 창조되는 2차적 현실인 것이다. (1992b:13)

여기서 "복수성의 상황"이라는 말이 뜻하는 바는 무엇인가? 그것은 단일성 이전의 복수성을 말한다. 즉 이미 확립된 질서 안에 존재하는 차이가 아니라 그런 질서 자체를 차후에 성립시키는 원초적인 사태, 구조를 개방하고 타자를 개입시키는 '최초의 차이' 개념에 해당하는 것이다. 하지만 구조화 이전의 원형적 상황을 '인정'한다고 해서 문제가 종결되는 것은 아니다. 문제의 본질은 이런 구조 아닌 구조의 작동 메커니즘을 '해명'하는 것이며, 그것을 개념적 언어를 통해 '기술'하는 것이다. 주지하다시피 환원적 구조 이전의 본래적인 상황, 완벽하게 체계로 편입될 수 없는 이런 비환원적 구조의 개념을 기술하기 위해 지금껏 다양한 용어——이를테면 차연, 산종, 리좀 따위의 다양한 신조어——가 고안되었다.

그렇다면 그에 해당하는 로트만의 개념은 무엇인지를 묻지 않을 수 없다. 만일 모든 문화체계가 혼종적 이질성을 내포할 수밖에 없는 구조라면, 그런 (구조 아닌 구조)를 작동시키는 메커니즘은 해명되어야 한다. 나아가 그런 비환원적 구조를 기술할 수 있는 개념적 장치 역시 고안되어야만 한다.

더 자유롭고 개방적인 모델, 기호체계의 실재와 전모를 온전히 담아낼 수 있는 새 모델을 구상해야 할 필요성은 '복수언어주의'를 확증한 이후 로트만이 가장 먼저 부딪친 이론적 과제였다. 그리고 이 과제 수행의 첫 관문은 이른바 "역동적 모델"의 문제였다. 기존의 정태적 모델이 혼종적 이질성이라는 기호체계의 역동적 실제를 온전히 담아낼 수 없다면, 그것을 대체하는 역동적 모델의 윤곽은 어떻게 그려져야만 할까?

기호체계의 역동적 모델

기호체계의 새 모델을 향한 논의는 1974년에 발표된 「기호체계의 역동적 모델」에서 이루어진다. 로트만은 소쉬르에 의해 정식화된 '공시성'과 '통시성' 구분의 연장선상에 놓인 '항상성'과 '역동성'에 관한 질문에서 출발한다. 일찍이 이 대립의 절대화를 경계한 야콥슨을 인용하면서, 그는 그것이 원칙적인 것이 아니라 다만 상대적인 것에 불과하다는 점을 지적한다. 야콥슨에 따르면, "정태적인 것과 공시적인 것을 동의어로 간주하는 것은 심각한 실수"이다. 정태적 절단면이라는 것은 존재의 특별한 양태가 아니라 단지 허구, 즉 "학문적 기술에 도움을 주는 기법"(1974a〔2008〕:179)에 불과하다는 것이다.

그렇다면 기호학적 기술의 정태적 성격이란 단지 허구적 기법에 불과한 것인가? 그렇지는 않다. "기호학적 기술 전반에 걸쳐 계속해서 감지되는 정적인 성격이란 개별 학자들의 불충분한 노력 탓이 아니라 기술의 방법론 자체가 지니는 근본적인 특수성에서 기인하는 것"(1974a〔2008〕:180)이다. 기호학적 기술의 정태적 성격이란 '기술한다는 것' 자체의 본질과 관련된 것으로, 단순한 실수나 노력 부족의 결과가 아니다. 필요한 것은 기술 방법론 자체의 본질에 관한 탐구, "어째서 기술한다는 사실 자체가 역동적인 대상을 정적인 모델로 바꿔놓는지에 관한 철저한 분석"이다. 이런 분석을 동반하지 않는다면, 역동적 모델을 향한 지향은 단지 좋은 의도 이상의 것이 되기 어렵다.

그렇다면 이른바 구조적 기술의 본질이란 무엇인가? 구조적 기술은 "기술되는 대상이 아무리 변형되더라도 변치 않는 체계와 관계의 요소들을 도출해내는 것"에 기초한다. 변체적 요소들에도 불구하고 변하지 않는 불변체적 구조, 바로 그것이 기술의 관점에서 볼 때 유일한 현실이 된다. 그리고 바로 이런 입장, 기호학적 대상을 연구할 때 일련의 '중요하지 않은' 대상의 자질을 추상화를 통해 분리해야 할 필요성은 이미 소쉬르가 지적한 바 있다. "언어를 공시적으로 연구한다는 것은 사실상 덜 중요한 변화들을 무시한다는 말과 같다. 이는 마치 수학자들이 특정한 공정, 예컨대 대수를 계산하면서 무한소를 무시하는 것과 마찬가지이다"(1974a〔2008〕:181).

정리하자면 대상을 구조적으로 기술하는 과정에서 발생하는 대상의 단순화는, 그것이 학문 자체가 지니는 보편적 특성이라는 점에서 원칙적 반론을 제기할 수 없다. 문제는 로트만이 지적하듯, "구조적 기술의 과정에서 대상은 그저 단순화되는 게 아니라 과도하게 조직화된다"는 점, 즉 "실제보다 훨씬 더 엄격한 방식으로 조직화"된다는 데 있다.

메타언어를 통한 자기기술

여기서 일단 로트만이 구조적 기술의 방법론을 모든 체계적 기술에 본질적인 일반적 메커니즘으로 간주하고 있다는 점에 주목하자. 로트만은 이 일반적 메커니즘을 가리키는 특별한 용어를 도입하는데, 메타언어를 통한 "자기기술(самоописание, self-description)"이라는 개념이 바로 그것이다. 자기기술이란 무엇인가?

로트만에 따르면, (문화를 포함한) 모든 기호체계는 자신의 내적 공간을 조직화하는 과정에서 반드시 '자기 자신을 기술하는' 국면을 거치게 마련이다. 체계가 그 자신을 기술하기 시작하는 단계는 해당 체계의 "문법이 씌어지는 단계이며 관습과 법률이 코드화되는 시기"이다. 그러면 자기기술의 단계는 언제 어떻게 찾아오는가? 체계의 구조적 장 내부를 순환하는 다수의 하부 그룹 중 어느 하나가 돌출되어 해당 체계 자체의 기술을 위한 '메타언어'가 되는 방식으로 찾아온다.

우리가 언어를 다루건 정치나 문화를 다루건 기본 메커니즘은 모두 같다. 기호계의 한 부분〔……〕이 자기기술의 과정에서 그 자신의 문법을 만든다. 〔……〕 이후 이 규범들을 기호계의 전 영역으로 확장시키는 것이다. (1990:128)

실제 문화사의 사례를 살펴보면 좀더 쉽게 이해할 수 있다. 예를 들어 르네상스 시기 피렌체 지방의 방언을 보자. 하나의 하부 그룹에 불과했던 피렌체 방언은 르네상스 시기에 이탈리아 전체의 문학어로 대두되었다. 로마의 법 규범 역시 마찬가지로, 결국 제국 전체를 위한 규범이 되었다. 또 루이 14세 시대의 궁중 에티켓은 전 유럽의 궁중 에티켓이 되었다. 이처럼 하부언어에서 메타언어로 위상이 격상된 새로운 규범은 자연스럽게 기호적 공간 내부의 특권적 위치(대개는 중심)를 차지하게 된다. 특권적 위치를 점한 그 언어는 일종의 메타언어로서 체계 전체를 위한 이상적인 모델, 이를테면 해당 문화의 '신화적 이미지'나 '이데올로기적 자화상'을 구축하게 된다. 결국 메타언어를 통한 이런 자기기술은 기호적 공간 내부를 채우는 상이한 체계와 언어를 비로소 '하나로 셈할 수' 있게 만드는 핵심적인 공정에 해당한다. 즉 그것은 임의의 구조적 장을 '단일한' 언어로 기술 가능한 구조적 '전체성'으로 조직화하는 본질적 메커니즘인 것이다.

한마디로 자기기술의 핵심은 체계를 '1인칭'으로 만드는 내부화의 공정에 있다. 이를 통해 비로소 체계는 자기동일적이고 동종적인 구조적 총체로서 스스로를 재현할 수 있게 되는 것이다. 일단 기호적 공간이 내부화를 통해 이런 전체성을 경험하고 나면, 그것을 구성하는 수많은 하부체계의 의미는 '기호성'에 대한 전제, 그러니까 그것들이 중심의 메타적 코드화 메커니즘에 의해 기술될 수 있는지의 여부에 따라 측정된다.

그런데 이런 자기조직화 과정이 수반하는 또 하나의 본질적인 측면이 있다. 바로 '배제'의 메커니즘이다. 로트만에 따르면, "질서화의 과정에서 질료의 일정 부분이 체계 외적인 위치로 옮겨지며, 자기기술의 해당 프리즘을 통해 볼 때 마치 '존재하지 않는 것'처럼 여겨질 수 있다"(2008:185). 즉 자기기술의 관점에서 볼 때 적절하지 못한 요소들이 (비록 존재하기는 하지만) '존재하지 않는 것'처럼 간주되면서, 체계 밖으로 밀려나게 되는 것이다. 체계의 자기조직화 과정이 필연적으로 체계의 일정 부분을 '비존재화'하게 되는 이런 상황은 매우 문제적이므로 더 세밀한 고찰을 요한다. 조직화를 통한 배제, 그것은 과연 어떤 배제일까? 이 특별한 '배제'를 설명하기 위해 로트만이 들고 있는 사례를 먼저 살펴보자.

비존재화의 메커니즘— 전체성과 '잉여'

프랑스의 작가 앙드레 르 샤플랭은 헌신적 봉사, 순결, 예의 따위의 이른바 궁정식 사랑의 문법을 꼼꼼하게 기술해놓은 중세풍의 유명 전문 서적 『사랑론*De amore*』을 썼다. 그런데 놀라운 사실은 그가 자신의 책에서 "농부 아가씨들의 경우에는 설사 폭력에 의존했다고 할지라도 자신의 행위를 부끄러워할 필요가 없다"고 충고했다는 점이다. 이 점을 어떻게 이해할 것인가? 로트만에 따르면, 이런 충고는 쉽게 해명될 수 있다. 농부 처녀는 오직 '자연적 사랑'에만 해당되기 때문에 '궁정식 사랑의 체계' 내에서 그녀는 '마치 존재하지 않는 것과 같았다'는 것이다. 따라서 그런 유형의 인간을 대상으로 하는 행위(가령, 강간) 또한 마찬가지로 존재하지 않는 것으로 간주될 수 있었던 것이다(1974a [2008]:186~87).

이 사례는 자기기술의 관점하에 적절하지 못한 요소들이 기호적 공간 내부에서 어떻게 체계적으로 '비존재화'되는지를 잘 보여준다는 점에서 대단히 시사적이다. 흥미롭게도 여기서는 체계 내의 특정 부분이 비존재화되고 있을 뿐 아니라 그 존재하지 않는 비-부분을 대상으로 한 '행위' 또한 존재하지 않는 것으로 간주되고 있다. 그 행위는 분명 있었지만 없었던 것으로 간주해도 좋은 것, 작가가 구축해놓은 (궁정식) 사랑의 문법의 관점에서 봤을 때는 '셈할' 필요가 없는 것이다. 한마디로 그것은 무시해도 좋은 잉여, 기껏해야 '예외'에 불과한 것이다.

이 예에서 농부 아가씨는 어떤 절대적 타자(이를테면 결코 '포착될 수 없는' 외부)로서 체계가 미치는 힘의 장 밖으로 외재화되어 있는 것이 아니다. 그녀는 단지 체계의 자기기술 문법에 의해 '버려져' 있을 뿐이며, 어떤 점에서 바로 그렇기 때문에 더욱 철저하게 그 힘의 상황에 (무력하게) '내맡겨져' 있다고 볼 수 있다. 체계로부터 완전하게 외재화된 상태가 아니라 일종의 '포함적 배제inclusive exclusion' 상태로 존재하는 상황, 체계 밖으로 밀려나 있기보다는 오히려 체계의 (문)법에 의해 '유기되어 있는abandoned' 이런 상태는 아감벤이 말하는 예외적 실존의 상태, 즉 '호모 사케르Homo Sacer'[1]를 떠올리게 한다. 호모 사케르는 체계 내에 존재하지만 실은 존재하지 않는 것과 같은, 포함되

---

1) 호모 사케르는 종교적 질서와 세속적 질서 양쪽으로부터 철저하게 배제된 인간 삶, 곧 '벌거벗은 생명'을 지칭한다. 그는 종교적 질서에서 배제되었기에 제물로 바쳐질 수 없고 세속적 법 질서에서도 배제되었기에 처벌 없이 얼마든지 살해당할 수 있다. 무방비 상태로 유기된 인간 삶의 형상을 대변하는 이 개념은 동시에 바깥으로 내몰림으로써 오히려 체계에 강력하게 붙들려 있는 '포함적 배제'의 위상학적 구조를 드러낸다. 아감벤은 이런 예외적 상태를 근대적 주권의 본질 자체로 간주했으며(주권이란 본질상 예외를 통해 작동하는 체계인바, 예외적 관계 구성이 곧 주권의 활동 자체이다), 나아가 "오늘날 예외 상태가 바로 근본적인 정치 구조로서 점점 더 전면에 떠오르고 있으며, 궁극적으로 규칙이 되어가고 있다"고 단언한다. 조르조 아감벤, 『호모 사케르—주권권력과 벌거벗은 생명』, 박진우 옮김, 새물결, 2008, 96쪽.

286

어 있지만 사실상 배제되어 있는 타자를 뜻한다. 아감벤에게 이런 예외적 실존이 역으로 '주권권력'이라는 체계의 진짜 본질을 (체현하면서 동시에) 폭로하게 되는 것과 마찬가지로, 로트만에게서도 이런 비존재의 영역은 체계 자체의 본질을 드러내는 강력한 기제가 된다. "존재하지 않는 것의 자질은 이렇게 해서 (체계의 내적 관점에서 파악된) 체계 외적인 질료의 자질임과 동시에 체계 자체의 구조적 자질들의 부정적 지표임이 판명된다"(1974a〔2008〕:186). 다시 말해 "체계 외적인 세계는 뒤집힌 세계, 즉 체계의 대칭적인 변형으로 간주될 수"(189) 있는 것이다.

체계 내부의 일정 부분을 '체계적으로' 비존재화하는 메타언어의 메커니즘은 체계의 '전체성'이라는 주제, 특히 이와 뗄 수 없이 관련된 문제인 '잉여'의 개념에 흥미로운 통찰을 제기한다. 특히 로트만의 메타언어와 자기기술 개념을 현대 (정치)철학에서 말하는 몇몇 개념과 비교해보는 일은 아주 흥미로울 것이다. 앞서 지적했듯이 구조적 기술의 문제는 체계 내부의 "필수적인 것(불변체)들"을 그렇지 않은 것(변체)들로부터 구분해내는 작업과 긴밀하게 연관된다. 이때 정적인 관점에서 볼 때 불필요한 것으로 간주되는, 그래서 마치 '없는 것처럼' 여겨지는 체계의 일정 요소("체계 외적인 것")들은 부분이면서 동시에 부분이 아닌 것으로 여겨지는 어떤 것, 말하자면 '잉여적인 것'에 해당한다.
주지하다시피 오늘날 잉여의 문제는 전 지구화에 따른 급격한 사회 변동의 결과 양산된 '잉여적 실존'(소위 "쓰레기가 되는 삶"[2])과 관련해

---

2) 사회학자 지그문트 바우만은 "유동적 근대liquid Modernity"의 가장 두드러진 특징으로 잉여

비판사회학의 주요 관심사가 된 바 있다. 하지만 체계와 전체성의 관점에서 그것이 갖는 의미는 훨씬 더 근본적인 것이다. 잉여는 전체성의 관점에서 불필요한 것으로 여겨지는 체계의 부분을 뜻한다. 그것은 체계 속에서 ('부분'으로서) 식별되거나 인정되지 않는 어떤 것이기에, 엄밀히 말해 부분이 아닌 부분에 해당한다고도 볼 수 있다. 체계의 전체성(로트만의 용어로는 메타언어의 자기기술)으로부터 탈구된 존재자, 전체성의 셈과 몫으로부터 누락된 이런 '비부분'을 향한 비상한 관심은 오늘날 '정치적인 것'의 재구성을 향한 다양한 철학적 모색에서 공통적으로 확인할 수 있는 뚜렷한 특징이다.[3]

와 여분의 인간들, 즉 '인간 쓰레기들'의 양산을 지적한다. 그에 따르면, 잉여는 정상에서 벗어난 비정상의 상태가 '일시적인' 것이 아니라 '영원히 지속되는' 일상적인 것이라는 암시를 내포한다. 잉여로 간주된다는 것은 그냥 버려지는 것이 아니라 "버려져도 무방하기 때문에 버려졌다는 것"을 의미하는 것이다. 지그문트 바우만, 『쓰레기가 되는 삶들―모더니티와 그 추방자들』, 정일준 옮김, 새물결, 2008, 31~32쪽.

3) 가령 그것은 사회적 몫의 상징적 분배 작용을 뜻하는 "치안"의 논리에 따라 자동적으로 '존재하지 않는 것'으로 치부되는 잉여의 존재들, 자신의 몫을 지니지 않기에 사회의 식별 가능한 부분에 포함되지 못하는 (그래서 결국 '셈해지지 않는') "몫 없는 자들"에 주목하는 랑시에르 정치론의 핵심을 이룬다. 또한 그것은 재현체계로서의 국가/상태state에서 재현되지 않는, 그럼으로써 그 속에 포함되지 않는 "정원 외적 요소element surmeraire"를 강조하는 바디우의 철학에서도 중심을 차지한다. 이들 정치철학적 논의의 핵심은 (마치 유령이 된 것처럼) '비가시성'의 영역으로 내몰려 있는 이들 정치적 통합의 잔여들을 해방의 정치학을 위한 잠재적 작인으로서 새롭게 사유하는 것으로 요약될 수 있다. 체계의 자기기술에 관한 로트만의 사유는 이들 현대 정치철학의 사유들과 생산적으로 소통할 수 있는 여러 지점을 갖고 있다. 가령 엄연히 존재하지만 '존재하지 않는 것'으로 간주되는 존재에 관해 설명하면서, 로트만은 톨스토이의 소설 『전쟁과 평화』에 나오는 한 장면을 예로 든다. 프랑스 군대가 러시아 포로들을 데리고 퇴각하는 장면에서 소설의 주인공 피예르 베주호프는 자신의 동료인 카라타예프를 '인지'하기를 중단해버린다[카라타예프는 농민병사(!)이다]. 심지어 프랑스군이 카라타예프를 죽이는 그 순간에도, 피예르는 "보지만 동시에 보지 않고 있다." 즉 "심리적 시각과 생리적 시각의 분리가 발생하는 것이다"(Лотман, 1992b:14). 뿐만 아니라 랑시에르가 "사이 공간in-between"이라고 부른, 이 잉여적 존재들의 예외적인 '위상학적 구조(안도 밖도 아닌 제3의 지대)는 로트만이 학문적 후반기에 깊게 천착했던 '경계'의 문제에 직결된다. 경계란

288

아무튼 '자기기술'에 관한 로트만의 이해에 따르면, 메타언어를 통한 기술은 결코 체계의 모든 성분을 포괄할 수 없다. 체계를 구성하는 질료의 일정 부분은 반드시 제외된다. 불가피하게 '체계의 수축'을 동반하는 기호적 체계의 조직화는 때로 너무나 경직된 나머지 "해당 메타언어가 기술할 것을 지향하는 실제 기호체계와 거의 교차하지 않는 정도에까지 이를 수도 있다"(1974a〔2008〕:185). 하지만 그 경우에도 '올바름'과 '실제 존재함'의 권위는 메타체계에 온전히 남겨지는 반면에 사회적 세미오시스의 실제 층위는 '올바르지 못함'과 '비존재'의 영역으로 전이되는 것이다.

결국 체계를 1인칭으로 만드는 '내부화'의 메커니즘은 체계의 일정 부분을 비존재화하는 '배제'의 메커니즘이기도 하다. 체계의 메타언어가 식별하지 않는 (비)부분들이 자기기술의 프리즘 속에서 마치 '존재하지 않는 것'처럼 여겨지는 것이다. 그래서 메타언어를 통한 전체화 공정의 본질을 이해한다는 것은 그것의 필연적 산물인 배제 및 잉여의 원리를 이해한다는 것과 본질상 다르지 않다.

그런데 이때의 배제의 원리란 곧 기술 문법에 부여된 '보편적 번역 가능성'을 뜻하는 것이라는 점을 이해할 필요가 있다. 자기기술의 문법

명확하게 식별되는 단일한 선분이 아니라 다층위적인 복잡한 공간, 일종의 '이중언어지대'로서 나타난다. 이 경계는 언제나 변경을 맞댄 두 문화, 인접한 두 기호계 모두에 속하기에 본질상 '복수언어적'이다. 이 주변적 사이-지대(경계)에서 가동되는 것은 메타적 구조를 통한 완벽한 번역(가능성)이 아니라 '번역 불가능성의 상황에서의 번역'이다. 힘겹고 부정확한 번역을 창출하는 이 과정은 반드시 번역되지 않는 여분의 잔여를 전제하게 되며, 바로 이 여분, 번역되지 않는 잔여가 새로운 (부적당하지만 똑같이 정당한) 번역이 시작되는 지점이다. 이상의 내용에 관한 상세한 분석은 김수환, 「전체성과 그 잉여들: 문화기호학과 정치철학을 중심으로」, 『사회와 철학』 제18호, 2009, 71~98쪽을 참조하라.

은 구조적 장 내부의 모든 요소를 '번역'하는 '일반적 등가물'의 위상을 획득한다. 모든 것은 그것을 기준으로 번역 가능한바, 만일 번역되지 않는다면 그건 이미 존재하지 않는 것과 마찬가지인 것이다.

이 대목에서 자연스럽게 떠올리게 되는 것은 마르크스가 말한 화폐의 속성이다. 다른 모든 것과의 '일반적 등가물'이자 '가치의 결정화된 crystalized 형식'인 화폐 유통의 연금술이 바로 그것이다. 일찍이 부르디외P. Bourdieu는 언어와 화폐 간의 이와 같은 동형성을 지적한 바 있다. "하나의 언어가 시장에서 지배적이 되면, 그것은 다른 표현 양태들의 값이 매겨지는 기준이 된다. 그리고 그와 더불어 각종 〔언어〕능력들의 가치가 정의되는 것이다."[4] 화폐로 번역될 수 없는 것이 무용하고 부적절하다고 여겨져 상품체계 밖으로 추방되듯이, 자기기술의 메타언어의 관점에서 번역되지 않는 것은 기호적 공간 외부로 축출된다. 결국 동종적인 구조적 총체라는 말이 의미하는 것은 체계 내부를 순환하는 모든 개별 요소의 의미가 자기기술의 메타언어를 통해 온전히 '번역'될 수 있다는 뜻과 다름없는 것이다.

통시적 차원의 메타기술—문화적 기억

그런데 메타언어에 관한 로트만의 이해는 또 한 가지 점에서 특징적이다. 그는 체계의 자기기술에 따른 '비존재화'의 메커니즘을 체계의

---

4) P. Bourdieu, "The Economics of Lingustics Exchanges," in *Semiotics*, Vol. Ⅱ, Karin Boklund-Lagopoulou, Alexandros Lagopoulos & Mark Gottdiener(eds.), London: Sage Publications, 2002, p. 152.

'공시적' 차원뿐 아니라 '통시적' 차원에서도 동일하게 작동하는 것으로 보고 있다. 체계의 메타-메커니즘은 문화의 공시적 상태에 관한 일정한 정전canon을 창조할 뿐만 아니라 나름의 '통시적 발달의 버전' 역시 만들어낸다. 현재에서뿐 아니라 문화의 과거 상태에서도 적극적으로 텍스트를 '추려냄'으로써 문화의 역사적 진행에 관한 나름의 (단순화된) 모델을 확립하게 되는 것이다.

통시적 자기기술이 만들어낸 이 "단순화된 모델"이란 무엇인가? 그것은 결국 "스스로의 관점에서 파악된 역사"를 뜻한다. 로트만에 따르면, '전기낭만주의' 같은 개념이 바로 그런 식으로 만들어진다. 전기낭만주의라는 개념은 "이전 시대의 문화적 사실들 중 '낭만주의'로 수렴될 수 있고, '낭만주의'라는 구조 안에서 통합될 수 있는 것들이 추출"(1974a〔2008〕:190)된 결과에 불과하다. 이런 접근에 따르자면, 역사란 전적으로 해당 문화가 자기기술을 발생시키는 순간부터 시작된다. 예를 들어 18세기 후반에서 19세기 초반까지, 문학 학파와 사조가 예외적으로 빠르게 교체되었던 러시아에서는 "우리에게 문학은 없다"라는 사고가 각기 다른 입장에서 여러 차례 반복되었다. 카람진은 선행하는 러시아 문학의 전 역사를 통째로 부정하면서 '러시아의 시는 가까운 미래에 나타날 것'이라고 예견했는데, 이후 푸시킨, 투르게네프, 그리고 벨린스키 등은, 이제는 오히려 그런 카람진을 염두에 두고서 "러시아에는 문학이 부재한다"고 단언했던 것이다.

기호체계로서의 문화가 텍스트를 '선택적으로' 추려내는 이 문제는 사실 '문화의 기억'이라는 또 다른 주제와 관련된 중요한 사항이다. 문화를 일종의 '창조적 기억 메커니즘'으로 간주하는 로트만의 관점에서 가장 핵심이 되는 것은 문화와 기억이 공유하는 특별한 자질이다. 그것은 바로 '저장(보관)하면서 동시에 (재)창조'할 수 있는 능력이다. 그에 따르면, 기억으로서의 문화는 의미의 축전기аккумулятор이자 동시에 발전기генератор이다(1985: 675). 어떻게 문화는 의미를 축적하면서 동시에 창조하는가? 그것은 체계적인 망각과 재생의 법칙이라는 내적 원리를 통해 가능해진다. 모든 문화는 '기억되어야 할 것'과 '망각되어야 할 것'의 고유한 계열체를 결정한다. 그런데 이때 망각의 영역에 할당되어 역사적 존재성을 박탈당하는 텍스트들은 다만 한시적으로 잊혀질 뿐 결코 완전히 '삭제'되지는 않는다.

그러니까 한시적으로 망각되는 텍스트들은 사라지는 대신에 '비축'된다. 문화적 기억은 보존적 망각의 영역에 비축된 이 텍스트들을 반드시 '재생'시키며, 바로 이런 재생의 메커니즘이 과거에 속하는 다양한 텍스트와 현재 문화 사이의 끊임없는 '대화'를 추동한다. "문화의 기억 속에는 단지 하나의 메타-체계만 보존되는 것이 아니라 행위를 조정하는 메타-체계의 집합 전체가 보존되기 때문"에 "텍스트를 금지시키는 체계의 기억은 체계 조정 장치의 주변부에 보존될 뿐 결코 사라지는 것이 아니다"(1974a〔2008〕:197). 문화의 현 시점에서 볼 때 불필요하거나 혹은 아예 존재하지 않는 것으로 치부되는 텍스트들은 문화적 기억의 저장고에 보존될 수 있으며, 또 그렇기 때문에 언제라도 재등장할 수 있다. 로트만의 표현을 빌리면, 망각되는 텍스트들은 마치 "잠시 동안 불이 꺼지듯이 잠재성의 영역으로 자리를 옮길 뿐이다"(1985:674).

그렇다면 문화적 기억의 원리를 앞서 살펴본 메타언어적 자기기술 메커니즘에 적용해본다면 어떻게 될까? 로트만이 말하는 체계 외적 요소들, 즉 자기기술의 관점에서 불필요한 것으로 간주되어 버려지는 것들은 언젠가 재생되기 위해 체계의 주변지대에 보존되는 기억들이 된다. 그것들은 미래를 위한 비축물이자 "구조적 예비"인 것이다. 체계의 '역동성'에 관한 사유가 체계의 '여분'을 다시 생각하게 되는 대목이 바로 여기다.

"미래의 주춧돌" ― 구조적 예비로서의 주변

논문 「기호체계의 역동적 모델」에는 다음과 같은 성경 구절이 에피그라프로 등장한다. "건축가가 버린 돌을 내게 보여주시오, 그것이 주춧돌이오"(성 토마스 70). 이 구절은 논문의 전체적인 요지를 사실상 집약하고 있다고 볼 수 있는데, 여기서 "버려진 돌"은 조직화된 정태적인 기술의 관점에서 제외시켜버린 체계 외적 요소들을 뜻한다. 구조주의의 정태적 모델이 버린 그 돌은 체계의 '주변'에 "구조적 예비резерв"로서 '비축'될 뿐 아니라 다음 시기를 위한 '주춧돌'이 된다는 것이다.

핵심은 정태적 모델이 '존재하지 않는 것'으로 배제해버린 잉여의 요소들이 역동적 모델의 관점에서 보면 전혀 다른 위상을 얻게 된다는 점이다. 잉여의 요소들은 다음 단계를 위한 필수불가결한 '예비'가 된다. 그렇기 때문에,

체계 외적인 것들의 기술을 거부하고 학문적 대상의 경계 너머로 몰아내는 것은 역동성의 싹을 잘라내는 것을 의미한다. 말하자면 그것은 해당 체계를, 진화와 항상성 사이의 모든 종류의 유희를 원칙적으로 배제하는 어떤 형상으로서 제시하는 것과 다르지 않다. 이미 안정된 체계를

구축한 건축가가 자신의 관점에서 잉여적이고 불필요한 것으로 간주하여 내던진 돌은 다음 단계의 체계를 위한 주춧돌이 된다. (1974a〔2008〕: 183)

여기서 로트만은 크게 두 가지 사유에 기대 논지를 전개하는데, 티냐노프와 바흐친의 이론이 그것이다. 로트만에 따르면, "구조의 공간은 균등하게 조직화되어 있지 않다. 구조는 언제나 중핵적인 구성물과 구조적인 주변부를 포함한다"(1974a〔2008〕:197). 그런데 일정한 변형을 수반할 수밖에 없는 구조적 기술은 "반드시 주변부를 부정하게 되는 바, 즉 주변부를 비존재의 층위로 번역하는 결과를 낳게"(198)되는 것이다. 다르게 말해 조직화의 엄격성은 항상 중심에서 주변부로 갈수록 약화된다. 이는 언제나 중심부가 기술의 자연스런 대상이 된다는 점을 상기하면 놀랍지 않다. 일찍이 문학사의 전개를 '중심'과 '주변'의 역동적 교체 과정으로 간주한 형식주의자 티냐노프의 견해〔「문학의 진화에 관하여」(1927)[5]〕는 여기서 긴요한 시사점을 제공한다. 즉 "구조적 형

---

5) 문학적 진화(역동성)에 관한 생각은 티냐노프 문학 이론의 핵심을 이룬다. 그는 문학적 과정의 본질은 오직 진화 속에서만 파악될 수 있다고 보았다. 중심과 주변의 교체를 통한 문학적 진화라는 사고 자체는 1924년에 발표한 논문 「문학적 사실에 관하여О литературном факте」에서 처음 나타나는데, 거기서 문학적 진화는 문학 형식의 끊임없는 쇠퇴와 갱신의 과정으로 설명된다. 즉 자동화된 구성 원칙 대신 새로운 구성 원칙이 대두되고, 그것이 새로운 작품들에 적용되면서 광범위하게 확산되다가 결국 그 자신이 자동화되어 새로운 원칙에 자리를 내주는 식이다. 1927년에 발표된 논문 「문학의 진화에 관하여О литературной эволюции」에서 이런 진화 과정은 문학적 '일상byt' 개념과 연결되면서 더 정교해진다. 그에 따르면, 특정 시기의 지배적 규범('중심')의 관점에서 볼 때 전적으로 문학 외적인 영역('주변')에 속한 것으로 간주되는 반미학적 현상들은 진화의 다음 단계에서 맹렬한 기세로 중심으로 파고들면서 문학적 사실로 변모될 수 있으며, 이때 새로운 중심이 되고자 하는 더 '젊은' 구성 원칙은 언제나 더 새롭고 신선한 현상들을 인접한 일상적 삶에서 찾게 된다. 진화란 "체계를 이루고 있는 요소들 사이의 상호 관계 변화, 즉 그것의 기능과 형식적 요소들의 변화"이며, 이런 점

294

식이 축적되기에 주변부의 더 유연한 메커니즘이 보다 적합한 것으로 판명되고, 이렇게 주변부에 축적된 구조적 형식들은 이어지는 역사적 단계에서 체계의 중심부로 이동하게 된다"(198)는 것이다. 이렇게 해서 구조적 역동성의 메커니즘 중 하나로 중심과 주변의 항상적인 교체가 제시된다.

다른 한편, 체계의 주변 지역은 바흐친적인 의미에서 "양가성"의 지대로 나타난다. 구조적 중립지대에 축적되는 요소들은 종종 "그것을 둘러싼 구성적 맥락과의 관계에서 단의적이 아닌 양가적인 성격을 띠게 된다"(191). 이 여분의 지대에서는 요소들이 양가성을 띠기 때문에, 당연히 행위의 예측 불가능성 또한 증가한다. 체계의 역동성이 요소들의 양가성과 연동됨으로써, 다음과 같은 결론이 도출된다. "내적 양가성의 증가는 체계가 역동적인 상태로 변모하는 국면에 상응하는 바, 이 과정에서 증대된 구조적 비결정성은 다음 단계의 새로운 조직화의 영역 내에서는 이미 단일한 새 의미를 획득하게 된다. 이렇게 해서 내적인 단의미성의 증가는 항상성의 경향이 강화되는 것, 양가성의 증대는 역동적 도약의 국면을 향해 접근함을 나타내는 지표로 간주될 수 있다"(196).

에서 문학적 진화란 곧 "체계의 교체смена"이다. Ю. Н. Тынянов, "О литературной эволюции," Поэтика—история литературы—кино, М., 1997, сс. 280~81.

문화유형론— 중심과 주변의 교체

체계의 중심과 주변이 자리를 바꾸는 이와 같은 역동적 메커니즘을 무엇보다 잘 보여주는 예는 (앞선 제3장에서 살펴본 바 있는) "문화유형론"이다. 로트만의 문화유형론은 문화가 제시하는 메타-모델(자화상)을 러시아 문화사의 실제 텍스트에 적용하는 '문화사 기술'의 시도로서 실현된 바 있다. 그것은 특정한 문화가 자기 자신을 이해하는 방식, 즉 자기 자신을 '기술'하는 방식에 주의를 기울이면서, 그것이 통시적으로 변화해나가는 양상을 고찰하는 양상을 띤다. 거기서 한 시대의 문화체계는 생생하고 구체적인 역사-문화적 현실(텍스트)을 통해 자신의 본질을 드러내며, 그 실제 텍스트들은 자신이 속한 해당 문화체계의 관점을 통해 조명됨으로써, 비로소 전적으로 '의미 있는 것'이 된다.[6]

문화가 특정 유형의 텍스트들만을 의미생산적인 것으로서 '선택'하는 메커니즘은 기호체계로서의 문화를 특징짓는 '조직화'의 원리에 기반한다. 문화는 반드시 '조직화된' 것으로서 나타나야만 하며, 이 점에서 '조직화되지 않은' 영역인 '비문화'와 대립된다. 이때 조직화된 기호체계인 문화는 조직화의 증대 과정을 통해 자신이 지닌 요소들 중 어떤

---

6) 여기서 역사-문화적 텍스트는 글로 씌어진 '서술 텍스트'에 한정되지 않는다. 그것은 해당 문화체계 속에 나타나는 모든 비언어적 텍스트(의복, 일상적 행위 유형, 이데올로기 등)를 포함한다. 「18세기 러시아 문화에 있어 일상행위의 시학」 「일상생활 속의 12월 당원—역시 심리적 범주로서의 일상적 행위」 「19세기 초반 문화 행위를 위한 약호 메커니즘으로서의 무대와 회화」 등의 논문은 이런 분석의 대표적인 예이다. 이 논문들은 『러시아 기호학의 이해』(이인영 엮음, 민음사, 1993)에 우리말로 번역되어 있다.

것은 '중요한 것'으로 강조하는 반면에 다른 것은 '중요하지 않은 것'으로 배제한다. 뿐만 아니라 조직화된 커뮤니케이션 체계인 문화는 '정보의 저장과 소통' 기능을 수행하기 위해 반드시 특정 형식으로 '코드화'되어 있어야만 한다. 조직화되지 않은, 즉 정보를 소통시키기 위한 특정 코드를 지니지 않은 체계는 이미 문화가 아니다. 복수 코드의 복잡한 체계를 지녔음에도 불구하고, 문화는 필연적으로 단일한 '중심(지배) 코드'에 의해 지배받게 마련이다.

그렇다면 결국 로트만의 문화유형론이란 문화 자체의 '조직화 원리'에 의거하여 해당 문화체계의 '지배적 코드'에 따라 그것의 '메타언어'를 기술하는 것이라고 요약할 수 있다. 개별 문화를 특징짓는 지배 코드와 그에 따른 메타언어를 기술함으로써 결과적으로 우리는 '문화사의 역동적 전개'를 확인할 수 있다. 문화사의 전개가 지배적 코드와 메타언어의 '지속적인 교체'로서 나타나는 것이다. 한 시기에 대두되었던 지배적 코드와 메타언어는 다음 시기에 또 다른 코드와 메타언어로 교체된다.

그런데 여기서 흥미로운 사실은, 새롭게 대두되는 다음 시기의 코드와 메타언어가 전 시기의 관점에서 볼 때는 조직화되지 못한, 그러니까 중요하지 않다고 여겨져 배제되었던 '주변적' 영역으로부터 도출된다는 점이다. 다음 시기의 문화는 이전에 없었던 새로운 문화가 아니라 전 시기의 관점에서 볼 때 배제되었던 '비문화'이다. 이렇게 되면 문화사의 역동적 전개 과정이란 '문화와 비문화 간의 지속적인 교체와 반복'과 다름없다. 즉 그것은 문화의 특정 단계에서 기호성(텍스트성)을 인정받았던 영역들(문화)이 비기호화(비문화화)되고 과거에 비기호(비텍스트)로 간주되었던 영역(비문화)이 기호화(문화화)되는 과정에 해당하는 것이다. 문화와 비문화라는 공시태의 이원적 대립 쌍을 통시적 차원에 투사함으로써, 교체와 반복이라는 새로운 이원적 대립 쌍이 도출되었다. 두말할 나위 없이 이런 접근 방식은 '지배소의 교체를 통한 문학체계의 교체'라는 티냐노프의 방법론을 "문화체계 전반으로 확장한 것"[7]에 해당한다.

한편, 러시아 문화사의 전개 과정을 '메타모델의 교체'로 설명하는 로트만의 분석은 이른바 '기억체계'로서의 문화, 즉 앞서 설명한 기억과 망각의 패러다임을 적절히 예증해준다. 문화의 현 시점에서 볼 때 불필요하거나 혹은 아예 존재하지 않는 것으로 치부되는 텍스트들이 문화적 기억의 저장고에 보존된다는 생각, 그래서 언제라도 재등장할 수 있다는 생각은 러시아 문화사를 다룬 논문들에서 무엇보다 잘 드러난다. 가령 로트만은 18세기 러시아의 근대 문화, '갑자기' 생겨난 이 '새로운' 세계[8]를 그려내면서, 외견상의 급격한 '단절' 내부를 관통하고 있는 '반복'과 '연속성'에 주목한다. 세속화된 서구 유럽의 모델을 따라 스스로를 구축하면서 의식적으로 이전의 전통으로부터 단절되려고 했

---

7) Iury M. Lotman, Lidiya Ya Ginsburg & Boris A. Uspensky, *The Semiotics of Russian Cultural History*, Cornell University Press, 1985, p. 21.

8) 18세기 초반에 러시아의 황제 표트르 1세가 추진했던 급진적인 서구화 개혁을 말하는 것이다. 표트르 개혁의 문화적 측면은 모스크바적인 '중세'를 거부하고 유럽식의 '근대'를 도입하는 것, '유럽으로 열린 창'인 상트페테르부르크를 통해 문화적 정체성의 코드를 철저하게 개편함으로써, 과거 러시아의 '무지'하고 '후진적'인 관습을 버리고 진보적이고 계몽된 근대 서구세계에 동참하려는 것이었다. 요컨대 18세기 러시아는 이전 시대의 모든 것에 대한 전면적인 '거부'와 '부정'을 그 특징으로 하는바, '갑자기'와 '새로운'이라는 두 단어는 18세기 러시아 문화를 수식하는 대표적인 술어이다. 시인 칸테미르의 유명한 구절, "표트르의 영민한 교시를 소중히 하니, 그로써 우리가 갑자기 이미 새로운 민족이 되었기 때문이다"는 이를 잘 요약해준다.

던 18세기 러시아의 '새로운' 문화는 (단호한 단절 및 혁신을 향한 '주관적' 지향에도 불구하고) 사실은 이전 시기 전통에 깊숙이 뿌리박고 있음이 드러난다. 러시아 문화의 유형학적 특수성을 다룬 유명한 논문 「러시아 문화에서 이원적 모델의 역할」에서 로트만은 흔히 과격한 '단절'로 표상되는 러시아 문화사가 사실은 옛 문화의 '뒤집힌' 구조 모델을 따라 구성되었음을 증명해 보인다. 거기서 '유럽화'에 의해 야기된 전위는 러시아 문화의 태곳적 특성을 말살하기는커녕 오히려 '강화'시킨 것으로 설명된다(1977c:106~16). 자신을 완전히 '새로운' 어떤 것으로 표상하는 문화는 바로 그런 지향을 통해 과거의 전통을 '뒤집힌' 방식으로 '연장'하고 있다는 것이다. 이는 역사적 과정에 참여하는 주체의 '주관적' 의지와 그것이 문화의 전체 맥락에서 '객관적'을 획득하게 되는 의미 사이에 가로놓인 의미심장한 거리를 설득력 있게 논증한다.[9]

---

9) 여기서 알 수 있는 것은 로트만의 이론적 입장이 러시아 문화사의 '이원성'과 '단절성' 자체를 재확인하는 데 있지 않다는 점이다. 그의 관심은 그런 기본 구조하에서 작동하고 있는 문화의 실제 메커니즘, 그러니까 그의 표현을 빌리자면, "역사적 과정에 참여하는 사람들의 의식 속에서 이루어지는 이 개념들의 '주관적' 체험과 이 개념들이 문화의 전체 맥락 속에서 '객관적'으로 획득하는 의미 사이의 '차이,' 그리고 그들 간의 상호 전이의 복잡한 역학과 상대성을 밝히는 것"에 있다. 가령 러시아 중세 문화의 경우를 보면, 기독교 수용 이후 러시아의 중세 문화는 과거의 이교 문화를 '반-문화'의 형태로 재생시킴으로써 옛것의 '발생기' 역할을 수행했다. 표트르 개혁의 신문화 역시 마찬가지로, 유럽 지향의 계몽 문화를 '러시아의 두번째 세례'로 모델화함으로써 자신이 거부하고자 했던 바로 그 전통을 재생시키는 결과를 낳는다. '새로운 것'을 향한 주관적 지향과 그것이 야기한 객관적 결과는 이렇듯 상이하다. 이런 세밀한 '차이'의 복잡성을 고려하지 않는다면, 예컨대 로트만의 다음과 같은 언급들은 결코 완전히 이해될 수 없다. "보다 자세한 관찰은 표트르 이후의 새로운 문화가 일반이 생각하는 것보다도 훨씬 '전통적인' 문화였다는 사실을 확인시켜준다(비록 이 새로운 문화가 자신을 '서구적'인 것으로 주관적으로 체험하였음에도 불구하고 객관적인 사실은 달랐다"(1977c:107).

중심-주변 모델의 한계—반복을 넘어서

이렇듯 러시아 문화사의 실제 텍스트들에 적용된 역동적인 중심-주변 교체 모델은 지대한 설명력과 예리한 통찰을 보여주었다. 그것은 배제된 '체계 외적 요소'의 가치를 확실하게 부각시킨다는 점에서 사유의 중대한 진전으로 간주될 만하다. 하지만 문화사 전개 과정의 분석을 위한 방법론적 틀로서 그것이 지니는 명백한 가치와 의의에도 불구하고, 중심-주변의 교체 모델은 이론적 차원에서 일정한 한계를 지닌다. 치명적인 문제는 여기서 체계 외적 요소의 가치가 엄밀한 의미에서 '예비적' 위상에 머물고 있다는 점이다. 즉 '버려진 돌'은 물론 '주춧돌'이지만 다만 '다음 단계'를 위한 그것일 뿐이다.

이론적 차원에서 무엇보다 문제적인 것은 이와 같은 '중심-주변' 모델에 내재하는 '반복'의 위험성일 것이다. 이 모델하에서 중심을 대체할 주변의 잠재적 역량이 부각되는 것은 사실이지만, 다른 각도에서 볼 때 그것은 단순한 '반복,' 다시 말해 헤게모니의 변경을 통한 '위계'의 전복에 불과한 것으로도 간주될 수 있다. 이를테면 그 교체의 과정이 '탈영토화'의 잠재적 역량을 체계 내부로 다시 흡수해버리는 '재영토화'의 메커니즘이라면 어쩌겠는가.

분명한 사실은 중심과 주변의 교체가 단순한 자리바꿈에 머물러서는 안 된다는 점이다. 그런 교체의 과정은 반드시 기존 체계의 내적 관점으로는 '예측할 수 없는' (그래서 '불가능한 것'으로 간주되는) 전혀 '새로운' 어떤 것을 만들어낼 수 있어야만 한다. 중심-주변 모델이 이른바 '비가역적 창조'의 과정을 설명하기에 충분하지 못하다는 이런 깨달음을 훗날 로트만은 다음과 같이 표현한다.

> 이 모델[중심-주변 모델]의 명백한 생산성에도 불구하고 그것을 실제 역사-문학적 진화 과정과 비교해보면 일련의 물음이 제기된다. 어째서 체계의 중심과 주변은 단지 자리를 바꾸는 게 아니라 이런 교환의 과정 속에서 일련의 완전히 새로운 예술적 형식을 창조하는가? 이는 보다 일반적인 물음과 관련된다. 문화적 사실들의 진화는 자신 속에서 반복적인[즉 가역적인(앞으로 되돌릴 수 있는)] 과정들을 비가역적 과정들, 즉 시간적 성격을 띠는 역사적 과정들을 복잡하게 결합한다. 피상적 연구에서 '중심-주변' 모델은 순환적 과정들을 설명할 뿐 비가역적인 것들의 현존에는 대립하고 있다. (1992a:472)

여기서 말하는 "순환적 과정들"이란 반복적이고 가역적인 것들, 그래서 손쉽게 위상학적 공간 개념으로 변형 가능한 것들을 가리킨다. 반면 명백하게 "시간적" 성격을 띠는 "비가역적 과정들"은 중심-주변의 교체 모델로 설명할 수 없는 '창발적' 계기를 필히 전제한다. 반복의 알고리듬으로 환원될 수 없는 창조적 변형과 생성의 과정을 설명해내기 위해서는 이와는 다른 새로운 모델이 필요하다. 요컨대 반복이 아닌 근본적 '차이'를 개념화할 수 있는 새로운 관점이 요청되는 것이다.

이렇게 해서 이른바 '새로운 의미의 창조' 문제, 초창기부터 존재해왔던 이 과제는 이제 로트만의 가장 중요한 핵심 과제로 등장하게 된다. 이를 해결하는 로트만의 방식은 크게 두 가지 양상으로 나타난다. 첫째, 지금껏 다양한 각도에서 고찰해온 '복수언어주의'를 '창조성'을 위한 본질적 계기로서 정식화할 것, 둘째, 그 둘 모두와 뗄 수 없이 연관된 기호체계의 새 패러다임을 전면적으로 도입할 것. 이른바 '인격'의 패러다임, 더 정확하게는 '사유하는 인격'이라는 새로운 이론적 프레임이 전면화되는 대목이 바로 여기다. 근본적 '차이'를 만들어내는 비가역적 '창조' 과정을 정당화하기 위해서 기호체계는 '스스로 사유하는 것'이 되어야만 하는바, '인격'의 자질은 이를 위한 가장 효과적인 대안으로 등장하게 된다.

제9장

지능과 인격

지성의 존재론— 창조란 무엇인가?

인간이 주변 세계를 인식하고 그것을 모델화하기 위해 두 가지 상이한 방식을 사용한다는 것은 이제 명백해졌다. 이들은 본질적으로 상이한 방식으로 구축되었을 뿐만 아니라 서로 다른 방식으로 작동하며 서로 다른 모델을 산출한다. 그럼에도 불구하고 이들의 공존과 상호 작용은 '선택적' 사항이 아니라 인류 문화의 전 시기와 영역에 걸친 '보편적·항구적' 현상이다. 로트만은 이러한 양극적 조직화의 양상을 인간의 지적 활동의 모든 차원에서 재확인한다.

유아의 의식 ········ 어른의 의식
신화적 의식 ········ 역사적 의식
도상적 사유 ········ 문자적 사유

행위 ·················· 서사

시 ················· 산문

이러한 대립 쌍은 얼마든지 더 열거될 수 있을 것이다. 핵심은 이 모든 대립 항에서 '분절적-선형적인 조직화의 단초'(좌항)와 '동질동상적-연속적인 조직화의 단초'(우항) 사이의 대립이 일종의 불변체적 구조로서 목도된다는 점이다(1978〔2008〕:236). '말'과 '그림' 혹은 '조건적 기호'와 '도상적 기호' 간의 대립과 상호 작용이라는 전통적 문제는 이와 같은 조망하에서 문화적 이중언어 현상의 가장 기초적인 표현이 된다.

그런데 연구의 초기 단계부터 이미 존재했던 이런 문제의식을 기호 체계의 '복수언어주의'에 대한 확신으로 이끄는 것은 상이한 두 체계의 공존을 바라보는 로트만의 관점이다. 그에 따르면, 상호 완벽한 번역이 불가능한 두 언어의 공존이라는 존재 양태는 그 자체로 인간, 텍스트, 그리고 문화를 아우르는 '창조적 과정'의 본질을 이룬다. 이 대목에서 '창조적 과정의 본질'에 관한 질문, 다시 말해 '새로운 의미는 어떻게 생성되는가'라는 질문은 이른바 '지성intellect'의 존재론과 만나게 된다.

'지성(/능)'을 기호학적 맥락에서 정의하려는 로트만의 시도가 지니는 특징은 무엇인가? 그것은 소위 '지능적인 것'의 자질을 인간에게만 고유한 것이 아니라 비슷한 방식으로 조직된 기호학적 대상 일반으로 확대하려는 경향이다. 즉, 로트만의 사유에선 인간, 텍스트 그리고 문화가 "사유하는 조직체"라는 공통의 불변체로 함께 묶인다. 세 그룹의 지능적 대상, 즉 인간의 개별 의식과 지능적 대상으로서의 텍스트, 그리고 집단적 지성으로서의 문화 사이에는 기능적·구조적 유비가 확인된다. 내적 비단종성, 곧 혼종성의 자질이 바로 그것이다.

잘 알려져 있듯이, 이 대목에서 인간 대뇌의 양반구적 구조에 관한 '신경심리학' 연구의 성과들은 뜻밖의 대응을 발견한다. 즉 좌뇌와 우뇌의 기능적 비대칭성이 사유하는 구조의 내적 비단종성을 증명하는 강력한 실례로서 간주되는 것이다. 그러나 이 대응이 시사하는 바는 '사유하는 조직체'를 위한 최소한의 구조란 상이한 방식으로 조직된 두 하부 구조의 합이라는 사실에 그치지 않는다. 사유하는 조직체 일반에서 우리가 보게 되는 것은 (마치 하나의 의식 안에 두 개의 의식이 존재하는 듯한) 내적 혼종성만이 아니다. 거기서 확인되는 것은 모두를 아우르는 공통의 조직화 원리, 즉 두 하부 구조 중 한쪽 축에서는 '분절적-선형적 원칙'(좌뇌의 원리)이, 다른 쪽 축에서는 '연속적-동형적 원칙'(우뇌의 원리)이 지배하는 모습인 것이다.[1]

물론 로트만의 관심은 대뇌의 양반구적 구조 자체에 있지 않다. 핵

---

1) 인간 대뇌의 양반구적 구조 및 기능적 비대칭성에 관한 대표적인 연구로는 다음과 같은 것들이 있다. Р. Якобсон, "Мозг и язык: Полушария головного мозга и языковая структура в свете взаимодействия," Избранные работы, М., 1985; Вяч. Вс. Иванов, "Чет и нечет: Асимметрия мозга и динамика знаковых систем," Избранные труды по семиотике и истории культуры, Т.1, М., 1999, сс. 381~592 (원본 1978년); Т. В. Черниговская, Л. Я. Балонов, В. Л. Деглин, "Билигвизм и фунциональная асимметрия мозга," Труды по знаковым системам, Вып. 16, 1983, сс. 62~83; Т. В. Черниговская, В. Л. Деглин, "Проблема внутреннего диалогизма: нейрофизиологическое исследование языковой компетенции," Труды по знаковым системам, Вып. 17, 1984, сс. 33~44; Т. В. Черниговская, В. Л. Деглин, "Метафорическое и силлогистическое мышление как проявление функциональной асимметрии мозга," Труды по знаковым системам, Вып. 19, 1986, сс. 68~84.

심은 그것이 '사유하는 구조'의 불변체를 이룬다는 점, 나아가 '창조성'의 본질과 맞닿아 있다는 점이다. 지능적 활동의 본질은 무엇인가? 지능적 행위의 본질이 '새로운 의미'의 창조 문제와 직결된다면, 그것을 위한 기본 모델은 어떻게 정의될 수 있는가?

의미 창조의 모델—야콥슨을 넘어서

오직 창조적인 의식만이 완전히 새로운 사유를 생산해낼 수 있다는 점은 명백하다. 그렇다면 당연히 가장 먼저 제기되는 문제는 의미에 관한 '기존 모델의 정당성' 여부이다. 소쉬르의 구조주의적 기술 모델의 경우가 그랬던 것처럼, 이 대목에서도 로트만은 선행하는 모델과 대결해야만 했다. 의미 전달에 관한 고전적 모델, 야콥슨의 커뮤니케이션 모델이 그것이다.

맥락

메시지

발신자 ······························ 수신자[2]

접촉

코드

---

2) R. Jakobson, "Linguistics and Poetics," *Style in Language*, edited by T. A. Sebeok, Mass, 1964, p. 353.

야콥슨의 앞 모델에 따르면, 커뮤니케이션 관계란 일정한 '체계' 내에서 특정한 정보를 '전달'하는 형식으로 실현된다. 이때 전달의 목적은 메시지를 발신자에게서 수신자에게로 '이동'시키는 것이다. 당연히 이 경우 가장 이상적인 상황은 전달 과정 중에 의미의 손실이나 변동이 전혀 발생하지 않고, 발송된 텍스트와 수신된 텍스트가 완전히 '일치'할 때이다. 전달의 과정 중에 발생하는 모든 변화는 '왜곡,' 즉 기술적 결함이나 채널 상의 '잡음'으로 간주된다. 코드화encoding와 코드 해독decoding의 과정은 서로 대칭적인바, 모든 변화는 표현의 영역에서만 발생하는 것이다.

이런 상황은 두 가지 전제를 수반한다. 첫째, 여기서 텍스트는 투입된 정보를 담아내는 '수동적인 담지체'에 그친다. 그것은 손실이나 변형 없이 애초의 의미를 투명하게 전달하기 위한 일종의 기술적 '포장지'에 해당하는 것이다. 둘째, 이와 같은 소통은 원칙상 '가역적' 성격을 띤다. 합법적이지 못한 변형(실수나 오기 등)은 커뮤니케이션 상의 기생충, 즉 '제거'되어야 할 비구조적인 것이기에, 커뮤니케이션을 역방향으로 되돌렸을 때 본래의 텍스트를 다시 얻을 수 있다.

로트만이 보기에, 이와 같은 커뮤니케이션 모델의 치명적인 한계는 "새로운 정보를 발생시킬 수 있는 가능성"을 설명해주지 못한다는 점이다. 그것은 새로운 정보의 발생을 설명해주기는커녕 "오히려 그런 가능성에 정면으로 대치되고 있다."

단일한 커뮤니케이션 사슬 내부에서 전언들의 순환을 분석하고자 하는 모든 학문적 시도는 정보의 전달과 축적, 보관의 형식에 관한 우리의 생각을 보완해주지만, 새로운 전언의 발생, 즉 지능적 행위의 핵심에 관한

우리의 지식에는 아무런 새로운 것도 더해주지 못한다. (1977a〔2008〕:
211)

새로운 전언을 얻기 위해서는 다른 모델이 필요하다. 창조적인 의식을 재구성하는 과제는 원칙상 다른 유형의 새 모델을 요구한다. 새로운 전언, 새로운 의미는 어떤 상황에서, 어떤 방식으로 가능한가? 이 질문에 답하기에 앞서, '새로운 의미의 창조'가 뜻하는 바를 먼저 해명할 필요가 있다. 기호학적 소통의 관점에서 볼 때 '새로운 것'이란 '새로운 텍스트'를 뜻한다. 새로운 텍스트란 "최초의 전언과 일치하지 않으며, 그로부터 자동적으로 추출할 수 없는 메시지"를 말한다. 즉 새로운 텍스트가 의미하는 것은 텍스트를 변형시키는 특정 알고리듬을 통해 사전에 미리 예측하는 것이 불가능한, 다시 말해 범상치 않은 의미 전이를 거친 결과로 얻어진 텍스트라는 것이다. 당연히 그와 같은 변형의 결과 얻어진 텍스트는 '예측 불가능한' 것이 된다. 그러니까 역방향으로 되돌렸을 때 본래의 텍스트를 얻을 가능성이 원칙적으로 부정되는 것이다.

그런데 문제의 복잡성은 '새롭다'는 이 개념이 '올바름'이라는 개념과 충돌해 모순을 일으킨다는 사실에 있다. 앞선 정의에 따르면, 최초의 텍스트에 대한 모든 '올바른' 변형, 그러니까 "사전에 주어진 일정한 법칙에 따라 구현된 변형"은 원칙상 새로운 메시지를 만들어낼 수 없다. 규칙을 따르는 올바른 변형은 예측 가능한 합법적 변형일 뿐 새로운 창조가 아닌 것이다(올바른 변형은 결코 새롭지 않다!). 그렇다면 결국 모든 종류의 새로운 창조는 "올바르지 못한" 변형, 곧 합법적이지 못한(변칙적인) 변형의 결과여야만 한다는 얘기가 된다. 새로움과 올

308

바름 사이의 이 모순을 어떻게 해결할 것인가? 오직 "새로운 규칙의 창조"를 통해서만 해결될 수 있다.

말하자면 그것은 새로운 텍스트를 완전히 합법적인 것으로 보이게끔 하는 새로운 규칙이다. 결국 이렇게 창조되는 텍스트는 주어진 언어의 경계 내에서는 올바르지 못한 것으로 나타나지만, 어떤 새로운 언어의 틀 내에서는 올바르고 유용한 것으로 나타나는 어떤 것으로 해석될 수 있다. (1977a〔2008〕:209)

바꿔 말하자면 새로운 텍스트는 정보를 전달하는 과정에서 주어진 규칙을 그대로 '따르는' 것이 아니라 그 스스로 새로운 규칙을 '만들어' 낸다고 할 수 있다. 요컨대 그것은 '규칙 수행적' 과정이 아니라 '규칙 창조적' 과정인 것이다(이 대목에서 떠올릴 수 있는 것은 논리의 경계 내부에서는 아무런 새로운 것도 생겨날 수 없다고 한 비트겐슈타인의 명제이다). "새로운 텍스트란 '법칙에 맞지 않는 것,' 이미 존재하는 규칙의 관점에서 볼 때는 '올바르지 못한 것'이 된다"(1977a〔2008〕:229). 그러면 이와 같은 '비합법적인' 변형의 과정은 어떤 조건에서 발생하는가?

로트만에 따르면, 새로운 텍스트를 위한 최소한 조건은 "서로 다른 두 언어의 현전이다"(1977a〔2008〕:255). 이때 두 언어는 번역이 가능할 정도로 가까워야 하지만, 동시에 이 번역이 사소한 것이 되지 않을 정도로 충분히 멀어야만 한다. 즉, 새로운 텍스트를 구성할 수 있는 가능성은 이 두 언어 간의 '번역 불가능성'에 의해서 결정되는 것이다.

만일 원래 텍스트의 코드와 번역된 코드 사이에 일의적인 대응이 존재하지 않고 단지 조건적인 상응(이것이 없이는 애초에 번역 자체가 불가능하다)만이 존재할 뿐이라면, 이런 변형의 결과 발생하는 텍스트는 일정한 관계 속에서는 예측 가능하지만 (다른 관계에서는) 예측 불가능한 것이 될 수 있다. 〔……〕이는 역방향으로 재번역할 때 본래의 텍스트를 다시 얻을 수 있는 가능성을 제거하는바, 곧 새로운 텍스트의 발생 메커니즘을 이룬다. (255)

쉽게 짐작할 수 있듯이 여기서 로트만은 기호체계의 '혼종성'의 조건을 '창조성'을 위한 본질적 계기로서 정당화하고 있다. 새로운 텍스트, 비가역적 변형의 산물로서의 텍스트는 "기호학적 이종성을 지니며, 그 결과로 새로운 전언을 생성할 수 있는 능력 또한 갖게 된다"(256).

상이한 방식으로 구축된 두 체계(언어) 사이의 완전한 번역은 불가능하다. 기호학적 이종성의 상황에서 요소들 간의 단의적 대응은 존재할 수 없으며, 따라서 정확한 번역 또한 불가능하다. "예술적 번역"이라고 불리는 특수한 유형의 상황은 바로 이런 조건에서 발생한다. 번역 불가능성의 상황에서 (그럼에도 불구하고) 번역이 요구될 때, 임의적이거나 혹은 은유적인 성격을 지니는 대응이 구축된다. 그런데 이런 대응은 언제나 '선택'을 전제하게 된다. 즉 난관을 동반함으로써 발견이나 통찰의 성격을 띠게 되는 것이다. 로트만의 정의에 따르면, 바로 그와 같은 "번역 불가능한 것의 번역"이 새로운 사유의 발생 메커니즘을 이룬다.

정리해보자. 창조적 사유의 본성은 결코 완벽하게 번역될 수 없는 것들 사이에서, 그럼에도 불구하고 이루어지는 대응의 구축에 있다.

단지 중심과 주변이 교체되면서 의미가 갱신되는 것이 아니다. 새로운 의미가 생성되기 위해서는 그 어떤 '도약'의 과정이 불가피하다. 임의적 대응을 통한 불충분한 번역, 로트만의 표현대로라면 '비합법적인' 번역은 이미 본래대로 돌이킬 수 없는 '다른' 결과를 낳는다. 그리고 이런 비합법성을 낳기 위한 최소한의 구조가 바로 내적 비단종성 혹은 이중(/복수)언어 구조인 것이다. 모든 지적 구조의 필수적인 조건은 다름 아닌 기호학적 이종성이다.

상술한 사항으로부터 알 수 있는 것은, 그 어떤 사유하는 조직체도 단일구조적이고 단일언어적일 수 없다는 점이다. 그것은 반드시 상호 번역이 불가능한 다언어적인 기호학적 조직체들을 포함해야만 한다. 모든 지적 구조의 필수적인 조건은 내적인 기호학적 이종성이다. (1978〔2008〕: 232)

입체경적 성격―타자의 관점의 불가피성

로트만은 '사유하는 조직체'를 위한 불변적 구조인 '내적 비단종성'을 창조성의 계기로 정당화하고자 시도하는데 여기서 주목을 끄는 또 하나의 측면이 있다. 문화의 "입체경적인 성격"이 그것이다. 주지하다시피 문화의 복수언어주의는 그 어떤 문화도 단 하나의 언어에 만족할 수는 없다는 것, 최소한의 체계를 구성하는 것은 나란히 존재하는 두 개의 언어라는 전제에 기반한다. 물론 이는 사유하는 구조를 위한 최소한의 전제이지만 동시에 지능적 체계의 효율적인 기능을 위한 최적의 조건이 되기도 한다. 무슨 말인가?

로트만에 따르면, 지능적 체계가 가장 근본적인 어려움을 겪는 것은 정보가 불충분하게 주어진 상황에서 활동해야만 할 때이다. 불충분한 정보하에서 효율적으로 행동하려는 노력은 "다양성"을 통해 그 불완전함을 보상하려는 지향으로 귀착된다. "효율적인 활동을 위해 꼭 필요한 정보 중 단지 적은 양의 정보만을 지녔을 경우, 체계의 절대적인 관심은 이 정보가 질적으로 다양한지, 그리고 정보의 입체경적인 성격을 통해 그것의 불충분함을 보완할 수 있을지의 여부에 놓이게"(1977a [2008]:216) 된다.

정보의 불충분함을 보완해주는 "입체경적인 성격"이란 구체적으로 무엇을 뜻하는가? 그것은 '동일한 대상에 대한 상이한 관점'을 가리킨다. "동일한 현실에 대해서 완전히 상이한 형상을 얻을 수 있는 가능성, 그것을 완전히 다른 언어로 번역할 수 있는 가능성"(249)이 바로 정보의 입체경적인 성격이다. 아마도 '시차視差'[3]라는 말로 가장 잘 표

---

3) "시차"라는 것은 가장 간단히 말해 오른쪽 눈으로 볼 때와 왼쪽 눈으로 볼 때, 두 경우 간에 생기는 이미지의 차이를 말한다. 일본의 비평가 가라타니 고진은 『트랜스크리틱―칸트와 마르크스』에서 칸트의 이율배반적 사물 고찰의 예를 따라, 테제도 아니고 안티테제도 아닌 그 둘 사이의 '간극'을 보는 방식으로서 이 개념을 제안한 바 있다. 한편, 슬라보예 지젝은 『시차적 관점』(김서영 옮김, 마티, 2009)에서 고진의 이런 관점을 차용해 시차적 간극의 개념을 더욱 광범위하게 개진한다. 그에 따르면 시차적 간극이란 "어떠한 중립적 공동 기반도 가능하지 않지만 그럼에도 밀접하게 연결되어 있는 두 관점"을 뜻한다. 다시 말해 그것은 "두 층위 사이에 어떠한 공통 언어나 공유된 기반도 존재하지 않기 때문에 결코 고차원적인 종합을 향해 변증법적으로 매개/지양될 수 없는 근본적인 이율배반"(14쪽)을 가리키는 것으로, 지젝은 이를 정치경제학부터 자연과학에 이르는 광범위한 영역에서 재확인한다. 흥미로운 것은 지젝 또한 이 개념을 논하면서, 인간 의식의 엄밀한 "관계적 성격"과 "예측할 수 없는 상호 주체적 상호 작용"의 특징을 인간 지능에 관한 현대 뇌과학 및 인지과학의 성과들 속에서 논증하고 있다는 점이다(419~28쪽).

현될 만한 이 측면을 로트만은 (진화적 관점에서 본) "감각기관의 이중성"과 연결시킨다. 즉 "이중적 감각기관은 외적 자극을 동일한 유형으로 변형하지만, 동시에 공간적으로 상이한 방식으로 배치되면서, 서로 다른 관점에 따라 세계를 '관찰한다.' 바로 이 점이 그들이 만들어낸 세계상에 입체경적인 성격을 부여해주는 것이다"(1981a〔2008〕:262).[4]

무엇보다 흥미로운 것은 이런 입체경적 세계상의 가능성이 곧 타자(정확하게는 타자적 관점)의 불가피성을 결정한다는 사실이다. 로트만에 따르면, "커뮤니케이션에 있어서 파트너의 가치는 그가 '타자'라는 점에 있다"(1978〔2008〕:249). 커뮤니케이션이 서로에게 이득이 되려면 참여자들이 '서로 다른 언어'로 말해야만 한다. "하나의 개인성에게 또 다른 개인성을 필수불가결한 것으로 만드는 문화의 전체 메커니즘은 그들 각각의 고유함을 증대시키는 방향으로 작동하며, 이는 결국 자연스럽게 교제의 어려움을 수반하게 된다"(1978〔2008〕:250).

타자의 필요성과 효용성을 관점의 '차이'에서 찾는 로트만의 이런 생각(타자의 눈은 내 것과 다르다!)에서 자연스럽게 떠올리게 되는 것은, 당연히 바흐친의 '타자론'이다. 가령 바흐친의 초기 저술에서 커다란 의미를 갖는 "외재성вненаходимость"의 개념을 떠올려보라. 외재성의 개

---

4) 여기서 로트만이 말하는 근원적인 복수 시점이 곧 세계에 대한 '환원 불가능한 차이'를 뜻하는 것이라는 점을 강조할 필요가 있다. 그것은 가령 구조주의적 언어학에서 말하는 변별적 차이 개념보다 훨씬 더 근본적인 어떤 '잠재적' 차이를 가리키는 것이다(주지하다시피 들뢰즈는 이런 잠재적 차이를 '강도적' 차이라는 말로 개념화한 바 있다). 이런 점에서 훗날 로트만이 이런 근원적 차이를 라이프니츠의 '단자monad' 개념을 통해 정의하고자 시도한 것은 자연스럽다. 모나드는 개별화된 '주체'가 아니라 그런 주체를 이루는 '조건'에 해당한다. 주체-객체의 범주화, 즉 개별화의 순간이란 "개별 단자가 자기기술의 단계로까지 상승하여 스스로를 고립된 유일한 지능적 본질로 모델링할 수 있게 되는 국면에서만 발생할 수 있다." 로트만의 모나드론에 관해서는 이 책의 제12장을 참조하라.

넘은 타자가 나의 외부에 자리한다는 것, 그렇기 때문에 내가 갖고 있지 못한 "시선의 잉여"를 갖고 있다는 통찰에 기초한다. 바흐친에 따르면, 타자의 입장에 최대한 접근하는 것, 그와 융합해 '그의 관점에서 세계를 바라보는 것'은 결코 생산적이지 못하다. 오히려 타자는 나와 다른 것을 보기 위해 계속 나의 바깥에 머물러야만 한다.

만일 타자가 나와 뒤섞여버린다면 나는 과연 무엇을 얻어낼 수 있겠는가? 그는 내가 이미 보고 안 것만을 보고 알 것이며, 나 자신의 삶의 불가피한 폐쇄적 원환을 단지 그의 내부에서 반복하게 될 것이다. 차라리 그를 나의 외부에 그대로 내버려두자.[5]

나와 '다른 것'을 보는 타자의 현존, 나와 그의 관점의 '차이'가 문화의 입체경적인 성격을 보장한다. 그러나 로트만의 맥락에서 볼 때 더욱 흥미로운 것은 "문화의 전체 메커니즘은 각각의 〔개인성의〕 고유함을 증대시키는 방향으로 작동하며, 이는 결국 자연스럽게 교제의 어려움을 수반하게 된다"는 앞선 언급이다. 커뮤니케이션의 참여자들이

---

5) М. М. Бахтин, Эстетика словестного творчество, М., 1986, с. 84; 번역본: 미하일 바흐친, 『말의 미학』, 김희숙 · 박종소 옮김, 길, 2006, 134쪽. 하지만 로트만과 바흐친의 이런 근접 현상은 매우 섬세한 접근을 요하는 주제이다. 이 단계에서 로트만이 '타자의 존재는 다름 아닌 나 자신을 위해 필수적이다'라는 바흐친의 사유를 나름의 방식으로 내면화하고 있는 것은 분명하지만, 그것은 결코 두 사상가 사이에 가로놓인 본질적인 인식론적-방법론적 거리(차이)를 넘어서는 것은 아니다. 인문-문화론자 바흐친과 의미 작용을 탐구할 것을 목표로 하는 문화기호학자 로트만 사이의 '거리'는 결코 무시될 수 있는 성질의 것이 아니다. 이 점은 '로트만 기호학에 미친 바흐친의 영향'이라는 문제 설정에서도 간과될 수 없다. 로트만에게 미친 바흐친의 영향, 나아가 두 사상가의 근본적인 차별성의 문제는 이어지는 제5부에서 본격적으로 논의될 것이다.

'서로 다른 언어로 말하는' 상황이란 곧 전적으로 단순한 체계의 3항을 도출할 가능성이 소멸되는 상황이다. 구체적으로 그것은 소통의 참여자들 사이에 상호 이해의 호응성이 상실됨을 뜻한다. 문제는 이런 상황이 소위 '발달된' 체계의 특징이라는 점이다. 논리적으로 볼 때, 커뮤니케이션 상의 난관과 그에 따른 이해의 어려움은 더 발달된 체계의 불가피한 결과로서 나타난다. 그러니까 여기서 확인되는 것은 소통적 이해와 체계의 복잡성 사이에 존재하는 모종의 '역설'인 것이다.

제아무리 발달된 기호학적 체계를 사용하는 경우라 할지라도, 모든 이해는 부분적이고 근사치적인 것이다. 그러나 강조할 것은 일정한 정도의 비이해는 단순한 '잡음'[……]으로 간주될 수 없다는 점이다. 비이해 혹은 부정확한 이해는 커뮤니케이션 체계 내의 기술적인 결함을 증명하는 것이 아니라 그 체계가 지니는 복잡성, 즉 보다 복잡하고 중요한 문화적 기능을 수행할 수 있는 능력을 말해주는 징표가 된다. (1977a〔2008〕:217)

커뮤니케이션의 '역설'—가장 중요한 것을 가장 어렵게!

커뮤니케이션 상의 비이해나 부정확한 이해는 체계의 결함을 의미하는 것이 아니다. 반대로 그것은 해당 체계의 '복잡성,' 나아가 기능적 '중요성'을 증명하는 징표에 해당한다. 한마디로 소통의 어려움과 기능적 중요도는 비례한다고 말할 수 있다. 문화적으로 중요한 의미를 갖는 메시지일수록 이해의 난관을 동반하는 복잡한 체계를 통해 전달되

어야만 한다. '가장 중요한 것을 가장 어렵게'라는 말로 표현할 수 있
는 이런 명백한 역설은 당연히 다음과 같은 물음을 유발할 수밖에 없
다. 대체 어떤 이유로, 꼭 해야만 하는 일을 가장 단순한 방식이 아니
라 고도로 복잡한 방식으로 행해야만 하는가? 또 그것은 왜 그토록 중
요한가?

　요점은 '본래의 기능'에 모순되는 것처럼 보이는 '진보적인 복잡화'의
과정이다. 문화가 발전함에 따라, 코드화 체계뿐 아니라 전송되는 메
시지 자체의 기호학적 구조 또한 계속해서 복잡해지는데, 이는 당연히
단의적인 해독을 어렵게 만든다. 가령 텍스트 구조의 '복잡성이 증가
되는 순서'에 맞춘 다음과 같은 배열을 생각해보라.

교통신호 → 자연언어로 된 텍스트 → 시적 재능을 통한 심오한 창작

　첫번째 경우의 교통신호가 수신자에게 단의적으로만 이해될 수 있는
경우(인공언어)라면, 두번째 자연언어 텍스트는 단의적인('올바른') 이
해를 지향하나 의미의 이중성을 허용하게 되는 경우(자연언어)에 해당
한다. 반면 세번째 시 창작의 경우는 원칙상 단의성의 가능성을 배제
하는 사례(예술언어)가 될 것이다. 여기서 '가장 중요한 것을 가장 어
렵게'라는 창조적 커뮤니케이션의 역설적 도식을 적용해본다면, 시 예
술의 문화적 위상이 곧바로 드러난다. 예술, 그것은 가장 복잡하고 어
려운 소통의 체계이기에 가장 중요한 것이다! 뒤집어 말하자면 예술은
가장 중요하기에 가장 복잡하고 어렵다! 결국 가치 있는 텍스트의 이
해 과정에서 반드시 부딪치게 되는 난관과 그 (난관의) 필요불가결성
은 외견상 모순적인 것처럼 보이는 복잡화의 과정(즉 잡음과 몰이해)과

관련될 뿐만 아니라 문화 메커니즘 안에서 '예술'이 차지하는 위상(그 것의 중대한 역할과 기능)을 해명하는 문제에도 직결되는 것이라 할 수 있다.[6)]

한편, 이런 복잡화의 과정이 앞서 살펴본 '번역 불가능성'의 상황과 다르지 않다는 점 역시 지적되어야 할 것이다. 발신자와 수신자가 동일하고 단일한 코드를 공유하는 인공언어의 반대편 극단에는 창조적 기능이 극대화된 기호학적 구조, 즉 예술언어가 자리한다. 제아무리 직접적인 번역일지라도 시를 다른 언어(즉, 상이한 시적 체계의 언어) 로 번역할 경우, 본래 언어로의 재번역이 애초의 텍스트를 되돌리지 못할 것이라는 점은 자명하다(동일한 시 텍스트가 서로 다른 번역자에 의해 여러 차례 번역될 수 있다는 사실이 이를 증명한다). 원본 텍스트와의 정확한 일치 대신에 우리가 얻게 되는 것은 텍스트 1부터 텍스트 2, 3, ……, n까지, 원본 텍스트에 대한 '가능한' 해석들로 이루어진 모종의 공간이다. 이 공간에서는 정확한 대응 대신에 가능한 해석들 중 하나가, 대칭적인 재구성 대신에 비대칭적 재구성이, 텍스트를 구성하는

---

6) 이 측면은 랑시에르가 말하는 '불화'로서의 정치 개념과 비교해볼 만하다. 랑시에르에 따르면, 정치란 (손쉬운) '합의'를 만드는 과정이라기보다는 오히려 감성의 기존하는 분할 구조를 문제 삼으며, 새로운 분할의 질서를 구축해가는 과정, 한마디로 끊임없는 '불화'의 과정을 뜻한다. 정치는 감각적 경험의 정상적 정보들을 중단시키는 일, 새로운 감성적 분할에 참여함으로써 낡은 분할 형태와 '불일치'하는 일이다. 존재하는 분할 질서를 중단시키고 새로운 분할의 질서를 구성하는 것이 곧 정치인 것이다. 그런데 만일 랑시에르의 이런 정치 개념에 로트만식의 '역설'을 적용해본다면 어떨까? 어째서 그와 같은 '불화'의 과정이 필수적인가? 아마도 가능한 대답은 하나뿐일 것이다. 그건 '정치'가 사회적 삶의 존재론적 지평에서 지니는 커다란 중요성, 그것의 지대한 가치와 의미 때문이다. 그토록 중요한 것이기에, 그렇게 어렵고 복잡하게 구현될 필요가 있는 것이다. 자크 랑시에르의 정치와 예술 개념에 관해서는, 김수환, 「랑시에르와 미학의 정치: 가능성들의 열린 지형학」, 『문학들』 2009년 여름, 40~56쪽을 참조.

요소들 간의 일치 대신에 그것들 간의 조건적인 대응이 나타난다. 시 텍스트를 번역하는 과정에서 번역자는 불가피한 '선택들'에 직면할 수밖에 없는데, 이런 선택은 텍스트의 '비가역성'을 증대시킨다.

더욱 흥미로운 경우는 코드들 사이에 단순한 차이가 아니라 원칙적인 '번역 불가능성'이 존재할 경우이다. 예를 들어 언어로 된 텍스트를 도상적 텍스트로 번역할 경우를 생각해보라. 당연히 이 경우엔 시 텍스트의 번역에 비해 훨씬 더 큰 비결정성이 생겨나게 될 것이다. 이때의 번역은 오직 해당 문화 내에서 받아들여지는 '관례적 대응'의 체계에 따라 실현될 수 있을 뿐이다. 언어로 된 텍스트를 회화(가령 성서의 플롯을 담은 그림)로 번역할 때, 코드들 내에서 테마의 공간은 교차할 수 있겠지만, 언어와 스타일의 공간은 주어진 전통의 한계 내에서 단지 '조건적으로만' 대응될 수 있다. 여기서 창조적 기능을 결정하는 것은 번역 가능성과 번역 불가능성의 독특한 조합인 것이다.

로트만에 따르면, 생각하는 구조를 지능 기계라고 정의할 때, 그것의 가장 이상적인 사례는 다름 아닌 예술작품이 된다. 지능 기계의 가장 이상적인 모델을 자연언어가 아닌 예술작품으로 삼는 이런 입장은 의미심장하다. 일반적인 경우, 간단명료하면서 확실한 기준점의 위상을 갖는 것은 자연언어이다. 예술작품은 자연언어를 변형한 더 복잡하고 불명확한 2차적 사태로 여겨진다(대표적으로 앞서 살펴본 러시아 형식주의에서 일상어와 시어의 관계가 그러하고, 2차 모델링 체계라는 로트만의 초기 개념 역시 마찬가지이다). 이런 입장이 암묵적으로 전제하는 바는 기준점이 되는 사태가 더 '정상적인normal' 모델이라는 것이다. 우리가 자연언어에서 출발해야 하는 이유는 그것이 정상이고 기준이기 때문인 것이다.

318

한편 이런 입장은 데카르트가 『방법서설』에서 표명했던 '제3의 법칙'에 상응하는 것이기도 하다. 그에 따르면, 우리는 가장 단순하고 이해하기 쉬운 대상에서 시작해 점점 복잡하고 어려운 대상으로 나아가야만 한다. 가장 원자적인 요소를 기초로 하여 이후에 모든 것을 그것과의 일치라는 관점에서 연구해야 하는 것이다. 지능의 이상적 모델을 예술작품으로 간주하는 로트만의 관점은 이런 일반적 접근법에 비춰볼 때 분명 예외적인 경우에 해당한다. 몰이해가 체계의 결점이 아닌 장점으로 작용했던 창조적 커뮤니케이션의 경우와 마찬가지로, 여기서도 예술작품의 역설은 가장 중요한 강점이 된다. 즉, 지능 기계가 추구해야 할 정상적인 상태는 동일성의 모델로서의 자연언어가 아니라 '잡음'과 '몰이해'를 포함한 차이의 모델인 예술작품인 것이다.

의식의 현상과 개체화—기호학적 인격

창조적 사유, 사유하는 조직체의 기본 구조를 번역 불가능한 두 하부 구조 사이에서 발생하는 불완전한 번역으로 간주하는 로트만의 입장은 한 가지 중대한 결과를 수반한다. '개체화'의 과정이 그것이다. 기호학적 단위들, 즉 각각의 개별 언어는 지능적이 되는 과정에서 자신의 '독자적인 개체성'을 강화하게 된다. 의식의 현상이라는 것은 "개체화"라는 인자와 본질적으로 관련되어 있다. 체계가 '지능적인 것'이 되려면 반드시 "개체화"되어야만 하며, "개체"로 이루어져 있어야만 한다.

이른바 "기호학적 인격(семиотическая личность, semiotic personality)"

이라는 용어로 정식화되는 이 노선의 중심 과제는 '개체들'이 자신의 자율성과 독자성을 잃지 않은 채 어떻게 '전체'를 구성할 수 있게 되는지를 해명하는 것이다. 로트만에게 이 과제는 고도로 복잡한 사이버네틱 체계에서 잘 알려진 법칙과 다르지 않다. 즉 "전체의 안정성은 체계의 내적 다양성의 증가와 더불어 증가한다"는 것이다. "다양성은 체계의 요소들이 한편으로는 (체계의 부분으로서) 특화되면서, 다른 한편으로는 (독립적인 구조적 조직체로서) 증대된 자족성을 획득하게 되는 것과 관련이 있다"(1977a〔2008〕:214).

그런데 이 과정이 끝이 아니다. 고도로 복잡한 체계의 경우, 체계를 구성하는 부분의 자족성이 증대되는 과정은 결국 '구조적 단위'의 개념을 "인격"으로 교체하게 된다. 로트만에 따르면, 문화 조직체의 내부에서 기호학적 다양성을 증대시키려는 지향은 결국 "의미를 지니는 모든 구조적 조직체의 단위가 각기 나름의 '문화적 인격'이 되려는 경향을 드러내기 시작한다"(1977a〔2008〕:218). 여기서 말하는 문화적 인격이란 무엇인가? 그것은 "자신만의 고유한 내적 구조와 기호학적 조직성, 나름의 기억, 개별적인 행위와 지적 능력, 그리고 자가발전의 메커니즘을 지니는 닫힌 내재적 세계"를 말한다.

"문화적 인격"이란 바로 그런 닫힌 내재적 세계를 가리키는 개념이다. 여기서 중요한 건 바로 그런 내재적 세계가 곧 '사유하는 구조'이기도 하다는 점이다. 바꿔 말해 사유하는 구조라면 반드시 '기호학적 인격'이 되어야만 하며, 또 그렇기 때문에 '다른 인격'을 필요로 한다.

코드화 구조의 모종의 세트와 기억을 지니고 있는 그와 같은 개체성, 즉 여타의 유사한 조직체와 공통적이면서(이는 교환의 조건이다) 동시에 개별적인(이는 교환을 어렵게 만드는 동시에 그것을 지능의 측면에서 생산적으로 만드는 조건이다) 것이기도 한 그런 개체성을 기호학적 인격이라 정의할 수 있다. 사유하는 구조는 그 자신 기호학적 인격이 되어야만 하며, 동시에 또 다른 기호학적 인격을 필요로 한다. (1981a〔2008〕:272)

여기서 사유하는 구조가 기호학적 인격이 되어야 할 뿐만 아니라, "또 다른 기호학적 인격을 필요로 한다"는 마지막 구절은 각별한 울림으로 다가온다. 왜냐하면 바로 이로부터 사유하는 구조로서의 기호학적 인격을 위한 진정한 존재론이 도출되기 때문이다. 모든 기호학적 인격이 곧 '사유하는 개체'라는 사실은 그것이 결코 '고립된 채 홀로 존재할 수 없다'는 사실을 가리킨다. 사유하는 요소는 반드시, 그리고 언제나 이미 '사유하는 세계 속에 접속되어 있어야만' 하는 것이다.

기호학적 체계가 "인격"의 자격으로 나타나기 위해서는 또 다른 인격들의 존재가 필수적이다. 사유하는 조직체는 결코 홀로 고립된 채 기능할 수 없다. 이 점은 '자연적 이성'인 개별 인격으로부터 문화라는 '집단적 이성'에 이르기까지 공히 적용된다. 인류 집단으로부터 완전히 절연된 채 성장한 아이의 경우가 보여주듯이, 모든 발생의 체계는 정보의 외적 흐름에서 동떨어진 채 온전히 기능할 수 없다. 텍스트는 그 자체로는 아무것도 발생해낼 수 없다. 그것은 반드시 또 다른 텍스트, 또 다른 의식, 또 다른 지성들과의 '관계' 속에 놓여야만 한다. 언젠가 헤라클레이토스가 말한 "자가생성하는 로고스"의 비밀은 그것이 언제나 이미 "로고스적 세계" 자체의 내부에 자리하고 있다는 점에 있는 것이다.

'자가생성하는 로고스'는 고립을 전제로 하지 않을 뿐 아니라 애초부터 그런 가능성을 배제하는 것이다. 생각하는 구조는 홀로 작동할 수 없다. 〔……〕 개별적인 의식을 운동 상태로 이끄는 점화장치의 역할을 담당하는 것은 외부에서 도입되는 텍스트이다. 이런 점에서 '의식에는 또 다른 의식이 선행한다'는 역설은 간명한 진리처럼 들린다. (1981a〔2008〕:259)

'사유하는 구조'가 또 다른 사유하는 구조의 자극을 받아야만 한다는 것, 텍스트 생성 메커니즘에겐 일종의 점화장치로서 '외부의 텍스트'가 필요하다는 이 문제는 이른바 '자기촉매반응'을 떠올리게 한다. 주지하다시피 자기촉매반응이란 최종 산물을 획득(혹은 화학적 과정을 촉진) 하기 위해서는 이미 반응의 첫 단계에 최종 결과가 얼마간 담겨 있어야만 한다는 개념이다. 이런 역설적인 상황을 로트만은 다음과 같이 표현한다.

사유란 교환 행위이며, 따라서 양방향의 적극성을 전제로 한다. 외부에서 도입되는 텍스트는 의식을 자극하고 그것의 '스위치를 켠다.' 그러나 이런 점등이 이루어지기 위해서는, 불이 켜진 조직체가 자신의 기억 내부에 기호학적 경험을 축적하고 있어야만 한다. 즉, 그런 행위는 결코 '최초의' 것이 될 수 없는 것이다. 정적인 상태 → 시동 → 행동의 모델에 대립되는 것은 순환적이고 상호 자극적인 교환의 모델이다. 〔……〕 여기서 앞서 정식화한 역설을 다음과 같이 바꿔 말할 수도 있을 것이다. 발달된 문명에는 반드시 발달된 (또 다른) 문명이 선행해야만 한다. (1981a〔2008〕:261)

여기서 주목할 것은 '외부에서 도입되는 또 다른 의식'이 흔히 생각하는 것처럼 텍스트(기호)를 '해석'하는 외부적 의식, 즉 해석자로서의 인간만을 가리키는 게 아니라는 점이다. 화용론에 관해 앞선 장에서 이미 확인했듯이, 텍스트 화용론은 '객체'로서의 텍스트와 '주체'로서의 인간 간의 해석학적 관계에 국한되지 않는다(텍스트 화용론을 바라보는 로트만의 관점은 독자 중심 비평에서 강조하는 수용미학적 창조성에 비해 훨씬 더 근본적이다). 화용론적 관계는 '텍스트들 간의 관계,' 텍스트가 그것의 '외부(들)'와 맺는 관계이다. 이때 "텍스트 작동의 체계는 외부적인 어떤 것이 내부로 들어옴을 포함한다. 이 '바깥의 것'이 다른 텍스트이건, (다른 텍스트로서의) 독자이건, 혹은 문화적 맥락이건 다르지 않다. 텍스트의 내적 구조 안에 잠재된 새로운 의미 생산의 가능성이 현실화되기 위해서는 이 바깥의 것이 반드시 필요하다"(1981b:428).

그렇다면 이 '바깥의 것,' 더 정확하게는 '바깥의 것들로 가득 차 있는' 외부 세계를 온전히 개념화할 방법은 없을까? 각종 기호학적 인격(들)으로 가득 차 있는 세계, 끊임없는 교환과 상호 작용으로 들끓고 있는 이 공간을 어떻게 그려볼 수 있을 것인가?

기호적 삶의 공간—기호계

텍스트에 또 다른 텍스트가, 의식에 또 다른 의식이 선행한다는 말을 단순히 존재의 선행 여부로 이해해서는 안 된다. 그것은 인격으로서의 텍스트가 언제나 이미 또 다른 텍스트와의 '관계' 속에 놓여 있다는 말이다. 더 정확하게는 해당 텍스트가 커뮤니케이션의 상황에 언제나 이미 '편입'되어 있다는 뜻이다. 이를 개념적으로 표현하면, 결국 사유하는 개체가 사유하는 공간 '내부'에 자리하고 있다는 것 이외에 어떤 것도 아니다.

물론 의식의 존재 자체가 이미 또 다른 의식의 존재를 전제한다는 로트만의 생각은 '존재한다는 것은 곧 대화한다는 것이다'로 요약되는 바흐친의 사유를 내면화한 결과로 볼 수도 있다. 그런데 기호체계의 근원적 존재론에 관한 이 생각은 사실 더욱 직접적으로는 러시아의 저명한 생물학자인 베르나츠키V. Vernadsky[7]의 영향하에서 굳어진 것이다. 로트만은 학파 동료인 우스펜스키에게 보낸 편지에서 이렇게 썼다.

놀라움과 함께 베르나츠키를 읽으면서, 나는 그에게서 나 자신의 많은 사유를 발견합니다. 〔……〕 당신도 알다시피 언젠가 모스크바에서 열린 세미나에서 나는 '텍스트는 오직 그에 다른 텍스트가 선행할 때에만 존재할 수 있으며, 모든 발달된 문화에는 선행하는 또 다른 발달된 문화가 있어야만 한다'는 자신의 신념을 용기를 내 입 밖에 낸 적이 있지요. 나는 지금 베르나츠키에게서 천체 지질학의 거대한 연구 경험에 깊게 뿌리를 둔 다음과 같은 사유를 발견합니다. 생명이란 오직 〔또 다른〕

---

7) 블라디미르 베르나츠키V. Vernadsky는 1945년 사망한 소련의 저명한 생물학자, 지질학자, 지구과학자이다. 그는 생물계biosphere의 개념을 체계적으로 이론화한 것으로 유명한데, 지구 생명체를 지구환경을 창조하고 제어하는 지질학적인 힘의 하나로 보는 한편, 생명체와 비생명체 사이의 유기적인 상호 작용을 가능하게 하는 지구화학의 관점에서 생물계를 파악했다. 1940년대에 들어와 생물계의 개념은 "정신계noosphere"라는 새로운 개념과 결합하게 되는데, 이에 따르면 우리 행성에 이성을 부여받은 새로운 생명체가 출현함에 따라 새로운 단계의 생물계, 곧 '정신계'가 펼쳐지게 된다. 그의 사유는 '가이아 이론' 등 많은 후대의 이론에 영향을 주었으며, 러시아에서는 그의 이름을 딴 거리가 건설되고 연구소가 운영되는 등 그의 연구 업적을 기리고 있다.

생명으로부터만, 그러니까 그것에 (또 다른) 생명이 선행했을 때에만 발생할 수 있다는 사실이 바로 그것입니다.[8]

텍스트에 텍스트가, 문화에 문화가 선행하는 논리, 결과가 다시 시초를 근거짓는 이런 역설적인 순환의 논리를 '결국 최초의 것은 무엇인가?'라는 궁극적 물음으로 환원해서는 안 된다. 러시아의 희곡작가 폰비진D. Fonvizin의 희곡에 나오는 유명한 질문, "최초의 재봉사는 누구에게 재봉 기술을 배웠을까?"는 신화론의 영역은 될 수 있을지언정 학문의 입장에서는 의미를 갖지 못한다. 왜냐하면 재봉사라는 개념 자체가 이미 오랜 재봉 기술의 역사적 산물이기 때문이다. 베르나츠키는 지구상에 존재하는 생명체의 기원에 관한 그런 질문에 답하기를 거절했다. 그는 '기원'의 문제에 몰두하기보다는 단일하면서도 이원적인 비대칭적 구조들의 '상호 관계'를 연구하는 것이 훨씬 더 생산적이라고 보았다. "우리의 행성에서 생명 근원의 흔적을 찾을 것이 아니라 행성에서의 삶의 출현을 위한 물리적 에너지 조건을 찾아야만 한다"[9]는 것이다. 로트만은 언젠가 베르나츠키가 걸어갔던 바로 그 길을 따라 '최초의 인격으로서의 텍스트는 어디서 왔을까'라고 묻는 대신에 '인격으로서의 텍스트가 출현하고 기능하기 위한 기호학적 조건이란 무엇인가'를 묻게 된다. 후기 로트만 기호학의 가장 저명한 개념인 "기호계"는 바로 이 질문과 함께 출발한다.

---

8) Ю. М. Лотман, Семиосфера, 2000, cc. 683~84.

9) В. И. Вернадский, Химическое строение биосферы Земли и ее окружения, М., 1965, с. 344.

제10장

기호계

문화기호학과 텍스트의 개념

앞 장에서 살펴본 '사유하는 구조'에 관한 로트만의 탐구가 낳은 가장 중요한 결과 중 하나는 '텍스트' 개념에 대한 본질적인 재고이다. 1981년에 발표한 「문화기호학과 텍스트의 개념」은 이에 대한 선언적 성격을 지니는 논문이다. 로트만은 글의 서두에서 지난 50년간의 기호학의 발전 과정에 나타나는 두 경향을 대조적으로 제시한다. 첫번째 경향에서는 텍스트 자체가 아니라 '텍스트의 모델들'이 연구 대상이 된다. 반면 두번째 경향에선, 정확한 모델화를 지향하는 첫번째 경향에서 비非메타적인 것으로 간주해온 다양한 특징이 특별한 주목을 끈다. 즉 전자에서 발화(즉, 텍스트)가 '언어의 구조적 법칙이 물질화된' 형태로서 연구자의 주목을 끌었다면, 후자에서는 '언어 구조와 일치하지 않는' 발화(텍스트)의 기호적 측면 자체가 주목의 대상이 된다. 첫번째 경향이 '메타언어학'에서 실현된다면, 두번째 경향은 '문화기호학'으로 이끈다. 문화기호학이라는 새로운 기호학은 "다양하게 구축된 기호적 체계의 상호 영향과 기호적 공간의 내적 불균형성, 그리고 문화적·기호학적 복수언어주의를 고찰하는 학문 분과"(1981c:129)가 된다. 이렇듯 '문화기호학'의 성립은 필연적으로 텍스트 개념의 '중대한 변형'을 수반하게 되는 것이다.

첫번째 방향을 따르는 텍스트의 정의가 (내포적으로나 명시적으로) '어떤 하나의 언어'로 된 발화로 간주되었던 반면, 문화기호학의 관점에서 파악된 텍스트의 개념은 언제나 '최소한 두 번 이상' 코드화된 형태로 드러나는 '다언어체계'가 된다. 이런 텍스트는 발신자에서 수신자를 향하는 기초적인 메시지이기를 그치고 정보를 자신 안에서 응축시키는 능력을 드러낸다. 즉 스스로의 '기억'을 획득하게 되는 것이다. 텍스트는 이제 일찍이 "헤라클레이토스가 '자가생성하는 로고스'로 정의한 특질들을 지니는 일종의 '지적인 조직체'의 특성을 보이기 시작"(1981c: 131)한다. 그것은 "한편으로 문화의 대우주를 닮아 본래 자신보다 더 중요한 '문화 모델'의 특성들을 획득하면서, 다른 한편으로는 개별적인 인격을 닮아가면서 독자적인 태도를 취하려는 경향을 띠게 된다"(*Ibid*). 요컨대 텍스트는 문화의 모델이자 인격의 모델이 되는 것이다.

그와 같은 텍스트는 당연히 특정한 하나의 언어로 된 메시지의 실현으로서 나타나지 않는다. 그것은 "여러 형태의 코드를 자신 속에 담지한 채 받아들인 메시지를 변형, 응축, 저장하는 한편, 새로운 메시지를 생성할 수 있는 복잡한 조직체"로서 나타난다. 즉 '인격'의 특징들을 소유하고 있는 '(문화적) 기억의 저장고'이자 '새로운 의미의 발생기'가 되는 것이다. 이렇게 해서 독자와 텍스트의 관계에 대한 오래된 관념이 변화한다. "독자가 텍스트를 해독"한다는 공식 대신에 "독자가 텍스트와 교제"한다는 공식이 가능해진다. 독자는 그 자체로 '고립된 채 존재하는' 단순한 물적 대상을 '해석'하는 것이 아니다. 독자가 접촉하고 교제하는 대상, 텍스트로 불리는 이 대상은 그 자신의 '기억'을 소유한 채 사유의 지적 흐름에 몸을 담그고 있는 특수한 '지적 조직체'이다. 인간이 그렇듯이 텍스트 역시도 문화적 맥락의 메타포이자 메토니미, 곧 특정한 '문화 모델'로서 해당 문화의 맥락과 만나며 교제하고 있는 것이다.

로트만 기호학의 진화 과정에서 발생한 이와 같은 텍스트 개념의 본질적인 변화에 관해서는 이미 많은 연구가 있어왔다. 그 변화는 하나의 "언어의 실현으로서의 텍스트 이해로부터 스스로의 언어를 생산해내는 텍스트 이해"[1]로의 변화, "단일언어의 실현이 아닌 혼종성과 복수언어주의를 특징으로 하는 의미 발생 장치로서의 텍스트"[2] 개념으로의 변화 등으로 표현된다. 한편 이런 변화에 미친 외적 영향의 계기로는 흔히 좌반구와 우반구의 상이한 정보처리 메커니즘을 다루는 '신경심리학 연구,' 의미 작용의 상호 텍스트적 성격에 관한 바흐친의 사유의 영향, 마지막으로 텍스트의 정합성 문제에 관한 '텍스트 언어학' 및 '텍스트 심리 언어학'의 영향 등이 거론되곤 한다.[3]

하지만 로트만의 텍스트 개념이 보여주는 변화는 결코 특정한 외적 계기에 의한 돌발적인 것으로 간주될 수 없다. 이 변화는 로트만 사유

---

1) П. Тороп, "Тартуская школа как школа," Лотмановский сборник 1, М., 1995, с. 228.
2) P. Grzybek, "The Concept of Model in Soviet Semiotics," *Russian Literature*, 1994, p. 292.
3) 로트만의 텍스트 개념의 변모 과정에 집중하여 로트만 기호학의 진화 과정을 고찰한 글로는, 김수환, 『로트만 기호학에 있어서 텍스트 이론의 진화』, 서울대학교 대학원 석사학위 논문, 1998을 참조.

자체의 내적 진화의 논리적 결과로 보아야 한다. 가령 인간 두뇌의 양 반구적 구조와 비대칭적 기능의 메커니즘은 문화의 비대칭적 이원 구조의 해명에 적용된 바 있다. 그런가 하면 바흐친의 '대화' 개념은 이런 비대칭적 요소들 간의 역동적 상호 작용을 지칭하는 용어로서 사용되었다. 하지만 정작 로트만의 사유가 나아간 방향은 정밀과학적 지식에 기초한 사이버네틱스도, 바흐친적 의미에서의 텍스트 대화론도 아니었다. 로트만의 일관된 내적 진화의 방향성은 그의 사유의 결정판이라고 할 수 있는 "기호계"의 개념 속에 집약된 형태로 등장했던 것이다. 앞서 지적했듯이 이 과정에서 더 결정적인 영향을 미친 것은 러시아의 생물학자 베르나츠키였다.

기호계 — 유기체적 접근법

베르나츠키의 용어인 생물계biosphere가 보여주듯이, 기호계는 체계의 '유기체적' 차원을 표현하는 개념이다. 애초에 자기동일성과 정확성, 그리고 정태적 기술을 지향하는 '구조주의적 방법론'에서 출발했던 로트만 기호학은 '사유하는 조직체(들)'에 대한 탐구를 거쳐 이제까지와는 다른 새로운 방향을 취하게 된다. 기호계의 개념은 이런 새로운 방향의 가장 명확한 표현이다. 그 새로운 방향이란 기호체계로서의 문화와 텍스트를 일종의 '사유하는 조직체'로 간주하는 유기체적 접근법을 말한다.

맨델커A. Mandelker는 1980년대 이후 로트만의 사유에 나타난 변화의 양상이 "뉴턴 물리학에서 상대성 이론으로서의 이동에 비견될 수 있다"고 말한 바 있다. 그녀에 따르면, "모스크바-타르투 학파의 기호학은 소쉬르 언어학과 수학적 처리 과정에 근원을 둔 과거의 이론으로부터 생물학적이고 생체론적인 접근법으로 이동했다."[4] 이런 변화는 물론 어느 날 갑자기 생겨나지 않았다. 1970년에 출간된 저서『예술 텍스트의 구조』에서 이미 우리는 다음과 같은 흥미로운 구절을 발견할 수 있다.

예술은 독자와의 피드백 관계 속에서 독자를 가르칠 수 있는 일종의 '살아 있는 유기체'로서 작용한다. 어떤 수단을 통해 이런 능력이 가능해지는가에 대한 물음이 단지 '인문학'에만 흥밋거리가 되는 것은 아니

---

4) A. Mandelker, "Semiotizing the Sphere: Organist theory in Lotman, Bakhtin, and Vernadsky," *PMLA(Publication of the Modern Language Association of America)*, Vol. 109, No. 3, May 1994, p. 385. 기호계 개념의 유기체적 측면에 기댄 최근 연구 중 주목할 만한 몇 가지 경향을 지적하면, 우선 야코프 폰 윅스퀼Jakob von Uexküll의 '움벨트 Umwelt' 개념과의 비교가 있다. 생명bio기호학과 동물zoo기호학의 흐름을 주도하고 있는 일련의 연구자들은 움벨트 개념과 기호계 개념의 유사성과 차이를 지적하면서, 후자를 윅스퀼에서 출발한 '감지된 세계sensor space'의 구성주의적 전통의 연장선상에 위치시킨다. 대표적인 연구로는 M. Y. Lotman, "Umwelt and semiosphere," *Sign Systems Studies* 30, 1, 2002, pp. 33~40; Kaie Kotov, Semiosphere: A chemistry of being, *Sign Systems Studies* 30, 1, 2002, pp. 41~55 참조. 사실 이런 측면은 로트만이 기호계의 내적 단위를 일종의 '(기호학적) 단자(單子, monad)'로 간주하면서, 주객체의 범주적 구분을 해체하려고 시도할 때〔논문, 「주체이자 그 자신에게 객체인 문화」(1989)〕, 더욱 명백해진다. 기호계의 내부를 채우고 있는 수많은 하부 기호계, 즉 기호학적 단자들은 (움벨트의 개념이 그렇듯이) 일정한 자족성을 지닌 개별적인 단위 공간을 가리킨다(더 상세한 사항은 제12장 참조). 한편, 기호계 개념에 담긴 이와 같은 '구성주의적' 단초는 스스로 의미를 생성해내는 '자기조절적 체계'라는 로트만의 근본적인 문제의식(앞서 살펴본 자기커뮤니케이션autocommunication은 그 예이다)과 더불어 이른바 오토포이에시스autopoiesis 이론과 생산적으로 접속해볼 만한 가능성을 내포한다. 뿐만 아니라 하부체계들의 기능적이고 존재론적인 상호 조건성 interdependency을 본질로 삼는 일종의 '거대체계'인 기호계의 개념은 니클라스 루만N. Luhmann의 '사회체계론'과도 접점을 갖는다. 향후 본격적으로 연구해볼 만한 주제라고 생각된다.

다. 커뮤니케이션 체계로서 예술이 지니는 본성에 대한 탐구가 정보의 전달과 저장을 위한 수단에 혁명을 가져올 수 있다는 점을 이해하려면 '유사하게 구축된 일련의 조직체들'을 가정해보는 것만으로도 충분하다. (1970:35)

이 구절에서 "살아 있는 유기체"라는 용어는 일종의 '메타포'로 사용되고 있다. 한편 '유사하게 구축된 일련의 조직체들'의 문제는, 앞선 장에서 이미 살펴보았듯이 이른바 '사유하는 조직체'의 차원으로 구체화된 바 있다. 사유하는 조직체의 개념은 개체적 차원에서의 인격과 복수의 언어로 이루어진 텍스트, 마지막으로 초개인적 지성으로서의 문화를 아우른다. 그리고 이런 문제의식은 자연스럽게 '지능'의 문제, 즉 '사유한다는 것'의 본질과 관련된 '창조성'의 계기를 되묻게 했고, 이는 다시 '인격'이라는 개념을 불러온 바 있다.

그렇다면 세미오스피어로 번역되는 "기호계"란 무엇인가? 로트만의 기호계는 모든 기호체계가 자리하는 거대한 '추상적 공간'이자 그들의 작용을 주관하는 통합된 '메커니즘' 자체를 뜻한다. 그것은 인간, 텍스트, 그리고 문화라는 '유기적 조직체'가 생성하고 발전하며 소멸하는 (기호적 삶의) 공간인 것이다. 그러면 사유하는 조직체, 이 독특한 유기체들은 어떤 식으로 존재하고 또 기능하는가? 이에 대한 로트만의 대답은 확고하고도 명확하다. 그것들 모두는 "기호계 속에" 존재하는 것이다.

1984년에 발표된 글 「기호계에 관하여」는 대략 1970년대 후반부터 나타나기 시작한 새로운 문제의식에 대한 이론체계 내부의 학문적 응답이라고 할 만하다. 그것은 변화된 인식을 종합하는 결산의 성격을 띤다. 하지만 동시에 이 종합은 약 50여 년에 걸친 기호학의 근본 전제들에 대한 '논쟁적인' 문제 제기의 성격을 지닌다. 다시 말해 그것은 학파 내부의 관점에서는 일관된 문제의식의 합법칙적 귀결이지만, 학파 외부의 일반 기호학적 관점에서는 매우 혁신적인 비판으로 간주될 수 있다. 표면상 그것은 현대 기호학의 두 학문 전통(퍼스-모리스 기호학과 소쉬르 기호학)을 대상으로 삼고 있지만, 더 나아가 현대 기호학이 기반하는 근대적 학문 방법론 자체에 대한 문제 제기로도 간주될 수 있다.

기호계의 개념이 전제하는 비판적인 혁신성은 어디에 있는가? 로트만은 우선 현대 기호학의 두 학문 전통을 구분하면서, 그 차이를 다음과 같이 정리한다. "퍼스와 모리스의 기호학이 기호체계의 제1요소로서의 기호 개념에서 출발해 고립된 기호를 분석의 대상으로 삼았다면, 랑그와 파롤의 대립 개념에 기초한 소쉬르의 기호학은 개별 의사소통 행위를 모든 기호 행위의 제1요소이자 모델로 간주했다"(1984:11). 즉 전자의 최소 단위가 개별 기호라면 후자의 최소 단위는 (기호 작용으로서의) 의사소통이다. 하지만 이런 차이에도 불구하고 로트만은 두 전통이 동일한 방법론적 전제를 공유한다고 본다. "가장 원자적인 요소를 기초로, 이후의 모든 것을 그것과의 일치라는 관점에서 연구한다"(*Ibid*)는 전제가 바로 그것이다. 이것이 초기 기호학 방법론의 바탕에 깔려 있는 기본 전제라는 점은 새삼 지적할 필요가 없을 것이다. 전통적 언어학에 포함되지 않았던 각종 대상에 '언어학적 방법론'을 확장 적용한다는 생각의 바탕에는 인간의 '자연언어'를 가장 자연스런 '기준점'이자 '이상적 모델'로 삼는 관점이 깔려 있다. 그런데 사실 이런 접근법은 근대 학문 방법론 자체, 그러니까 '단순한 것에서 복잡한 것으로'라는 소위 '로빈슨 크루소의 법칙'에도 역시 부합하는 것이다. 로트만이 단언하는바, 초기 단계에서 타당한 것처럼 보였던 이런 접근법은 단지 '분석의 용이함'을 위한 것일 뿐 결코 대상의 '실제 존재 양태'와 부합하지 않는다. '단순하고 엄밀하게 정의된 원자적 요소로부터 그것의 단계적인 복잡화로 나아가는' 방법론이 대상의 실제 존재론으로 여겨질 때, 우리는 필연적으로 오류에 빠지게 된다. 즉 복잡한 전체로서의 대상을 '부분들의 단순한 합'으로서 인식하게 되는 것이다.

체계는 결코 고립된 형태로 존재하지 않으며 개별적으로 기능하지도 않는다. 체계들은 "서로 다른 구성 단계에 놓인 다양한 유형의 기호 형성물로 가득 차 있는 모종의 기호 연속체континуум에 적재됨으로써 비로소 기능할 수 있게 된다"(1984:11). 그것을 벗어나서는 기호 작용 자체가 불가능해지는 모종의 기호 연속체, 로트만은 바로 그런 기호 연속체를 '기호계'라고 부른다. 그러니까 기호계 개념의 가장 중요한 특징은 고립된 정적 체계란 것이 원칙상 불가능하다는 점에 있다. 기호계 개념이 가정하는 공리는 모든 체계는 온전히 기능(작동)하기 위해 '언제나-이미' 기호계라는 공간 연속체 속에 잠겨 있어야만 한다는 것이다. 이런 기호 연속체를 고려하지 않고서 그것을 채우고 있는 개별 기호(체계)를 분석하는 일은 의미가 없다. 가령 로트만은 이를 다음과 같이 설명한다.

조각조각의 비프스테이크를 붙여서 송아지를 얻을 수는 없지만 송아지를 잘라내면 비프스테이크를 얻어낼 수 있다. 이처럼 개별 기호행위의 집산을 통해 기호학적 총체를 구현할 수는 없지만 그런 세계의 존재

자체는 일련의 기호행위를 현실로 만들어준다. (1984:13)

　개별 기호체계의 분석에 앞서 단일 메커니즘이자 추상적 공간인 기호계를 반드시 고려해야만 한다. 당연히 여기서 1차적인 것은 메커니즘(건물)을 이루는 개별 부분(벽돌)이 아니다. 기호계로 불리는 거대한 체계 자체가 더 1차적이다. 로트만의 표현을 빌리면 "기호계의 단위, 즉 기능하는 메커니즘의 가장 작은 단위는 개별 언어가 아니라 문화의 전체 기호학적 공간"(1990:125)인 것이다. 로트만의 기호계 개념이 지니는 가장 커다란 의의 중 하나는 그것이 소위 '체계 차원'의 이론적 모델이라는 점이다. 그것의 1차적인 관심은 개별 기호의 차원이 아니라 전체로서 작동하는 체계 자체의 메커니즘이다. 〔사실 이 점은 로트만이 어째서 기호의 유형(도상, 지표, 상징)에 따른 변별적 기호 작용의 문제를 더 깊이 탐구하지 않았는지를 설명해준다.〕[5]

　하지만 전체로서의 기호계가 개별 기호체계에 대해 갖는 1차적인 중요성은 일반적 의미에서의 부분과 전체의 관계, 예컨대 집이라는 하나의 건축물과 그것을 이루는 개별 요소로서의 벽돌의 관계를 넘어서는 것이다. 기호계를 채우고 있는 "개별 부분들은 기계적인 부분으로서 전체에 편입되는 게 아니라 하나의 유기적 조직organ으로서 전체 유기체organism에 포함된다"(1984:17). 기호계의 본질적 특성은

　　각각의 부분이 그 자체로 이미 하나의 총체이며 자신의 구조적 독자성

---

5) Juri Lotman, *Culture and Explosion*, edited by M. Grishakova, translated by Wilma Clark, Mouton de Gruyter, 2009 중에서 E. Andrews, Introduction, XX.

을 지닌다는 점에 있다. 즉 부분들은 전체의 부분인 동시에 그와 닮아 있는 어떤 것이 된다. 〔……〕 기호계에 포함되는 개별 의식, 텍스트, 그리고 전체로서의 문화 사이에는 반드시 명백한 대응이 존재한다."[6] (1984:18)

개별 기호 단위에 앞서 기호계가 지니는 1차적인 중요성은 그것이 단순한 물적 대상들의 집산이 아니라 유기적 하부 단위를 지닌 총체적인 유기체라는 사실에서 생겨난다. 죽어 있는 물적 대상이 아닌 총체로서의 유기체를 대상으로 삼는 기호학은 이제 벽돌이 아니라 건물을, 개별 조직이 아니라 전체 유기체를 그 1차적 탐구의 대상으로 삼아야만 하는 것이다.

무한 공간의 존재론

기호체계의 부분과 전체에 관한 이런 사유는 그것의 실제 존재론과

---

6) '부분들이 전체의 부분인 동시에 그와 닮아 있는 어떤 것'으로 나타나는 이 상황은 분명 앞서 신화적 세계상에서 살펴보았던 '이질동상성'을 떠올리게 한다. 사실 부분과 전체의 이런 독특한 관계는 신화적 세미오시스의 특징 중 하나이다. 신화에서 '부분'은 비신화적 텍스트의 '속성feature'에 해당하지만 메커니즘상 속성과 분명하게 구분된다. 신화에서 부분은 전체를 특징짓는 것이 아니라, 전체와 동일시되는 것이다. "텍스트 속의 텍스트" 개념에서도 발견되는 이와 같은 '마트료시카'식 구조는 신화적 유형의 서술에 관한 언급에서도 나타난다. "신화적 유형의 서술은 각각의 잎이 일정한 변형을 취하며 나머지 것을 반복하는 형태, 즉 '양배추의 통'처럼 엮인다. 동일한 슈제트의 핵이 무한정 반복되면서 열려진 전체로 자라나는 것이다." 한편, 이런 사고는 훗날 로트만이 기호학적 인격으로서의 개별 단위를 '전체를 담지한 부분'을 뜻하는 라이프니츠의 철학적 개념인 "단자монад"와 대응시킬 때 결정적으로 반복된다.

관련된 중대한 통찰에 기초한다. 기호계는 상이한 언어와 다양한 기호 체계의 단순한 축적이 아니라 그것들의 존재와 기능을 위해 '선재하는' 기호학적 조건이다. 즉 모든 구체적 기호 작용에 앞서 존재하는 단일하고 총체적인 메커니즘, 바로 그게 기호계인 것이다. 다르게 말해 보자면, '기호체계들의 앙상블'은 '개별 언어'에 앞서는 존재론적 조건이 된다. 즉 앙상블을 이루고 있는 개별 요소의 상호 작용은 '이미 확립된 정체성들이 이미 기존하는 언어와 코드를 사용해 서로 소통하는 과정'을 가리키지 않는다. 반대로 그 상호 작용이란 주어진 모든 언어와의 관계에서 기호적 '선차성'을 지닌다. 요컨대 소통 없는 의식이란 불가능하기에 그들 간의 "상호 작용은 언어에 선행하며 그것을 생성한다고 말할 수 있다"(1984:19). 로트만의 단언에 따르면, "기호학적 경험은 기호학적 행위에 선행하는바, 기호계의 외부에서는 그 어떤 커뮤니케이션도, 언어도 있을 수 없다"(1990:124). 기호학적 행위, 즉 개별 언어가 먼저 있고, 그것들이 서로 상호 작용하는 게 아니라 기호학적 경험, 즉 기호체계들의 앙상블 자체가 먼저 있어 그것이 개별 언어를 산출해낸다. 기호학적 조직체들의 앙상블, 곧 기호계의 존재가 개별 기호 형성물에 선행하는 존재 조건이 되는 것처럼, 개별 요소 간의 '대화적[상호] 관계'는 그들을 통한 의미 생성을 가능하게 만드는 본질적인 근거가 된다. 만일 현 세계의 기호계가

위성들의 호출, 시인들의 시, 동물들의 외침까지를 포함하는 광역적 인global 것을 의미한다면 '인간이 된다는 것'은 곧 기호계의 참여자이자 기여자가 된다는 것을 의미하며, 곧 영원한 기호적 상호 작용, 즉 대화 속에 놓임을 뜻하는 것이다.[7]

한마디로 인간으로서 살아나간다는 것, 그것은 곧 '기호계' 속의 참여자로서 존재함을 뜻하는 것이다. 그런데 이와 더불어 주목해야 할 또 하나의 측면이 있다. 사유하는 세계의 전체성을 의미하는 기호계의 개념이 더 이상 안과 밖의 나눔이 불가능한 '무한'의 세계를 가리키고 있다는 점이다. 로트만에 따르면, "기호계의 바깥은 또 다른 기호계의 안쪽이기에, 기호계는 사실상 비기호학적인 외부 세계와 만날 수 없다"(1989〔2008〕:329). 어째서 이 점이 중요한가? 주지하다시피 로트만의 유형학적 문화 모델은 문화적 공간의 내부와 외부의 '대립적 분할'에 기초한다. 모든 문화는 '포함'과 '배제'라는 대립의 기본 원칙에 따라 구조화되는바, 문화의 '안'과 '밖'을 나누는 경계의 특질이 해당 문화의 '유형'에 따라 달리 나타나는 상대적인 것이라면, 그와 같은 대립적 분할 자체는 보편적 원리에 해당한다. 모든 문화는 세계를 '자신의' 내부 공간과 '그들의' 외부 공간으로 나눔으로써 시작되는 것이다.

그런데 이런 식의 이해가 사유의 패턴이 보여주는 양상에서 새롭다기보다는 오히려 전형적인 것이라는 점을, 우리는 이미 제3장에서 지적한 바 있다. 경계를 통해 특정 대상의 내부와 외부를 분할하는 행위는 자아와 타자를 대립적으로 구분함으로써, 전자를 완결된 형식과 균형 잡힌 구조로 세우려는 '정체성'의 논리일 뿐만 아니라 이질성과 타자성을 '바깥'으로 투사함으로써 그것을 제외시켜버리는 '배제'의 원리

---

7) A. Shukman, "Semiotics of culture and the influence of M. M. Bakhtin," *Issues In Slavic Literary And Cultural Theory*, 1989, p. 196. 여기서 사용되는 '대화'라는 용어의 문제, 넓게는 바흐친과 로트만과 영향 관계의 문제는 이어지는 장에서 별도로 다루기로 한다.

이기도 하다. 거기서 정상적인 '우리'의 세계로부터 배제된 문화 외적 공간의 목록은 '유아' '타 인종' '무의식' '병리적' 세계 등 다양한 목록으로 계열화된다.

이렇게 볼 때, 기호학적 세계의 '무한'을 뜻하는 로트만의 기호계 개념이 무한을 통해 세계를 닫음으로써 안과 밖의 구별 자체를 무화시켜버리는, 더욱 의미심장하게는 그런 구별 자체를 복수화하고 내부화하려는 기획에 해당한다는 점은 매우 시사적이다. 즉 기호계의 개념은 지금껏 '바깥'으로만 투사했던 이질성과 타자성을 '내부'로 끌어들이는 중요한 변모일 수 있다. 그것은 문화적 타자성의 내부화 과정, 즉 '체계 외적 타자성'이 '체계 내적 이질성'으로 변모해가는 과정의 결과물로 간주될 수 있다. 그리고 바로 이 점에서, 로트만의 기호계 개념은 주체와 구조 개념의 절대성을 상대화하고 그 '타자들'을 재사유하려는 포스트-구조주의의 여러 흐름과 비교될 수 있다.[8]

---

8) 가령 '바깥이 없다'는 의미에서의 스피노자적인 '무한' 공간의 의미를 안과 밖의 구분 자체를 해체하려는 포스트구조주의적 기획으로 재해석하는 가라타니 고진의 논의는 흥미로운 비교 대상이 된다(가라타니 고진, 『언어와 비극』, 조영일 옮김, 도서출판 b, 2004, 273~306쪽). 어떤 점에서 '무한'의 개념은 "기호학적 경험이 기호학적 행위에 선행한다"거나 혹은 "대화는 언어에 선행하며 그것을 생성한다"는 식의, 앞서 지적한 기호계의 공리와 일맥상통하는 것이다. '개체'에 앞선 '관계'의 선차성을 강조하는 이런 입장은, 예컨대 '친구'(내부)와 '적'(외부)의 구분이라는 하나의 선분 위에서 작동하는 이념(칼 슈미트)으로부터 '교통 공간이란 논리적으로 공동체의 발생에 선행한다'는 생각(가라타니 고진)으로, 혹은 '서로 다른 두 언어는 단지 번역 행위의 효과로서만 나타난다'는 주장(사카이 나오키)으로 옮아가는 과정으로 이해될 수 있는 것이다.

기호계의 경계와 이중언어 메커니즘

그렇다면 이제 기호계 개념의 기본적인 특징들을 살펴보자. 우선 "경계성"과 "불균등성"이 있다. 전자로부터 도출되는 '경계'의 개념과 후자로부터 도출되는 '대화'의 개념은 기호계 안에서 벌어지는 모든 종류의 의미 작용을 주관하는 핵심적 메커니즘인 동시에 역동성과 창조성에 관한 기존 논의를 종합하는 학문적 해답으로 등장한다.

우선 기호계의 경계성은 무엇을 뜻하는가? 기호계는 '나름의 경계를 통해 닫힌 일종의 추상적 공간'으로 표상된다. 그런데 이때의 경계는 기호계의 내부를 외부의 비기호적 공간과 구분하는 '외적 경계'일 뿐 아니라 내부의 다층적 구조들을 구분짓는 '내적 경계'이기도 하다는 점에 주목해야 한다. 기호계는 내부와 외부를 분리하는 '1차적 경계' 이외에도 수많은 '내적 경계'로 가득 차 있다. 이것이 뜻하는 바는 기호계가 무수한 '기호학적 나(I)들,' 그러니까 더 작은 규모의 '기호계들'을 포함하는 '기호계들의 복합체'라는 사실이다.[9] 기호계의 내적 공간은 (그것을 외부와 분리시키는 1차적 경계 외에도) "무수한 내적 경계로 절단되기 때문에 그것을 횡단하며 이동하는 각각의 메시지는 수없이 번역되고 변형되어야만 하며, 새로운 정보를 생성하는 과정은 그에 의해 눈덩이처럼 불어나게 된다"(1990:140).

그런데 기호계의 '경계'와 관련된 더욱 중요한 측면은 그것이 지니는

---

9) 당연히 여기서 떠올려야 하는 것은 계층적 구조로 이루어진 일종의 '마트료시카 형태'의 모델, 즉 '텍스트 속의 텍스트' 개념이다. 이 책의 제7장을 참조하라.

이중적 성격이다. 기호계의 경계란, 1차적으로 내부와 외부를 '구분'하는 것이지만 동시에 선택과 거부의 과정을 통해 내부와 외부 간의 역동적인 '상호 작용'을 가능하게 만드는 기제이기도 하다. 기호적 자의식의 입장(즉, 메타적 차원의 자기기술의 차원)에서 보자면 경계는 둘 사이를 '갈라놓는' 것이지만, 메커니즘 내부의 관점에서 보면 경계는 의미 과정을 '결합'시키는 것이다. 경계의 개념은 이렇듯 이중적인바, 그것은 한편으로 나누고 다른 한편으로 결합한다. 구별과 분리뿐 아니라 연결과 결합을 동시에 행한다는 점에서, "기호적 공간의 경계는 기호 메커니즘의 본질을 규정하는 가장 중요한 기능 구조상의 위치가 된다"(1984:14).[10) 요컨대 기호계의 경계지대는

기호학적 적극성이 최고조에 달한 곳이다. 바로 그곳에서 다수의 '메타포적 번역'의 메커니즘이 작동하고 있을 뿐 아니라 양방향으로 펌프질을 하고 있는 변형된 텍스트들이 기능하고 있다. 그리고 바로 그곳에서 새로운 텍스트가 격렬하게 생성된다. 〔……〕 위대한 제국(가령 로마 제국)이 내부의 문화 발생 메커니즘을 거의 다 소진했을 때, 다름 아닌 그 경계지대에서 문화적 적극성이 증대하는 경우가 이에 대한 예가 될 수 있다. 로마의 이방인화와 이방인의 로마화가 동시에 일어났던 것, 이는 우리 앞에 놓인 것이 일방적인 수용의 과정이 아니라 복잡하게 약동하는

---

10) 주목할 것은 여기서 기호계의 경계 개념이 체계의 역동성에 관한 이전 논의(「기호체계의 역동적 모델에 관하여」)에서 이미 제시되었던 '양가성'을 지닌 체계의 중립지대라는 개념을 효과적으로 대체하면서 동시에 그것을 넘어서고 있다는 점이다. 비종결성 및 비결정성을 특징으로 하는 체계의 중립지대가 역동적인 기호체계의 다음 단계를 위한 '구조적 예비'로 간주되었던 반면, 기호계의 경계 개념은 기호체계의 역동적 상호 작용 자체를 가능하게 만드는 기호계의 본질적 메커니즘이 된다.

대화의 과정이라는 점을 보여주는 확실한 증거이다. (1989〔2008〕:330)

분리하기보다는 결합하는 경계, 약동하는 대화의 무대가 되는 이 경계는 결코 선명하고 단일한 선분(절단선)으로 그려질 수 없다. 그것은 차라리 복잡하고 다차원적인 어떤 '공간'에 해당하는바, 기호학적 과정의 가장 뜨거운 지점에 해당하는 그것은 본질상 '이중언어지대'의 성격을 띨 수밖에 없다. 경계는 언제나 변경을 맞댄 두 문화, 인접한 두 기호계 모두에 속하며, 이 점에서 본질상 "이중언어적이고 복수언어적이다"(1990:137). 경계 개념의 이런 '이중언어적' 성격은 특별한 주목을 요한다.

수학과 생물학의 비유를 들어 바꿔 말하자면, 이중언어지대로서의 경계는 '내/외적 공간 모두에 동시적으로 속해 있는 일련의 점'을 경계로 간주하는 수학적 의미의 경계나, 혹은 '선택과 거부의 메커니즘을 통해 유기체의 외적 자극을 자신에게 맞는 생화학적 구조로 변형해 섭취하는 생물학적 여과 세포막filtering membrane'과 유사하다. 요컨대 그것은 "외적 메시지를 특정한 기호계의 내적 언어로 번역하거나 혹은 그 반대로 번역하는 이중언어적 메커니즘"(1984:13)인 것이다.[11]

---

11) 안도 아니고 바깥도 아닌 모종의 경계지대, 랑시에르가 "사이 공간in-between"이라고 부른 예외적인 '위상학적 구조'의 문제는, 주지하다시피 현대(정치)철학의 주요한 화두 중 하나이다. 체계의 주변적 사이-(경계)지대에서 가동되는 번역의 메커니즘은 당연히 메타적 구조를 통한 완벽한 번역(가능성)이 될 수 없다. 그것은 "번역 불가능성의 상황에서의 번역," 말하자면 번역되지 않는 여분의 잔여를 전제할 수밖에 없는, 힘겹고 부정확한 번역을 창출하는 과정에 해당한다. 이런 경계적 번역의 의미와 위상을 온전히 성찰하는 일은 '경계' 개념 자체의 복잡하고 다의적인 의미를 점검하는 일과 밀접하게 관련되어 있다. 가령 발리바르는 단순화된 정의의 자명함에 맞서 '경계'의 개념을 복잡화해야 할 필요성을 주장하면서, 경계 개념의 역사적 다의성을 첫째, 경계들의 과잉 결정, 둘째, 다의미성, 셋째 이질성의 측

흥미로운 것은 경계의 바로 이런 양면적이고 이중언어적인 성격이 해당 공간에서 작동하는 언어를 원칙상 모순어법oxymoron으로 만든다는 점이다. 키예프 시기 러시아의 국경지대에는 그곳에 정착해 사는 유목민들이 존재했다. 그들은 러시아령 국경지대에 정착해 농사꾼이 되었는데, 이후 러시아 제후들과 동맹을 맺는가 하면 같은 유목민 동족에 맞서 군사 행동에 참여하기도 했다. 당시 이들을 부르는 이름이 "우리의 파가니"라는 형용모순적인 단어였다. '이교도'를 뜻하는 파가니라는 말은 낯설고 올바르지 못한, 혹은 불결한 이라는 뜻을 함께 지닌다. 그들은 낯설고 불결한 이교도이지만 동시에 '우리의' 파가니인 것이다. 이 단어가 집약해 보여주고 있는 것은 물론 그들의 '경계적' 실존의 상황이다. 나(의 것)이면서 동시에 남(의 것)이기도 한, 어쩌면 나(의 것)도 남(의 것)도 아닌 예외적인 이중성의 지대, 바로 그것이 이중언어지대로서의 '경계'인 것이다.

한편, 경계지대에서 작동하는 이런 '이중언어적 메커니즘'은 타자와의 만남, 넓게는 외부 문화와의 접촉 문제에서 흥미로운 시사점을 제공한다. 타자 혹은 낯선 외부와 소통하려면 문화가 자신의 내부 세계에 외부의 이미지를 '통합'해야만 하는데, 이를 위해선 타자나 외부가 내부의 언어를 통해 표상(이미지화)될 필요가 있다[즉, 우리(나)의 언어를 통해 명명/재현되어야 하는 것이다]. 분명 소통의 용이함에 복무하게 될 이 과정은, 그러나 로트만에 따르면 치명적인 모순을 안고 있다. 타자에 대한 내적 이미지를 만들어내는 이런 '재현'의 과정은 "외적 대

면에서 고찰한 바 있다. 에티엔 발리바르, 「경계란 무엇인가」, 『대중의 공포』, 최원·서관모 옮김, 도서출판 b, 2007, 445~57쪽.

상이 지니는 특정 측면, 흔히 자극체로서 그것이 갖고 있는 가장 가치 있는 자질들을 불가피하게 희생시키게 되는 것이다"(1983〔2008〕: 289).

이런 딜레마의 상황에서 로트만이 강조하는 것은 경계적 형상, 곧 '이중적' 이미지 자체의 '필요불가결성'이다. 바로 이 점에서 그는 '타자의 타자성'을 그 어떤 재현과 전유도 불가능한 것으로서 '절대화'하는 이른바 "환대의 윤리"(레비나스, 데리다)와 구별된다.[12] 로트만에 따르면, 경계적 현상은 문화의 내적 언어로 번역됨으로써 더 이상 '낯설지' 않게 되는 동시에 (번역되지 않는) '낯선 것'으로 남아 있을 수 있어야 한다. 바로 이런 역설적 상황이 모순적 형상, 앞서 말한 '우리의 이교도'를 요청한다. 가령 바이런이라는 영국 시인이 러시아 문화에 들어오기 위해서는 문화적인 대역, 그러니까 러시아와 영국 문화 모두에 접해 있는 '러시아의 바이런'(이는 모순어법이다!)이 반드시 필요했다. 그는 '러시아인'이 되어 러시아 문학의 내적 과정에 유기적으로 포함되어야 하지만 동시에 러시아 문학의 맥락 안에서 온전히 '기능'하기 위해 반드시 (낯선) '영국'의 시인으로서 경험되어야만 했던 것이다. "개별 텍스트나 작가뿐 아니라 전체 문화도 문화적 접촉이 가능해지기 위

---

12) 이른바 환대의 윤리는 타자성의 딜레마에서 출발한다. 타자를 수용하고 그와 적극적 관계를 맺는 일 자체가 이미 타자의 타자성을 부정함으로써만, 다시 말해, 동일자의 의지에 따라 타자를 전유함으로써만 가능해진다는 역설로부터, 여하한 종류의 통합이나 대상화를 원칙적으로 거부하는 태도, 곧 '환대의 윤리'가 대두하는 것이다. 예컨대 흡사 '메시아처럼 오는' 타자를 향한 레비나스와 데리다식의 환대는 타인의 고통에 대한 '무한책임'과 '응답'의 윤리를 강조한다. 그 입장은 타자를 향한 적대적 공포의 태도와 완전히 상반된 것이지만, 역설적이게도 그와 아주 닮아 있다. 왜냐하면 후자가 타자의 이질성을 극단화함으로써 타자를 외부에 가둔다면, 전자는 '타자의 타자성'을 (그 어떤 재현과 전유도 불가능한 것으로서) '절대화'함으로써 그와의 실천적 접속을 차단하기 때문이다.

해 마치 이중언어 사전과도 같은, 이런 이미지-등가물을 필요로 한다"
(1990:137).

중요한 것은 이런 모순적인 이미지-등가물을 통한 번역과 교환이 결
코 일방적 통합이나 수용의 과정이 될 수 없다는 점이다. 커뮤니케이
션의 '수단'이면서 동시에 '장애물'로 작용하는 이 모순적 형상, 나름의
문화적 '이중언어 번역기'를 거쳐 결국 생겨나게 되는 것은, 코이네
koine를 향한 끊임없는 추구를 통해 만들어지는 각종 "혼합어의creolized
체계들"(*Ibid*:142)이다. 그것은 일방적 주입이 아닌 "약동하는 대화"
의 과정이기에, "로마의 이방인화와 이방인의 로마화"는 동시에 발생
할 수밖에 없는 것이다. 문화의 상호 작용에 관한 로트만의 사유를 탈
식민주의 이론체계에 적용할 가능성은 바로 이 지점에 있다. '주변'에
해당하는 수용 문화 내에서 발생하는 적극적인 재코드화의 창조적·전
복적 가능성을 강조하는 그의 입장은 분명 문화의 크레올화creolization
를 이론화하기에 적합한 틀을 제공한다.[13]

내적 공간의 불균등성과 혼종성

'경계성'과 더불어 기호계 개념의 두번째 특징을 이루는 것은 내적인
'불균등성'이다. 기호계의 내부는 결코 동종의 균질적 요소들로 이루어

---

13) 이에 관해서는 A. Schönle, "The Self, Its Bubbles, and Its Illusions," *Lotman and Cultural Studies— Encounters and Extensions*, edited by Andreas Schönle, The University of Wisconsin Press, 2006, pp. 195~97을 참조하라.

져 있지 않다. 앞서 지적했듯이, 기호계의 내적 공간은 "이질적 언어들과 그들을 가르는 무수한 경계로 가득 차 있는바, 그것들은 완벽한 상호 번역 가능성으로부터 절대적인 번역 불가능성에 이르는 (넓은) 스펙트럼을 따라 갖가지 방식으로 서로 연관된다"(1990:125). 기호계의 내적 구조의 본질적 특성은 기호학적 혼종성이다.

이와 관련해 흥미로운 것은 기호계의 공시적 단면에서 확인되는 '복합시간성'이다. 기호계의 내부에서는 상이한 언어가 상이한 '속도'로 순환하고 있다. 즉 서로 다른 역사적 발전 단계에 놓인 복수의 체계들이 공존하면서 하나의 평면에 펼쳐지는 것이다. "기호계의 모든 공시적 단면을 가로질러 상이한 발전 단계에 놓인 이질적 언어들이 충돌하고 있으며, 어떤 텍스트들은 해독을 위한 코드가 전적으로 부재한 상황에서 낯선 언어 속에 잠겨 있기도 하다"(*Ibid*:126).

이처럼 기호계의 공시적 단면은 필연적으로 통시적 차원의 불균등성을 수반한다. 특정 단계에서 절개된 기호계 속에는 시간적 격차를 지닌 복수의 이질적 체계들이 공존하는 것이다. 따라서 여기서 '작동하고 있는 것'은 가장 최근의 시간적 단면이 아니라 문화 텍스트의 '압축된 전체 역사'이다.[14] 단일 차원 안에 다양한 언어와 텍스트가 공존하면서 역동적으로 상호 작용하는 이런 중층적 상황을 표현하기 위해서 로

---

14) 이런 혼종적인 시간성이 떠올리게 하는 것은 흔히 '비동시성'(의 동시성)이라는 말로 표현되곤 하는, 전 지구화에 따른 독특한 시간 경험, 즉 '혼합 시간성mixed temporality'이다. 주지하듯이, 시간 경험의 이런 혼합성은 혼종성의 중요한 차원 중 하나로, 전근대성, 근대성, 탈근대성이 공존하고 산재하는 이런 상황은 전 지구화 시대 제3세계 문화의 일반적 특징을 이룬다. J. N. Pieterse, "Globalization as Hybridization," *Global Modernities*, edited by Mike Featherstone, Scott Lash and Roland Robertson, London: Sage Publications, 1995, p. 51.

트만은 '박물관'의 비유를 들고 있다.

　　공시적으로 관찰된 단일 세계의 예로 박물관의 홀을 떠올려보라. 거기
엔 알려지거나 혹은 알려지지 않은 언어로 서명된 각기 다른 시대의 전
시물들이 그 언어의 해독을 위한 설명서와 나란히 전시되어 있다. 게다
가 거기엔 박물관 직원들이 작성한 설명문, 관람 계획서, 방문객의 행동
준칙 따위가 함께 놓여 있다. 이 홀 안에 관람 안내원과 방문객이 있다고
상상해보라. 그런 후 이 모든 것을 단일한 하나의 메커니즘으로서 상상
해보라. 바로 이것이 기호계의 이미지이다. 게다가 우리는 기호계의 모
든 성분이 정적이지 않은 역동적 상태에 있음을, 즉 그것들의 관계가 끊
임없이 변화하고 있다는 점 역시 기억해야 할 것이다. (1990:126~27)

　　이런 복잡하고 다층적인 이미지는 당연히 기호계의 내적 이질성 및
역동성을 표현하기 위한 것이다. 각종 텍스트(유물)들, 그것을 해독하
기 위한 갖가지 언어(설명서)들, 그 무수한 언어와 텍스트를 가로지르
며 다채로운 의미 작용과 해석에 참여하고 있는 제각각의 주체(관람객
및 직원)들로 이루어진 커다란 단일 공간(박물관), 바로 그것이 기호계
의 이미지이다. 물론 이와 같은 내적 이질성 및 역동성과 이상적인 통
일성 사이에는 끊임없는 길항과 상호 작용이 벌어진다. 즉 기호계의
내적 구조 형성 원칙은 두 가지 방향으로 작동한다. 개별 요소들을 기
호학적 단일체로 강력히 통합하려는 경향이 작용하는가 하면, 반대로
고도의 '개별화'를 지향하는 경향도 존재한다. 무수한 내적 경계로 이
루어진 이질적 언어들의 소통 및 번역의 장인 기호계는 (마치 전 지구
화의 복잡하고 모순적인 과정이 그러하듯이) 부분(지역)과 전체(세계)

양쪽으로 동시에 진행되는 운동의 장인 것이다. 그 과정은 통일과 통합을 구축할 뿐 아니라 끊임없는 차이와 분열을 만들어내는 기제이기도 한 것이다.

기호계의 비대칭성—중심과 주변

하지만 기호계의 내적 이질성과 복합적 혼종성이 그 내부 공간을 규제하는 실질적 힘의 질서와 위계를 무화시키는 것은 아니다. 이와 관련된 마지막 특징이 바로 내적 구조의 "비대칭성asymmetry"이다. 기호계를 구성하는 상이한 언어들 간의 상호 번역을 정보의 발생기로 만드는 것은 바로 그것들 간의 비대칭성이다. 그렇다면 이런 비대칭성은 어디에서 가장 뚜렷하게 나타나는가? 말할 필요도 없이 그건 기호계의 '중심center'과 '주변periphery'에서이다. 기호계의 중심과 주변에서 벌어지는 역동적인 메커니즘에 관한 사유, 이른바 중심-주변 관계에 관한 로트만의 사유는 기호계와 관련된 논의에서 가장 흥미로운 부분에 해당한다.

기호계의 '중심'에는 무엇이 자리하는가? 기호체계의 자기기술에 관한 앞선 논의에서 이미 살펴보았듯이 기호계의 '중심'에는 구조적 조직화의 관점에서 "제일 발달된 언어"가 자리한다. 이런 언어의 가장 뚜렷한 예는 물론 자연언어다. 기호계에 잠기지 않은 상태에서 어떤 언어도 온전히 기능할 수 없듯이, 일찍이 벤베니스트가 말한 "구조적 핵으로서의 자연언어"를 '중심'에 가져다 놓지 않는 기호계란 있을 수 없다. 체계 전체의 통합적 조직화에서 주도적인 기능을 담당하는 이런 중심적 구조는 반드시 필요하다. 그런데 문제는 이런 통합적 조직화의 힘이 기호계의 전 영역을 다 포괄하지 못한다는 데 있다. 스스로의 문법을 주변 영역으로 확장하려는 자기기술의 강력한 지향에도 불구하고, 그런 확장은 결코 완벽하게 이루어질 수 없다. 문법적 자기기술 내에서 아무리 명확하게 정의된다고 하더라도 "세미오시스의 실제 안에서 언어들은 부식되고 각종 전이적 형식들transitional forms로 가득 차 있게 마련이다"(1990:124).

  그렇다면 이런 확장의 대상 영역인 기호계의 '주변'에서는 어떤 일들이 벌어지고 있을까? 기호계의 중심인 세미오시스의 메타 차원으로부터 동떨어진 그곳에는 생생하고 구체적인 '일상적 현실'이 자리한다. 구체적이고 일상적인 이 현실은 메타 차원의 조직화된 중심이 부여하는 규범적 언어와 '충돌'하게 된다. 일상, 즉 실제 현실의 생생한 기호학적 환경에서 태어난 유기적 창조물들이 중심이 제시하는 인공적 규범들에 대립하게 되는 것이다. 로트만의 표현을 빌리면, 만일 "중심에 '우리의' 언어가 있다면, 주변부에서 그 언어는 그 아래 놓인 기호적 현실을 온전히 반영하지 못하는 '다른 누군가'의 언어로 여겨진다. 그것은 마치 외국어의 문법처럼 여겨지는 것이다"(1990:134).

  중심의 언어가 외국어로 느껴지는 상황, 이는 결국 뒤집어 말해 주변부의 현실이 자신을 표현할 언어를 갖지 못함을 뜻한다. 체계의 주변부가 중심의 언어로부터 멀어져 타자화되는 과정, 더 정확히 말하자면 중심의 문법으로부터 '버려져' '비존재화'(유령화)하는 메커니즘에 관해서는 '자기기술'에 관한 앞선 논의에서 이미 살펴본 바 있다. 여기서 반드시 지적할 것은 로트만이 말하는 기호계의 '주변'이란 결코 이런 극단적인 '내던져짐(유기)의 상태'만을 가리키지 않는다는 점이다.

중심의 언어로부터 이탈된 상황, 중심이 제시하는 규범적 언어를 외국어로 느끼게 되는 상황은 동시에 바로 그 주변부로부터 새로운 가능성, 즉 새로운 언어가 생겨나게 되는 전제조건이기도 하다. 중심부의 자기 기술은 주변부를 부정함으로써 그것을 비존재의 층위로 번역한다. 하지만 그와 더불어 또 하나의 명백한 사실은 기호학적 공간 안에서 조직화의 정도는 균등하게 배치되지 않는다는 점이다. 즉 조직화의 엄격성은 중심에서 주변부로 갈수록 반드시 '약해질 수밖에' 없는바, '새로운' 언어가 존재하게 되는 갱신과 창조의 영역은 바로 이 주변부가 될 수밖에 없는 것이다.

이〔주변부〕는 기호학적 역동성의 영역이다. 이것은 새로운 언어들이 생겨나는 긴장의 장이다. 예컨대 이미 지적되었듯이, 예술에서의 주변적 장르들은 문화의 중심에 자리한 것들에 비해 더욱 혁명적이다. 그것들은 더 큰 특권을 누리며 동시대인들에게 진정한 예술로 인식된다. 20세기 후반은 문화의 주변적marginal 형식들의 공격적인 융기를 목격했다. 〔……〕 〔영화는〕 장터의 구경거리에서 출발해 〔……〕 중심적인 예술 형식이 되었다. 〔……〕 '반역적 가장자리'로서 삶을 시작했던 아방가르드는 시대 전체에 자신의 법칙을 지시하고 전체 기호계에 자신의 색깔을 부여하는 중심의 현상이 되었던 것이다.[15] (1990:134)

---

15) 사실 체계의 주변이 갖는 유연성과 그로 인한 창조적인 잠재력은 문화와 예술의 사례에만 국한된 것이 아니다. 중심-주변의 지정학을 세계사적 차원에서 파악해보면 매우 흥미로운 법칙성을 도출할 수 있는데, 가령 아민S. Armin에 따르면 고대 그리스는 당대의 중심이었던 선진국 이집트의 '주변'에 위치한 섬나라였기 때문에 찬란한 문화를 꽃피울 수 있었다. 이집트 같은 제국은 이미 완성되어 있었기 때문에 경직되고 정체된 데 비해, 미완성인 반도 국가 그리스는 그 주변부에 있었기 때문에 유연하고 자유롭게 문화를 발전시킬 수 있었다는

결국 로트만의 기호계를 중심과 주변이 경쟁하는 비대칭적 패러다임으로 볼 수 있다면, "담론이 격돌하는 장소, 즉흥성과 갱신이 발생하는 곳, 무질서와 다수성, 그리고 변화가 생겨나는 곳은 다름 아닌 주변부이다. 모든 특수하고 모호한 것, 예측하기 힘들고 변화무쌍한 텍스트가 창조되는 장소는 바로 주변인 것이다."[16] 주변, 즉 "일상적 삶"의 처소이자 "기호계의 낡아빠진 가장자리Ragged Edges"[17]인 그곳에서 중심을 대체할 미래의 동력이 생성된다.

이제껏 상술한 논의에서 드러나듯이, 기호계의 개념은 기호체계의 내적 구조가 지니는 복잡성과 의미 작용의 역동성, 중심의 구심적 통일성과 주변의 이질적 원심성 등 로트만 기호학의 거의 모든 문제의식을 포괄하는 '종합적 응답'의 성격을 띠고 있다. 동시에 그것은 대략 1970년대 후반부터 나타난 '변화된 인식'을 보여주는 명백한 증거이기도 하다.

1970년대 후반 이후 로트만 기호학 사상의 가장 특징적인 현상은 기호학을 '인간화'하려는 의식적인 지향이다. 후기 사유의 전반적 경향은 기호학에 좀더 유연하고 유기적인 성격을 부여함으로써 전 시기의 구

것이다(이집트와 그리스의 유사한 관계는 로마 제국과 그 주변인 서유럽의 관계, 또 서유럽 대륙의 제국과 주변의 섬나라인 영국, 더 나아가 중국 제국과 주변의 섬나라인 일본의 관계에서도 찾아볼 수 있다). 사미르 아민, 『유럽 중심주의』, 김용규 옮김, 세종출판사, 2000, 25~34쪽 참조.

16) A. Schönle, "The Self, Its Bubbles, and Its Illusions," *Lotman and Cultural Studies— Encounters and Extensions*, edited by Andreas Schönle, The University of Wisconsin Press, 2006, p. 192.

17) J. H. Bolton, "Writing in a Polluted Semiosphere—Everyday life in Lotman, Foucault, and de Certeau," *Ibid*, p. 324.

조주의적 모델이 지녔던 기계적 색채를 약화시키려는 지향으로 특징지어질 수 있다. 기호학적 구조는 이제 "인격"과 매우 유사한 어떤 것으로 나타나기 시작하며, 그런 의미에서 일반적으로는 "창조적인 지성"에 본질적인, 체계로부터의 일정한 자립성을 지니는 것으로서 모델링된다.

한편으로 로트만은 "최소한의 기능하는 구조란 인공적으로 유리된 단 하나의 언어나 혹은 그 언어로 된 텍스트가 아니라 상호 번역 불가능한 관계에 놓인 평행하는 언어들의 쌍"이라는 명제(복수언어주의)를 다각도로 재확인하면서, 다른 한편으로는 그런 구조를 일종의 "사유하는 조직체"로 재정의하려고 시도했다. 그런데 여기서 특별히 흥미로운 대목은, 로트만이 사유를 정식화하는 과정에서 보여주고 있는 바흐친과의 현저한 근접의 문제이다. 기호학적 구조의 '내적 비단종성'을 모든 '사유하는 조직체'를 위한 필수적 조건으로 정의하면서, 로트만은 그런 구조를 지칭하는 주요한 술어로서 "대화적 구조"라는 용어를 사용한다. 말하자면 로트만의 맥락에서 단일언어적 구조는, 바흐친의 "독백적" 구조에 해당하며, 이중언어 혹은 복수언어적 구조는 "대화적" 구조에 해당하는 것이다.

요컨대 우리가 목도하게 되는 것은 로트만이 바흐친의 '대화' 개념을 두고 벌이는 특정한 '대화'의 양상이다. 그는 분명 바흐친의 저명한 용어를 차용하고 있지만, 그것은 이미 해석과 재맥락화를 거친 고유한 '대화'의 산물이다. 이런 특별한 대화, 정확하게는 '대화에 관한 대화'의 전모를 온전히 파악하기 위해서는, 두 사상가의 이론적 입장이 지니는 근본적 '차이'를 재확인하는 일이 필수적이다. 표면적 유사성 아래에 놓인 근본적 입장 차이가 드러날 때, 그들 간의 대화가 갖는 생산적 함의 역시 더 잘 이해될 수 있을 것이다. 20세기 러시아 인문 사상의 두 축을 형성하고 있다고 해도 과언이 아닐 이 두 사상가의 흥미진진한 영향 관계를 다음 장에서 살펴보자.

제5부

폭발

사유하는 조직체는 원칙상 대화적인 구조를 지녀야만 한다. 이런 결론은 대화적
텍스트들의 구조에 관한 바흐친의 예언적인 사유에 새로운 의미를 부여한다.

문화 전체, 그 속에 포함된 충분히 복잡한 모든 개별 텍스트, 그리고 텍스트로
간주될 수 있는 개개 인간의 개인성까지, 이 모든 것은 단자單子들이다.

폭발이란 무엇인가? 그것은 '결절'의 국면이다. 이전의 모든 과정이 일시적으로
중단되는 순간, 미래의 방향이 비결정성의 문턱에 머무는 '정지'의 순간이
바로 폭발의 국면이다.

이런 상황들에서 체계의 운명은 우연적 요소와 의식적인 선택에 의존한다.
이것은 역사적 과정으로 그 참여자들의 개인적인 책임감과 윤리적 행위의
국면들을 들여놓는다.

제11장

로트만 vs 바흐친

로트만—소쉬르에서 바흐친으로

'바흐친과 로트만'의 테마, 좁게는 '모스크바-타르투 학파에 미친 바흐친 유산'의 문제는 생각보다 오래된 주제이다. 이미 1973년에 이바노프가 "현대 기호학에 미친 바흐친 사상의 지대한 중요성"을 언급한 이래로, 이 주제는 연구자들의 지속적인 관심의 대상이 되어왔다.[1]

---

1) Вяч. Вс. Иванов, "Значение идей М. М. Бахтина о знаке, высказывании и диалоге для современной семиотики," Семиотика 6, 1973, сс. 5~44. (재출판: Диалог. Карнавал. Хронотоп, 1996, сс. 5~58.) 이 주제에 관한 기존 연구들로는, A. Reid, "Who is Lotman and Why Bakhtin Saying Those Nasty Things about Him?," *Discours, Social, Social, Discourse*, Canada, 1990; *Literature as communication and cognition in Bakhtin and Lotman*, Garland Publishing New York & London, 1990; A. Shukman, "Semiotics of culture and the influence of M. M. Bakhtin," *Issues In Slavic Literary And Cultural Theory*, 1989; A. Mandelker, "Semiotizing the Sphere: Organist theory in Lotman, Bakhtin and Vernadsky," *PMLA*, Vol. 109, No. 3, 1994.

최근 들어 그르지벡은 이 테마의 새로운 측면에 주의를 기울인 바 있다. 그는 두 학자의 이론적 경향을 일별하며, 바흐친의 사상을 로트만 사상의 '방법론적 진화' 문제와 관련짓는다. 그에 따르면, 원칙적으로 '소쉬르적인' 것으로 간주되는 모스크바-타르투 학파의 근본 입장은 대략 1970년 말, 명백하게는 1980년대 초반에 "텍스트의 개념을 두고 일련의 변모"를 겪었으며, 이러한 "본질적 변화"는 다름 아닌 "바흐친 기호학의 영향권" 아래에서 발생했다.[2]

이 측면과 관련한 예고로프의 지적이 흥미롭다. 그는 1983년 발표된 로트만의 글 「바흐친의 유산과 기호학의 당면 문제들」[3]을 언급하면서, "거의 전적으로 바흐친의 학문적 유산의 문제를 다루고 있는" 이 논문이 사실상 "로트만 그 자신의 견해"를 피력한 것이라고 주장한다. 즉, 이 논문에서 로트만은 바흐친 사상의 현재적 중요성을 강조하면서 "사실은 그 자신의 사상적 진화를 암시하고 있으며, 그렇게 함으로써 초기 저작들에만 기대 자신을 비판했던 과거와 미래의 반대자들을 무장해제시키고 있다"는 것이다.

바흐친은 동시대 구조주의자들을 소쉬르의 후계자로 간주했다. 로트만이 자신의 논문에서 바흐친을 소쉬르와 대별하며 동조의 견해를 피력하는 것은 간접적인 방식으로 자신에 대한 바흐친의 비판을 미묘하게 수

---

2) П. Гржибек, "Бахтинская семиотика и московско-тартуская школа," Лотмановский сборник 1, М., 1995, с. 228.

3) 이 논문은 1983년 독일에서 열린 국제 학술대회에서 독일어로 발표되었던 것이다. 예고로프가 논문을 발표했던 당시에는 아직 번역되지 않았으나 최근 발간된 로트만 전집에 러시아어로 번역, 수록되었다. Ю. М. Лотман, "Наследие Бахтина и актуальные проблемы семиотики," История и типология русской культуры, СПб., 2002, сс. 147~56.

정하는 것으로 이해될 수 있다. 당신은 우리들을 '소쉬르적인' 한계를 지녔다고 내던져버렸지만, 우리들은 소쉬르에 대한 당신의 반대 입장에 전적으로 동조하고 있소이다.[4]

로트만 사유의 진화 과정에서, 현대 기호학의 시조라고 할 수 있는 소쉬르의 학문적 유산의 일련의 측면이 결정적인 비판에 직면했으며, 텍스트 개념의 재규정을 중심으로 한 로트만 후기 사상의 확립 과정이 소쉬르의 테제들을 혁신적으로 확장하거나 혹은 극복하는 양상으로 실현되었다는 점은 잘 알려져 있다.[5] 아울러 바흐친 언어관의 본질적인 '반反소쉬르적' 성격[6] 역시 고려한다면, 로트만에 의한 소쉬르 '극복'의

---

4) Б. Ф. Егоров, "Бахтин и Лотман," Жизнь и творчество Ю. М. Лотмана, М., 1999, cc. 245~46.

5) 소쉬르 언어학에 대한 로트만의 결정적 문제 제기는 크게 두 지점으로 요약될 수 있다. 첫째, 인간이 사용하는 커뮤니케이션 체계는 "의미(정보)의 유효한 전달"을 (유일한) 목적으로 삼는다는 전제, 둘째, 언어(/코드)는 텍스트에 선행하며 텍스트는 언어(/코드)로부터 '2차적으로' 생겨난다는 전제이다. 로트만에 따르면, '정보의 적절한 전달'(의사소통)이란 '새로운 의미의 창조' '문화적 기억의 저장'과 더불어 문화 속에서 실제 텍스트가 행하고 있는 첫번째 기능에 불과하다. 문화 연구적 관점을 도입했을 때, 텍스트에 대한 언어(코드)의 선행을 가정하는 텍스트 개념과 함께 언어에 대한 텍스트의 선행을 가정하는 텍스트 개념을 고려함이 필수적이다. 제2장의 '총체적인 기호'로서의 텍스트와 '기호들의 연쇄'로서의 텍스트 개념을 참조하라.

6) 대표적으로, 볼로쉬노프/바흐친의 저작 『마르크스주의와 언어철학』에 나타난 입장을 들 수 있다. "소쉬르의 이해에 따르자면 발화는 언어학의 대상이 될 수 없다. 발화 속에서 언어학적 요소들이란 언어의 형식에 규범적으로 일치하는 현전하는 것들뿐이다. 나머지 모든 것들은— '부차적이고 우연적이다.' 소쉬르의 주요 논제를 강조해보자. 언어(랑그)는 발화(빠롤)에 사회적인 것이 개인적인 것에 대립하듯이 대립된다. 이렇게 해서, 발화는 순전히 개인적인 것으로 여겨진다. 이후에 살펴보겠지만, 소쉬르의 관점을 포함한 모든 추상적 객관주의의 근본적인 오해proton pseudos는 바로 이 점에 있다." В. Н. Волошинов(/М. М. Бахтин), Марксизм и философия языка/Тетралогия, М., 1998, с. 355; 번역본: М. 바흐친, V. N. 볼로쉬노프, 『마르크스주의와 언어철학』, 송기한 옮김, 한겨레, 1988(재간: 『언어와 이데올로기』, 푸른사상, 2005).

과정이 바흐친 사유와의 일정한 '근접'으로 현실화되었다고 가정하는 것은 자연스럽다.

하지만 만일 언급된 사항들로부터, 로트만이 이론적 진화의 일정 단계에서 애초의 입장을 완전히 거절하고 외견상 그에 정면으로 대립되는 다른 입장으로 선회했다는 주장을 끌어낸다면, 이는 몹시 성급한 결론이 될 것이다. 이런 주장은 지나친 도식화의 위험성을 지닐 뿐 아니라 무엇보다 모든 이론체계에 필수적인 '내적 통일성'의 문제를 선험적으로 괄호 치는 것이다. 예컨대 로트만 기호학 사상 전반에서 소쉬르의 학문적 유산이란 한편으로는 반드시 '극복해야 할' 비판적 대상이지만, 다른 한편으론 현대 기호학의 토대에 여전히 남아 있는 가장 강력한 토대라는 사실을 기억해야 한다. 로트만에게 소쉬르의 가르침은 "자신의 근원적 명제들을 여전히 보존하면서 주변 세계와 더불어 진화하면서 역동적 변모를 겪어낼 줄 아는," 장기간의 학문적 삶을 사는 사유의 전형적인 본보기인 것이다.[7]

결국 관건은, 로트만 전-후기 기호학 사이의 눈에 띄는 개념적 도약의 문제를 각각 소쉬르적 노선과 바흐친적 노선에 유형학적으로 대응시키는 일반적 전제를 무비판적으로 수용하는 대신에 그러한 진화의

---

7) 1990년에 출간된 영문판 저서 『정신의 우주 *Universe of the Mind*』의 서문에서 로트만은 "소쉬르 이후"라는 부제 아래, 최근 몇십 년간 기호학이 걸어온 도정을 다음과 같은 짤막한 구절로 정의한다: "계승continuing과 극복overcoming." 그에 따르면, "일찍이 로만 야콥슨이 이 스위스 학자의 사유체계에 퍼스의 사상을 대치시킨 이래로, 소쉬르의 저작과 사유는 현대 기호학의 토대에 강력한 초석으로 남아 있다": "이와 같은 사고들(랑그/빠롤, 공시태/통시태의 구분—인용자)을 현대 기호학의 몸통으로부터 제거하는 것은 불가능하다. 그것들을 거부한다는 것은 곧 (건물의) 주춧돌을 뽑아낸다는 것을 의미하는 것이다. 그러나 이와 함께 우리는 이와 같은 근원적인 명제들, 나아가 기호학의 전체적 외양 자체가 20세기 후반 들어 얼마나 심대한 변형을 겪어야만 했는가를 (소쉬르의) 이 예를 통해 확인할 수 있다"(1990:5;8).

내적 논리와 양상을 더 면밀히 탐색하는 일이다. 만일 로트만 사유의 '본질적 변모' 이전과 이후 관점 사이에서, 이를 관통하고 있는 모종의 논리적 상관성을 구축해낼 수 있다면, 결과적으로 이 작업은 로트만 사상의 진화 과정의 상대적 '독자성,' 나아가 로트만과 바흐친 사유의 근본적 '차별성'을 확인하는 일이 될 것이다.

바흐친의 '다언어성' vs 로트만의 '복수언어주의'

이런 작업을 위한 방편으로 우선 '언어'의 문제를 바라보는 바흐친과 로트만의 기본 입장을 잘 보여주는 두 개념을 비교해보자. 바흐친의 '다언어성разноречие'과 로트만의 '복수언어주의полиглотизм' 개념이 그것이다. 일견 유사해 보이는 두 개념 사이에 가로놓인 원칙적인 거리가 분명하게 드러날 수 있다면, 이는 바흐친과 로트만 사상의 인식론적 대질이라는 중대한 과제를 위한 생산적 시사가 될 수 있을 것이다.

그르지벡에 따르면, 로트만의 관점 변화, 곧 텍스트 개념의 "본질적 변화"는 텍스트에 대한 이해가 "단일언어의 실현"으로부터 "원칙상 혼종적 구조를 지니는 여러 언어의 동시적 실현"으로 옮겨갔다는 점에 있다.[8] 이 단계에서 이미 텍스트는 "의미의 수동적 담지체"가 아니라 "내적 모순을 지니는 역동적 현상"으로 나타나며, 나아가 그런 텍스트의 수용 과정은 본질상 "대화적인 것"으로 이해된다. 요컨대 "로트만 후기 저작에 나타난 새로운 텍스트 이해는 소쉬르가 아니라 바흐친과 퍼스

---

8) П. Гржибек, Там же, с. 248.

의 기호학에 훨씬 더 가깝다"[9]는 게 그의 주장이다.

당연히 이런 새로운 텍스트 개념은 후기 로트만 사유의 가장 중요한 이론적 개념인 '복수언어주의'와 관련된 것이다. 이 개념에 따르면 모든 종류의 기호체계가 기능하기 위한 최소한의 조건은 "상이한 방식으로 구조화된 최소 두 가지 [이상의] 언어의 공존"이다. 이런 관점하에서 텍스트는 "다언어적 구조," 그러니까 "그 속에서 언어들이 상호 작용하고, 상호 간섭하며, 위계적으로 자기조직화를 수행하는" 공간으로 나타난다. "텍스트는 우리에게 단일언어의 실현으로 나타나지 않는다. 그것의 구성을 위해서는 최소 두 개의 언어가 요구된다. 이런 유형의 어떤 텍스트도 단일언어의 관점에서는 온전히 기술될 수 없다"(1981b: 427).

그런데 여기서 특별히 흥미를 끄는 대목이 있다. 그르지벡은 본질상 "복수언어주의" 개념으로 수렴될 수 있는 로트만의 새로운 텍스트 개념을 (소설) 언어의 '내적 혼종성'을 강조하는 바흐친의 개념인 "다언어성" 혹은 "헤테로글로시아"와 매우 유사한 것으로 이해하고 있다. 그런데 정말 그러한가? 언어를 "살아 있는 사회-이데올로기적 구체성"으로 간주하는 바흐친의 언어 이해의 근본에는 다음과 같은 신념이 놓여 있다. 언어는, 언어 예술가의 의식이 살고 있는 생생하고 구체적인 환경이 그러하듯이, 그 어떤 순간에도 '단일한единым 것'일 수가 없다. "담론의 대화성으로부터 절연된 인공적이고 조건적인 언어 상황"에 대한 반대, 그리고 "구체적인 내용으로 가득 차 있으며 억양이 부여되어 있는 대화화된 언어적 다양성"의 수용은 언어에 대한 바흐친적 태도의

---

9) Там же, с. 250.

362

핵심을 이룬다. 바흐친에 따르면, "언어적 다양성을 구성하고 있는 모든 언어"는 그저 언어들이 아니라 일종의 "세계관"이다. "언어적 다양성을 구성하는 모든 언어는 그들을 구별하는 저변의 원칙이 무엇이건 간에 세계를 바라보고 개념화하는 관점, 그러니까 각기 나름의 대상과 의미와 가치로 특징지어지는 특수한 세계관들로 나타난다."[10] 그렇기 때문에 "구체적인 사회-이념적 언어 의식"은 언제나 "언어적 다양성에 의해 둘러싸여진 자기 자신"을 발견하지 결코 "단일한 언어"를 발견하는 것이 아니다.

이런 점을 염두에 둘 때, '복수언어주의'에 관한 로트만의 언급을 이미 명백히 바흐친적인 맥락에서 '자연언어의 혼종성에 대한 강조'로 해석하고 있는 그르지벡의 다음 언급은 몹시 의미심장하다.

모든 자연언어로 된 텍스트는 여러 언어로 된 텍스트, 보다 정확하게 말하자면 상호간에 복잡한 체계적 관련성을 지니는 언어들의 혼합체 амальгам라는 로트만의 견해에 동의하면서, 자연스럽게 다음과 같은 또 다른 상황을 인정하게 된다. 자연언어를 단종적 기호체계로 바라보는 견해는 거부되어야만 하며 대신 그것의 거부할 수 없는 혼종성과 혼종적 구조성을 인정해야만 한다.[11]

일견 '자연스러워' 보이는 이런 논리 전개는 그러나 결코 사소하지

---

10) М. М. Бахтин, "Слово в романе," Вопросы литературы и эстетики, М., 1975, с. 104.
11) П. Гржибек, Там же, с. 250.

않은 문제점을 안고 있다. 문제는 그의 매끄러운 동일시에도 불구하고 언급한 두 상황 사이에는 현저한 개념적 거리가 놓여 있다는 점이다. 로트만이 '자연언어의 혼종성'에 관해 정말로 언급했는지의 여부는 본질적인 사항이 아니다. 핵심은 로트만의 "복수언어주의" 개념이 바흐친과 전혀 다른 지점을 겨냥하는 이론적 명제라는 사실에 있다. 바흐친의 "다언어성" 개념이 우리가 사용하는 '자연언어란 결코 단일한 것이 아니며не единым 그 속에는 원칙적인 혼종성이 자리한다'라는 믿음으로부터 도출된 것이라면, 로트만의 "복수언어주의" 개념은 '자연언어란 인간적 커뮤니케이션과 문화체계에서 결코 유일한 것이 아니며не единственным 언제나 최소 둘 이상의 서로 다른 언어가 공존해야만 한다'라는 원칙으로부터 출발하는 것이다.

"자연언어란 단일하지 않다"와 "자연언어는 유일하지 않다" 간의 이런 차별성은 보기보다 훨씬 더 중대한 의미를 지닌다. 왜냐하면 로트만의 견해가 지니는 독자적 성격, 나아가 로트만 기호학 이론의 전체 진화 과정이 지니는 핵심적 의미가 확인되는 대목이 정확하게 여기이기 때문이다. 어떻게 보면, 로트만 사유의 전개 과정 전체는 '자연언어'의 유일성을 극복하는 것, 그와 나란히 공존하는 또 다른 기호체계(들)의 존재를 정당하게 자리매김하려는 지향으로 특징지어질 수 있다. 그리고 바로 그 점에서 로트만에게 '자연언어의 내적 혼종성'이란 모든 기호체계의 '복수언어주의' 개념에 따르는 결과론적 추론은 될 수 있을지언정 그의 사유의 전 과정을 촉발시킨 근원적 동력이라고는 볼 수 없다. 말하자면 언급한 두 명제 사이에서 그르지벡이 과감하게 생략해버린 방대한 개념적 지대에는, 문학에서 출발해 문화로 나아갔던 로트만의 지난한 탐구 과정이 고스란히 놓여 있는 것이다.

복수언어주의— '다른' 언어를 찾아서

로트만의 학문적 관심이 거의 전적으로 문학에 바쳐졌던 초기 단계에서 이미 발견되는 사유의 중심 과제는 '자연언어가 예술작품과 맺는 특별한 관계'이다. 로트만의 초기 저작에서 발견되는 주요한 특징은 문학의 '예술적 특수성'의 해명, 즉 '문학은 자신만의 특수한 언어로 말한다'는 명제의 증명이었다. 자연언어와 일치하지 않는 이 특별한 언어는, 주지하다시피 "자연언어의 상부에 일종의 2차적 체계로서 구축된 언어"인바, 그것은 "2차 모델링 체계"라는 용어로 정식화된 바 있다 (1970:33).

우선 지적할 것은 이 저명한 이론적 용어에 내포된 모종의 '이중성'이다. 한편으로 그것은 1차 언어로서의 자연언어와 맺는 직접적인 상관성을 가리키고 있다. 즉, 문학은 자신만의 언어로 이야기하지만, 그럼에도 불구하고 여전히 '언어의 유형을 따라' 이야기한다는 것이다. 다른 한편으로, 이 개념 속에는 언어예술과 자연언어 간의 일정한 '차별성'이 강조되고 있다. 문학은 자연언어에 기반하고 있지만, 이는 단지 그것을 2차적 언어로 변모시키기 위한 것일 뿐이다. "예술작품의 언어는 상호 관련되어 있기는 하지만 서로 완전히 일치하지는 않는 언어들의 복잡한 위계"(1970:35)이다.

게다가 문학은 2차 모델링 체계의 유일한 경우가 결코 아니다. 단일한 기호학적 분석의 원칙하에서 더 넓은 범위의 다양한 문화 현상을 "2차 모델링 체계"로서 규정하고 기술할 수 있는 가능성은 자연스럽게 로트만의 관심 대상을 '문학'에서 '문화'로 옮겨놓았다. 이 책의 제1부에서 살펴본 것처럼, 그의 관심이 점차 문화 자체가 지니는 기호학적 특성의 미시적 해부로 옮겨가는 과정에서, 2차 모델링 체계라는 개념에 담긴 '언어 중심적 태도'는 중대한 변모를 겪게 된다. 로트만 자신의 표현을 빌리자면, 초기 단계에서 문화 연구가 "단지 흥미 있는 예증들을 제공하는 영역"이었을 뿐 "독립적 학문 분과"가 되지 못했다면, 개별 기호체계가 바로 그들 간의 이종성 때문에 구조적 총체로 구성될 수 있다는 사실이 명백해진 순간부터, 고립된 커뮤니케이션 체계를 다루는 기존 기호학에는 적합하지 않은 특별한 연구 대상의 윤곽이 잡혔다"(1977a〔2008〕:212). 이런 관점 '전환'에 관해 우스펜스키는 다음과 같이 지적한 바 있다.

이 학파는 이제 거의 20년 가까운 삶을 살아왔다. 〔……〕 이 기간 동안 모종의 이동이 확인되는바, 언어학적 방법론을 비언어학적 대상들로 확장하려는 경향에서 내재적 연구 영역인 '문화기호학'으로 이동한 것이다. 〔……〕 만일 첫 시기에 무엇보다 관심을 끌었던 것이 기술의 언어(즉, 메타-언어)였다면 〔……〕 현재의 관심은 기호학적 연구의 대상 자체, 그러니까 이런저런 방식으로 실현된 문화 자체가 관심 대상이다.[12]

대략 1970년대 초반에 정점을 이루었던 학파의 공동 작업이 '2차 모델링 체계'라는 용어의 후퇴와 더불어 일정하게 소진된 반면에, 이후

---

12) Б. А. Успенский, "К проблеме генезиса тартуско-московской семиотической школы," Ю. М. Лотман и тартуско-московскаля семиотическая школа, М., 1994, с. 278.

로트만의 주된 관심은 '인류 문화의 다양한 발현에 미친 (자연)언어의 영향'으로부터 '문화체계의 내적 구조가 지니는 원칙적인 비단종성'으로 분명하게 이동한다. 문화를 이루는 다양한 기호체계는 자연언어와 맺는 관련성 때문이 아니라 '그들 간의 원칙적인 비단종성' 때문에 문화적 총체로 구성될 수 있으며, 따라서 그것들은 이제, '위계적으로 상호 관련된 하부체계들'이라기보다는 '최소 둘 이상의 평행하는 체계,' 즉 '원칙상 상이한 방식으로 조직된 서로 다른 언어'로서 간주된다. 어떤 문화도 단일언어에 만족할 수 없다. 그것을 구성하는 최소 체계는 두 개의 '평행하는' 언어들인 것이다.

이미 앞서 확인했듯이, 로트만 후기 사유의 핵심을 이루는 '새로운 의미 창출의 메커니즘'은 바로 이런 통찰로부터 도출되었다. 새로운 의미의 생성 과정이 "번역 불가능한 것 사이의 번역 과정"으로 모델링되는 한편, 이런 기본 형식은 "개별 의식"에서 ('사유하는 구조'로서의) "텍스트," 나아가 ("집단 지성"으로서의) 문화에 이르기까지, 모든 "사유하는 조직체"를 위한 구조적 불변 항으로 정의되기에 이른다.

상호 이질적인 복수 항의 공존과 상호 작용은 로트만의 여러 저작에서 매번 다른 방식으로 다양하게 묘사되지만,[13] 그럼에도 불구하고 그들 모두는 메타적 견지에서 일련의 분명한 '유형학적 계열체'를 구성한다. 이런 계열체적 대립은 가장 높은 차원에서 "분절적 세계 모델"과 "연속적 세계 모델" 간의 이원적 대립으로 표현된다. 뿐만 아니라 이와

---

13) 예컨대 그 대립은 '문법 지향적 유형과 텍스트 지향적 유형의 대립'으로, '언어적 서술과 조형적 서술의 대립'으로, '문화와 비(반)문화의 대립'으로, '역사적 의식과 신화적 의식의 대립'으로, '나-그 커뮤니케이션과 나-나 커뮤니케이션의 대립'으로, '좌뇌와 우뇌의 기능적 대립' 등으로 다양하게 나타난 바 있다.

같은 로트만의 총체적 유형론은 대립하는 두 항 사이에 일정한 '가치론
적 지향'을 내포하는 것이기도 하다. 로트만 이론의 진화 문제에서 흔
히 언급되는바, 문학 이론에서 문화 이론으로의 변모, 혹은 초창기 구
조주의적 경향으로부터의 점진적 탈피 과정의 이면에는, 이른바 '비분
절적인 세계상'의 재발견이 놓여 있었다. 거기엔 인간 의식과 문화 전
반에서 비분절적(도상적 · 공간적 · 신화적) 단초들이 지니는 존재론
적 · 인식론적 위상을 정당하게 자리매김함으로써, 그것이 지니는 위상
을 강화하려는 명백한 지향이 확인된다.[14] 로트만 사유의 최초 단계에
서 이미 발견되는 조건성(글)과 도상성(그림)의 대립이 결국 문화의
복수언어주의의 가장 명징한 표현으로 확인되는 '일관된' 흐름은 로트
만 기호학의 가장 중요한 뼈대를 이룬다. "문화의 메커니즘을 구성하
는 가장 일반적인 이중언어 체계를 명시적으로 보여주는 것은 자연언
어로 된 텍스트와 그림이다. 언어의 혼종성을 향한 지향, 그것은 문화
의 특징적인 자질이다"(1973d〔2008〕:129).

　이렇게 보자면, 1987년에 발표한 한 논문에서 문화를 원칙적인 "복
수언어 구조"로 정의하며 로트만이 다음과 같은 다소 도발적인 테제를
표명하고 있음은 더 이상 놀랍지 않다.

　문화는 발생학적 관계에서 두 개의 1차 언어에 기초한다. 그중 하나
는 일상적 커뮤니케이션에서 인간이 사용하는 자연언어이다. 〔……〕
두번째 1차 언어의 속성은 보다 덜 명백하다. 그것은 바로 공간의 구조

---

14) 여기에 관해서는 Ким Су Кван, Основные аспекты творческой эволюции Ю. М.
　Лотмана, М., 2003, сс. 136~57을 참조.

적 모델이다. (1987:142)

여기서 볼 수 있듯이 언어적-분절적 근원이 아닌 도상적-연속적 근원에 기초하고 있는 공간적 구조의 모델은 자연언어와 대등한 1차 언어의 수준으로 사고되고 있는 것이다.

이질적 담론의 장 vs 혼종적 기호 공간

요컨대 로트만의 "복수언어주의 개념"은 바흐친의 다언어성과는 다른 지점을 조준하고 있다. 로트만의 혼종성은 분절적-선형적 유형으로서의 통상적 자연언어 '내부'의 그것을 가리키지 않는다. 복수언어주의를 둘러싼 그의 관심의 핵심은 자연언어의 내적 혼종성, 바흐친의 표현대로라면, 담론의 내적 분화와 다양성에 있는 것이 아니라 자연언어가 문화적 활동의 '유일한' 형식이 될 수 없다는 것, 문화의 최소 기능 단위는 상이한 방식으로 구축된 두 개[이상]의 이질적 언어라는 확신에 놓여 있다.

따라서 표면적인 유사성에도 불구하고, 바흐친의 '발화의 삶'과 로트만의 '텍스트의 삶,' 바흐친의 '소설의 세계'와 로트만의 '문화의 세계'는 일면적으로 대응될 수 없는 개념들이다.[15] 바흐친의 그것이 '말'들이 태어나고, 성장하고, 대화하고, 갱생하는 이질적 담론의 장이라면,

---

15) 이러한 대응의 예로는 David K. Danow, *The Thought of Mikhail Bakhtin: from word to culture*, New York: St. Martin's Press, 1991, pp. 109~22.

로트만의 그것은 '말'과 '그림'이 애초부터 공존하며 복잡하게 상호 작용하는 혼종적 기호 공간인 것이다.

이렇게 볼 때, 장르의 선호도에 관한 두 사람의 정반대의 지향은 의미심장하다. 바흐친에게 '시' 장르가, 언어의 '대화적' 잠재성으로 인해 역사적으로 선호되는 '소설' 장르에 대비되는 '독백적' 안티테제에 불과한 것이라면, 로트만에게 시는 기호체계의 복수적 언어 구조를 보여주는 가장 전형적인 예가 된다. 언어를 통해 '이야기'하는 시는 그럼에도 불구하고 끊임없이 무언가를 '보여주기' 위해 조형적 기호의 이미지를 닮으려고 한다. 세계를 모델링하는 두 가지 근원적 경향 사이의 끊임없는 상호 작용과 긴장, 인류 역사의 전 과정을 관통하고 있는 이 영원한 경향을 가장 명징한 형태로 확인할 수 있는 것은 다름 아닌 시 속에서인 것이다.

바흐친과 로트만은 용어의 가장 넓은 의미에서 공히 '문화 연구가'로 지칭될 수 있다. 하지만 바흐친과 달리 로트만은 학문적 활동의 전 기간에 걸쳐 '문학'과 더불어 다양한 '비언어적 장르(영화, 연극, 회화, 루복 등)에 관한 연구를 병행했으며, 이에 관한 수많은 저작을 남긴 바 있다. 로트만에게 언어예술 장르와 조형예술 장르는 그저 상이한 예술 장르에 머물지 않는다. 그것들은 언제나 '분절적인 것'과 '연속적인 것' 간의 대립을 통해 스스로를 실현하는 '문화'로 지칭되는 구조적 총체를 위해 긴밀하게 상호 연관된 두 측면을 의미한다.

철학적-인류학적 경향을 띠는 인문-문화론자 바흐친과 의미 작용의 메커니즘을 탐구할 것을 목표로 삼는 문화-기호학자 로트만 사이의 인식-방법론적 '거리'는 결코 무시될 수 있는 성질의 것이 아니다. 이 점은 '로트만 사상에 미친 바흐친의 영향'이라는 문제 설정에서도 간과될 수 없다. 로트만 이론의 '본질적 변모'는 바흐친 사상의 외적 영향의 결과이기 이전에 로트만의 기호학 자체의 내적 진화의 합법칙적 결과였던 것이다.

하지만 이 점이 두 사상가 사이에는 어떤 개념적 대응도 불가능하며, 이론적 차원에서 두 사상가의 공통점을 구축하려는 모든 시도는 의미를 갖지 못한다는 것을 뜻하는 건 결코 아니다. 단지 명심할 것은 우리 앞에 놓인 대상이 일방적 '흡수'가 아니라 생생하고 복잡한 '대화'라는 사실일 뿐이다. 로트만 자신이 지적했듯이, 일정한 '차이'가 전제되지 않는 '대화'란 무의미하며, 반면 완전하고 절대적인 차이의 상황 속에서 대화란 본질적으로 불가능하다.

'대화'에 관한 대화

그런데 이 복잡하고 생생한 대화는, 흥미롭게도 '대화'라는 개념 자체를 둘러싸고 이루어졌다. 앞서 이미 지적했듯이, 로트만은 자신의 복수언어주의 개념을 설명하는 데 '대화적 구조'라는 바흐친의 용어를 차용한다. 로트만의 맥락에서 단일언어적 구조가 "독백적" 구조에 해당한다면, 이중언어 혹은 복수언어 구조는 "대화적" 구조에 해당한다.

그 어떤 독백적인(/단일언어적인) 조직체도 본질적으로 새로운 정보(사유)를 만들어낼 수 없으며, 사유하는 것이 될 수 없다. 사유하는 조직체는 원칙상, (최소한의 도식에 있어) 대화적인(/이중언어적인) 구조를 지녀야만 한다. 이러한 결론은, 부분적으로, 대화적 텍스트들의 구조에

관한 바흐친의 예언적인 사유에 새로운 의미를 부여한다. (1977a〔2008〕:
223)

훗날 로트만은 바흐친의 용어인 '대화'가 본래의 맥락에서 이탈하여 자의적으로 '오용'되는 경우들이 있다고 비판하면서 이렇게 지적했다. "바흐친의 저작에서는 표현의 인상주의적인 방식이 목도된다. 이는 때로 바흐친의 개념을 공허한 실용적 잡담을 위해 사용하려는 시도로 이어지는바, 그런 예는 무수히 많다. 이런 종류의 특징적인 왜곡은 예컨대 '대화'라는 말에서 그것의 정확한 개념적 내용을 탈각시키는 경우나 이 개념을 (비록 독단적이고 거칠게는 아닐지라도) 아주 넓은 의미로 사용하는 경우에 시작된다. 이럴 경우 용어는 학문적인 엄격성, 즉 그 개념적 의미를 상실하게 되는 것이다"(1983b:152).

결국 로트만에 의한 바흐친 용어의 차용이 단지 효과적인 메타포가 아니라면, 그런 차용이 지니는 심대한 의미에 관한 본격적인 탐구는 피할 수 없는 과제가 된다. 모든 이론적 개념의 차용이란 필연적으로 일정한 해석의 결과인 '번역'일 수밖에 없다는 점을 고려한다면, 개념의 본래 맥락과의 대응 못지않게 중요한 것은 그런 대응에 첨가되는 특정한 '재해석'의 지점에 관한 세밀한 통찰일 것이다. 이론적 차원에서의 상호 작용을 그저 일방적 영향 관계가 아닌 생산적 상호 소통, 곧 개념적 '대화'로 만들어주는 것이 바로 이 후자의 부분이다. 그런 의미에서 특별한 관심을 끄는 것은 당연히 '대화' 개념을 두고 벌이는 특정한 '대화'의 양상이다.

"사유하는 조직체"로서의 "기호학적 인격"에 관한 로트만의 앞선 논의에서 가장 핵심이 되는 사항은 그것의 존재론적 조건에 관한 성찰이었다. 사유하는 구조로 '기능'하는 기호학적 인격의 개념은 불가피하게 그것의 '존재론적' 양태를 문제 삼게 된다. 그리고 이 문제는 자연스럽게 '다른' 구조, '다른' 지성의 존재를 포함하게 된다. 즉, "사유하는 구조는 그 자신 기호학적 인격이 되어야만 하며, 동시에 또 다른 기호학적 인격을 필요로 한다"(1981a〔2008〕:272).

기호체계가 "인격"의 자격으로 대두되기 위해서는 또 다른 인격의 존재가 필수적이다. 사유하는 구조는 고립된 채 홀로 기능할 수 없다. 이 사실은 개별 이성으로부터 집단적 이성에 이르기까지 공히 적용된다. 의식을 지닌 인격의 이런 깊은 대화적 본성을 로트만은 다음과 같이 표현한다.

　의미의 발생기, 사유하는 조직체로서의 텍스트는 그것이 기능하기 위해서 대담자를 필요로 한다. 바로 여기에 의식의 깊은 대화적 본성이 놓여 있다. 적극적으로 기능하기 위해서 의식은 의식을 필요로 하며, 텍스트는 텍스트를, 문화는 문화를 필요로 한다. (1981b:429)

로트만의 이런 언급들을 마주하며 "텍스트들의 대화적 관계"에 관한 바흐친의 저명한 논지를 떠올리지 않기란 사실상 불가능하다. "고립된 발화란 존재할 수 없다. 발화는 언제나 그에 앞서는, 그리고 뒤이은 발화를 전제로 한다. 어떤 발화도 최초의, 혹은 최후의 것이 될 수 없다. 그것은 〔담론적〕 사슬цепь의 한 고리일 뿐이며, 그 사슬을 떠나서는 연구될 수 없다"[16]는 사실은, 주지하다시피 바흐친 사상의 가장 핵심적인 전언 중 하나이다. 바흐친의 주장에 따르면, 언어체계의 기계적 실현이 아닌 살아 있는 '발화'로서의 텍스트가 지니는 본질은 오직 "텍스트들의 사슬" 속에서만 밝혀질 수 있다. "이〔두번째〕계기(극)는 언어(기호)체계의 (반복 가능한) 요소들과 관련되는 것이 아니라 또 다른 텍스트들과 (반복 불가능한) 독특한 대화적〔……〕관계를 맺는다."[17]

텍스트 뒤의 인격 vs 인격으로서의 텍스트

그렇다면 여기서 말하는 '텍스트들 간의 대화적 상호 관계'란 무엇을 가리키는가? 그것은 서로 다른 두 "인격" 사이의 대화 양상으로 구현된다. 바흐친에게 텍스트는 객관적인 것의 주관적인 반영, 곧 "의식의 표현"이며, 이 점에서 "반영의 반영"[18]이 된다. 바흐친에 따르면, 두 텍스트 간의 만남, 이것은 다름 아닌 두 주체, 두 저자 간의 만남이다. 왜냐하면 "텍스트의 삶 중에서의 사건, 곧 텍스트의 진짜 본질은 항상 두 의식, 두 주체의 경계선 상에서 발생"[19]하기 때문이다. 현저하게 "인격화된" 그의 텍스트 이해에 따르면,

텍스트는 또 다른 텍스트(콘텍스트)와 접촉함으로써만 살아간다. 단지 이런 접촉의 지점에서만, 텍스트를 앞뒤로 조명하면서 대화에 참여

---

16) М. М. Бахтин, "Из записей 1970~1971 годов," Эстетика словесного творчества, М., 1986, с. 359; 번역본: 『말의 미학』, 482쪽.

17) М. М. Бахтин, "Проблема текста в лингвистике, филологии и других гуманитарных науках," Там же, с. 299; 『말의 미학』, 404쪽.

18) М. М. Бахтин, Там же, с. 308.

19) Там же, с. 301; 『말의 미학』, 406쪽.

시키는 불빛이 발화한다. 〔……〕 강조하건대, 이런 접촉은 텍스트(발화)들 간의 대화적 접촉이지, 결코 〔……〕 추상적인 요소(텍스트 내부의 기호)들의 '대립들' 간의 기계적인 접촉이 아니다. 〔……〕 이러한 접촉 뒤에는 (극단적으로) 사물들이 아니라 인격들이 자리한다.[20]

텍스트들 뒤에는 무엇이 있는가? 거기엔 사물이 아니라 인격이 놓여 있다. 이런 바흐친의 이해를 배경으로 했을 때, 기호학을 '인간화'하려는 로트만의 이론적 지향이 한층 명확해진다. 텍스트에 대한 구조주의적 개념을 강하게 비판하는 바흐친의 입장을 보자.

구조주의에 대한 나의 입장. 텍스트 안에 갇히는 것에 대한 반대. 기계적인 범주인 '대립'과 '코드 변환'(『예브게니 오네긴』의 다문체성에 관한 로트만의 해석과 나의 해석). 일관된 형식화와 탈인격화. 거기서 모든 관계는 (넓은 의미에서의) 논리적 성격을 띤다. 그러나 나는 모든 것에서 **목소리들**을, 목소리들 간의 대화적 관계를 듣는다. 〔……〕 구조주의에 대한 높은 평가. '정확성'과 '깊이'의 문제. (사물적인) 객체 속으로 침투하는 깊이와 주체 속으로 침투하는 깊이(인격주의).[21]

바흐친은 여기서 (로트만식) 구조주의가 지향하는 '정확성'과 '사물성'에, 자신이 생각하는 대안적 입장, 즉 '깊이'와 '인격주의'를 대립시

---

20) М. М. Бахтин, "К методологии гуманитарных наук," Там же, с. 384(강조는 인용자);『말의 미학』, 515~16쪽.
21) М. М. Бахтин, Там же, с. 393;『말의 미학』, 527~28쪽.

키고 있다. 후자의 자리에서는 대립과 코드 변환 대신에 '목소리들'과 그들 간의 '대화적 관계'가 관건이다. 바흐친의 이런 비판을 염두에 둘 때, 텍스트의 개념에 '인격'의 속성들을 부여하려는 로트만의 '새로운' 입장은 더 선명해진다. 즉 로트만의 입장은 바흐친의 비판에 대한 나름의 '답변'에 해당하는 것이다. 텍스트 개념에 대한 로트만의 새로운 이해에 따르면, 텍스트는 독자 및 문화적 맥락과의 복잡한 관계 속에 투입되면서 일찍이 헤라클레이토스가 "자가생성하는 로고스"라고 부른 바 있는 모종의 자질을 드러낸다. 정보를 응축시키는 능력을 드러내기 시작하면서 텍스트는 '기억'을 획득하고 실제로 일종의 '인격,' 즉 '지 능적 구조'로서의 성격을 나타내 보인다. 이제 "텍스트를 해독하는 과 정은 인간과 또 다른 독자적인 인격 간의 기호학적 교제라는 우리에게 익숙한 행위에 근접하면서 자신의 일회적이고 제한된 성격을 탈각하고 현저하게 복잡화된다"(1981c:132).

그렇다면 우리는 로트만의 새 입장이 바흐친의 그것과 부합한다고 말할 수 있을까? 텍스트에 관한 바흐친과 로트만의 이해가 보여주는 '대응'의 측면은, 그러나 하나의 중대한 '유보적 전제'하에서만 가능하 다. 바흐친에게 텍스트들 간의 만남(접촉)이 그 텍스트들의 뒤에 자리 하면서 언제나 자신의 '목소리'를 통해 스스로를 표현하고 있는 '인격 적 주체들' 사이의 대화'라면, 로트만이 의미하는 청중 및 문화적 맥락 과의 텍스트적 접촉은 '인격으로서의 텍스트들' 자체의 대화, 그러니까 기억할 줄 알며 생각할 줄 알고, 나아가 새로운 의미들을 발생시킬 줄 아는 '기호학적 인격으로서의 텍스트들 사이의 대화'이다. 이 차별성은 결코 부차적인 것이 아니다. 왜냐하면 바로 이 지점에 로트만적인 입지의 독자성, 정확하게는 '텍스트 화용론'의 문제를 보는 그의 차별적 인식이 자리하기 때문이다.

화용론적 관계 — 텍스트 작동

화용론적 관계란 무엇인가? 그것은 인간과 텍스트 간의 관계이다. 앞서 살펴본 것처럼 후기 로트만의 텍스트 개념에서 텍스트의 내적 구조란 고전적 구조주의의 경우에서처럼 그 자체로 자족적인 절대적 실체를 가리키지 않는다. 그것은 화용론적 관계와 주변적 맥락에 따라 역동적으로 변모하는 '작동하는' 실체이다. 그렇다면 그것을 모든 종류의 주관적이고 자의적인 해석에 일방적으로 '열린' 무정형의 실체로 간주할 수 있을까? 그렇지 않다.

로트만의 주장에 따르면, 비록 "텍스트가 자신과 동일하지 않은 의식(무엇보다도 먼저 독자의 의식)과의 상호 작용 속에서 자신의 내적 구조를 현저하게 변화시키는 것"은 사실이지만, 그럼에도 그런 "재건 перестройка의 가능성은 제한적이다. 그리고 바로 이 사실이 이러저러한 텍스트의 삶에 '한계'를 부여한다. 즉 이 점은 문화적 맥락의 변모 과정 속에서 이른바 기념비(적인 작품)들이 새롭게 '재해석'되는 현상을, 텍스트가 표현할 수 없는 의미들을 자의적으로 부여하는 행위로부터 구분지어준다. "화용론적 관계는 주변적 혹은 자동화된 구조를 활성화시킬 수는 있지만 텍스트에 원칙적으로 부재하는 코드들을 텍스트 속으로 끌어들일 능력은 갖고 있지 않다"(1981b:428~29).[22]

결국 이는 로트만이 텍스트 화용론을 고전 철학에서 말하는 '주관적인 것'의 범주와 동일시하지 않는다는 사실을 뜻한다. 로트만에게 화용론적 측면이란 "텍스트 작동pa6oTa의 측면"을 의미한다. 텍스트 작동의 메커니즘은 "외부적인 어떤 것," 즉 또 다른 텍스트, (또 다른 텍스트로서의 독자), 혹은 텍스트를 둘러싼 문화적 맥락 등이 (내부로) 진입함을 전제한다. 그리고 이런 진입을 통한 "텍스트의 변형이란 객관적 구조의 왜곡이 아니라 텍스트의 작동 과정에서 그 메커니즘의 본질이 드러나는 것"에 해당한다.

당연히 텍스트 화용론을 바라보는 이런 입장은 기호학에 대한 바흐친의 잘 알려진 비판으로부터 이미 현저히 벗어나 있는 것이다. 바흐친은 말년의 노트에서 이렇게 적었다.

기호학은 이미 완비된 코드를 사용하여 이미 완비된 전언을 전달하는 것에 전적으로 집중한다. 그러나 살아 있는 담화에 있어 전언이란, 엄밀히 말해 전달의 과정에서 '최초로' 생성되는바, 본질상 코드란 없다.[23]

로트만의 텍스트 이해는 이미 바흐친이 말하는 경직된 고전적 형태와 전혀 다르며, 오히려 바흐친 그 자신의 입장에 더 가까운 것처럼 보인다. 하지만 반드시 짚고 넘어갈 것은 화용론적 관계를 "주변적 혹은 자동화된 구조의 활성화"로 이해하는 로트만의 입장은 본질상 "코드란 없다"고 말하는 바흐친의 입장과도 분명히 구별되는 것이라는 점이다.

---

22) 바로 이 점이 로트만의 "텍스트 속의 텍스트" 개념을 크리스테바 유의 "상호 텍스트성" 개념과 구분시킨다. 이에 관한 내용은 이 책 제7장을 참조하라.

23) М. М. Бахтин, "Из записей 1970~1971 годов," Эстетика словесного творчества, М., 1986, с. 371: 『말의 미학』, 498쪽.

바흐친에 따르면, 코드란 잠재적으로 "비완결적인(무한한)" 콘텍스트
와 달리 반드시 "완결적"이어야만 한다. "코드는 단지 정보의 기술적인
수단일 뿐이며, 인식적이고 창조적 의미를 지니지 못한다. 코드는 고
의적으로 고정시키고 죽여버린 콘텍스트"[24]인 것이다. 반면, 로트만에
게 의미 발생의 메커니즘이란 여전히 '코드들이 교체하는 경계(지대)'
에서 발생한다. 예컨대 다음과 같은 구절을 보라.

바흐친에 의해 고찰되고 이후에 반복적으로 연구된 바 있는 텍스트 속
으로의 '타자적인 말чужое слово'의 진입의 모든 경우는 서로 다른 방식
으로 코드화된 하부 텍스트들의 충돌 및 코드들이 교체하는 경계지대에
서 발생하는 의미 생성 과정에 해당하는 것이다. (1987:145)

바흐친이 본질상 "코드는 없다"고 단언하는 데 반해서, 로트만은 바
흐친의 '타자적인 말'의 진입을 여전히 이질적 텍스트들의 충돌 및 코

---

24) М. М. Бахтин, Там же, с. 372; 『말의 미학』, 499쪽. 코드란 정말 바흐친이 말하는 것처
럼 아무런 창조적 잠재성도 갖지 못하는 '죽어버린 콘텍스트'에 불과한 것일까? '코드'에 대
한 바흐친과 로트만의 입장 차이는 소위 '작가의 전기biography'에 대한 로트만의 연구에서
뚜렷하게 드러난다. 푸시킨의 전기(특히 그의 결투)를 연구하면서, 로트만은 문화적 코드가
행위를 조절하고 의미를 부여하는 '조정자'일 뿐만 아니라 미래의 행위를 위한 (열린) '프로
그램'이기도 하다는 사실에 주목했다. 즉 이때의 '코드'는 (바흐친의 지적처럼) "죽어버린
콘텍스트"가 아니라 우연하고 예측 불가능한 삶의 전환перемен을 위한 창조적 수단이 되는
것이다. 푸시킨의 결투는 '개인적 의미들로 채워진' 관례적 행동의 예로서, 이때의 관례는
일종의 "상황적 틀template"로서 나타난다. 결국 코드나 체계, 법칙을 따르는 행위에는 언
제나 개인적이고 의식적인 계기가 들어 있는바, 행위의 코드나 관례들은 개인적 메시지의 전
달이라는 목적을 위해 '사용될 수' 있다. 그것은 개별적 사용을 통한 일탈과 변용에 열려진,
개별적 내용의 전달자로서 판명되는 것이다. 좀더 상세한 논의는 Д. Бетеа, "Юрий Лотман
в 1980-е годы: код и его отношение к литературной биографии," Н.Л.О., No. 19,
М., 1996, сс. 14~29를 참조.

드 교체의 과정으로 이해한다. 관점의 눈에 띄는 접근에도 불구하고 여전히 남아 있는 이런 입장 차이는 결국 '사물'로서의 텍스트 뒤에서 언제나 '살아 있는 인간'을 보고 그의 '목소리'를 듣고자 하는 바흐친의 지향과, 텍스트에 접속하는 독자의 의식까지를 '또 다른 텍스트'로서 모델링하고자 하는 로트만의 지향 사이에 존재하는 엄연한 거리, 바로 그 '차이'에 상응한다.

물론 바흐친과 로트만의 이런 차별성이 두 사람의 이론적 입지 간의 중대한 접근의 문제를 무의미하게 만드는 것은 아니다. 로트만이 이 단계에서 '타자의 존재는 나 자신을 위해 필수적이다'[25]라는 바흐친의 사유를 나름의 방식으로 내면화하고 있다는 것은 의심할 여지가 없다. 이미 앞서 살펴보았듯이, "기호학적 인격"이라는 로트만의 새로운 개념은 원칙상 '또 다른' 기호학적 인격의 존재를 전제하는바, 그와 같은 '타자' 없이는 불가능하다. 인격은 오직 그것에 또 다른 인격이, 텍스트에는 또 다른 텍스트가, 문화에는 또 다른 문화가 선행했을 경우에만 가능해진다. 그렇다면 이와 같은 '인격으로서의 텍스트가 출현하고 기능하기 위한 조건'은 무엇인가? 앞선 장에서 확인했듯이, 바로 이 질문과 더불어 로트만은 또 한 사람의 '학문적 타자' 베르나츠키와 결정적인 '대화'를 시작했던 것이다.

---

25) "나는 최초에 타자들을 통해 나 자신을 인식한다: 그들에게서 나는 스스로에 관한 최초의 개념을 형성하기 위한 말과 형식, 어조를 얻는다. 〔……〕 마치 최초에 몸이 어머니의 몸 안에서 형성되듯이, 인간의 의식은 타자적 의식에 감싸임을 통해 깨어난다." М. М. Бахтин, Там же, сс. 361~62.

의미계 vs 기호계

거의 알려지지 않은 흥미로운 사실은 로트만의 기호계(세미오스피어)가 베르나츠키의 생물계(바이오스피어) 개념의 영향을 받았을 뿐아니라 바흐친이 말한 "의미계(로고스피어)" 개념에 대한 '응답적' 성격 또한 띠고 있다는 점이다. 바흐친에게 '인간으로서 살아간다'는 것은 곧 '대화적 관계' 속에 포함됨을 뜻한다. 도스토옙스키 창작 세계에 관한 글에서 바흐친은 다음과 같은 저명한 언급을 했다.

삶은 본성상 대화적이다. 산다는 것은 곧 대화에 참여한다는 것을 의미한다. 묻고 귀 기울이고 대답하고 동의하는 등이 그것이다. 인간은 삶 전체를 통해 이런 대화에 참여한다. 눈으로, 입으로, 손으로, 영혼으로, 정신으로, 온몸으로, 행동으로 이 대화에 참여하는 것이다. 그는 말 속에서 자신의 모든 자아를 탐구하며, 그 말들은 인간 삶의 대화적 직조물, 즉 세계적인 심포지엄 속으로 편입된다.[26]

바흐친은 인간의 생생한 담화가 살아가는 이런 "세계적 심포지엄," 인간 삶의 대화적 직조물인 모종의 의미 공간을 '의미계логосфера'라는 말로 부른 바 있다. 그에 따르면, 담화의 요소는 두 가지 차원, 즉 언어의 반복성의 차원과 반복 불가능한 발화의 차원에서 지각되는데,

---

26) М. М. Бахтин, "К перероботке кинги о Достоевском," Эстетика словестного Творчества, М., 1986, с. 337; 『말의 미학』, 454쪽.

"언어는 발화를 통해서 의미계의 역사적인 반복 불가능성과 종결 불가능한 총체성 안으로 포함"[27]되는 것이다. 세미오스피어와의 연관성은 거기서 그치지 않는다. 바로 이런 '포함'의 문제, 정확하게는 '부분'과 '전체'의 유기적 관련성의 문제를 두고 바흐친은 직접 베르나츠키의 이름을 언급했던 것이다.

(과학적일 뿐 아니라 예술적인) 근본 범주들의 완만한 역사적 형성 과정에 관한 베르나츠키의 (사고). 문학은 그 역사적 단계에서 이미 만들어져 있는 것 위로 도래했다. 언어도 완비되어 있었고, 보고 생각하는 기본 형식도 미리 만들어져 있었다. 이것들은 더욱 발전하게 되지만, 그 발전은 느리게 이루어진다. 〔……〕 문예학과 문화사(현상들의 합으로서의 문화가 아니라 총체성으로서의 문화)의 관련성. 바로 여기에 베셀롭스키(기호학)의 힘이 있다. 문학은 문화적 총체성의 뗄 수 없는 부분이며, 문화의 총체적 문맥을 벗어나서는 연구될 수 없다. 문학을 문화의 나머지 부분들과 단절해서도 안 될뿐더러, (문화를 제쳐놓고) 사회경제적 요인들 및 다른 요인들과 직접적으로 연관시켜서도 안 된다. 이 요인들은 문화 전체에 영향을 끼치며, 오직 문화를 통해서 또 문화와 함께 할 때만 문학에 영향을 끼친다. 문학적 과정은 문화적 과정의 분리 불가능한 부분이다."[28]

---

27) М. М. Бахтин, "Из записей 1970~1971 годов," Эстетика словесного творчества, М., 1986, с. 359; 『말의 미학』, 479쪽(강조는 필자).
28) М. М. Бахтин, Там же, с. 363; 『말의 미학』, 487쪽.

문학적 과정(부분)과 문화적 과정(전체)의 '분리 불가능한' 관련성
에 대한 바흐친의 이런 언급은 사실 로트만 문화기호학의 핵심 명제를
그대로 옮긴 것이라고 해도 무리가 없을 정도이다("오직 문화를 통해
서, 또 문화와 함께" 같은 구절을 보라). 바흐친은 여기서 역사적 형성
과정에 관한 베르나츠키의 사고("이미 만들어진 것 위로 도래")를 베셀
롭스키로 대변되는 기호학적 관점("부분과 전체의 유기적 연결")과 연
결시킴으로써, 사실상 로트만의 기호계 개념을 '예견'하고 있다고 볼
수 있다.

하지만 바흐친과 로트만의 응답적 대화는 이 이상 더 나아가지 않는
다. 충분히 예상할 수 있듯이, 바흐친은 앞서 말한 "의미계"가 결코 기
존의 언어학 혹은 넓은 의미에서 기호학의 대상이 될 수 없다고 단언했
다. 그에 따르면, "총체로서의 발화(담화적 작품)는 담화적 소통의 완
전히 새로운 영역 속으로 (이런 새로운 영역의 한 단위로서) 포함되는
데, 이 영역은 결코 언어학, 넓은 의미에서 기호학의 용어와 방법론을
통해 기술되거나 규정될 수 없다. 이 영역은 특수한 법칙에 의해 지배
받는 것이며 이에 대한 연구를 위해서는 특수한 방법론, 말하자면 특
수한 학문 분과가 요구된다."[29]

여기서 바흐친이 말하는 "총체로서의 발화"란 곧 로트만의 "텍스트"
를 의미하며, 그것이 하나의 단위로서 편입되는 "담화적 소통의 완전
히 새로운 영역"이란 곧 로트만의 "기호계"에 해당한다. 또 바흐친에
의해 "결코 언어학, 넓은 의미에서 기호학의 용어와 방법론을 통해 기
술되거나 규정될 수 없"는 "특수한 방법론, 말하자면 특수한 학문 분

---

29) M. M. Бахтин, Там же, c. 359;『말의 미학』, 481~82쪽.

과"(바흐친의 표현을 따르면, '메타언어학')의 대상으로 간주된 바 있는 이 새로운 영역이란, 당연히 로트만에게는 '새로운 기호학,' 곧 문화기호학의 매우 정당한 학문적 대상이 될 수밖에 없다. 요컨대 로트만의 기호계는 바흐친의 의미계 개념에 대한, 그리고 언어학 및 기호학을 바라보는 그의 비판적 시각에 대한 나름의 '응답적' 이해의 결과물인 것이다.[30]

다성악 vs 수사학

사실 로트만의 기호계 개념은 바흐친이 말한 '부분'과 '전체'의 유기적 연결을 본질로 삼는 문화의 모델이라고 할 만하다. 앞 장에서 살펴본 것처럼, 기호계의 내적 구조는 비단종성(혼종성)을 특징으로 하는데, 이런 내적 혼종성은 그것의 '총체성'과 모순되지 않는다. 기호계의

---

30) 사실 위에 인용된 구절은 로트만의 코드 변환перекодировка 개념에 대한 바흐친의 다음과 같은 비판적 언급에 뒤이어 등장한다. "『예브게니 오네긴』의 다중문체성을 코드 변환(낭만주의 코드를 리얼리즘 등등의 코드로 변환시킴)으로 이해하는 것(가령 로트만을 보라)은 가장 중요한 대화적 계기를 누락시키고, 문체들의 대화를 동일 문체에 대한 다양한 변이체의 단순한 공존으로 변모시킨다. 문체 뒤에는 총체적인 인격의 총체적인 관점이 있다. 코드는 내용을 미리 완비된 어떤 것으로 가정하고, 주어진 코드 가운데 선택의 실행을 전제로 한다." 앞의 책, 481쪽. 여기서 우리가 보게 되는 것은 로트만의 코드 변환 개념에 대한 바흐친의 응답적 이해가 의미계 개념을 불러오고, 다시 바흐친의 의미계에 대한 로트만의 응답적 이해가 기호계 개념을 불러오는, 바흐친적 의미에서의 진정한 '대화적 관계'이다. 한편, 베르나츠키의 생물계биосфера 개념을 매개로 한 바흐친의 로고스피어логосфера와 로트만의 세미오스피어семиосфера 사이의 개념적 대질 문제에 관해서는 A. Mandelker, "Semiotizing the Sphere: Organist theory in Lotman, Bakhtin and Vernadsky," *PMLA*, Vol. 109, No 3, 1994를 참조. 이 논문은 *Bakhtin in context—across the Disciplines* (Evanston: Northwestern University Press, 1995) pp. 177~90에도 실려 있음.

부분들은 기계적인 세부로서 전체에 포함되는 것이 아니라 유기적 단위로서 전체 유기체에 포함되는 것이다. 다르게 말해, 기호계의 모든 개별적이고 독립적인 단위(곧, 기호학적 인격)는 전체의 '부분'이면서 동시에 전체에 대한 '이질동상'의 속성을 드러내는 그것의 '닮은꼴'로 나타난다. 가령 신화적 세계상의 부분 개념을 예시하는 '깨진 거울의 비유'는 여기서도 적절하다.

얼굴 전체를 비추는 거울은 깨어져 수많은 파편으로 쪼개졌을 경우에도 조각난 각각의 파편이 동일한 영상(얼굴 전체)을 반영한다. 즉, 전체의 단편으로서의 부분이 그 자체로 전체와 '동일시'되는 것이다. 이처럼 "총체적인 기호학적 메커니즘하에서 개별 텍스트는 일정한 구조적 관계들 속에서 전체 텍스트적 세계와 이질동상을 이루며, 여기서 개별 의식과 텍스트, 그리고 전체 문화 사이의 뚜렷한 대응이 존재한다"(1984:18). 그런데 체계가 단지 정보를 '전달'하는 데 머무는 게 아니라 새로운 의미를 '발생'시키기 위해서는 이 개별 단위가 기호계 속에서 더 특별한 메커니즘을 통해 상호 작용해야만 한다. 즉 "참여자들은 서로에 대해 이질동상인 것이 아니라 그들이 공히 참여하고 있는 체계로서의 더 높은 차원의 제3의 요소에 대해 이질동상이어야만 한다. [……] 가령 구어적 언어와 도상적 언어는 그들 서로 간에 이질동상인 것은 아니지만, 각자가 자신의 언어를 통해 반영하고 있는 기호학 외부의 현실 세계에 대해 이질동상"(*Ibid*)인 것이다. 그리고 바로 이 사실이 다양한 체계 사이의 교환 과정을 가능케 하는 동시에 그것을 의미심장한 '변형'의 과정으로 만들어준다.

여기서 주목할 것은 이와 같은 메커니즘이 로트만에 의해 다름 아닌 '대화'라는 용어로 표현된다는 점이다. 기호계 내부에서 펼쳐지는 텍스트 및 전언들 사이의 상호 작용은 곧 '대화적 교환'으로 이해된다. 과거에 "(번역 불가능한 것들 사이의) 번역"이 창조적 사유의 기초적 행위로 간주되었다면, 이제 그런 번역의 메커니즘으로 등장하고 있는 것이 바로 '대화'이다. 로트만에게 "비슷하면서도 다른 두 상대자의 존재는 유일한 경우는 아닐지라도 대화적 체계의 발생을 위한 중대한 조건"이 되는바, 이로부터 대화 개념을 둘러싼 바흐친과 로트만의 대화는 또 한 번 불가피해진다.

문제는 '대화적 상황'을 바라보는 두 사람의 차별적 인식이다. 두 사람은 대화적 대립 항을 아우르는 '메타적 입지'에 관해 서로 상이한 가치론적 입장을 드러낸다. 잘 알려져 있듯이, 바흐친의 '대화' 개념의 가장 큰 특징은 그것이 원칙적으로 "완결될 수 없다는 것"이다. 그의 '대화'는 본질상 어떤 제3자적 관점을 통한 완결에 대립한다. 바흐친에게 "변증법"이란 "대화의 추상적 산물"일 뿐이며, 더 높은 차원의 대화(인격들의 대화)로 되돌아가기 위해 대화로부터 탄생한"[31] 것일 뿐이다. 반면 로트만에 따르면, "기호학적 차별성이 없는 대화가 무의미하다면, 완전하고 절대적인 차이의 상황에서 대화란 이미 불가능한 것이 된다"(1996:193). 대화가 참여자들 사이의 '비대칭'을 전제하는 것이라면, 다른 한편으로 그런 비대칭은 반드시 일정한 '불변 항'을 가정해야만 한다. 즉 로트만에게서 대화 상대자가 일정하게 공유하고 있는 메타적 불변 항의 존재는 그들 사이의 구조적 차별성만큼이나 원칙적인 의미를 지니는 것이다.[32]

---

31) М. М. Бахтин, "К методологии гуманитарных наук," Там же, с. 384; 『말의 미학』, 515쪽.
32) 물론 이때의 메타적 불변 항을 변증법적 지양을 통해 얻어지는 단순한 '제3항'으로 이해해서

그래서 로트만이 대화적 관계의 가장 단순하고 일반적인 경우로 "좌
우상энантиоморфизм," 즉 "거울 대칭상"을 들고 있는 것은 우연이 아니
다. 좌우상의 경우 두 부분은 대칭적으로 '동일하지만' 동시에 좌-우의
상이한 배열을 통해 '같지 않은 것'으로 나타난다.

대화가 가능해지기 위해서는 그 참여자들이 서로 다른 동시에 각자의
구조 속에 상대편의 기호학적 이미지를 지녀야만 한다. 이때 좌우상은
가장 기초적인 대화 '기계'가 된다. (1994:21)

'대화'를 바라보는 바흐친과 로트만의 이런 상이한 관점을 염두에 둘
때, 이른바 "수사학"에 관한 두 사람의 상반된 이해는 매우 의미심장하
다. 바흐친에게 '수사학'과 '다성악'은 원칙상 상반된 현상, 즉 상호 대
립하는 개념으로 나타난다. "수사학에는 무조건적으로 옳은 자와 무조
건적으로 죄인인 자들이 존재하며, 전적인 승리와 반대자의 절멸이 존
재한다. 반면 대화에서 반대자의 절멸은 담론적 삶의 대화적 영역 자
체를 소멸시킨다. 〔……〕 거기〔수사학〕서 말하는 것은 비인격적인 객
관적 진리, 즉 제3자의 관점을 통한 진리이다. 중재仲裁 법정третейский
суд, 이것은 수사적 법정이다. 〔……〕 다성악의 특성. 다성악적 대화
(궁극의 문제에 관한 대화)의 비완결성. 그런 대화를 나누는 것은 심리
학적 주체가 아니라 완결될 수 없는 인격들이다."[33]
그렇다면 로트만에게 수사학은 무엇을 뜻하는가? 그것은 서로 합치

는 안 된다.

33) М. М. Бахтин, "Из записей 1970~1971 годов," Там же, cc. 375~76.

될 수 없는 요소들 사이에서 그럼에도 불구하고 행해지는 일정한 '상응의 구축'을 의미한다. 원칙적으로 다른 방식으로 조직된 요소들의 병존 상황, 곧 원칙적인 "번역 불가능성"의 상황에서 오히려 그들을 관련시키려는 집요한 "번역"의 욕구가 생겨난다. '비합법적이고' '변칙적인' 번역, 그를 통해 새롭게 생성된 관련 속에서 조건적으로 '대응될 수 있는' 새로운 번역이야말로 (수사적 비유를 포함한) 모든 종류의 '창조적 사유'의 본질을 이룬다. "상호 대응될 수 없는, 그러나 특정 콘텍스트의 틀 내에서 대응의 관계를 구축할 수 있는 요소들의 쌍이 곧 의미론적 비유를 형성하는 것이다"(1981d:407).

바흐친에게 '수사학'이 진리를 향한 '대화'가 아닌 상대편에 대한 일방적 승리만을 목표로 하는 (저급한) '논쟁'의 형식일 뿐이라면, 로트만에게 그것은 '새로운 의미 창출'을 가능케 하는 '대화적 교환'의 메커니즘을 예증하는 가장 대표적인 사례가 된다.

바흐친의 유산—타자로서의 목격자

지금까지 다양한 각도로 살펴보았듯이, 로트만과 바흐친의 '대화'는 결코 일방적 영향 관계로 간주될 수 없다. "대화" 개념을 규정하는 로트만의 일련의 언급, 가령 "소통 없는 의식이란 불가능하며 이런 점에서 대화는 언어에 선행하며 그것을 생성한다고 말할 수 있다"와 같은 구절에서 확인되는 바흐친과의 현저한 유사성에도 불구하고, 두 사람의 이론적 입지를 묶어보려는 모든 시도는 그들 사이에 존재하는 원칙적인 '차별성'을 전제하지 않는다면 다만 가설적 전제 이상의 것이 되

기 어렵다.[34]

　로트만은 학문적 삶의 전 시기 동안 수많은 타자적 사유와 적극적 대화를 수행해왔다. 바흐친의 사유는 용어의 진정한 의미에서 그를 위한 '대담자'였음이 분명하다. 그리고 이 특별한 대화적 관계를 이해하는데, 바흐친의 다음 언급이 매우 적절해 보인다.

　나의 이름을 비롯해 나와 관련된 모든 것은 타자들(어머니 등등)의 입을 거쳐 그들의 억양과 감정적·가치평가적 어조를 통해 외부 세계에서 나의 의식으로 전달된다. 애초부터 나는 타자들을 통해 나 자신을 의식하는 것이다. 그들에게서 나는 나 자신에 관한 최초의 사고를 형성하기 위한 말과 형식, 어조를 획득한다.[35]

　바흐친의 말을 빌려 다시 말해보자. 로트만에게 '바흐친의 유산'이란 결코 '완전한 진리'가 가정되는 "중재 법정"이 아니다. 그것은 차라리 나 자신을 인식하기 위해, 즉 "나 자신을 위한 나я-для-себя"로 나아가기 위해 내가 비추어지고 통과되어야만 하는 타자로서의 "목격자свидетель"[36]였던 것이다.

---

34) 가령 이런 시도의 대표적인 경우로는 A. Shukman, "Semiotics of culture and the influence of M. M. Bakhtin," *Issues In Slavic Literary And Cultural Theory*, 1989를 참조.
35) М. М. Бахтин, "Из записей 1970～1971 годов," Эстетика словестного творчества, М., 1986, с. 361; 『말의 미학』, 485쪽.
36) М. М. Бахтин, Там же, с. 483.

제12장

로트만의 폭발

『문화와 폭발』— 새로운, 마지막 책

1984년에 발표된 로트만의 개념인 '기호계'는 20여 년간에 걸친 로트만 사유의 결정판으로 간주되곤 한다. 그것은 문화와 텍스트를 일종의 '사유하는 조직체'로 간주하고 그것의 창조적 잠재력을 부각시키고자 하는 로트만의 새로운 관심과 방향을 집약하는 이론적 결산의 성격을 띤다. 이 개념에서는 베르나츠키와 바흐친을 비롯한 여타 사상가의 영향과 더불어 기존의 핵심 개념들이 독특한 '종합'을 이루고 있음이 분명하게 감지된다.

앞에서 이미 살펴보았듯이, 기호계의 개념을 관통하는 핵심적인 통찰은 '모든 사유하는 요소는 (이미) 사유하는 세계 내부에 자리하고 있어야만 한다'는 것이다. 그리고 이 통찰은 결국 기호계라는 것이 '사유하는 개체들'(다른 말로 기호학적 인격들)로 이루어진 커다란 "사유하는 세계"라는 것을 뜻한다. 수없이 많은 '사유하는 구조들'을 품고 있는 커다란 '사유 세계,' 바로 그것이 기호계의 이미지인 것이다. 1990년 미국에서 출간된 영문판 저서의 제목인 『정신의 우주*Universe of the Mind*』는 아마도 바로 그런 이미지를 표현하기 위해 고안되었을 것이다. 하지만 해당 이미지의 더욱더 정확하고 명료한 표현은 러시아어판에 나타났다. 1996년 러시아에서 재간된 그 책의 제목은 『사유하는 세계들 속에서Внутри мыслящих миров』였다. 총 3부로 구성된 그 책의 마지막 결론 부분은 약 4반세기에 걸친 로트만의 학문적 역정을 집약하는 '총결산'의 말처럼 들린다.

우리는 거대한 지적 메커니즘의 부분이자 그것의 닮은꼴이다. 〔……〕우리가 문학 텍스트를 연구하건 아니면 대뇌의 기능적 비대칭성이나 구어적 발화, 귀머거리의 언어, 혹은 오늘날의 광고나 고대 문화의 종교 사상을 연구하건, 공히 우리가 발견하게 되는 것은 인류의 단일한 지적 삶의 상이한 메커니즘들이다. 우리는 그것 안에 있지만 또 그 모든 것은 우리 안에 있기도 하다. 우리는 마트료시카이고 무한한 대화의 참여자이며 다른 모든 것의 닮은꼴이다. 또 우리는 다른 모든 사람뿐 아니라 우리 자신에게 역시 타자이다. 우리는 지적 은하계의 행성인 동시에 그 우주의 이미지이기도 하다. 이 책은 이런 문제를 제기하려는 시도인바, 그에 대한 해답은 일반적이고 역사적인 문화기호학의 창조에 놓여 있다. (1996:386)

"지적 은하계의 행성인 동시에 그 우주의 이미지"이기도 한 '우리,' 그런 우리의 '안'에 있는 동시에 우리 모두가 그것 내부에 속해 있는 어떤 거대한 '지적 메커니즘'의 세계를 탐구하는 일에 이 책은 바쳐져 있다. 그리고 그 탐구의 해답에 해당하는 "일반적이고 역사적인 문화기호학의 창조"는 바로 이 책을 통해 완성된 것처럼 보였다. 그렇기에 당연히 많은 사람에게 이 책은 로트만의 지난한 탐구의 명실상부한 총결산으로 받아들여졌던 것이다.

사실 이런 추정을 유발한 현실적 맥락 또한 없지 않았다. 1989년 독일에 체류하던 로트만에게 예기치 않은 뇌졸중이 발생했고, 1년 후에는 평생의 동지이자 반려자였던 아내 민츠가 사망했다. 수많은 미세출혈이 뇌를 가득 채워 주기적인 뇌 손상을 겪고 있던 상황(이는 기억상실을 동반했다)에서, 이 책이 로트만의 마지막 저작이 되리라고 예상하는 건 지극히 자연스러웠다.

하지만 이런 예상을 깨고, 사망하기 1년 전인 1992년에 로트만은 또 한 권의 단행본을 세상에 내놓는다. 격동과 혼란의 체제 전환기에 모스크바에서 매우 적은 부수로 출간된 그 책은 '문화'와 '폭발'이라는 일견 동떨어진 두 개념 간의 '낯선' 조합을 내세웠다. 이 새로운 저서는 여러 가지 면에서 충격적이었는데, 그 충격은 무엇보다 '다르다'는 것에서 비롯되었다.

우선 『문화와 폭발』은 스타일 면에서 기존과 달랐다. 논리적 기술을 추구하는 '연구자' 로트만의 일관되고 정련된 논증 대신에 자유분방한 '에세이스트' 로트만의 스타일, 이를테면 느슨하게 연결된 단편적 사변이 강화되었고, 이는 상당한 낯설음을 주었다. (당시 마비로 인해 손을 사용할 수 없었던 로트만은 『문화와 폭발』을 거의 전부 구술로 작업했다.) 꽉 짜인 구성의 부재를 다뤄지는 주제의 엄청난 다양성이 대신하고 있었다. 언뜻 보기에 서로 다른 주제의 혼돈스런 조합의 인상을 주는 그

책은 일종의 기호학적 백과사전처럼 보였다. 가령 꿈에 관한 논의가
예술의 본성에 관한 논의와 나란히 제시되는가 하면, 바보와 광기에
관한 성찰이 '텍스트 속의 텍스트' 개념과 인접해 있었다.

하지만 무엇보다 놀라웠던 건 이 마지막 책에서 로트만이 무언가
'새로운 이야기'를 시작하려는 듯 보였다는 사실이다. 지금껏 익숙하게
알고 있던 것과는 다른 이 새로운 발걸음을 어떻게 보아야 할지, 당시
로서는 판단하기가 매우 어려웠다. 분명 로트만은 이전과 다른 새로운
방향을 바라보고 있는 것처럼 보였지만, 그것이 가리키고 있는 지점을
정확히 가늠하기는 쉽지 않았다. 로트만은 정말 새로 시작하려고 했던
것일까? 그렇다면 그 새로움의 지점은 정확히 어디이며, 그 지점이 암
시하는 방향은 무엇일까?

소위 '로트만의 폭발Lotmanian explosion'의 문제, 그러니까 『문화와
폭발』에서 로트만이 맞이한 모종의 '전환shift'에 관한 물음은 합의된 대
답을 비껴가는 것처럼 보인다. 몇몇 평자가 『문화와 폭발』에서 이전 저
작들과의 '연속성'을 지적하는 반면에, 다른 이들은 "파열의 이미지"를
보기도 한다.[1] 무엇이 지속되고 무엇이 바뀌었는지에 관한 물음은 곧

---

1) 가령 에이미 맨델커는 『문화와 폭발』에서 이른바 러시아 대 서구의 문화유형론에 대한 로트
   만의 '뒤바뀐' 관점을 본다. 그녀는 로트만의 마지막 저서에서 기호를 통한 관례적 재현 일반
   에 대한, 더 나아가 보편적인 기호학적 모델링 체계로서의 언어 그 자체에 대한 불신을 확인
   한다. 로트만은 이제 "그 자신과 그것의 편견만을 복제할 운명에 놓인, 계약에 묶여 있는 서
   구를 악마화demonization하고 그 대신에 동방정교의 희생적 모델을 선호하고 있다"는 것이
   다. 이런 급진적 견해에 따르면 로트만의 전환shift은 우리들로 하여금 젊은 시절 로트만이
   제안한 바 있는 러시아 대 서구의 패러다임을 재고할 수밖에 없도록 만든다. A. Mandelker,
   "Lotman's Other: Estrangement and Ethnics in Culture and Explosion," in *Lotman and
   Cultural Studies: Encounters and Extensions*, edited by Andreas Schönle, The
   University of Wisconsin Press, 2006, pp. 59~83 참조.

로트만 사유의 '연속성과 불연속성'에 관한 질문이 될 것이다. 이 전환의 문제를 이전 사유와의 연속성과 불연속성, 곧 계승과 혁신의 관점에서 점검해보는 일은 흥미로울 것이다. 사실 모든 사상가의 마지막 시기는 그 자체로 흥미롭다. 왜냐하면 그것은 한 사상가가 최종적으로 도달한 성찰의 지점을 확인하는 자리이면서 동시에 (만일 그가 좀더 살았다면) 과연 '어디까지 갈 수 있었을지'를 추측해보는 기회이기도 하기 때문이다.

문화에서 역사로—기호학적 단자

폭발을 둘러싼 로트만의 사유는 어느 날 갑자기 생겨난 것이 아니다. 논문 「기호계에 관하여」를 발표했던 1984년부터 1990년대 초반에 이르기까지, 그의 관심사는 점차적으로 이동했다. 그리고 이 이동에 작용한 몇 가지 내외적 계기가 존재했다. 우선 무엇보다도 로트만이 당시 처해 있던 '시대 상황' 자체의 특수성을 지적해야만 할 것이다. 이 시기 로트만의 작업은 1980년대 후반에서 1990년대 초반까지 소비에트-러시아가 거쳐간 '격동과 변화의 흐름' 외부에서 생각될 수 없다. 그것은 급격하고 극단적인 사회-역사적 격변, 그 한복판에서 태어났던 것이다. 이바노프에 따르면, "로트만은 그가 러시아 역사와 세계 문화의 폭발적 국면взрывный момент에서 쓰고 있다는 사실을 잘 알고 있었다. 그는 자신과 (우리 모두를) 동요시키는 이런 사회적 격변에 서둘러 응답하고자 했던 것이다.[2]

다른 한편, 1980년대 중반부터 로트만은 점점 더 역사 연구 방법론에 진지한 관심을 기울이기 시작했다. 타르투 대학교의 마지막 세미나들은 거의 대부분 역사와 기호학의 관계를 고찰하는 데 바쳐져 있는데, 그 방법적 성과들은 『정신의 우주』의 제3부 「역사기호학」 장에 일부 수록된다.[3] 로트만의 관심사가 문화에서 역사로 이동하게 된 주요 요인이 무엇인지, 그리고 그것이 어떤 결과를 낳았는지를 묻고자 할 때, 그와 같은 변화를 야기한 외적 요인과 더불어 이론체계 내부에서 발생한 변화의 추이들을 식별해내는 일이 매우 중요하다.

이와 관련해 특별히 흥미로운 글이 1989년에 발표한 논문 「주체이자 그 자신에게 객체인 문화」이다. 이 글은 로트만에게서 좀처럼 찾아보기 힘든 '철학적' 논의를 담고 있다는 점에서 매우 예외적이다.[4] 그는

---

2) Вяч. Вс. Иванов, Семиосфера и история, Внутри мыслящих миров, IX, М., 1996.

3) 총 3부로 구성된 『정신의 우주』는 제1부의 중심에 '텍스트'가, 제2부의 중심에 '문화'가, 그리고 제3부의 중심에 '역사'가 자리한다. 문화적 기억의 문제를 다루는 제3부의 중심에 놓인 근본적 물음이 바로 '역사기호학'이다. 한 평자에 의해 '기호학적 역사주의'로 불린 바 있는 이런 행보에 관해 로트만 자신은 전환이 아닌 '되돌아감'으로 표현했고, 거기서 '러시아' 기호학의 특징을 보았다. "개인적으로 나는 어디서 역사적 기술이 끝나고 어디서부터 기호학이 시작되는지 명확한 선을 그을 수 없다. 거기엔 대립도, 급격한 단절도 없다. 내게 이 두 영역은 유기적으로 얽혀 있다. 〔……〕 역사 연구로부터의 이탈은 다시 그것으로 되돌아가기 위해 필수적인 것이었다. 전혀 새로운 토대 위에 다시 서기 위해, 전통과의 연결은 파괴되어야만 했던 것이다. 공시적 모델을 향할 때 역사가는 자유를 얻는다. 기존 역사 연구에서 쌓인 방법론적 오물에서 벗어난 진정한 자유, 다시금 자기 영역으로 되돌아갈 수 있게 하는 기반을 얻게 되는 것이다. 바로 여기에 추상적 모델을 계속해서 견지했던 서구 기호학과 우리의 차이가 있다. 우리에게 그것은 전통적 유물론에 새로운 무기를 제공하는 데 필수적인 지적 분야였던 것이다(1998:86). 물론 이러한 회고적 내러티브('되돌아감')가 이론체계의 내적인 변화의 문제를 무화하는 것은 아닐 것이다.

4) 로트만의 장남인 미하일 로트만의 회고에 따르면, 로트만은 자신의 사유를 전개하는 과정에서 철학적 논의를 '의도적으로' 피하고자 했다. 이는 물론 1차적으로는 정치적 환경에 따른 이데올로기적 압박과 관련된 것이지만, 근본적으로는 철학에 대한 그의 유보적인 입장에 기인한다. 철학적 개념을 직접 도입해 논지를 전개하고 있는 이 논문은, 따라서 매우 예외적인

근대 유럽 사상의 위대한 두 기초자인 헤겔과 칸트의 입장을 각기 대상의 '객관주의'와 주체의 '주관주의'로 대별하면서, 이와 구분되는 제3의 길인 라이프니츠를 부각시킨다. 여기서 라이프니츠는 한쪽 극단에 (주체의) 지적인 능동성을, 다른 쪽 극단에 (대상의) 구조적 조직성을 집중시키는 고전적인 이분법을 벗어날 수 있게 하는 대안적 가능성을 대변한다. 그것은 '주체-객체의 상호 관계'에 앞서 '포함(접속)-배제(절연)의 상호 관계'를 두는 입장으로서, 주체이자 동시에 객체인 '모든 사유하는 요소는 (이미) 사유하는 세계 내에 자리하고 있어야만 한다'는 로트만의 기존 주장을 (철학적 맥락에서) 재진술한 것에 해당한다. 간단히 말해, 여기서 기호계의 내적 구조, 특히 그것의 다종다기한 하부체계들은 라이프니츠의 단자(單子, monad) 개념으로 리모델링된다. 각기 고유한 개별성과 개체성을 지니면서 동시에 상부 차원에서 다른 개체들과 '수렴적 관계'에 돌입할 수 있는 라이프니츠의 단자 개념이 이른바 '기호학적 인격'의 새 모델로서 등장하는 것이다.

의미 생성 단위의 불변체적 모델은 무엇보다도 일정한 제한성과 자족성, 그리고 내부를 분할하고 내부와 외부의 기호학적 공간을 갈라놓는 경계의 존재를 전제로 한다. 이는 의미 생성 구조를 기호학적 우주의 전 차원에서 기능하고 있는 일종의 **기호학적 단자**로서 정의할 수 있게끔 한다. 문화 전체, 그 속에 포함된 충분히 복잡한 모든 개별 텍스트, 그리

경우에 해당한다고 볼 수 있다. М. Ю. Лотман, За текстом: заметки о филосовском фоне тартуской семиотики (Статья первая), Лотмановский сборник 1, М., 1995, с. 220.

고 텍스트로 간주될 수 있는 개개 인간의 개인성까지, 이 모든 것은 단
자들이다. (1989〔2008〕:318, 강조는 필자)

기호계는 서로 횡단하고 공존하며 섞여드는 단자들, 제각기 의미를
생성할 수 있는 능력을 갖춘 엄청나게 많은 숫자의 단자로 구성되어 있
다. 말하자면 의미 생성의 최소 단위로서 기호학적 단자들은 다른 개
체들과 수렴적 관계를 맺으면서 계속해서 '변형'되는 것이다.[5] 가장
'개별적인 것' 속에서 가장 '보편적인 것'을 표상하는 단자의 개념은 부
분이면서 동시에 총체이기도 한 그것의 이중적 양태로 인해, 이른바
기호학적 개인성의 본질을 이룬다. 그것은 "개별화된 기호학적 공간의
경계 내에서 자신의 폐쇄성을 계속해서 심화시키는 '개별자'로서 나타
나는가 하면, 총체가 되려는 지향하에 마치 퍼즐 조각처럼 계속해서
새로운 '결합'을 추구하기도 한다. 즉 각각의 단자는 어떤 차원에서건
부분이면서 동시에 총체가 되려는 경향을 띠는 것이다"(1989〔2008〕:
324).

---

5) 라이프니츠의 단자 개념은 최소 단위들이 더 상위 차원의 조직적 단일체로 바뀌는 과정, 즉
   각각의 단위가 다른 단위들과 더불어 상위 차원에서 양극적 단일체를 이루게 되는 과정을 전
   제한다. 하지만 이런 식의 '변형이 예정되어 있는 경우'와 달리 '실제적인 접촉'이 수렴적 관
   계를 만들어내지 못하는 경우도 있을 수 있다. 로트만은 이에 대한 예로 몽골의 러시아 지배
   를 든다. 몽골과 러시아의 접촉은 (전쟁을 비롯한 수많은 실제적 '접촉'에도 불구하고) 공통
   의 기호적 메커니즘을 만들어내지 못했는데, 로트만에 따르면 이런 실패의 원인은 "종교에
   대한 몽골인들의 무관심한 태도와 국가적 실용주의"에 있다. 종교에 대해 너그러웠던 타타르
   인들은 러시아에서 정교를 박해하지 않았고, 이 점은 교회가 특별히 중요한 조직화의 역할을
   수행했던 러시아 정교 문화 속에서 그들이 '섞일' 수 없도록 만들었다는 것이다. 만일 그들이
   정교의 '박해자'였더라면 (가령 기독교도를 박해하는 로마 관리의 경우처럼) 그들은 일종의
   '폭군'으로서 '이해됨으로써' 훨씬 더 용이하게 공통의 메타언어 체계로 기술될 수 있었을 것
   이다(1989〔2008〕:320~21).

398

단자들로 이루어진 기호계는 곧 유기체들로 이루어진 거대한 유기체
이다. 그것들을 지배하는 법칙은 부분과 전체, 그리고 부분들 서로 간
의 이질동상성이다(1989〔2008〕: 324). 하나의 단자는 하부 구조의 자
격으로 더 상위 차원의 다양한 단자 속으로 들어갈 수 있고, 그럼으로
써 '총체'로 남아 있는 동시에 더 많은 다른 총체의 '부분'이 될 수 있
다. 그리고 바로 그 점에서 더 이상 '그 자신과 같지 않은' 어떤 것이
될 수 있는 것이다. "모든 부분이 동시에 전체가 되고 모든 전체가 또
한 부분으로 기능하는 독특한 구조"(1983a〔2008〕: 285), 기호학적 장
의 이와 같은 단자적 구조는 내적 구조의 복잡한 복수언어주의와 더불
어 기호계 내부의 역동적이고 창조적인 의미 작용을 가능케 하는 가장
중요한 요인이 된다.

행위의 문제―선택의 자율성과 책임

그런데 흥미로운 것은 기호학적 단자 개념이 지니는 의미가 여기에
서 그치지 않는다는 점이다. 기호계 개념 이후 5년 만에 발표한 이 글
에서 로트만은 또 하나의 중요한 속성을 언급한다. 그에 따르면, 단자
의 속성은 '독자성,' 정확하게는 그것이 지니는 "행위의 자율성"에서
찾을 수 있다. 인간의 개인성에는 개별적인 '의식'뿐 아니라 독자적인
'행위' 또한 본질적이다. 인간은 하나 이상의 결론이 가능한 모든 상황
에서 '행위의 선택'을 감행하는 존재이다. 기호학적 단자와 개인성의
개념 사이의 대응 관계를 조심스럽게 주장해볼 수 있는 것은 양자 모두
에 일정 정도 본질적인 '행위의 자율성'이 있기 때문이다.

단자는 하나의 부분으로서 엄격한 결정성의 법칙에 종속되지만, 동시
에 총체, 하나의 '개인성'으로서 선택의 가능성과 일정 정도의 예측 불
가능성, 나아가 자신의 기호학적 맥락 전체로부터의 자율성을 갖는다.
(1989〔2008〕:327)

로트만에 따르면, 단자가 복잡하게 조직화될수록 그 행동은 더욱더
'독자적'이 되고, 이는 체계 전체에 더 큰 '예측 불가능성'을 가져온다.
이와 같은 조직체가 사실상 자가발전의 무한한 가능성을 갖게 되는 것
은 그 때문이다. 그런데 이와 같은 역동적 과정에 사유하는 개체, 즉
지능이 도입될 경우에는 더욱더 흥미로운 상황이 생겨난다. 지능의 도
입은 역동성의 성격 자체를 결정적으로 바꿔놓는바, 지적인 능력을 소
유한 대상의 경우 행동은 (단순한 우연성이 아니라) "의식적인 선택"의
성격을 띠게 되는 것이다. 즉 지능의 차원으로까지 상승한 구조가 '우
연성'을 '자유'로 바꿔놓는다. 지능적 대상으로서 단자는 '사유'하는 동
시에 '행동'할 수 있는데 이때 행동할 수 있는 능력, 즉 자동적인 예측
이 불가능한 상황에서 자신의 행위를 '선택'할 수 있는 능력은 기호학
적 단자의 본질에 속한다.

과거 기호계에 관한 논문(1984)에서 상대적으로 부각되지 않았던
(자율적) '행동'의 이와 같은 강조는 지극히 의미심장하다. 왜냐하면
지배적 관심이 문화에서 역사로 이동하면서 나타나는 가장 특징적인
변화가 바로 체계의 이런 '개별성'과 '예측 불가능성'에 있기 때문이다.
역사란 무엇인가? 그것은 한편으로 엄격한 결정성의 법칙에 종속된 예
정〔견〕된 과정이지만, 다른 한편으로는 우연적이고 의식적인 개인들의

선택에 따라 움직여가는 예측 불가능한 사건들의 연쇄이기도 하다.

만일 앞선 문화기호학적 탐구의 중심에 자리했던 주제가 '반복되는 것' '순환적인 것' '가역적인 것,' 따라서 손쉽게 위상학적typological 공간 개념으로 변형 가능한 것들이라면, 역사 개념을 둘러싼 사유의 핵심 과제는 '반복되지 않는 것,' 고로 이미 명백하게 '시간적인' 성격을 띠는 "비가역적 과정"을 해명하는 것에 있다. 순환적 과정과 구별되는 비가역적〔시간적〕성격을 띠는 역사의 과정을 향한 새로운 관심이 부각되는 이 대목에서, 로트만은 (바흐친, 베르나츠키와 더불어) 후기 사유에 커다란 영향을 끼친 또 한 명의 대화자를 만나게 된다.

흔히 '열역학의 시인'으로 불리는 러시아 태생의 물리학자 일리야 프리고진I. Prigogine의 이론이 그것이다. 1977년 노벨상을 받은 프리고진은 '혼돈으로부터의 질서order out of chaos'라는 명제로 잘 알려져 있다. 전체적으로 비결정론적이고 유기체적이며 생태론적인 성격을 띠는 그의 과학 사상(복잡성의 과학 및 카오스 이론)은 과학기술 분야뿐 아니라 인문사회과학 분야에도 적지 않은 영향을 끼쳤다. 프리고진의 이른바 산일 구조dissipative structure 이론에 따르면, 이 세계의 모든 구조는 평형 구조와 산일 구조로 나뉜다. 평형 구조가 기계와 같이 정태적이고 안정된 가역적 구조인 데 반해, 산일 구조는 불안정성 속에서 변화하는 비가역적 구조이다. 인과성의 법칙에 따라 평탄하게 진행되는 가역적 과정과 달리 불균등한 전개 과정을 따르는 비가역적 과정에서는 "이후의 움직임이 동등한 가능성을 갖는 두 가지(이상)의 방향을 따라 진행될 수 있고, 따라서 그것이 어떤 방향을 따를지를 예측하는 것이 불가능한"(1989〔2008〕:325) 지점이 나타나게 마련이다. 바로 이 지점을 양분점bifurcation point이라고 부른다. 이 양분점에 이르러 구조의 변화가 발생하는데, 이렇게 발생된 새로운 구조는 미리 정해진 것이 아니라 가능한 여러 구조 중 하나가 구조 자체의 자기갱신autopoiesis 과정에 의해 자율적으로 선택된다. 그리고 바로 이런 상황에서 미래의 과정에 영향을 끼칠 수 있는 부차적인 요인, 가령 '우연성'의 역할이 현저하게 증대되는 것이다.

앞서 이미 살펴봤듯이, "기호계"의 개념은 러시아의 생물학자 베르나츠키의 생물계 개념에서 커다란 영감을 얻은 바 있다. 한편, 역사적 과정에 대한 그의 후기 사유는 물리학자 프리고진의 결정적인 영향 아래에서 발전했다. 이 영향에 관해 로트만은 이렇게 언급한 바 있다.

필자는 1986년에 본인에게 깊은 인상을 준 일리야 프리고진의 저작과 만났다. 프리고진의 사유는 우연적 요소들의 역할에 대한 우리의 관념을 확장시켜주었을 뿐 아니라 자연과학과 인문학의 침투를 위한 실제적 기반을 마련해주었다. 왜냐하면 시간의 비가역성을 연구하면서 그것들은 역사에 관한 보편 모델의 기반을 닦았기 때문이다. (1989b:48)

여기서 말하는 자연과학과 인문학의 침투는 인문학에 대한 자연과학의 (일방적) 영향만을 뜻하지 않는다. 우연적 성격을 띠는 역사적 과정이란 사실 인간에 의한 의식적 행위의 결과, 곧 인간의 자유로운 선택의 다발과 다르지 않다. 다시 말해 역사적 과정을 '의식적이고 자유로운 선택의 결과'로서 이해한다는 것은 필연적으로 그 과정에 개입하는 인간의 개성적 단초의 위상을 현격히 증대시키는 결과를 낳는다. 인간 역사에 본질적인 이런 '인격적' 단초는 역으로 물리적 세계의 운동에 관한 이론, 즉 산일 구조의 양분점 자체가 지니는 특성과도 밀접하게 관련된다. 프리고진을 인용하면서 로트만은 이렇게 적고 있다.

> 프리고진은 양분兩分의 순간들에서, (전개의) 과정이 인문학적인 특성
> 들에 근접하면서 개인적인 성격을 획득하게 된다고 지적했다. 고로 우리
> 는 비예측성의 강도에 따라 단계를 지어볼 수 있을 것이다. 우연의 개입
> → 사유하는 존재의 개입 → 창조적 의식의 개입. (1996:325)

프리고진의 양분점 개념은 물리 세계의 법칙에 인문학적이고 개인적
인 특성을 부여했다. 즉 그의 이론은 인과적 메커니즘에 우연적 요인
을 도입함으로써 세계상을 탈자동화했을 뿐만 아니라 그것을 일정하게
'인문학화'한다. 이른바 '창조적 의식'의 개입은 비예측성의 강도를 증
가시킬 뿐 아니라 그에 따른 행위의 '윤리적' 측면까지를 결부시킨다.
자유로운 선택에 따른 개체의 행동은 그것이 예측 불가능한 것인 만큼
윤리적인 무게를 지닌다. 로트만에 따르면 바로 그렇게 해서 "역사적
인 동요의 순간들이 지니는 비중이 증대한다. 이러한 상황들에서 체계
의 이후 운명은 우연적 요소와 의식적인 선택에 의존한다. 이것은 역
사적 과정으로 그 참여자들의 개인적인 책임감과 윤리적 행위의 국면들
을 들여놓는다. 한편으로 역사적인 존재는 창조의 세계와 근접하면서
다른 한편으로 선택의 자유와 뗄 수 없이 관련된 도덕성의 개념과 가까
워진다"(1992a:479, 강조는 필자).

여기서 "개인적 책임감"이나 "윤리적 행위" 따위의 구절들은 결코 예
사롭게 들리지 않는다. 로트만이 말하는 체계의 전개 과정과 그에 영
향을 미치는 선택의 문제는 책임감과 윤리, 그리고 도덕성의 개념과

맞닿아 있는바, 로트만의 이런 어휘들에서 겹쳐 울리고 있는 것은 다름 아닌 바흐친의 목소리이다.

자신의 이름으로 지면에 발표한 최초의 글인 「예술과 책임」에서 바흐친은 이렇게 적은 바 있다. "그렇다면 인격을 이루는 요소들의 내적 결합을 보장하는 것은 무엇인가? 그것은 오로지 책임의 통일이다. 〔……〕 인격은 전적으로 책임감 있는 것이 되어야만 한다. 〔……〕 삶과 예술은 하나가 아니지만, 그러나 그것들은 내 안에서, 즉 나의 책임감의 통일 안에서 하나가 되어야만 한다."[6] 앞 장에서 살펴본 대로, 가장 가까이 접근하는 순간에조차 끝내 합치될 수 없는 '거리'를 보여주었던 두 사상가의 처음과 끝이 이런 예기치 못한 대응을 보여주고 있음은 대단히 흥미롭다.

사망하기 얼마 전 로트만은 평생 몸담았던 타르투 대학교 학생들을 위한 강연에서 이렇게 말했다. "인간을 동물과 구별하는 자질은 여러 가지입니다. 나는 인간은 현명하고 동물은 우매하다고 말하려는 게 아닙니다. 동물들은 전혀 우매하지 않습니다. 동물들은 고도의 지성을 소유하고 있지만, 그 지성은 항상 특정한 상황에 얽매어 있을 뿐입니다. 〔……〕 하지만 인간은 언제나 미지의 상황 속에 위치합니다. 그리고 여기 그를 지탱하는 두 다리가 있습니다. 지성과 양심이 바로 그것입니다. 발달된 지성이 없는 양심이 맹목인 것처럼, 양심이 없는 지성이란 위험한 것입니다"(1994b: 461).

---

6) М. М. Бахтин, "Искусство и ответственность," Эстетика словесного творчества, М., 1986, сс. 7~8; 『말의 미학』, 26쪽.

행위의 자율성과 그에 따른 선택의 (윤리적) 책임을 강조하는 로트만의 시각은 물론 바흐친의 색채를 강하게 띠고 있다. 앞서 확인했듯이 바흐친은 로트만의 사유에 영향을 끼친 가장 중요한 '대담자' 중 한 사람이었다. 하지만 이론적 측면에서 1980년대 중반 이후 로트만에게 가장 결정적인 영향을 준 사람은 역시 프리고진이었다. 말년의 로트만을 지배했던 '폭발'이라는 핵심 메타포의 출현은 의심할 바 없이 프리고진과의 근접 대화의 결과였다.

체계의 행동을 예측 불가능한 것으로 만드는 급격한 에너지의 분출, 혹은 그로 인한 역사의 뚜렷한 분절적 국면을 가리키는 '폭발'은 프리고진의 '양분점'에 대응되는 로트만의 개념이다. 그렇다면 이런 폭발적 세계의 풍경은 로트만의 마지막 책 『문화와 폭발』에서 어떻게 그려지고 있을까?

점진적인 것 vs 폭발적인 것

『문화와 폭발』 전반에 걸쳐 강조되고 있는 것은 기호학적 생성과 자유를 위한 가장 귀중한 장소로서의 개인적인 것, 우연적인 것, 그리고 예측 불가능한 것들의 의미이다. 다르게 말해 보자면, 그것은 소통 불가능한 것, 번역 불가능한 것, 그리고 이해 불가능한 것들의 가치에 해당한다. 번역되지 않는 것, 즉 교차되지 않는 부분들이 갖는 중대한 의미와 가치는 야콥슨의 '단일언어체계'를 논하는 서두부에서 이미 명백하게 강조된다. 로트만은 "대화의 가치는 교차되는 부분과 관련되는 것이 아니라 오히려 교차되지 않는 부분의 정보 전달과 관련되어 있다"

(1992b:16)고 단언한다. 관심을 기울여야 할 것은 교류에서 그것을 '어렵게' 만드는, 극단적인 경우엔 '불가능하게' 만드는 바로 그 영역인 것이다. 나아가, 교차되지 않는 한 부분을 다른 공간의 언어로 번역하는 행위가 어렵고 비정합적인 것이 될수록, 사회적 관계 속에서 이런 역설적 교류 자체가 지니는 가치는 더욱 커진다. '가장 중요한 것을 가장 복잡하고 어렵게'라는 말로 요약될 수 있는 이런 입장에 관해서는 이미 앞선 장에서 살펴본 바 있다.[7] 비이해가 지니는 높은 정보적 가치의 문제는 어떤 점에서 '마이너스 장치'를 논하던 초창기부터 이미 존재하던, 로트만의 가장 근본적인 문제의식이라고 할 수 있다.

로트만은 항상 그렇듯이 『문화와 폭발』에서도 일련의 개념적 대립들, 예컨대 단일언어 대 복수언어, 집단 대 개인, 진화 대 폭발, 고유명사 대 보통명사, 예측 가능성 대 예측 불가능성 따위의 대립을 둘러싸고 논의를 전개한다. 그런데 이중에서 가장 중요한 핵심 대립은 '연속적인 것'과 '불연속적인 것,' 다시 말해 '점진적인постепенный 것'과 '폭발적인взрывный 것' 사이의 대립이다. 간단히 말해, 점진적이고 안정적인 연속적 변화가 있고, 문화적 폭발의 형태를 띠는 급격하고 불연속적인 변화가 있다. 예측 가능한 전자의 변화에는 반복적인 전개에 해당하는 광범위한 현상들이 포함되는데, 가령 고대archaic 집단의 전형적인 순

---

7) 로트만에 따르면, "비이해 혹은 부정확한 이해는 커뮤니케이션 체계 내의 기술적인 결함을 증명하는 것이 아니라 그 체계가 지니는 복잡성, 즉 보다 복잡하고 중요한 문화적 기능을 수행할 수 있는 능력을 말해주는 징표가 된다"(1997a[2008]:217). 외견상 모순적인 것처럼 보이는 이런 복잡화의 과정, 다시 말해 잡음과 몰이해의 필요불가결성을 확증하는 작업은 로트만 문화기호학의 본령에 해당한다. 그에 따르면, "가장 높은 문화적 가치를 지니는 텍스트, 즉 전송이 확실하게 보장되어야만 하는 텍스트일수록 최소한의 전달 능력을 갖고 있는 것으로 판명된다"(1983a[2008]:282). 이 책의 제4부 9장을 참조.

환적 과정들, 흔히 달력을 따르는 반복적 현상들이 이에 속한다(과거에 로트만은 이런 과정들을 "슈제트 없는 구조" 혹은 "신화적 구조"라고 부른바 있다[제6장 참조]). 반면에 폭발적인 특징은 위대한 역사적 사건들, 시대를 특징짓는 발명 및 발견들, 지대한 영향과 흔적을 남긴 개인의 행위들을 통해 드러난다. 하나의 국면에서 다른 국면으로의 급작스런 전이를 자극하는 일련의 현상들, 가령 '광인'이나 극단적인 '폭군'들의 행위 역시 이에 포함될 수 있다.

로트만은 순차적으로 교체되는 이런 두 단계, 즉 안정화의 시기와 폭발의 시기가 공히 동일한 진화적 과정의 상보적 상태라고 주장한다.

공시적으로 작동하는 구조 속에서, 점진적 과정과 폭발적 과정은 둘 다 중대한 기능을 수행하고 있다. 한쪽 축이 혁신을 제공한다면, 다른 쪽 축은 계승을 제공한다. 동시대인들의 자의식 속에서 이들 경향은 상호 적대적인 것으로서 경험되며, 그들의 투쟁은 상대편의 괴멸을 지향하는 전투의 차원에서 해석된다. 그러나 사실 그들은 상호 연관되어 있는 단일한 메커니즘, 즉 그 메커니즘의 공시적 구조가 지니는 두 측면인 바, 둘 중 하나의 공격성은 상대방을 집어 삼키는 것이 아니라 오히려 발전을 자극한다. (1992b:21)

그런데 『문화와 폭발』 전반에 걸친 로트만의 지향이 두 경향 중 후자, 그러니까 창조적 현상으로서의 폭발의 '긍정적' 계기들을 향하고 있음은 의심의 여지가 없다. 이는 이 두 과정을 묘사하기 위해 로트만이 들고 있는 비유들에서 잘 드러난다.

폭발—개별성, 예외성, 예측 불가능성

폭발의 형태로 실현되는 급격한 변화와 완만하고 점진적인 전개 사이의 안티테제는 '학문적(혹은 예술적) 발견'과 그것의 '기술적' 실현 사이의 대립과 유사하다. 모든 위대한 학문적 사유는 어떤 점에서 예술과 유사한바, 그것은 폭발과도 같이 출현하는 것이다(예술적 실험이나 학문적 사유가 종종 자신의 시대에 걸맞지 않은 것은 이 때문이다). 반면에 그런 새로운 사유들을 '기술적으로' 실현하는 과정은 점진적 역동성의 법칙을 따라 전개된다.

바로 이런 점진적 역동성의 과정을 역사기술의 중심 범주로 도입한 이들이 소위 '장기 지속longue durée의 역사'를 주창한 아날 학파Annales school이다. 로트만에 따르면, 그들은 점진적이고 느린 역사의 전개를 정당한 역사의 구성소로서 역사 연구 내부로 끌어들이고자 노력했다. 즉 정치적 투쟁이나 예술적 현상들을 역사의 배면으로 밀어내는 대신에 기술과 일상생활, 상업의 발전 등에 관한 기술을 전면화했던 것이다. 여기서 로트만은 두 개의 흥미로운 이미지를 제시하는데, 아날 학파가 겨냥했던 역사의 점진적 운동이 "거대하고 강력한 봄철 강물의 유유한 물살"처럼 우리 앞에 놓여 있다면, 역사의 역동적(폭발적)인 전개는 "예측 불가능한 장소에 폭약이 매설된 평원"처럼 나타난다(1992〔2000〕:18).

주목할 것은 학문(혹은 예술)과 기술 사이의 이런 대립이 '인칭'의 문제와도 밀접하게 관련된다는 점이다. 기술사奇術事가 항상 해당 시기에 '무인칭적인 것'으로 받아들여진다는 사실은 이 점에서 의미심장하다. 자동차의 이름은 회사 및 모델명에 따라 기억되지 그것을 만든 사람의 이름으로 기억되지는 않는 것이다. "문제의 핵심은 심지어 저열한 여가수의 창작조차도 본질상 '개인적인 것'인 반면에, 훌륭한 기술자의 창작은 기술의 무인칭적인 사회적 과정 속에서 그저 묻히는 것처럼 보인다는 점이다"(1992b:24). 학문 혹은 예술의 본질적인 '인격성'은 그것의 '폭발적' 성격과 뗄 수 없이 연결되어 있다.

사실 '개인적인 것/인격적인 것'을 향한 관심과 지향은 『문화와 폭발』에서 다뤄지는 에피소드의 대부분을 차지할 정도로 중심적이다. 일반적 규범으로부터 '벗어난' 행위, 이른바 '별난eccentric' 행위의 문제는 역사의 폭발적 변화와 밀접하게 관련된다(그리스어 어원인 ekkentros는 '중심에서 벗어남out of center'이라는 뜻을 지닌다). 예를 들어 이 문제는 정상인의 범주에서 벗어난 인간, 즉 '광인'의 행위에서 잘 드러난다.

로트만은 바보와 광인의 이분법적 대립의 중간 항에 해당하는 제3의 범주인 현자를 도입함으로써, 바보-현자-광인으로 이루어진 3원 구조를 제시한다. 여기서 현자가 '정상성'의 범주, 그러니까 "관습적 의례와 법칙에 부합하는 일종의 규범"으로서 나타난다면, 바보와 광인은 그에 대립하는 양극단을 가리킨다. 하지만 바보와 광인은 정상에서 벗어난 행위라는 점에서는 비슷해 보이지만, "상황과 행위의 올바른 대응 관계를 파괴하는" 바보의 행위(결혼식에서 울고, 장례식에서 웃는 식)가 "엉뚱하긴 하지만 완전히 예측 가능한" 스테레오타입임에 반해서, 미친 사람의 행위는 금기를 위반하는 과정에서의 보충적인 자유, 곧 "예측 불가능성"을 부여받는다(이 점에서 바보와 광인은 [동의어가 아닌] 반의어에 해당한다).

핵심은 이런 예측 불가능성이 실제로 힘을 갖게 되는 상황들이 존재한다는 점이다. 대표적으로 '전투'의 상황이 그러하다. 전투에서 광기의 활용은 '정상적인 적수'가 익숙한 상황에서 벗어나 행위의 준거점을 상실하도록 만듦으로써, 결과적으로 무력한 상황에 빠지게끔 한다. 스칸디나비아의 서사시에 등장하는 베르세르크berserk가 그 예이다. 베르세르크는 중세 이전 및 중세 스칸디나비아와 게르만의 역사·민속에 등장하는 사나운 전사의 무리를 말하는데, 이들은 전쟁 상황 중에 이른바 '전투적 광기'에 사로잡히는 것으로 알려져 있다. 그들은 "전투 상황에서 인간적 행위의 모든 제한을 벗어던지며 마치 짐승과도 같은 상태"가 되는데, "전장에 이런 병사 한 명을 투입하는 것은 결과적으로 전 부대의 전투 능력을 현저하게 증대시킨다. 왜냐하면 그것이 적들로 하여금 익숙한 상황에서 이탈하도록 만들기 때문이다"(1992b:43).[8]

또한 규범의 파괴를 통해 '가능한 것'의 한계를 계속해서 확장하는 "별종"의 문제는 광기뿐 아니라 각종 '역할 바꾸기'의 행위를 통해서도 드러난다. 신과 악마, 폭군과 죄인의 역할을 자유자재로 교체하면서 행위의 극단적인 '비예측성'을 보여주었던 이반 뇌제의 경우나, 성 역할의 교환을 표상하는 옷 바꿔 입기와 호모 섹슈얼리티의 경우에 이르기까지, 이른바 "뒤집혀진 이미지перевернутый образ"의 경우들이 규범의 경계를 넘어서는 예상치 못한 전환을 이끌어내는 폭발적인 잠재력

---

8) 동일한 상황을 동물과 초기 단계 인간 사이의 관계에도 적용할 수 있다. "다른 동물들의 관점에서, 초기 단계의 인간은 틀림없이 '미친' 존재처럼 여겨졌을 것이다. '정상적인' 동물은 그의 행위를 예측할 수 없었을 것이다. 이는 광인의 행위, 그러니까 정상인에게 부여된 각종 금기를 의식에서 제거해버린 자의 행위를 예측할 수 없는 것과 마찬가지이다"(1992c〔2008〕:337). 가령 키플링의 책 『정글북』에서 주인공-동물들의 조직화되고 이성적인 행위에 대립하는 것은 반다르-로그(원숭이)의 예측할 수 없는 무의미한 행동이다. 바로 인간 행동의 이런 예측 불가능성, 동물에 비해 훨씬 더 큰 행동의 자유가 인간을 '특권적인' 위치에 올려놓는다.

410

의 선도자로 기능하는 사례들을, 로트만은 책 전체에 걸쳐 상세하게 분석한다. 이와 같은 폭발들은 이전 시기의 발전 단계를 토대로 사전에 예측될 수 없는바, 그들은 역사적 과정에 혁신을 도입할 뿐 아니라 발전을 위한 새로운 노선과 기회들을 표지한다. 예측 불가능한 사건들이 문화를 드라마틱하게 만드는 잠재적 자극의 저장고로 기능하는 것이다.[9]

지금까지 살펴본 것처럼, 문화에서 역사로의 관심 이동은 역사적 전개 과정에서의 예측 불가능성을 향한 강한 지향 속에서 '개인적인 것'과 '예외적인 것'의 두드러진 강조로서 나타났다. 그렇다면 우리는 이런 변화를 근본적이고 본질적인 '전환'으로 간주할 수 있을까? 사실 체계의 질적 변화를 야기하는 사건성을 향한 비상한 관심은 이미 '번역 불가능성의 번역 가능성'이라는 과거의 역설적 모토 속에 담겨 있었다고 볼 수 있지 않을까? 단순한 '강조점'의 이동을 넘어서는 본질적 변화, 가령 이론체계 내부로부터 강제된 불가피한 '전환'의 지점은 존재하지 않는 것일까? 이런 질문들에 답하기 위해서는 『문화와 폭발』 이전까지 로트만의 사유를 지배했던 가장 포괄적인 문제의식이 무엇이었는지를 다시금 확인할 필요가 있다. 지금까지 확인해왔듯이, 로트만 문화기호학의 지배적 문제의식은 바로 '분절성дискретное'과 '연속성конти-

---

9) 이른바 로트만식의 '특이함eccentricity'에 대한 비판적 해석도 존재한다. J. A. Buckler, "Eccentricity and Cultural Semiotics in Imperial Russia," in *Lotman and Cultural Studies: Encounters and Extension*, edited by Andreas Schönle, The University of Wisconsin Press, 2006, pp 299~319를 참조. 여기서 주의할 것은 예외적인 것, 정상에서 벗어나는 별난 것에 대한 강조를 낭만적 일탈에 대한 옹호로 이해해서는 안 된다는 점이다. 문제의 본질은 별난 행위가 정상적 규범과 맺는 '관계에 있다.

нуальное'의 상호 관계이다.

분절성과 연속성—방점의 이동

주지하듯이『문화와 폭발』이전까지 로트만 사유의 핵심은 '복수언어주의'라는 이론적 개념으로 집약된다. '그 어떤 문화(체계)도 단 하나의 언어에 만족할 수는 없으며, 최소한 나란히 존재하는 두 개의 언어를 필요로 한다'는 이 생각은 1970년대 이후의 일관된 중심 사상에 해당한다. 원칙상 상이한 방식으로 구축된 (그러므로 완벽한 상호 번역이 불가능한) 두 대립 항의 공존은 인간의 개별 의식을 포함한 문화의 전 영역에서 확인되는 '보편적인' 현상이다.

인간의 지적 활동의 모든 차원에서 나타나는 양극적 조직화의 양상을 관찰해보면 일정한 대립 쌍을 분별해낼 수 있다. 한쪽 극점에서는 분절적이고 선형적인 조직화의 단초가, 다른 쪽 극점에서는 동질동상적이고 연속적인 조직화의 단초가 우세하다. 그리고 이는 다시 개별 인간 사유의 좌반구적 원칙과 우반구적 원칙에 일정하게 대응될 수 있다. (1978 [2008] : 236)

양극적 조직화의 이런 양상은 가장 높은 차원에서는 '분절적 세계 모델'과 '연속적 세계 모델' 간의 대립으로, 가장 명확한 형태로는 (조건적 기호로서의) '말'과 (도상적 기호로서의) '그림' 간의 대립으로, 로트만의 여러 저작에서 매번 다른 방식으로 제시된다. 하지만 그들 모

412

두는 메타적 견지에서 일련의 분명한 '유형학적 계열체'를 구성한다.

그런데 여기서 다시금 강조할 것은 이런 이론적 프레임이 암묵적으로 전제하고 있는 '가치론적' 지향이다. 앞에 열거한 다양한 유형학적 대립이 궁극적으로 암시하는 지점은 지금껏 (암묵적으로) 보편적인 것으로 간주되어온 분절적 세계 모델에 대한 비판적 재고에 있다. 이른바 분절적인 모델, 즉 언어적·논리적·역사적 의식과 기호 작용이란 단지 문화체계를 구성하는 한쪽 항일 뿐이며, 문화의 모든 차원과 실현의 양상에서 (그와 함께 길항적 지렛대를 이루며 공존하고 있는) '또 다른' 유형의 모델을 발견할 수 있다는 통찰이 그것이다. 우리가 지금까지 살펴본 것처럼, 형상(이미지)적·공간적·신화적 모델들, 곧 '연속적(비분절적)인 세계상'의 재발견은 로트만의 이론적 탐구를 추동하는 근원적 모티프에 해당한다. 인간 의식과 문화 전반에서 비분절적 단초들이 갖는 위상을 정당하게 자리매김하려는 지향은 로트만 기호학의 근원적 동력이다. 그것은 '반대편 연안'의 버려진 영역, 이제껏 상대적으로 경시되거나 주목받지 못했던 측면을 적극적으로 내부로 끌어들임으로써, 결국 자신의 세계를 온갖 모순과 비단일성 속에서 다시 바라보게끔 만드는 방식을 따른다. 로트만의 기호계에서 '변방의 타자'에 해당하는 비분절적(연속적) 모델은 보다 명확하고 합리적인 분절적 세계 모델(대표적으로 언어적 모델)의 필수불가결한 '이항(異項, инаковость)'으로서 문화의 주변 지대에서 항상 작용하고 있는 것이다.

그런데 로트만 사유의 이런 일반적 특징을 배경으로 했을 때, 마지막 책『문화와 폭발』이 지니는 예외적인 특수성이 곧바로 드러난다. 우선 즉각적으로 눈에 띄는 사항은『문화와 폭발』에서 분절성과 연속성간의 대립이 공간이 아닌 시간적 관점에 투사되고 있다는 점이다. 다르게 말해, 그 대립의 주요 무대가 문화에서 역사로 바뀐 것이다. 그리고 이 변화는 이전과 정확히 반대되는 결과를 낳게 되는데, 이제 로트만의 집중적인 이론적 관심은 연속성이 아닌 분절성의 모델을 향하게 된다. 왜냐하면 이전에 문화의 흥미로운 '이항'에 해당했던 연속성이 역사에 적용됨에 따라, 느리고 완만한 '점진적' 전개 과정을 가리키게 되었기 때문이다. 반면 역사의 흐름을 바꿔놓는 예측 불가능한 '폭발'은 이제 분절성, 즉 불연속성의 몫이 되었다. 로트만의 모든 관심이 이제 연속성이 아닌 분절적인 불연속성, 곧 폭발의 순간에 집중되기 시작한 것이다.

폭발—결절과 통합의 국면

그렇다면 폭발이란 무엇인가? 그것은 '결절'의 국면이다. 점진적이고 예측 가능한 문화적 자기인식의 연속적 과정 중에 갑작스레 발생한 파국의 순간, 바로 그게 폭발인 것이다. 이전의 모든 과정이 일시적으로 중단되는 순간, 미래의 방향이 비결정성의 문턱에 머무는 '정지'의 순간이 바로 폭발의 국면이다.

그런데 이와 같은 '결절'과 '정지'의 순간이란 사실 다른 의미에서 보자면 의미가 포화되는 지점에 해당한다. 그것은 "체계의 모든 정보성이 급격하게 증대되는 장소"인 것이다. 미래의 모든 발전 가능성이 잠재해 있으며 그 가능성 가운데 어느 하나의 선택이 결코 인과관계나 핍진성의 법칙을 따르지 않는 곳, 아니 그런 메커니즘 자체가 완전히 작동을 멈추게 되는 장소가 바로 폭발이다.

폭발의 순간은 체계의 모든 정보성이 급격하게 증대되는 장소이다. 완
만한 발전은 여기서 완전히 새롭고 예측 불가능한 복잡한 노선으로 도약
한다. 체계 내의 모든 요소가 미래의 움직임을 결정하는 지배적 요소가
될 수 있다. 심지어 발전 가능성이 교차하는 과정에서 폭발로 인해 우연
히 도입된 외적 체계의 요소마저도 그러하다. (1992b:22~23)

폭발의 지점은 체계의 주변적이고 예외적인 요소들, 심지어는 체계
외적인 요소들까지도 미래의 방향을 결정하는 지배 요소로 작용할 수
있도록 하는 '열린 가능성'의 공간이다. 이 지점에선 인과관계나 핍진
성의 법칙이 완전히 작동을 멈추고, 미래의 선택이 우연적으로 실현된
다. 그런데 중요한 것은 정보성의 이와 같은 급격한 증대, 최대한으로
증대된 의미의 '포화 상태'를 가능하게 만드는 것이 무엇인가 하는 점
이다. 그것은 바로 점진적 발전의 연속성에서는 불가능한 '독특한 통
합integration'이다. 폭발의 국면은 모순적 가능성들의 분산이 아니라 반
대로 최대한의 집중 상태를 뜻한다. 요컨대 "폭발의 상태는 모든 모순
되는 것들의 동일시의 계기로 특징지어진다. 즉 서로 다른 것들이 하
나의 동일한 것으로 나타나는"(1992b:135) 것이다.

여기서 '모순되는 것들, 서로 다른 것들의 동일시'라는 표현은 로트
만 기호학에 조금이라도 익숙한 사람에게 예사롭게 들리지 않는다. 왜
냐하면 서로 다른 것들 간의 (무조건적) 동일시라는 이 독특한 기호 작
용의 과정은 바로 앞서 말한 비분절적(연속적) 세계 모델의 가장 중요
한 특징에 해당하기 때문이다. 더 정확하게 말해 그것은 연속적 세계

모델의 전형으로 볼 수 있는 '신화적 세계'의 대표적인 특징이었다. "신화적 대상의 일회성은 신화적 의식이 다양한 대상, 그러니까 비신화적 사유의 관점에서 보기에 완전히 이질적인 대상들을 하나로 보는 것에 배치되지 않는다"(1973a〔2008〕:146). 주지하다시피 신화적 의식을 특징짓는 것은 시간에 대한 폐쇄적이고 순환적인 관계이다. 그 세계의 보편 법칙은 모든 것에 대한 모든 것의 유비인바, 조직화를 위한 구조적 관계는 동질동상의 관계이다. "신화적 세계의 근저에 깔린 강력한 유비화의 경향은 실제 세계의 다양한 현상을 단 하나의 현상의 〔상이한〕 기호들로 보도록 만든다"(1978〔2008〕:233~34).

　여기서 우리가 또다시 확인하게 되는 것은 일종의 '뒤집힌' 상황이다. 즉 과거에 신화의 위상학적 구조를 특징지었던 '상이한 것들의 동일시'라는 독특한 세미오시스의 과정은 이제 폭발적 국면의 특성으로 바뀌었다. 즉 그것이 연속적(비분절적) 세계상의 특징으로부터 분절적 파국의 특징으로 변모한 것이다. 그런데 이런 변화, 연속성에서 불연속성으로의 방점 이동을 확인할 수 있는, 어쩌면 더욱 중요한 또 하나의 사례가 있다. 바로 보통명사와 고유명사의 대립이다.

고유명사로서의 폭발—이론의 존재론화

　젠킨에 따르면, 마지막 저서 『문화와 폭발』에서 로트만은 고유명사와 보통명사의 대립에 관한 '변화된' 이해를 보여준다.[10] 신화에 관한 로트만의 유명한 정의에 따르면, 신화의 세계란 결국 '고유명사,' 즉 이름들로 이루어진 세계이다. "고유명사의 보편적 의미를 극단적으로 추상화하면, 결국 신화로 수렴된다"(1973b〔2008〕:151)는 것은 논문 「신화-이름-문화」의 핵심 통찰 중 하나였다. 보통명사가 대개 어떤 추상적 개념과 관련된 것으로 나타나는 데 반해, 그에 상응하는 고유명사의 예에서는 특정한 동일시, 즉 다른 영역에 속하는 이질동상적 대상과의 상호 관계가 문제시된다. 고유명사의 영역은 신화적 관념의 특징인 '말과 지시 대상의 동일시'가 발생하는 곳으로서, 고유명사의 '비관례적' 성격을 결정하는 것이 바로 이런 동일시이다. 신화적 세계에서는 이름과 대상 사이에 '본연적' 연결이 전제된다. 결국 보통명사가 비신화적(기호적) 의식의 일반 모델이라면, 고유명사는 신화적 의식의 전형적 모델이 되는 것이다.

그렇다면 『문화와 폭발』에서 고유명사는 어떻게 그려지는가? 그것은 더 이상 신화적 세계의 대표적인 모델로 나타나지 않는다. 그것은 도상성과 공간성이 지배하는 연속성의 세계의 전형적인 모델이 아니다. 오히려 그것은 이제 분절성의 모델, 즉 점진적 전개 과정의 급작스런 중단을 뜻하는 '폭발'을 대변하는 용어로서 등장하는 것이다.

보통명사의 세계는 내적 요소들의 상호 대체성과 뗄 수 없이 관련된 점진적 발달의 과정에 이끌린다. 고유명사의 공간, 그것은 폭발의 공간이다. 폭발적인 역사의 세기들이 위대한 사람들을 표면화하는 것, 즉 이름(고유명사)들을 현동화하는 것은 우연이 아니다. (1992b:119)[11]

---

10) С. Зенкин, "Континуальные модели после Лотмана," Н.Л.О., No. 98, М., 2009, с. 60.
11) 로트만은 여기서 '언어 발달사'와 '문학어 발달사'의 본질적인 차이를 예로 든다. 언어 발달사가 점진적 발달과 익명성(보통명사적 성격)에 끌리는 반면, 문학어 발달사를 특징짓는 것

과거에 연속성의 모델이었던 고유명사가 분절성의 모델로 뒤바뀌는 이런 상황을 어떻게 보아야 할까? 젠킨의 설명에 따르면, 이런 변화는 '연속적인 것과 분절적인 것의 관계'를 바라보는 로트만의 시각 변화에 기인한다. 즉, 과거에 로트만이 연속적인 것과 분절적인 것의 이원론을 문화의 '객관적 과정'의 특징으로 파악했다면, 이제는 그것을 현재 벌어지고 있는 정치적 과정, 그러니까 동시대의 "역사적 현실"을 설명하기 위한 수단으로 사용하고 있다는 것이다. 다르게 말해, 이제 연속적인 것과 분절적인 것의 관계는 (과거처럼) '인식론적' 관점에 따라 파악되는 게 아니라 동시대 역사적 현실을 배경으로 한 '존재론적' 관점에 따라 파악되고 있다는 것이다. 젠킨의 주장에 따르면, "연속성과 분절성에 관한 로트만의 새로운 이론은 이제 문화의 조건적 구성에 대한 연구가 아니라 결코 문화로 수렴될 수 없는 실제 역사에 대한 연구에 복무하게 되었다. 이 책에서 개념적 구조상으로 '문화'가 그것의 다른 짝패인 '폭발'에 비해 제한된 위상만을 점하고 있다는 것은 이 점에서 특징적이다."[12]

아마도 여기서 젠킨이 염두에 두고 있는 것은 『문화와 폭발』 곳곳에서 (특히 후반부에 집중적으로) 발견되는 로트만의 '역사철학적' 언급들일 것이다. 특히 '전망'이라는 제목을 달고 있는 마지막 장에서, 문화의 2원론과 3원론의 메커니즘을 설명하는 대목들은 이론적 개념이라기보다는 오히려 러시아가 처해 있는 현실적 상황과 그 미래적 전망에 관

은 개별 작가의 개인성 및 그 과정의 폭발적 성격(고유명사적 성격)과의 불가분의 관련성이다.

12) С. Зенкин, Там же, с. 62.

한 가치론적 진술처럼 들리는 게 사실이다. 거기서 2원적 체계와 3원적 체계는 이론적 모델이 아니라 현재 러시아가 겪고 있는 역사적 이행기를 지칭하는 용어로서 사용되고 있다.

현재 우리가 목도하고 있는 동-서 유럽 관계의 근본적인 변혁은 어쩌면, '옛 세계'를 근본부터 말살하고 그 폐허 위에서 새 세계를 건설한다는 러시아적인 이상을 거절하고, 마침내 전 유럽적인 3원 체계로 이동할 수 있는 가능성을 부여해줄 수 있을지도 모른다. 이러한 가능성을 놓쳐버리게 된다면, 아마도 그건 역사적 재난이 될 것이다. (1992b: 148)[13]

---

13) 앞서 이미 살펴보았듯이 로트만은 1978년에 우스펜스키와 함께 발표한 「러시아 문화의 역학에서 이원적 모델의 역할」에서 러시아 문화사의 전개를 원칙상 대립되는 두 문화 닝억의 '양극적 배치'로 실현되는 '2원적 구조'의 역동적 변형 과정으로서 제시한 바 있다. '가치론적 중립지대'로서의 3항을 알지 못하는 러시아 문화의 2원적 구조는, "미래의 시스템을 산출하는 구조적 비축 영역"을 보존함으로써 과격한 단절이 아닌 모종의 연속성을 보장하는 서구의 3원적 구조와 대비된다. 로트만은 1990년대 초반 소비에트가 겪고 있던 역사적 이행기를 마침내 러시아가 이런 2원적 모델로부터 벗어나 3원적 모델로 옮겨갈 수 있는 기회이자 시험대라고 생각했던 듯하다. 사실 이와 같은 유형론은 그것의 풍부한 함의와 생산성에도 불구하고, 비판의 대상이 되기도 한다. 대표적으로 로트만의 유형론이 사용하는 몇몇 핵심 개념과 러시아 역사철학의 사유 메커니즘 간에 존재하는 일정한 '상응'의 문제가 있다. 가령 러시아 이념Russian Idea의 대표적인 사상가인 니콜라이 베르쟈예프N. Berdyaev에 따르면 러시아 문화는 민족혼의 '극단성'과 전개의 '파국적' 성격으로 특징지어진다. 그에 따르면, "러시아 민족은 극도로 양극화된 민족이다. 러시아인은 모순적인 것들의 혼합물이다. [……] 러시아인들은 중용을 모르며, 그 대신에 종종 극단으로 치닫는다." 로트만 문화유형론의 이런 측면을 비판하는 그리고리 아멜린에 따르면, '2원적 모델'을 비롯한 로트만의 문화유형론은 "기호학이 보다 현대화된 유형의 역사철학적 사유로 변모된 결과"이며 이는 "어쩌면 기호학적 사유가 달성했을지도 모를 가장 중요한 업적, 즉 문화로부터의 독립성을 상실하게 되었다는 것"을 뜻한다. 즉 그에 따르면, 근원적으로 '문화에 종속되어 있는' 러시아 역사철학의 사유는 애초부터 '자문화에 대한 옹호'에 기반하고 있기 때문에 '철학'을 포함한 모든 정상 과학의 필수 자질인 '자기반성성'을 결여하고 있다. 그렇기 때문에 러시아 문화사의 기호학적 메타기술에 있어 이런 전통적 사유체계를 차용한다는 것은 로트만의 문화기

연속성과 분절성의 이원론이 공시적 메타언어의 영역에서 벗어나 '존재론화'되고 '역사화'됨에 따라, 이제 그것은 문화의 구성을 기술하기 위한 객관적 개념이 아니라 '격변'의 현실을 겪어내고 있는 소비에트-러시아의 역사적 운명 자체를 가리키는 술어로서 사용되고 있다.

이론적 개념의 역사-존재론화라는 이런 상황적 배경을 통해서 후기 로트만 사상의 전환shift 문제를 설명하는 이런 견해는 물론 나름의 정당성을 갖는다고 볼 수 있다. 그것은 후기 로트만 사상의 변화를 설명하는 한 가지 방식일 뿐 아니라 역사적 현실 앞에 발언하는 '지식인' 로트만의 면모를 드러내준다는 점에서 생산적이기도 하다. 실제로 말년의 로트만은 아카데믹 연구자의 한계를 벗어나 적극적인 활동을 보여주었다. 예를 들어 사망하기 몇 해 전 18세기 러시아 문화에 관한 텔레비전 강연 프로그램을 진행해 화제가 되기도 했다. 그가 당대 현실의 진행 과정에 공적인 방식으로 영향을 끼치고자 했다는 사실은 여러 사례에서 확인된다.

하지만 정말로 그게 전부일까? 상황적 설명이 결정적으로 놓치고 있는 것은 이론체계 '내부'에서 발생한 본질적인 변화의 차원이다. 무엇보다 심각한 문제는 그것이 폭발이라는 핵심 개념을 둘러싸고 벌어진 중대한 내적 변화, 즉 '공간'에서 '시간'으로의 이동이 갖는 이론적 의의를 사유하는 데 한계를 지닌다는 점이다. 이런 한계는 폭발의 개념

호학 역시도 러시아 역사철학의 뿌리 깊은 폐단에서 자유롭지 못하다는 것을 뜻하게 된다. 로트만의 문화유형론 개념에서 발견되는 '러시아 이념'과의 '동형성' 문제를 비판적으로 고찰한 시도로는 김수환, 「로트만 문화기호학에 있어서 러시아 역사철학적 전통의 문제: 러시아적 이념과 러시아적 이론」, 『러시아어문학 연구논집』 제15집, 2004, 225~53쪽을 참조.

에서 중단과 결절의 계기만을 볼 뿐 그것의 '시간 외적' 성격을 보지 못하는 데서 드러난다. 만일 폭발이 연속성이 아닌 분절성, 즉 단절과 결절의 지점을 뜻하는 것이라면, 우리가 던져야 할 결정적인 질문은 다음과 같다. 과연 그것은 '어떤' 시간성인가, 즉 '폭발의 시간'이란 정확히 무엇을 뜻하는가?

폭발, 탈구된disjointed 시간성

로트만이 말하는 폭발의 개념에 대한 가장 손쉬운 오해는 그것을 모종의 단일한 '혁명적 사건'의 발생으로 이해하는 것이다. 폭발은 기존의 상황을 급변시키는 급격한 단절의 사태 자체를 가리킨다기보다는 오히려 그런 사태를 가능케 하는 어떤 조건의 (급작스러운) 개시를 뜻한다. 이 개념의 본질은 폭발의 순간에 단일한 '선형적' 과정으로서의 역사의 일반적 흐름이 중단된다는 것, 그리고 그 결과로 그 흐름을 주관하는 '인과성의 법칙'이 더 이상 적용되지 않게 된다는 사실에 있다. 폭발이 혁명적 사건의 발생이 아니라 예측 불가능한 사건들을 위한 어떤 '공간'의 급작스런 열림으로 이해되어야 하는 이유가 거기에 있다.

로트만은 종종 '폭발의 공간вырывное пространство'이라는 표현을 사용하는데, 이는 폭발의 본질을 훨씬 더 정확하게 드러내준다. 폭발의 공간, 그것은 '예측 불가능한 가능성들의 집합'인바, 폭발의 국면을 뜻하는 '양분점'에 대한 로트만의 묘사는 이를 잘 보여준다.

이 순간들에서 역사의 운동은 궤도trajectory가 아니라 잠재적으로 수

많은 변이형으로 전개될 수 있는 가능성을 갖는 공간continuum으로 그려져야만 한다. 최소한의 예측 가능성을 갖는 이 마디점nodal points이 바로 혁명이나 다른 극적인 역사적 전환의 시간들인 것이다. (1990:233)

폭발의 순간이란 결국 '비결정성의 공간'의 개시와 다름없다. 폭발의 공간 속에서, 미래는 연대기적으로 질서 잡힌 순간들의 연쇄로서 연속적 과정의 흐름에 놓이는 게 아니라 아직 결정되지 않은 가능성들의 집합으로서 나타난다. 말하자면 그건 현재 벌어지고 있고, 또 앞으로 벌어질 일들에 대해 이미 결정된 의미를 부여하는 게 불가능한 상태이다. 여기엔 사건의 의미와 무의미성을 결정할 수 있는 규범도, 코드도, 법칙도 없다. 요컨대 그것은 시간 속에서 전개되는 연속적 과정과는 '다른' 차원에 속한다. 그것은 역사적 과정의 연속성에 적합하지 않기에, 연속적 과정들의 시간성 안에서 그것을 온전히 재현하는 것은 불가능하다. 그렇다면 폭발의 시간성을 가리키는 가장 적당한 표현은 무엇인가? 그건 바로 '탈구,' 즉 '시간에서 빠져나온' 시간성이다.

폭발의 상태는 모든 대립의 동등화의 순간으로 특징지어진다. 서로 다른 것이 동일한 것으로 나타난다. 이는 완전히 상이한, 즉 예측 불가능한 조직화 구조로의 예기치 않은 도약을 가능하게 한다. 불가능한 것이 가능해진다. 그것이 현실 속에서 매우 넓은 시간적 공간을 따라 펼쳐지는 경우에조차, 이 순간은 시간에서 벗어나 있는 것처럼выключенный из времени 경험된다. (1992b:136, 강조는 필자)

폭발의 이와 같은 '탈구된 시간성'을 무엇보다 잘 보여주는 것은 (일

422

종의 폭발의 순간으로 간주될 수 있는) '영감靈感'에 대한 로트만의 설명이다(영감은 『문화와 폭발』 제4장의 주제에 해당한다). 그에 따르면, "모종의 창작적 긴장〔상태〕하에서 결합될 수 없던 것들이 결합되는 경우가 바로 영감으로 정의될 수 있다"(1992b:27). 창작에 있어 최대치의 긴장 국면에 해당하는 이 영감의 순간은 "모든 번역 불가능한 것들의 경계를 허물고 합치될 수 없는 것들을 하나로 묶는다." 요컨대 그것은 "합치될 수 없는 것을 합당한 것으로, 번역 불가능한 것을 번역 가능한 것으로 바꿔놓는, 예측 불가능한 폭발의 국면"(29)인 것이다.

영감의 순간을 설명하기 위해 로트만은 블록의 시 '예술가'를 인용하는데, 거기서 특별히 흥미로운 것은 "시간은 더디게 흐른다"라는 구절이다. 로트만에 따르면, "시간을 연장할 수 있는 가능성, 즉 짧은 영감의 순간이라고 불리는 그것은 지금 말하고 있는 것이 시간의 측정 단위가 아니라 비시간 속에서의 균열прорыв в не-время이라는 점을 증명한다"(29). 거기서 현재는 현실성을 상실한 채 소멸되며, 단지 과거와 미래의 "사이-공간"임이 판명된다. 즉 "사실상의 문제는 시간의 축약이 아니라 그로부터의 탈구, 다시 말해 '과거'에서 '미래'로 이동하는 어떤 도약인 것이다. 시 작품의 모든 내용은 의미의 폭발, 즉 비예측성의 경계를 통과하는 모종의 이동에 관한 묘사이다"(29).

이음매를 벗어난 시간—비결정성의 차원

비록 로트만이 여기서 직접 언급하고 있지는 않지만, 단일한 선형적 시간의 흐름으로부터 벗어난 이런 '탈구된' 시간성의 이미지가 즉각적으로 떠올리게 하는 것이 있다. 이른바 '이음매를 벗어난 시간time out of joint'에 관한 현대적 성찰이 그것이다. 셰익스피어의 희곡 「햄릿」의 대사이기도 한 이런 탈구된 시간성의 문제는 주지하다시피, 현대 철학의 주된 테마 중 하나에 해당한다. 예컨대 들뢰즈는 (현대) 영화에 나타난 '시간 이미지'의 본질을 성찰하면서, 그것을 연속성의 파괴, 즉 경첩으로부터 벗어난 시간성이 드러내는 절단된 '틈'(혹은 '간격')의 사유로 간주한 바 있다.[14] 또한 데리다는 후기의 유령론hauntology에서 시간을 이미 '어긋나 있는out of joint' 어떤 것, 즉 이미 현전하는 것의 동일성을 타락시키는 모종의 '탈구'로서 간주한 바 있다. 그에 따르면, 유령은 '현전하는 것의 현전 자체 안에 있는 어긋남, 그리고 현재의 시간이 자기 자신과 어긋나는 비동시성'을 뜻한다. 그에게 "지금 마르크스의 유령들을 유지한다는 것"은 곧 "'이음매가 어긋난out of joint' 지금, 확실하게 연결된 어떤 맥락, 여전히 규정 가능한 경계들을 지닌 어떤 맥락 속에서 더 이상 함께 유지될 수 없을지도 모르는, 이음매가 떨어져 나간 지금"[15]을 사유하는 일과 다르지 않았다. 로트만의 경우에서처럼, 데리다에게서도 이와 같은 어긋난 시간성은 예측 불가능한 것들, 선험적 담론에 의해 지배될 수 없는 순수한 사건에 대한 근원적인 개방

---

14) "영화 이미지란 본성적으로 현재에 속한 것이라는 생각은 그릇된 것이다. 〔……〕 처음으로 직접적인 시간-이미지가 영화에 출현했을 때, 그것은 현재(혹은 함축된 현재)의 양상들을 보여주었던 것이 아니라, 오히려 웰스의 「시민 케인」이 보여주는 것처럼 과거의 시트sheet 로서의 형태를 갖고 있었다. 여기서 시간은 그 경첩에서 빠져나와, 운동과의 의존적 관계를 뒤집고, 시간성이 그 자체로, 그리고 처음으로, 그러나 탐구해야 할 거대한 지대들이 공존하는 형태로서 스스로를 드러내었다." 질 들뢰즈, 『시네마 II: 시간-이미지』, 이정하 옮김, 시각과언어, 2005, 213쪽.
15) 자크 데리다, 『마르크스의 유령들』, 진태원 옮김, 이제이북스, 2007, 19쪽.

성을 위한 계기로서 사유되었던 것이다.[16]

　흥미로운 것은 "메시아주의 없는 메시아(성)"라는 데리다의 표현이 잘 보여주는 것처럼, 이런 유령적 사태는 언제나 역사적으로 구체적이며 철학적으로 현전적인 형식들(메시아주의)로 '환원'될 수 있다는 점이다(다르게 말해, 메시아성은 메시아주의라는 현행적 형태를 통해서 출현한다). 이를 로트만식으로 바꿔 말하자면, 폭발에 의해 열린 비결정적 의미 작용의 공간은 필연적으로 다시 '닫히게' 마련이다. 아니, 어쩌면 예측 불가능성의 상황 속에서 이루어진 '선택' 자체가 이미 이런 닫힘을 불러온다. 즉 다음 단계의 인과성의 재도입을 표지하는 것이다.

　미래의 선택은 우연적으로 실현된다. 그 선택이 지극히 높은 정보성을 지니게 되는 것은 바로 이 때문이다. 아울러 선택의 순간이란 잠재적 가능성에만 머물도록 정해져 있는 노선들의 끊김, 말하자면 인과관계의 법칙이 다시금 자신의 작용력을 회복하게 되는 순간이기도 하다. (1992b: 22)

　폭발이 '소진'되는 순간, 이는 전개 과정이 전환되는 국면이다. 역사의 영역에서 그것은 미래의 발전을 위한 출발점이면서 동시에 자기인식의 지점에 해당한다. 즉 역사가 그 자신에게 무엇이 일어났는지를

---

16) 유령은 정의상 살아 있는 것도 죽은 것도 아니고, 현재 존재하지만 현전한다고 할 수 있는 것도 아니며, 가시적이지만 또한 동시에 비가시적으로 존재하는 어떤 것, 존재하면서 존재하지 않는 것이다. 그렇다면 유령은 존재의 가상적 모습이라기보다는 현전으로서의 존재가 은폐하고 몰아내려고 하는, 존재보다 더 근원적인(또는 적어도 현전으로서의 존재에 항상 이미 따라다니는) 어떤 사태의 표현이라고 할 수 있다. 자크 데리다, 『법의 힘』, 진태원 옮김, 문학과지성사, 2004, 195쪽.

설명해야만 하는 자기인식의 메커니즘이 (재)가동되는 것이다. 그리고
이 과정은,

> 의식적으로 우리를 폭발의 최초 지점으로 되돌리는 듯하다. 이미 일
> 어난 일은 관찰자의 판단에 투영되면서 새로운 존재성을 획득한다. 이
> 때 사건은 근본적인 변모를 겪게 되는바 〔……〕 단지 우연에 의해 발생
> 했던 사건이 이제는 유일하게 가능했던 어떤 것으로 간주되는 것이다.
> 관찰자의 의식 속에서 예측 불가능성은 법칙성으로 변모된다. (1992b:
> 23)

이렇듯 폭발의 계기와 함께 열린 예측 불가능성과 비결정성의 공간
은 필연적으로 다시 닫히게 마련이며, 이내 법칙성의 이름으로 재현되
게 마련이다. 그렇다면 로트만과 데리다가 폭발 혹은 유령이라는 '탈
구된 시간성'의 개념을 통해 말하고자 한 바는 결국 무엇인가? 그건
'비결정성의 차원'을 향한 적극적인 지향과 옹호 이외에 다른 어떤 것
도 아닐 것이다. 역사가의 관점에서는 존재하지 않는 것으로 여겨진다
는 점에서 분명 비현전적이며 비가시적이지만, 예측 불가능한 또 다른
가능성을 향해 현실을 개방하기 위해서는 반드시 옹호되고 드러내져야
만 하는 그것, 바로 그게 어긋난 시간의 비결정적 차원인 것이다.

폭발과 선택의 윤리

폭발의 시간성에 관한 이런 이론적 해명은 로트만이 당대의 현실을 어떻게 받아들였는지를 드러내 보여준다는 점에서 매우 시사적이다. 체제 전환기의 소비에트-러시아, 그 격변의 현실은 로트만에게 어떻게 사유되었는가? 하나의 체제(소비에트 공산주의)가 바야흐로 붕괴되고 아직 새로운 질서의 윤곽이 명확하게 드러나지 않은 당대의 상황이란 결국 폭발의 계기와 더불어 열린 비가시적(유령적) 실존의 사태와 다름없을 것이다. 그것은 폭발이 만들어낸 예외적 계기, 즉 역사의 '어긋난 시간'으로서의 '비결정성의 공간'인 것이다. 만일 앞서 논의한 로트만의 전환의 진정한 '상황적 배경'이 존재한다면, 바로 이런 역사적 인식이 그에 해당할 것이다.

그와 같은 역사적 인식을 배경으로 했을 때, 역사의 갈림길에 선 주체의 '선택'은 각별한 무게를 부여받는다. 이후의 사태가 비결정성에 내맡겨져 있다는 바로 그 사실이 주체의 '선택'에 실존적 책임을 더한다. 바로 여기서 데리다가 말하는 '메시아적 주저함'이 유효하다. 데리다는 메시아성이 제기하는 긴급한 명령과 책임에 관해 이렇게 말한 바 있다. "비록 여기에는 어떤 기대, 예상이 포함하는 외관상 수동적인 한계가 존재하지만 〔……〕 도착할 수도 있고 도착하지 않을 수도 있는 사건에 대한 이러한 맡김은 기다리지 말고 참여하라고 명령하는, 진실로 사건을 회피하지 말라고 금지하는 약속과 명령으로부터 분리될 수 없다. 〔……〕 이것은 또한 가장 구체적이고 혁명적인 긴급성이다. 결코 유토피아적인 것이 아닌 메시아성은 지금 여기서 사태, 시간, 역사의 통상적인 경로를 중단시킨다. 그것은 타자성 및 정의에 대한 긍정과 분리될 수 없다."[17]

체계의 이후 운명은 우연적 사태뿐 아니라 책임이 따르는 의식적인 선택에 의존한다. 서두에 지적한 바 있는 양분점에서의 개인적 책임감과 윤리의 문제는 정확하게 이 지점과 관련될 수 있다. "역사적인 동요의 순간들이 지니는 비중이 증대한다. 이러한 상황들에서 체계의 이후 운명은 우연적 요소와 의식적인 선택에 의존한다. 이것은 역사적 과정으로 그 참여자들의 개인적인 책임감과 윤리적 행위의 국면들을 들여놓는다. 한편으로 역사적인 존재는 창조의 세계와 근접하면서 다른 한편으로 선택의 자유와 뗄 수 없이 관련된 도덕성의 개념과 가까워진다"(1992: 479). 선택에 따르는 윤리적 책임감, 그 무게의 최대치는 예측 불가능한 비결정성의 시공간이 동반하는 필수적인 몫인 것이다.

실존의 풍경— "갈림길에 선 클리오"

생의 말년에 로트만은 타르투에 사실상 고립된 채 살고 있었다. 과거 학파의 동료들이 체제 전환기의 혼란 속에서 (혹은 그보다 훨씬 이전에 이미) 대부분 다른 곳으로 이주(/망명)한 상황에서, 그는 홀로 끝까지 남아 있었다. 심지어 공산당 탈퇴 붐이 일었던 1990년대 초반에도 로트만은 여전히 그 자리에 그대로 머물러 있었다. 학파의 공동 작업이 사실상 종결되어버리고 온전히 자신의 이름만으로 학파 전체를

---

17) 자크 데리다 외, 『마르크스주의와 해체』, 진태원 · 한형식 옮김, 길, 2009, 214~15쪽.

대변해야 하는 상황에서, 물론 그런 머무름의 선택은 일종의 '상징적 행위'였을 수 있다. ('나'만은 학파 전체를 대표해 머물러야 한다.) 하지만 그게 전부였을까? 어쩌면 로트만은 자신이 목도하고 있는 당대의 폭발적 현실, 그 귀중한 비결정성의 시공간을 고스란히 대면하기를 원했던 것이 아닐까?

『문화와 폭발』의 후반부에는 역사에 관한 두 가지 이미지가 등장한다. 이른바 헤겔적 모델을 따르는 첫번째 이미지는 '위대한 교육자'로서의 신이다. 놀라운 능력을 발휘해 (예정된) 섭리를 실현하는 이런 신의 형상 대신에 로트만은 두번째 이미지를 제안한다. 스스로도 예측할 수 없었고 또 기대할 수 없었던 폭발적 결과들을 내어놓는 신, 위대한 실험을 행하고 있는 '창조자-실험가'의 형상이 그것이다. 로트만에 따르면, 오직 두번째 관점만이 "우주를 무한정한 정보의 원천으로, 언젠가 헤라클레이토스가 말했던 '자가생성하는 로고스'로 만들어줄 수 있다"(1992〔2000〕: 136).

자유로운 선택에 따른 무거운 책임감을 느끼며, 그 어떤 것도 미리 정해지지 않은 비결정성의 무대로 나서는 자의 모습, 로트만의 마지막 행보에서 떠올리게 되는 것은 바로 그런 '갈림길에 선 역사의 여신 클리오Клио'의 형상이다. 당대의 역사적 현실 앞에서 그 예외적인 열림의 순간을 최대한 긍정하고, 그 폭발의 사태를 남김없이 살아내기! 결국 '로트만의 폭발'이란 그런 실존의 풍경을 가리키는 다른 이름이 아니었을까?

교차로는 이미 산스크리트어에서 선택과 운명, 그리고 인간적 단초들

을 의미했다: 이성과 양심이 그것. 갈림길은 그것을 걷는 자에게 선택
을 위임한다. 클리오는 갈림길에 나섰다. (1992d:471)

하지만 '예측 불가능한 우연성'을 사랑하는 역사의 수호신 클리오는
로트만의 운명 또한 비껴가지 않았다. 이 글을 쓴 지 1년 후인 1993년,
로트만은 타르투에서 숨을 거두었다.

로트만 연구사 개략[1]

국외 연구

* 1960~1970년대

로트만의 저작은 1960년대 말부터 조금씩 서구권에 알려지기 시작했다. 불가리아 출신의 프랑스 비평가 토도로프와 크리스테바가 소비에트 기호학의 새 경향을 프랑스에 최초로 소개했고, 미국의 브라운 대학교에서 로트만의 첫 단행본인 『구조시학 강의』를 러시아어본으로 출간했다.[2]

---

1) 이 글은 체계적인 연구사가 아니라 개략적인 서술에 불과하다. 로트만 연구를 위한 필수적인 서지 사항을 언급하고, 로트만 저작의 번역을 비롯한 그간의 주요 연구 경향을 일별함으로써, 향후 로트만을 연구하고자 하는 분들에게 도움을 주려는 목적으로 작성되었다.

2) Juri Lotman, *Leksii po struktural'noi poetika: Vvedenie, teoriia stikha*, Providence, RI.:

1970년대 들어 학파와 로트만의 저작이 본격적으로 서구 학계에 소
개되기 시작했는데, 구조주의 시학 비평가로서 국제적인 명성을 안겨
준 『예술 텍스트의 구조』가 프랑스어(1973)와 영어(1979)로 각각 번
역되었고,[3] 시비억T. A. Sebeok의 편집 아래 모스크바–타르투 학파 참
여자들의 다수의 논문이 학술지 『세미오티카Semiotica』에 게재되었다.[4]

1977년에는 영미권 최초의 단행본 연구서 『문학과 기호학 — 유리 로
트만 저작 연구』[5]가 출간되었는데, 이는 영미권 학계에 그의 이론을 폭
넓게 소개하는 데 큰 역할을 한다(저자인 수크만은 1990년에 로트만의
원본 원고를 받아 영문판 저서 『정신의 우주』를 펴낸 주인공이기도 하다).
소비에트 기호학과 구조주의 전반을 다루는 영어권 연구서들[6]이 속속
출간되는가 하면, 1978년에는 미국의 학술지 『새로운 문학사New Literary

Brown University Slavic Reprint, No. 5, 1968.

3) Iouri Lotman, *La structure du texte artistique*, Paris: Gallimard, 1973; Juri Lotman, *The Structure of the Artistic Text*, Ann Arbor: Ed. R. Vroon, 1977. 한편 1년 전인 1976 년에는 로트만의 책 『시 텍스트 분석』과 『영화기호학』이 영역되기도 했다. Juri Lotman, *Analysis of the Poetic Text*, Ann Arbor: Ed. D. Barton Johnson, 1976; Juri Lotman, *Semiotics of Cinema*, trans. Mark E. Suino, Michigan Slavic Contributions, No. 5, Ann Arbor: University of Michigan, 1976.

4) *Gasparov* 1976; *Ivanov, Toporov* 1973; *Lotman* 1974, 1975; *Meletinsky* 1970, 1971; *Toporov* 1974; *Uspensky* 1972, 1974, 1975, 1976. 우스펜스키의 저작은 로트만과 더불어 매우 이른 시기에 영역되었는데, 1973년과 1976년에 대표작인 『구성의 시학』과 『이콘의 기호학』이 번역·출간되었다. Boris Uspensky, *A Poetics of Composition: The Structure of the Artistic Text and Typology of a Compositional Form*, trans. V. Zavarin and S. Wittag, Los Angeles: Berkeley, 1973(번역본: 보리스 우스펜스키, 『소설 구성의 시학』, 김 경수 옮김, 현대소설사, 1992); Boris Uspensky, *The Semiotics of the Russian Icon*, ed. S. Rudy, The Netherlands: Lisse, 1976.

5) Ann Shukman, *Literature and Semiotics: A Study of the Writings of Yu. M. Lotman*, Amsterdam, New York, Oxford, 1977.

6) Daniel P. Lucid, *Soviet Semiotics*, Baltimore, MD, 1977; H. Baran, *Semiotics and Structuralism: Readings from the Soviet Union*, White Plains, NY., 1976.

History』에서 소비에트 기호학과 비평을 다루는 특집호를 꾸미기도 했다.[7]

* 1980년대

1960~1970년대에 주로 모스크바-타르투 학파의 이름을 건 소비에트 구조시학이 번역·소개되었다면, 1980년대는 로트만 기호학의 또 다른 측면인 '문화사 및 문화유형론'이 집중적으로 소개되었다. 러시아 문화사에서 2원적 모델의 역할, 18세기 귀족의 일상 행위의 시학, 데카브리스트들의 일상적 행위, 19세기 문화 코드로서의 극장성과 회화 등에 관한 로트만의 흥미로운 분석이 영역됨에 따라 이른바 '로트만의 두번째 방문'이 시작되었다. 한 평자가 "기호학적 역사주의"로 부른 바 있는 로트만의 '문화사 연구'는 구조시학과 사회심리학, 인류학이 뒤섞인 복합 학제의 성격을 띠고 있었다. 1980년대 중반 집중적으로 소개된 이 새로운 연구 경향[8]은 실제로 "신역사주의New Historicism" 비평에 직접적인 영향을 주기도 했다.[9]

---

7) *New Literary History*, Vol. 9, No. 2, Special Issue: Soviet Semiotics and Criticism: An Anthology.

8) Ju. M. Lotman and B. A. Uspenskij, *The Semiotics of Russian Culture*, edited by Ann Shukman, Michigan Slavic Contributions, No. 11, Ann Arbor: University of Michigan, 1984; Morris Halle et al. (eds). *Semiotics. Semiotics and the History Culture. In Honorem Georgii Lotman*, Michigan Slavic Contributions, No. 10, Ann Arbor: University of Michigan, 1984; Iury M. Lotman, Lidiya Ya Ginsburg & Boris A. Uspensky, *The Semiotics of Russian Cultural History*, edited by Alexander D. Nakhimovsky and Alice Stone Nakhimovsky, With an introduction by Boris Gasparov. Ithaca and London: Cornell University Press, 1985.

9) 신역사주의의 주창자로 알려진 스티븐 그린블랫Steven Greenblatt은 로트만의 문화사 관련

* 1990년대

1990년 체제 전환기의 혼란스런 상황 아래에서 로트만의 영문판 저서 『정신의 우주』가 미국에서 출간된다.[10] 로트만의 학문적 여정을 종합하는 이 저작은 로트만의 이름을 널리 알리는 데 결정적인 역할을 하게 된다. 한편, 생의 마지막 시기에 에스토니아 탈린에서 30여 년에 걸친 로트만의 학문적 유산을 집약한 세 권의 선집이 기획 출간되는데, 이는 로트만 연구의 전기를 마련했다.[11] 1993년 로트만이 사망한 후 러시아에서는 모스크바-타르투 학파의 학문적 유산을 정리하고 그 역사적 의의를 평가하려는 대대적인 움직임이 일어나게 된다.[12] 학파 참여자들을 중심으로 한 '회고록'[13]이 출간되는가 하면, 로트만의 미발표

연구(1985)를 빈번하게 인용하면서, 자신의 '일상생활의 시학'이 푸코와 더불어 로트만에게 빚지고 있다는 사실은 인정한 바 있다. 그는 자신의 실천적 입장을 '신역사주의'보다는 '문화 시학'이라는 이름으로 지칭하기를 선호한다. 한편 신역사주의 비평과 로트만의 학문적 유산의 관련성은, 2000년대 초반에 러시아의 대표적인 문예 계간지들을 중심으로 격렬한 논쟁의 대상이 된 바 있다 이에 관해서는 Н.Л.О., No. 47, 50; Вопросы литературы, 2001; No. 2, 5, 2002, 2003 참조.

10) Yuri Lotman, *Universe of the Mind: A Semiotic Theory of Culture*, translated by Ann Shukman, Indiana University Press, 1990. 이 책은 1996년에 『사유하는 세계들 속에서』라는 원제로 러시아에서 재간행된다. Ю. М. Лотман, Внутри мыслящих миров, М., 1996.

11) Ю. М. Лотман, Избранные статьи: В 3 т, Таллин, 1992~1993.

12) 포스트-소비에트의 새로운 인문적 환경에서 모스크바-타르투 학파의 유산을 역사적으로 전유하는 데 러시아의 문학 계간지 『새로운 문학 리뷰Новое Литературное Обозрение』가 행한 특별한 역할은 특기할 만하다. Н.Л.О.는 학파의 끊어진 네트워크를 복원하는 데 실질적인 역할을 담당했을 뿐 아니라 지속적인 관심과 집중적인 투자를 통해 학파로 대변되는 1960~1970년대 소비에트 인문학을 복원시키는 데 결정적인 역할을 담당했다.

13) Московско-тартуская семиотическая школа, М., 1998; Ю. М. Лотман и тартуско-

원고, 로트만 이론에 관한 대규모 학술대회 논문 모음집[14] 등이 속속 간행된다.

이 시기 주목할 만한 사건으로 로트만 전집의 간행이 있다. 로트만이 사망한 이듬해 『러시아 문화에 관한 담론』(1994)을 펴내 큰 성공을 거둔 바 있는 상트페테르부르크의 출판사 '이스쿠스트보-에스페베 Искусство-СПб'가 로트만 저작의 전체 저작권을 확보하고 체계적인 전집을 간행하기 시작한 것이다. 이 전집은 2003년까지 총 아홉 권이 출간되었고, 현재 잠정 중단된 상태이다.[15] 각 권이 평균 800여 쪽에 이르는 이 방대한 전집은 로트만 저작의 결정판으로, 이후 로트만 연구를 위한 표준적인 텍스트로 여겨지고 있다. 전집의 간행과 더불어 러시아 내 로트만 연구 역시 새로운 단계로 접어들어, 1999년에 마침내 로트만 사상에 관한 단행본 연구서 『유리 로트만의 삶과 창작』[16]이 출판되었다. 모스크바-타르투 학파의 일원이자 로트만의 가장 가까운 동

московская семиотическая школа, М., Гнозис, 1994. 후자에는 로트만의 첫번째 저작인 『구조시학 강의』가 수록되어 있다.

14) Лотмановский сборник, Т. 1, М., 1995(1997, 2004년에 Лотмановский сборник 2·3 출간).

15) 간행 순으로 나열하면 다음과 같다. 제1권: Беседы о русской культуре. Быт и традиции русского дворянства(XVIII — начало XIX века)(СПб, 1994), 제2권 : Пушкин. Биография писателя. Статьи и заметки, 1960~1990, "Евгений Онегин," Комментарий (СПб, 1995), 제3권: О поэтах и поэзии. Анализ поэтического текста. Статьи. Исследования. Заметки(СПб, 1996)(단행본 『시 텍스트 분석』 포함), 제4권: О русской литературе. Статьи и исследования: история русскойпрозы, теория литературы (СПб, 1997), 제5권: Карамзин(СПб, 1997), 제6권: Об искусстве(СПб, 1998)(단행본 『영화기호학』『예술 텍스트의 구조』 포함), 제7권: Семиосфера(СПб, 2000)(단행본『문화와 폭발』『사유하는 세계들 속에서』 포함), 제8권: История и типология русской культуры(СПб, 2002), 제9권: Воспитание души(СПб, 2003).

16) Б. Ф. Егоров, Жизнь и творчество Ю. М. Лотмана, М., 1999.

료였던 저자 예고로프는 이 책에서 로트만의 이론뿐 아니라 그와 관련
된 생생한 배경적 사실들을 복원함으로써 서방의 연구가 담지 못하는
공백을 채워주는 역할을 했다.

* 2000년대 이후

예고로프의 연구서에 이어, 2003년에는 김수환의 연구서『유리 로트
만의 창작적 진화의 근본 문제들』과 에드나 앤드류E. Andrew의 연구서
『로트만과의 대화』가 각각 모스크바와 캐나다에서 출간되었다.[17] 전자
는 주로 로트만 사상의 진화 문제에, 후자는 언어·문학·인지와 관련
된 로트만 문화기호학의 위상에 집중했다.

주목할 만한 최근의 영미권 연구로는 2006년에 발행된『로트만과 문
화연구』[18]가 있다. 1999년에 미시간 대학교에서 열린 학술대회의 결과
물을 확장한 이 책은 학제 간 연구의 맥락에서 로트만의 이론적 유산을
현대 문화연구Cultural Studies의 전통과 접합하려는 흥미로운 시도를 보
여주었다. 좀더 다각화된 로트만 연구의 현대적 경향을 보여주는 또
다른 예로 2008년 독일에서 출판된『기호의 소비에트 제국』[19]이 있다.
타르투 학파의 역사와 위상에 대한 지성사적 접근을 보여주는 이 책은

---

17) Ким Су Кван, Основные аспекты творческой эволюции Ю. М. Лотмана, М., 2003;
    Edna Andrew, *Conversation with Lotman. Cultural Semiotics in Language, Literature
    & Cognition*, University of Toronto Press, 2003.
18) *Lotman and Cultural Studies — Encounters and Extensions*, edited by A. Schönle,
    The University of Wisconsin Press, 2006.
19) Maxim Waldstein, *The Soviet Empire of Signs — A History of the Tartu School of
    Semiotics*, VDM Verlag, 2008.

'지식사회학'적인 입장에서 소비에트 기호학의 흥미로운 역사를 재구성
하고 있다. 2008년 러시아에서는 학파의 동료로서 여러 편의 공동 논
문을 작성한 바 있는 보리스 우스펜스키와 로트만이 수십 년간 주고받
은 편지를 묶은 책[20]이 출간되기도 했다.

한편, 2009년에는 오랫동안 추진되어온 로트만의 마지막 저작『문화
와 폭발』[21]의 영역본이 마침내 출간되어, 로트만 후기 사상의 새로운
측면들이 영미권 학계에 소개될 수 있는 길이 열렸다. 또 같은 해 러시
아에서는 학술원 철학연구소에서 발행하는 시리즈물인 "러시아 철학"
의 하나로『유리 미하일로비치 로트만』[22]이 출간되었다. 여기에는 20세
기 러시아의 대표적인 사상가(철학자)로서의 면모를 보여주는 여러 각
도의 글이 실려 있다. 2010년에 에스토니아의 탈린 대학교에서는 '로
트만 아카이브'에 소장된 미발표 원고를 복원한『문화의 예측 불가능한
메커니즘』[23]을 펴냈다.

---

20) Юрий Лотман, Борис Успенский, Переписка, состав, О. Кельберт, М., 2008.

21) Juri Lotman, *Culture and Explosion*, edited by Marina Grishakova, translated by
Wilma Clark, Berlin: Mouton de Gruyter, 2009. 이 책은 과거 주요한 슬라브권 이론서
들을 다수 출판했던 저명한 The Hague: Mouton 출판사에서 새롭게 기획한 출판 시리즈물
"Semiotics, Communication and Cognition"의 제1권으로 출간되었다.

22) Юрий Михайлович Лотман (Философия России второй половины XX в.), Под ред,
В. К. Кантора, М., 2009.

23) Ю. М. Лотман, Непресказуемые механизмы культуры, TLU Press, Таллинн, 2010.
이 책은 탈린 대학교에서 기획한 출판 시리즈물 "로트만의 도서관Bibliotheca LOTMANIANA"
의 제1권으로 출간되었다.

국내 연구

로트만 사상의 국내 수용은 비교적 일찍부터 이루어졌다고 볼 수 있다. 유재천 교수가 로트만의『시 텍스트 분석: 시의 구조』(가나, 1987)와『예술 텍스트의 구조』(고려원, 1991)를 우리말로 번역했는데, 특히 후자는 구조주의 문예비평 이론이 본격적으로 국내에 수용되는 과정에서 (주로 국문학계에서) 로트만의 이름을 알리는 데 큰 역할을 했다. 영문판 번역을 통한 비전공자의 중역이라는 한계 때문에 로트만 기호학에 대한 불필요한 오해를 낳기도 했지만, 로트만의 이론을 국내에 처음 소개하는 어려운 작업을 떠맡은 공로만큼은 반드시 인정되어야 할 것이다.

얼마 후 출간된『러시아 기호학의 이해』(민음사, 1993)는 러시아어문학 전공자들이 번역한 최초의 성과물로, 앞서 지적한 '로트만의 두 번째 방문,' 그러니까 '문화사 및 문화유형론' 관련 번역물이다. 국내 어문학 연구자들의 공동 독해 세미나의 결과물인 이 책은 참신한 내용과 번역의 완성도에도 불구하고 러시아어문학계 외부로 폭넓게 확산되지는 못했다. 그 이유로 문화사 관련 연구가 로트만의 이론 전체에서 가지는 특별한 방법론적 위상과 의미에 대한 이해가 상대적으로 부족했다는 점[24]을 들 수 있겠지만, 사실 당시 국내 로트만 수용의 무대 자

---

24) 이 점은 미국의 경우와 비교해보면 잘 드러나는데, 가령 1985년 미국에서 출간된 영문 번역서 『러시아 문화사의 기호학 *The Semiotics of Russian Cultural History*』(Ithaca and London: Cornell University Press, 1985)에는 (구조시학과 사회심리학, 그리고 인류학이 뒤섞인) 이 '새로운 학제'의 특징과 의의에 관한 보리스 가스파로프B. Gasparov의 상세한

체가 이런 방법론적 성찰을 하기에는 아직 부족했다고 말하는 편이 더 정확할 것이다.

로트만 국내 수용에서 특기할 만한 점은 '영화 이론가'로서 로트만의 이름이 일찍부터 알려졌다는 점이다. 1990년대 중반에 박현섭 교수의 번역으로『영화기호학』(민음사, 1994)이, 오종우 교수의 번역으로『영화, 형식과 기호』(열린책들, 1995)(재간:『영화의 형식과 기호』〔2001〕)가 각각 출간되었다. 로트만의 영화 이론을 향한 관심은 꾸준히 이어져 최근에는 유리 치비얀Yuri Tsivian과 함께 쓴『스크린과의 대화』(이현숙 옮김, 우물이 있는 집, 2005)가 우리말로 옮겨지기도 했다. 한편, 로트만의 글을 부분 수록한 편역서도 출간되었는데, 조주관 교수가 옮긴『시의 이해와 분석』(열린책들, 1994)과 러시아시학연구회에서 펴낸『시간과 공간의 기호학』(열린책들, 1996)이 그것이다.

한편, 1990년대 중반에 이르면 로트만의 이론에 관한 연구서들이 나타나기 시작한다. 1995년 소두영 교수가 출간한『文化 記號學』(사회문화연구소, 1995)은 비록 일반 대중에 널리 알려지지는 못했으나 당시로서는 놀랄 만한 성과였다. 저자는 영어와 프랑스어에 국한된 한정된 자료를 토대로 형식주의에서 프라하 학파, 그리고 모스크바-타르투 학파로 이어지는 소비에트 문화기호학의 지적 계보를 정리하고, 그 특성과 의의를 가늠하는 어려운 작업을 수행했다. 그로부터 2년 후 송효섭 교수가 출간한『문화기호학』(민음사, 1997)은 앞선 책이 미처 다루지 못한 로트만의 후기 사유, 특히 1990년에 출간된『정신의 우주

서문이 덧붙여져 있다. 그리고 이 책은 바로 이런 '새롭고 신선한 접근법' 때문에 러시아어 문학계 바깥의 관심을 끌 수 있었던 것이다.

Universe of the Mind』의 내용을 상세하게 다루고 있을 뿐만 아니라 다양한 이론(가령 퍼스C. S. Peirce, 바르트R. Barthes, 리즈카J. J. Liszka, 코흐 W. A. Koch 등등)과의 관련 속에서 문화기호학의 통합적 시각과 방법론을 나름대로 모색하고 있다는 점에서 중대한 진전을 이뤄냈다.[25]

　2000년대로 들어서면서 로트만을 향한 학계의 관심과 성과는 눈에 띄게 증가했다. 하지만 주로 러시아어문학계와 기호학계에 국한된 논문 형태의 학술적 결과물이어서 대중적 확산에는 한계가 있었다.[26] 그러던 중 지난 2008년 문화기호학 이론과 관련된 로트만의 주요 논문 12편을 엮은 『기호계』(김수환 옮김, 문학과지성사, 2008)가 번역·출간되었다. 1968년에서 1992년까지 약 25년에 걸친 이론적 사유의 흐름을 조망할 수 있도록 꾸며진 이 책을 통해 '문화 이론가' 로트만의 윤곽이 어느 정도 드러날 수 있었다. 한편 2011년 또 하나의 중요한 번역서가 출간되었는데, 김성일·방일권 교수가 함께 옮긴 『러시아 문화에 관한 담론』 1, 2(나남, 2011)가 그것이다. 이 책은 이른바 '문화사가' 로서의 로트만의 명성을 온전히 느낄 수 있는 대표작으로, 18~19세기 러시아 귀족문화에 관한 흥미진진한 내용뿐 아니라 그 배후에 놓인 '방법론'의 측면에서도 주목을 끈다. 러시아어로 브이트Быт로 불리는 '일

---

25) 2000년 아카넷에서 제2판이 간행되었다. 한편, 이 연구서가 나온 이듬해 『문화기호학』(유재천 옮김, 문예출판사, 2008)이라는 바뀐 제목으로 로트만의 『정신의 우주*Universe of the Mind*』가 우리말로 번역 출간되었다. 하지만 이 역시 비전공자의 한계나 단순 부주의로 인한 적지 않은 오류를 제대로 걸러내지 못했고, 아쉽게도 한국의 독자들은 구조주의 시학 이론가가 아닌 문화 이론가로서 로트만의 진면목을 드러내는 '가장 중요한' 저작과 온전히 만날 기회를 갖지 못했다.

26) 학술지 『기호학 연구』 이외에 국내의 대표적인 러시아어문학 관련 학술지(『노어노문학』 『러시아어문학 연구논집』 『슬라브 학보』 등)에 로트만 관련 10여 편의 논문이 발표된 바 있다.

상(생활)'의 개념을 '문화'의 개념과 연결하고, 그 연결의 지대를 '텍스트'와 '행위'로 채우는 그의 독특한 기술방법론은, 문화사가 로트만이 창안한 '새로운 학제'의 명징한 사례로 간주될 만하다.

현재 우리말 번역이 진행되거나 추진되고 있는 로트만의 저서로는 『문화와 폭발』(1992), 『정신의 우주』(1990), 『푸시킨』(1995)이 있다. 아직까지 국내에 잘 소개되지 않은 분야로 문학 이외의 다양한 예술 장르들(연극, 회화, 민화, 인형극 등)을 다룬 '예술기호학'을 꼽을 수 있다. 향후 적극적인 소개와 번역이 기대된다.

로트만 연보

1922 2월 28일 페트로그라드(현 상트페테르부르크)에서 유대계 법률가의 넷째 아들로 출생.

1939 외국어 교육을 특화한 학교인 '페테르슐레'를 우등으로 졸업하여 대학교 입학시험 면제. 레닌그라드 국립대학교 인문학부 입학.

1940 가을, 군에 징집(427 포병부대). 제2차 세계대전 참전.

1942 군복무 중 공산당 입당.

1946 징집 해제 후 복학. 구콥스키, 아자도프스키, 프로프 등에게서 수학.

1949 드미트리-마모노프에 관한 첫 논문 발표.

1950 에스토니아 타르투로 이주. 2년제 전문학교인 에스하ЭСХА와 타르투 대학교에서 강사 생활 시작.

1951 자라 그리고리예브나 민츠와 결혼.

1952 칸지다트 논문 「카람진의 귀족 미학 및 사회-정치적 견해와의 투쟁

의 관점에서 본 라디시체프」 통과.

1954 타르투 대학교 러시아문학과 전임강사 취임.

1960 박사 논문 「데카브리스트 난 이전 시기 러시아 문학의 발전 노선」 통과. 학과장 취임.

1962 타르투 대학교 러시아문학과에서 '구조시학' 관련 강의 담당. 모스크바의 언어학자들과 교류 시작.

1964 캬에리쿠Кяэрику에서 첫번째 '여름학교' 개최. 학술지『기호체계 문집』 제1권으로『구조시학 강의』 출간.

1966 제2회 여름학교 개최.

1968 제3회 여름학교 개최.

1970 제4회 여름학교 개최. 학파의 방향 설정을 개별 기호 텍스트에서 문화 전체로 확장. 단행본『예술 텍스트의 구조』 출간.

1972 『시 텍스트 분석』 출간.

1973 『영화기호학과 영화미학의 제 문제들』 출간.

1974 2차 모델링 체계에 관한 공동 심포지엄 개최.

1980~1981 『푸시킨의 소설, 예브게니 오네긴』『알렉산드르 세르게이비치 푸시킨: 작가의 전기』 출간.

1987~1988 『카람진의 창조』『시적 언어의 학교에서: 푸시킨, 레르몬토프, 고골』 출간.

1990 『정신의 우주』 출간.

1992~1993 『로트만 선집』 제3권 출간, 『문화와 폭발』 출간.

1993 10월 28일 타르투에서 사망.

참고문헌

로트만의 저작들

1961, 『데카브리스트 난 이전 시기 러시아 문학의 발전 노선Пути развития рус-
скойлитературы преддекабристского периода』, Автореферат, диссер-
тации доктора филолических наук, Л., 1961.

1962, "구조적 접근의 관점에서 본 삶과 예술의 닮음의 문제Проблема сходства
искусства и жизни в свете структурального подхода," 『예술에 대하여
Об искусстве』, СПб., 1998.

1963, "언어학적 구조 개념과 문예학적 구조 개념의 구별에 대하여О ра-
зграничении лингвистического и литературоведческого понятия струк-
туры," 『언어학의 문제들Вопросы языкознания』, No. 3.

1964a, 『구조시학 강의Лекции по структуральнойпоэтике』, in 『유리 로트만과
타르투-모스크바 기호학파Ю. М. Лотман и тартуско-московская
семиотическая школа』, М., 1994.

1964b, "예술에서의 기호의 문제Проблема знака в искусстве," 『예술에 대하
여Об искусстве』, СПб., 1998.

1965, "러시아 중세 텍스트에서 지리적 공간의 개념에 관하여О понятии геогра-
фического пространства в русских средневековых текстах," 『로트만
선집 제1권Избранные статьи: В 3 т. Т. 1』, Таллинн, 1992.

1965b, "예술 텍스트에서 끝과 시작 개념의 모델화 의미에 대하여О моделирующем
значении понятии 'конца' и 'начала' в художественных текстах,"
『기호계Семиосфера』, СПб., 2000.

1966, "텍스트 유형론의 문제에 부쳐К проблеме типологии текстов,"『기호계
　　Семиосфера』, СПб., 2000.

1967a, "일련의 모델화 체계에서 예술의 문제에 부치는 테제들Тезисы к про-
　　блеме 'Искусство в ряду моделирующих систем,'"『예술에 대하여Об
　　искусстве』, СПб., 1998.

1967b, "문화의 유형학적 연구에 관하여О типологическом изучении культуры,"
　　『기호계Семиосфера』, СПб., 2000.

1967c, "문화유형론의 문제에 부쳐К проблеме типологии культуры,"『러시아
　　문화사와 유형론История и типология русскойкультуры』, СПб., 2002.

1968a, "문화를 유형학적으로 기술하기 위한 메타언어에 관하여О метаязыке
　　типологических описаний культуры,"『기호계Семиосфера』, СПб.,
　　2000. (번역본: 유리 로트만,『기호계』, 김수환 옮김, 문학과지성사, 2008).

1968b, "고골 산문에서 예술적 공간의 문제Проблема художественного прост-
　　ранства в прозе Гоголя,"『로트만 선집 제1권Избранные статьи: В 3
　　т. Т. 1』, Таллинн, 1992.

1970,『예술 텍스트의 구조Структура художественного текста』, in『예술에 대
　　하여Об искусстве』, СПб., 1998. (번역본: 유리 로트만,『예술 텍스트의
　　구조』, 유재천 옮김, 고려원, 1991).

1970b, "기호와 기호체계의 문제와 11~19세기 러시아 문화의 유형론Проблема
　　знака и знаковойсистемы и типология русскойкультуры XI~XIX
　　веков,"『러시아 문화사와 유형론История и типология русскойкультуры』,
　　СПб., 2002. (번역본: 유리 로트만 외,『러시아 기호학의 이해』, 이인영
　　외 옮김, 민음사, 1993).

1970c, "예술에서의 조건성Условность в искусстве,"『예술에 대하여Об искус-
　　стве』, СПб., 1998.

1971a, "문화의 기호학적 메커니즘에 관하여(우스펜스키와 공저)О семиоти-
　　ческом механизме культуры(совместно с Б. А. Успенским),"『기호계
　　Семиосфера』, СПб., 2000. (번역본: 유리 로트만,『기호계』, 김수환 옮

김, 문학과지성사, 2008).

1971b, "유형학적 특성으로서의 문화의 습득 문제Проблема ˙обучения культуры как типологическая характеристика,'"『기호계Семиосфера』, СПб., 2000.

1973a, "신화-이름-문화(우스펜스키와 공저)Миф-имя-культура (совместно с Б. А. Успенским),"『기호계Семиосфера』, СПб., 2000. (번역본: 유리 로트만,『기호계』, 김수환 옮김, 문학과지성사, 2008).

1973b, 『영화기호학과 영화미학의 문제Семиотика кино и проблема киноэстетики』, in『예술에 대하여Об искусстве』, СПб., 1998. (번역본: 유리 로트만,『영화기호학』, 박현섭 옮김, 민음사, 1994).

1973c, "문화체계에서 커뮤니케이션의 두 가지 모델에 관하여О двух моделях коммуникации в системе культуры,"『로트만 선집 제1권Избранные статьи: В 3 т. Т. 1』, Таллинн, 1992.

1973d, "문화의 기호학적 연구를 위한 테제들(슬라브 텍스트로의 적용)Тезисы к семиотическому изучению культур(в применении к славянским текстам),"『기호계Семиосфера』, СПб., 2000. (번역본: 유리 로트만, 『기호계』, 김수환 옮김, 문학과지성사, 2008).

1973e, "19세기 초반 문화 구성에서 연극과 연극성Театр и театральность в строе культуры начала XIX века,"『예술에 대하여Об искусстве』, СПб., 1998. (번역본: 유리 로트만 외,『러시아 기호학의 이해』, 이인영 외 옮김, 민음사, 1993).

1973f, "19세기 초반 인간들의 문화적 행위를 위한 코드화 체계로서의 연극과 회화Сцена и живопись как кодирующие устройства культурного поведения человека начала XIX столетия,"『예술에 대하여Об искусстве』, СПб., 1998. (번역본: 유리 로트만 외,『러시아 기호학의 이해』, 이인영 외 옮김, 민음사, 1993).

1973g, "정보적 역설로서의 정전적 예술Каноническое искусство как информационный парадокс,"『예술에 대하여Об искусстве』, СПб., 1998.

1973h, “서사 텍스트의 구조에 관한 언급Замечания о структуре повест-
вовательного текста,”『러시아 문학에 관하여О русскойлитературе』,
СПб., 1997.

1973i, “슈제트 텍스트의 신화적 코드에 관하여О мифологическом коде сюже-
тных текстов,”『기호계Семиосфера』, СПб., 2000.

1974a, “기호체계의 역동적 모델Динамическая модель семиотической сис-
темы,”『기호계Семиосфера』, СПб., 2000. (번역본: 유리 로트만,『기
호계』, 김수환 옮김, 문학과지성사, 2008).

1974b, “일상적 공간으로서의 예술적 앙상블Художественный ансамбль как
бытовое пространство,”『예술에 대하여Об искусстве』, СПб., 1998.

1975a,『시로 된 소설「예브게니 오네긴」. 세미나Роман в стихах Пушкина
“Евгений Онегин.” Спецкурс. Вводные лекции в изучение текста』,
in『푸시킨Пушкин』, СПб., 1995.

1975b, “일상생활 속의 12월 당원Декабрист в повседневной жизни,”『로트만
선집 제1권Избранные статьи: В 3 т. Т. 1』, Таллинн, 1992. (번역본:
유리 로트만 외,『러시아 기호학의 이해』, 이인영 외 옮김, 민음사, 1993).

1975c, “흘레스타코프에 대하여О Хлестакове,”『로트만 선집 제1권Избранные
статьи: В 3 т. Т. 1』, Таллинн, 1992. (번역본: 유리 로트만 외,『러시
아 기호학의 이해』, 이인영 외 옮김, 민음사, 1993).

1976, “러시아 민중 회화의 예술적 본성Художественная природа русских
народных картинок,”『예술에 대하여Об искусстве』, СПб., 1998.

1977a, “집단적 지성으로서의 문화와 인공 지능의 문제Культура как коллекти-
вный интеллект и проблемы искусственного разума,”『기호계Семи-
осфера』, СПб., 2000. (번역본: 유리 로트만,『기호계』, 김수환 옮김, 문
학과지성사, 2008).

1977b, “텍스트와 청중의 구조Текст и структура аудитории,”『로트만 선집 제1권
Избранные статьи: В 3 т. Т. 1』, Таллинн, 1992.

1977c, “러시아 문화의 역동적 전개에서 이원적 모델의 역할(우스펜스키와 공

저)Роль дуальных моделейв динамике русской культуры(совместно

с Б. А. Успенским)," 『러시아 문화사와 유형론История и типология

русскойкультуры』, СПб., 2002. (번역본: 유리 로트만 외, 『러시아 기

호학의 이해』, 이인영 외 옮김, 민음사, 1993).

1977d, "18세기 러시아 문화에서 일상행위의 시학Поэтика бытового пове-

дения в русской культуре XVIII века," 『러시아 문화사와 유형론Исто-

рия и типология русскойкультуры』, СПб., 2002. (번역본: 유리 로트

만 외,『러시아 기호학의 이해』, 이인영 외 옮김, 민음사, 1993).

1978, "문화 현상Феномен культуры," 『기호계Семиосфера』, СПб., 2000. (번

역본: 유리 로트만, 『기호계』, 김수환 옮김, 문학과지성사, 2008).

1979a, "연극적 언어와 회화(도상적 수사의 문제에 부쳐)Театральный язык и

живопись(К проблеме иконической риторики)," 『예술에 대하여Об

искусстве』, СПб., 1998.

1979b, "유형학의 견지에서 본 플롯의 기원The origin of Plot in the light of

typology," *Poetics Today*, Vol. 1, No. 1~2. (러시아어본: Проис-

хождение сюжета в типологическом освещении, 『로트만 선집 제1권

Избранные статьи: В 3 т. Т. 1』, Таллинн, 1992).

1981a, "두뇌-텍스트-문화-인공지능Мозг-текст-культура-искусственный

интеллект," 『기호계Семиосфера』, СПб., 2000. (번역본: 유리 로트만,

『기호계』, 김수환 옮김, 문학과지성사, 2008).

1981b, "텍스트 속의 텍스트Текст в тексте," 『예술에 대하여Об искусстве』,

СПб., 1998.

1981c, "문화기호학과 텍스트의 문제Семиотика культуры и понятие текста,"

『로트만 선집 제1권Избранные статьи: В 3 т. Т. 1』, Таллинн, 1992.

1981d, "수사학Риторика," 『예술에 대하여Об искусстве』, СПб., 1998.

1982, "문학과 신화(민츠와 공저)Литература и Мифология(совместно с З.

Г. Минц)," 『기호체계 문집 제13호Труды по знаковым системам. Вып.

13』, Тарту, 1982.

1983a, "문화들의 상호작용 이론의 구축을 위하여(기호학적 측면)К построению теории взаимодействия культур(семиотическийаспект)," 『기호계Семиосфера』, СПб., 2000. (번역본: 유리 로트만, 『기호계』, 김수환 옮김, 문학과지성사, 2008).

1983b, "바흐친의 유산과 기호학의 당면 문제들Наследие Бахтина и актуальные проблемы семиотики," 『러시아 문화사와 유형론История и типология русскойкультуры』, СПб., 2002.

1984, "기호계에 관하여О семиосфере," 『로트만 선집 제1권Избранные статьи: В 3 т. Т. 1』, Таллинн, 1992.

1985, "문화적 견지에서 본 기억Память в культурологическим освещении," 『기호계Семиосфера』, СПб., 2000.

1986a, "역사-문화적 맥락에서 본 문학적 전기(작가의 인격과 텍스트의 유형론적 관계에 부쳐)Литературная биография в историко-культурном контексте(к типологическому соотношению текста и личности автора)," 『로트만 선집 제1권Избранные статьи: В 3 т. Т. 1』, Таллинн, 1992.

1986b, "공간 기호학의 문제에 부쳐К проблеме пространственнойсемиотики," 『예술에 대하여Об искусстве』, СПб., 1998.

1987, "텍스트와 문화의 복수언어주의Текст и полиглотизм культурых," 『로트만 선집 제1권Избранные статьи: В 3 т. Т. 1』, Таллинн, 1992.

1989a, "주체이자 그 자신에게 객체인 문화Культура как субъект и сама-себе объект," 『기호계Семиосфера』, СПб., 2000. (번역본: 유리 로트만, 『기호계』, 김수환 옮김, 문학과지성사, 2008).

1989b, "문학적 진화에서 우연적 요소들의 역할에 관하여О роли случайных факторов в литературнойэволюции," 『기호체계 문집 제23호Труды по знаковым системам. Том 23』, Тарту, 1989.

1990, 『정신의 우주: 문화에 대한 기호학적 이론*Universe of the Mind—A Semiotic Theory of Culture*』, Ann Shukman(trans.), Indiana University Press, 1990.

1992a, "문화사에서 우연적 요소들의 역할에 대한 결론을 대신하여Вместо
заключения о роли случайных факторов в истории культуры,"『로
트만 선집 제1권Избранные статьи: В 3 т. Т. 1』, Таллинн, 1992.

1992b, 『문화와 폭발Культура и взрыв』, М., 1992, in 『기호계Семиосфера』,
СПб., 2000. (영역본: *Culture and Explosion*, Berlin: Mouton de Gruyter,
New York, 2009).

1992c, "문화의 역동성에 관하여О динамике культуры,"『기호계Семиосфера』,
СПб., 2000. (번역본: 유리 로트만, 『기호계』, 김수환 옮김, 문학과지성
사, 2008).

1992d, "갈림길에 선 클리오Клио вышла на перепутье,"『로트만 선집 제1권
Избранные статьи: В 3 т. Т. 1』, Таллинн, 1992.

1993a, "고골의 리얼리즘에 관하여О реализме Гоголя,"『러시아 문학에 대하여
О русской литературе』, СПб., 1997.

1993b, "여름학교에 대한 겨울의 인상Зимние заметки о летних школах,"『유
리 로트만과 타르투-모스크바 기호학파Ю. М. Лотман и тартуско-
московская семиотическая школа』, М., 1994.

1993c, "초상화 Портрет,"『예술에 대하여Об искусстве』, СПб., 1998.

1994a, 『러시아 문화에 관한 담론Беседы о русскойкультуре』, СПб., 1994.
(번역본: 유리 М. 로트만, 『러시아 문화에 관한 담론』, 김성일·방일권 옮
김, 나남, 2011).

1994b, "타르투 대학교 부설 러시아 고등학교 개관식 연설Чему удаестя люди?
(Из выступления Ю. М. Лотмана на открытии русской гимназии
при Тартуском университете),"『유리 로트만과 타르투-모스크바 기호
학파Ю. М. Лотман и тартуско-московская семиотическая школа』,
М., 1994.

1995, "이중 초상화Двойнойпортрет,"『로트만 모음집 제1권Лотмановский-
сборник 1』, М., 1995.

1996, 『사유하는 세계들 속으로(인간-텍스트-기호계-역사)Внутри мыслящих

миров(человек-текст-семиосфера-история)』, М., 1996.

1997, 『편지글들 1940~1993(예고로프 편집)Письма 1940~1993(Сост. Б. Ф. Егоров)』, М., 1997.

Асписова, О. С., "Восприятие московско-тартуской семиотической школы в Германии," Московско-тартуская семиотическая школа, М., 1998.

Балаховская, Е. И., "Московско-тартуская семиотическая школа во Франции," Московско-тартуская семиотическая школа, М., 1998.

Барт, Р., "От произведения к тексту," Избранные роботы, М., 1989.

————, "Смерть автора," Избранные работы, М., 1989.

————, "Текстовый анализ одной новеллы Эдгара По," Избранные работы, М., 1989.

————, "Лекция," Избранные работы, М., 1989.

————, "Введение в структурныйанализ повествовательных текстов," От структурализма к постструктурализму, М., 2000.

————, "Основы семиологии," От структурализма к постструктурализму, М., 2000.

————, "Нулевая степень письма," От структурализа к постструктурализму, М., 2000.

Бахтин, М. М., "Слово в романе," Вопросы литературы и эстетики, М., 1975.

————, "Формы времени и хронотопа в романе: Очерки по историческойпоэтики," Вопросы литературы и эстетики, М., 1975; 미하일 바흐친, 「소설 속의 시간과 호로노토프의 형식」, 『장편소설과 민중언어』, 전승희 외 옮김, 창비, 1998.

————, Эстетика словестного творчество, М., 1986; 미하일 바흐친, 『말의 미학』, 김희숙·박종소 옮김, 길, 2006.

————, "Из записей 1970～1971 годов," Эстетика словесного творчества, М., 1986; 미하일 바흐친, 『말의 미학』.

————, "Искусство и ответственность," Эстетика словесного творчества, М., 1986; 미하일 바흐친, 『말의 미학』.

————, "К перероботке кинги о Достоевском," Эстетика словестного Творчества, М., 1986; 미하일 바흐친, 『말의 미학』.

————, "Проблема текста в лингвистике, филологии и других гуманитарных науках," Эстетика словестного Творчества, М., 1986; 미하일 바흐친, 『말의 미학』.

————, "К методологии гуманитарных наук," Эстетика словестного Творчества, М., 1986; 미하일 바흐친, 『말의 미학』.

Белый, А., Мастерство Гололя, М., 1934.

Бетеа, Д., "Юрий Лотман в 1980^{е} годы: код и его отношение к литературнойбиографии," Н.Л.О., No. 19, М., 1996.

Библер, В. С., "Ю. М. Лотман и будущее филологии," Лотмановский сборник 1, М., 1995.

Веселовский, А. Н., "Поэтика сюжета," Историческая поэтика, М., 1989.

Вернадский, В. И., Химическое строение биосферы Земли и ее окружения, М., 1965.

Волошинов, В. Н.(/М. М. Бахтин), Марксизм и философия языка/ Тетралогия, М., 1998; М. 바흐친 & V. N. 볼로쉬노프, 『마르크스주의와 언어철학』, 송기한 옮김, 한겨레, 1988(재간: 『언어와 이데올로기』, 푸른사상, 2005).

Гаспаров, Б. М., "В поисках 'другого,'" Московско-тартуская семиотическая школа, М., 1998.

Гаспаров, М. Л., "Лотман и марксизм," в книг. Ю. М. Лотман, Внутри мыслящих миров, М., 1996.

————, "М. М. Бахтин в русской культуре XX века," Избранные труды,

Т. 2, М., 1997.

Гржибек, П., "Бахтинская семиотика и московско-тартуская школа," Лотмановский сборник 1, М., 1995.

Григорьев, Р. Г., "Парадокс Лотмана," Об искусстве, СПб., 1998.

Гуревич, А. Я., Категории средневековой культуры, М., 1984.

Пропп, В. Я., Морфология сказки, М., 1997; 블라디미르 프로프, 『민담 형태론』, 어건주 옮김, 지식을만드는지식, 2009.

Егоров, Б. Ф., "Полдюжины поправок," Ю. М. Лотман и тартуско-московская семиотическая школа, М., 1994.

———, "Бахтин и Лотман," Жизнь и творчество Ю. М. Лотмана, М., 1999.

Женетт, Ж., Фигуры: Работы по поэтике, Т. 2, М., 1998.

Жирмунский, В. М., Теория стихи, Л., 1975.

Зенкин, С., "Континуальные модели после Лотмана," Н.Л.О., No. 98, М., 2009.

Иванов, Вяч. Вс., "Значение идей М. М. Бахтина о знаке, высказывании и диалоге для современной семиотики," Семиотика, 6, 1973(재출판: Диалог. Карнавал. Хронотоп, 1996).

———, Семиосфера и история, Внутри мыслящих миров, М., 1996.

———, "Чет и нечет: Асимметрия мозга и динамика знаковых систем," Избранные труды по семиотике и истории культуры, Т. 1, М., 1999(원본 1978).

Кнабе, Г. С., "Знак, Истина, Круг (Ю. М. Лотман и проблема постмодерна)," Лотмановский сборник 1, М., 1995.

Компаньон, Н. А., Демон теории, М., 2001.

Киселова, Л., "Ю. М. Лотман: от истории литературы к семиотике культуры (о границах лотмановской семиосферы)," *Studia russica belsingiensia et tartuensia*, VI, Тарту, 1989.

Кристева, Ю., "Бахтин, слово, диалог и роман," Вестник Московского университетеа, Сер, 9, Филология, 1, 1995.

Лессинг, Г. Э., Лаокоон, или О границах живописи и поэзии, М., 1957.

Лихачёв, Д. С., Историчская поэтика русскойлитературы. Смех как мировоззрение, СПб., 2001.

Лотман, Ю. М., Внутри мыслящих миров, М., 1996.

———, "За текстом: заметки о философском фоне тартуской семиотики (Статья первая)," Лотмановский сборник 1, М., 1995.

———, Семиосфера, 2000.

———, "Наследие Бахтина и актуальные проблемы семиотики," История и типология русской культуры, СПб., 2002.

Манн, Ю. В., Поэтика Гоголя, М., 1978.

Маркович, В. М., Петербурские повести Гоголя, СПб., 1989.

Махлин, С. Т., Семиотика-культура и искусство(опыт энциклопедического словаря), СПб., 2000.

Медведев, П. Н., Формальный метод в литературоведении. Критеческое ведение в социалогическую поэтику, в книг. М. М. Бахтин, Тетралогия, М., 1998; 미하일 바흐친, 『문예학의 형식적 방법』, 이득재 옮김, 문예출판사, 1992.

Рикер, П., Время и рассказ, СПб., 1998; 폴 리쾨르, 『시간과 이야기』, 김한식·이경래 옮김, 문학과지성사, 1999.

Слолоухина, О. В., "Концепция читателя в современном западном литературоведении," Художественная рецепция и герменевтика, М., 1985.

Смирнов, И., "Времени о себе: Шестидесятые годы—от Афии до фхинеи," А. М. Пятигорский, Избранные труды, М., 1996.

———, "Художественный смысл и эволюция поэтических систем," Смысл как таковой, СПб., 2001.

Соссюр, Ф. Де., Труды по языкознанию, М., 1977.

Су Кван, Ким, Основные аспекты творческой эволюции Ю. М. Лотмана, М., 2003.

Тынянов, Ю. Н., "О Композиции 'Евгений Онегин,'" Поэтика. История литературы. Кино, М., 1977.

―――, "О литературной эволюции," Поэтика―история литературы―кино, М., 1997.

Топоров, В. Н., "О структуре романа Достоевского в связи с архаичными схемами мифологического мышления("Преступление и наказание")," Миф. Ритуал. Символ. Образ. Исследования в области мифопоэтического. М., 1995.

―――, "Пространство и текст," Из работ московского семиотического круга, М., 1997.

Томашевский, Б. В., Теория Литературы. Поэтика, М., Л. 1925.

Тороп, П., "Тартуская школа как школа," Лотмановский сборник 1, М., 1995.

Успенский, Б. А., "К проблеме генезиса тартуско-московскойсемиотической школы," Ю. М. Лотман и тартуско-московская семиотическая школа, М., 1994.

―――, Поэтика композиции, СПб, 2000; 보리스 우스펜스키, 『소설 구성의 시학』, 김경수 옮김, 현대소설사, 1992.

Усманова, А. Р., Умберто Эко: парадоксы интерпретации, Минск, 2000.

Ханзен-леве, Оге А., Русский Формализм, М., 2001.

Черниговская, Т. В., Л. Я. Балонов & В. Л. Деглин, "Билигвизм и фунциональная асимметрия мозга," Труды по знаковым системам, Вып. 16, 1983.

Черниговская, Т. В. & В. Л. Деглин, "Проблема внутреннего диалогизма: нейрофизиологическое исследование языковойкомпетенции," Труды по знаковым системам, Вып. 17, 1984.

────, "Метафорическое и силлогистическое мышление как проявление функциональной асимметрии мозга," Труды по знаковым системам, Вып. 19, 1986.

Шкловский, В. Б., "О функции сюжета," Избранные в двух томах, М., Т. 2, 1983.

────, "Связь приемов сюжетосложения с общими приемами стиля," Теория прозы, М., 1983.

────, "Искусство как прием," О теории прозы, М., 1983; 빅토르 슈클롭스키, 「기법으로서의 예술」, 『러시아 형식주의: 문학의 이론』, 츠베탕 토도로프 편, 김치수 옮김, 이화여자대학교출판부, 1988.

────, Теории прозы, М., 1929.

Шмидт, В., "Проблематичном событии в прозе Чехова," Проза как поэзия, СПб., 1998.

────, "Орнамент―поэзия―миф―подсознание," Проза как поэзия, СПб., 1998.

Якобсон, Р., "Вопросу о зрительных и слуховых знаках," Семиотика и искусствометрия, М., 1972.

────, "Лингвистика и поэтика," Структурализм: За и против, М., 1975.

────, "Мозг и язык: Полушария головного мозга и языковая структура в свете взаимодействия," Избранные работы, М., 1985.

────, "В поисках сущности языка," Семиотика(антология), М., 2001; 로만 야콥슨, 『문학 속의 언어학』, 신문수 옮김, 문학과지성사, 1989.

────, "Шифтеры, глагольные категории и русскийглагол," Принципы типологического анализа языков различного строя, М., 1972.

Andrews, E., "Introduction," Lotman, Juri, *Culture and Explosion*, edited by M. Grishakova, translated by Wilma Clark, Mouton de Gruyter, 2009.

Barthes, R., *Elements of Semiology*, Hill and Wang, 1977.

Bolton, J. H., "Writing in a Polluted Semiosphere— Everyday life in Lotman, Foucault, and de Certeau," *Lotman and Cultural Studies— Encounters and Extensions*, edited by Andreas Schönle, The University of Wisconsin Press, 2006.

Bourdieu, P., "The Economics of Lingustics Exchanges," in *Semiotics*, Vol. II., Karin Boklund-Lagopoulou, Alexandros Lagopoulos & Mark Gottdiener (eds.), London: Sage Publications, 2002.

Buckler, Julie A., "Eccentricity and Cultural Semiotics in Imperial Russia," *Lotman and Cultural Studies: Encounters and Extensions*, edited by Andreas Schönle, The University of Wisconsin Press, 2006.

Danow, David K., *The Thought of Mikhail Bakhtin: from word to culture*, New York: St. Martin's Press, 1991.

Derrida, J., "The Paergon," *The Truth in Painting*, Chicago: University of Chicago Press, 1987(*La vérité en peinture*, 1978).

Eco, U., *A Theory of Semiotics*, Indiana University Press, 1978; 움베르토 에코, 『기호학 이론』, 서우석 옮김, 문학과지성사, 1985.

————, "Intentio Lectoris: The State of Art," *The limit of interpretation*, Bloomington & Indianapolis: Indiana University Press, 1990.

————, "Introduction," Yuri M. Lotman, *Universe of the Mind*, Indiana University Press, 1990.

————, *Interpretation and Overinterpretation*, Cambridge University Press, 1992.

Goffman, E., *Frame analysis: An Essay on organization of Experience*, Northeastern, 1986.

Grzybek, P., "The Concept of 'Model' in *Soviet Semiotics*," *Russian*

Literature, North-Holland-Amsterdam, 1994.

Halle, Morris et al.(eds), *Semiotics. Semiotics and the History of Culture, In Honorem Georgii Lotman*, Michigan Slavic Contributions, No. 10, Ann Arbor: University of Michigan, 1984.

Hartmann, N., *Philosophie der Natur*, Berlin, 1950.

Iser, W., *The act of Reading*, Baltimore: Johns Hopkins University Press, 1978.

Jakobson, R., "Linguistics and Poetics," *Style in Language*, edited by T. A. Sebeok, Mass, 1964.

―――, "On Visual and Auditory Signs," *Phonetica* 11, 1964.

Kotov, Kaie, "Semiosphere: A chemistry of being," *Sign Systems Studies* 30, 1, Tartu, 2002.

Kristeva, J., "On Yuri Lotman," *PMLA(Publication of the Modern Language Association of America)*, Vol. 109, No. 3, May 1994.

Lotman, M. Y., "Umwelt and semiosphere," *Sign Systems Studies* 30, 1, Tartu, 2002.

Lotman, Juri, *Culture and Explosion*, edited by M. Grishakova, translated by Wilma Clark, Berlin: Mouton de Gruyter, 2009.

――― & B. A. Uspenskij, *The Semiotics of Russian Culture*, edited by Ann Shukman, Michigan Slavic Contributions, No. 11, Ann Arbor: University of Michigan, 1984.

―――, Lidiya Ya Ginsburg & Boris A. Uspensky, *The Semiotics of Russian Cultural History*, edited by Alexander D. Nakhimovsky & Alice Stone Nakhimovsky, Ithaca and London: Cornell University Press, 1985.

Mandelker, A., "Semiotizing the Sphere: Organist theory in Lotman, Bakhtin, and Vernadsky," *PMLA(Publication of the Modern Language Association of America)*, Vol. 109, No. 3(May 1994).

―――, "Lotman's Other: Estrangement and Ethnics in Culture and Explosion,"

Lotman and Cultural Studies: Encounters and Extensions, edited by Andreas Schönle, The University of Wisconsin Press, 2006.

Martin, L., "The Frame of Representation and Some of its Figures," *The Rhetoric of the Frame—Essays on the Boundaries of the Artwork*, edited by Paul Duro, Cambridge University Press, 1996.

Mitchell, W. J. T., "Spacial form in Literature: Toward a general theory," *The Language of Images*, The University of Chicago Press, 1980.

――――, *Picture Theory*, The University of Chicago Press, 1994.

Morson, G. S., Emerson C., *Mikhail Bakhtin: Creation of a Prosaics*, Stanford, CA: Stanford University Press, 1990; 게리 솔 모슨·캐릴 에머슨, 『바흐친의 산문학』, 오문석·차승기·이진형 옮김, 책세상, 2006.

Pieterse, J. N., "Globalization as Hybridization," *Global Modernities*, edited by Mike Featherstone, Scott Lash and Roland Robertson, London: Sage Publications, 1995.

Pillot, J. J., *The Ancient View of Greek Art*, New Haven: Conn, 1974.

Reid, A., *Literature as communication and cognition in Bakhtin and Lotman*, Garland Publishing New York & London, 1990.

――――, "Who is Lotman and Why Bakhtin Saying Those Nasty Things about Him?," *Discours, Social, Social, Discourse*, Canada, 1990.

Said, E., *After the Last Sky*, New York: Pantheon, 1986.

Schapiro, M., "On some problems in the Semiotics of Visual Art: Field and Vehicle in Image-Signs," *Semiotica* 1, 1966.

Schönle, A., "The Self, Its Bubbles, and Its Illusions," *Lotman and Cultural Studies— Encounters and Extensions*, edited by Andreas Schönle, The University of Wisconsin Press, 2006.

Shepherd, D., "Lotman, Iu. M., Ginsburg, L. Ya., and Uspensky, B. A. '*The Semiotic of Russian Cultural History*' (Book Review)," *Slavonic and East European Review*, 64:3(1986:July).

Shukman, A., "Semiotics of culture and the influence of M. M. Bakhtin," *Issues In Slavic Literary And Cultural Theory*, 1989.

Waldstein, Maxim, *The Soviet Empire of Signs: A History of the Tartu School of Semiotics*, VDM Verlag, 2008.

가라타니 고진, 『은유로서의 건축―언어, 수, 화폐』, 김재희 옮김, 한나래, 1998.

―――, 『언어와 비극』, 조영일 옮김, 도서출판 b, 2004.

―――, 『트랜스크리틱』, 송태우 옮김, 한길사, 2005.

김성도, 『로고스에서 뮈토스까지―소쉬르 사상의 새로운 지평』, 한길사, 1999.

김수환, 『로트만 기호학에 있어서 텍스트 이론의 진화』, 서울대학교 대학원 석사학위논문, 1998.

―――, 「로트만 문화기호학에 있어서 러시아 역사철학적 전통의 문제: 러시아적 이념과 러시아적 이론」, 『러시아어문학 연구논집』 제15집, 2004.

―――, 「텍스트 이론에서 문화시학으로: 로트만의 행위시학 방법론을 중심으로」, 『러시아어문학 연구논집』 제18집, 2005.

―――, 「랑시에르와 미학의 정치: 가능성들의 열린 지형학」, 『문학들』 2009년 여름.

―――, 「전체성과 그 잉여들: 문화기호학과 정치철학을 중심으로」, 『사회와 철학』 제18호, 2009.

김운찬, 「에코의 백과사전 개념 연구」, 『기호학 연구』 제6집, 1999.

데리다, 자크, 『법의 힘』, 진태원 옮김, 문학과지성사, 2004.

―――, 『마르크스의 유령들』, 진태원 옮김, 이제이북스, 2007.

―――― 외, 『마르크스주의와 해체』, 진태원·한형식 옮김, 길, 2009.

들뢰즈, 질, 『시네마 II: 시간-이미지』, 이정하 옮김, 시각과언어, 2005.

로트만, 유리 외, 『러시아 기호학의 이해』, 이인영 엮음, 민음사, 1993.

로트만, 유리, 『기호계』, 김수환 옮김, 문학과지성사, 2008.

460

바르트, 롤랑, 『카메라 루시다—사진에 관한 노트』, 조광희 옮김, 열화당, 1986.

바우만, 지그문트, 『쓰레기가 되는 삶들—모더니티와 그 추방자들』, 정일준 옮김, 새물결, 2008.

발리바르, 에티엔, 「경계란 무엇인가」, 『대중의 공포』, 최원·서관모 옮김, 도서출판 b, 2007.

아감벤, 조르조, 『호모 사케르—주권권력과 벌거벗은 생명』, 박진우 옮김, 새물결, 2008.

아민, 사미르, 『유럽 중심주의』, 김용규 옮김, 세종출판사, 2000.

에코, 움베르토, 『해석이란 무엇인가』, 손유택 옮김, 열린책들, 1997.

―――, 『기호학 이론』, 서우석 옮김, 문학과지성사, 1985.

이장욱, 『혁명과 모더니즘』, 랜덤하우스 중앙, 2005.

지마, 페터, 『문예미학』, 허창운 옮김, 을유문화사, 1993.

지젝, 슬라보예, 『시차적 관점』, 김서영 옮김, 마티, 2009.

최용호, 「라깡과 쏘쒸르: '실재하는 것'에 대한 물음」, 『라깡의 재탄생』, 김상환·홍준기 엮음, 창비, 2002.

커니, 리처드, 『이방인, 신, 괴물—타자성 개념에 대한 도전적 고찰』, 이지영 옮김, 개마고원, 2004.

커모드, 프랭크, 『종말의식과 인간적 시간』, 조초희 옮김, 문학과지성사, 1993.

톨스토이, 레프, 『안나 카레니나』, 이철 옮김, 범우사, 1999.

푸시킨, 『벨킨 이야기·스페이드 여왕』, 최선 옮김, 민음사, 2002.

Lotman in English

다음 서지는 타르투 대학교 기호학과의 쿨Kalevi Kull 교수가 작성한 것으로 인터넷에 공개되어 있다(http://www.zbi.ee/~kalevi/lotmeng2.htm). 러시아어 전공자 이외에 로트만 기호학에 관심을 둔 분들이 향후 연구에 참고할 수 있도록 첨부한다.

Uspenskij, B. A., V. V. Ivanov, V. N. Toporov, A. M. Pjatigorskij & Ju. M. Lotman, "Theses on the semiotic study of cultures(as applied to Slavic texts)," Eng, Jan van der & Grygar, Mojmir(eds.), *Structure of Texts and Semiotics of Culture*, The Hague, Paris: Mouton, 1973, 1~28.

Lotman, Ju. M., "Different cultures, different codes," *Times Literary Supplement*, Oct. 12, 1973, pp. 1213~15.

Lotman, Y., "The sign mechanism of culture," *Semiotica* 12(4), 1974, pp. 301~305.

Lotman, Jury M., "On some principal difficulties in the structural description of a text," *Linguistics*, 121, 1974, pp. 57~63.

Lotman, Y., "Analysis of a poetic text: The structure of poetry[Excerpt]," *Soviet Studies in Literature: A Journal of Translations*, 10(2), 1974, pp. 3~41.

Lotman, Y., "Observations on the structure of the narrative text," *Soviet Studies in Literature: A Journal of Translations*, 10(4), 1974, pp. 75~81.

Lotman, Y., "On the mythological code of plotted texts," *Soviet Studies in Literature: A Journal of Translations*, 10(4), 1974, pp. 82~87.

Lotman, Y., "The individual creative career and the typology of culture codes," *Soviet Studies in Literature: A Journal of Translations*, 10(4), 1974, pp. 88~90.

Lotman, Y., "Myth-name-culture," *Soviet Studies in Literature: A Journal of Translations*, 11(2/3), 1975, pp. 17~46.

Lotman, Y., "Theater and theatricality in the order of early nineteenth century culture," *Soviet Studies in Literature: A Journal of Translations*, 11 (2/3), 1975, pp. 155~85.

Lotman, Y., "On the metalanguage of a typological description of culture," *Semiotica* 14(2), 1975, pp. 97~123.

Lotman, Y., "Notes on the structure of a literary text," *Semiotica* 15(3), 1975, pp. 199~205.

Lotman, J. M., "The discrete text and iconic text: Some remarks on the structure of narrative," *New Literary History*, 6(2), 1975, pp. 333~38.

Lotman, J. M., "Point of view in a text," *New Literary History*, 6(2), 1975, pp. 339~52.

Lotman, Jurij M., B. A. Uspenskij, V. V. Ivanov, V. N. Toporov & A. M. Pjatigorskij, "Theses on the semiotic study of cultures(as applied to Slavic texts)," Thomas A. Sebeok(ed.), *The Tell-Tale Sign: A Survey of Semiotics*, Lisse(Netherlands): The Peter de Ridder Press, 1975, pp. 57~84.

Lotman, Ju. M., B. A. Uspenskij, V. V. Ivanov, V. N. Toporov & A. M. Pjatigorskij, "Theses on the Semiotic Study of Cultures(as Applied to Slavic Texts)," Lisse: The Peter de Ridder Press, p. 29.〔Reprinted from: Thomas A. Sebeok(ed.), *The Tell-Tale Sign: A Survey of Semiotics*, 1975, pp. 57~83.〕

Lotman, Y., "Observations on the structure of the narrative text," *The*

Soviet Review, 14(2), 1975, pp. 59~65.

Lotman, Y., "Theater and theatricality in the order of early nineteenth century culture," *The Soviet Review*, 16(4), 1975/1976, pp. 53~83.

Lotman, Iu. M., *Analysis of the Poetic Text*, D. Barton Johnson (Trans.), Ann Arbor (Mich.): Ardis, 1976, p. 309.

Lotman, Jurij, *Semiotics of Cinema*, Mark E. Suino(Trans.), Michigan Slavic Contributions 5, Ann Arbor: University of Michigan Press, 1976, p. 106.

Lotman, Y., "O. M. Freidenberg as a student of culture," *Soviet Studies in Literature: A Journal of Translations*, 12(2), 1976, pp. 3~11.

Lotman, Y., "On the reduction and unfolding of sign systems(The problem of "Freudianism and semiotic culturology")," *Soviet Studies in Literature: A Journal of Translations*, 12(2), 1976, pp. 44~52.

Lotman, Y., "Gogol" and the correlation of "the culture of humor" with the comic and serious in the Russian national tradition," *Soviet Studies in Literature: A Journal of Translations*, 12(2), 1976, pp. 40~43.

Baran, Henryk(ed.), *Semiotics and Structuralism: Readings from the Soviet Union. White Plains*, William Mandel, Henryk Baran & A. J. Hollander (Trans.), N. Y.: International Arts and Sciences Press, 1976, pp. xxvi+369.

[This includes:]

Lotman, Jurij & Boris A. Uspenskij, "Myth-name-culture," *Ibid*, 1976, pp. 3~32.

Lotman, Jurij, "Theater and theatricality in the order of early nineteenth century culture," *Ibid*, 1976, pp. 33~63.

Lotman, Jurij, "O. M. Freidenberg as a student of culture," *Ibid*, pp. 1976, 257~68.

Lotman, Jurij, "Gogol" and the correlation of "the culture of

humor" with the comic and serious in the Russian national
tradition," *Ibid*, 1976, pp. 297~300.

Lotman, Jurij, "On the reduction and unfolding of sign systems
(The problem of "Freudianism and semiotic culturology,"
Ibid, 1976, pp. 301~309.

Lotman, Y., "The content and structure of the concept of 'literature,'" *PTL:
A Journal for Descriptive Poetics and Theory of Literature*, 1(2),
1976, pp. 339~56.

Lotman, Y., "The structure of ideas in Pushkin's poem 'Andzhelo,'" *Poetry
and Prose*(Russian Poetics in Translation 2.), Colchester: Oxford,
1976, pp. 66~84.

Lotman, Yu. M., "The modelling significance of the concepts 'end' and
'beginning' in artistic texts," Wendy Rosslyn(trans.), Michael O'Toole
Lawrence & Ann Shukman(eds.), *General Semiotics*(Russian Poetics
in Translation 3.), Oxon Publishing, 1976, pp. 7~11.

Lotman, Jurij, *The Structure of the Artistic Text*, Gail Lenhoff & Ronald Vroon
(Trans. from the Russian), (Michigan Slavic Contributions 7), Ann
Arbor: University of Michigan, Department of Slavic Languages and
Literatures, 1977, p. 300.

Lucid, Daniel P.(ed.), *Soviet Semiotics: An Anthology*, Baltimore/ London:
Johns Hopkins University Press,1977.
[This includes:]

Lotman, Y., "Primary and secondary communication-modelling
systems," *Ibid*, 1977, pp. 95~98.

Lotman, Y., "Two models of communication," *Ibid*, 1977, pp.
99~101.

Lotman, Y., "Problems in the typology of texts," *Ibid*, 1977,
pp. 119~24.

Lotman Y. & A. M. Pjatigorskij, "Text and function," *Ibid*, 1977,
pp. 125~35.

Lotman, Y., "The structure of the narrative text," *Ibid*, 1977,
pp. 193~97.

Lotman, Y., "Problems in the typology of culture," *Ibid*, 1977,
pp. 213~21.

Lotman, Y., "Numerical semantics and cultural types," *Ibid*,
1977, pp. 227~31.

Lotman Y. & Boris A. Uspenskij, "Myth–name–culture," *Ibid*,
1977, pp. 233~52.

Lotman Jurii, "The dynamic model of a semiotic system," *Semiotica*, 21(3/
4), 1977, pp. 193~210.

Lotman, Y., "The problem of meaning in secondary modelling systems,"
New Literary History, 8, 1977, pp. 22~37.

Lotman, Y. & Boris A. Uspenskij, "Myth–name–culture," *Semiotica*, 22(3/
4), 1978, pp. 211~33.

Lotman, Yuri & B. A. Uspensky, "On the semiotic mechanism of culture,"
New Literary History, 9(2), 1978, pp. 211~32.

Lotman, Y. & A. M. Piatigorsky, "Text and function," *New Literary History*,
9(2), 1978, pp. 233~44.

Lotman, Y., "Theme and plot: The theme of cards and the card game in
Russian literature of the nineteenth century," *PTL: A Journal for
Descriptive Poetics and Theory of Literature*, 3(3), 1978, pp. 455~
92.

Lotman, Y., "Language and reality in the early Pasternak," Erlich V.(ed.),
Pasternak: A Collection of Critical Essays, Englewood Cliffs (N. J.):
Prentice–Hall, 1978, pp. 21~38.

Lotman, Y., "Culture as collective intellect and the problems of artificial

intelligence," Lawrence Michael O'Toole & Ann Shukman (eds.),
Dramatic Structure: Poetic and Cognitive Semantics(Russian Poetics
in Translation 6.), Oxford: Holdan Books, 1979, pp. 84~96.

Lotman, Y., "The future for structural poetics," *Poetics*, 8(6), 1979, pp.
501~507.

Lotman, Y., "The origin of plot in the light of typology," *Poetics Today*,
1(1/2), 1979, pp. 161~84.

Lotman, Y., "The natural language: Interrelationship in the mechanism of
verse," G. S. Smith(ed.), *Metre, Rhythm, Stanza, Rhyme*[Russian
Poetics in Translation 7], University of Essex, 1980, pp. 86~89.

Lotman, Y., "On the language of animated cartoons," Lawrence Michael
O'Toole & Ann Shukman(eds.), *Film Theory and General Semiotics*
(Russian Poetics in Translation 8), Oxford: Holdan Books (RPT
Pub.), 1981, pp. 36~39.

Lotman, Jurij, Semiotics of Cinema, Mark Suino(Trans.), (Michigan Slavic
Contributions), Ann Arbor/Mich.: University of Michigan, 1981, p.
106.

Lotman, Y., "The text and the structure of its audience," *New Literary History:
A Journal of Theory and Interpretation*, 14(1), 1982, pp. 81~87.

Lotman, Jurij M. & Boris A. Uspenskij, *The Semiotics of Russian Culture*,
Ann Shukman(ed.), (Michigan Slavic Contributions 11), Ann Arbor:
Dept. of Slavic Languages and Literatures, University of Michigan,
1984, pp. xiv+341.
[This includes:]

Lotman, Jurij M. & Boris A. Uspenskij, "Authors' introduction," *Ibid*,
1984, pp. ix~xiv.

Lotman, Jurij M. & Boris A. Uspenskij, "The role of dual models
in the dynamics of Russian culture(up to the end of the

eighteenth century)," *Ibid*, 1984, pp. 3~35.

Lotman, Jurij M. & Boris A. Uspenskij, "New aspects in the study of early Russian culture," *Ibid*, 1984, pp. 36~52.

Lotman, Jurij M. & Boris A. Uspenskij, "Echoes of the notion 'Moscow as the thirst Rome' in Peter the Great's ideology," *Ibid*, 1984, pp. 53~67.

Lotman, J. M., "The decembrist in everyday life," *Ibid*, 1984, pp. 71~123.

Lotman, J. M., " 'Agreement' and 'self-giving' as archetypal models of culture," *Ibid*, 1984, pp. 125~40.

Lotman, J. M., "Theater and theatricality in the order of early nineteenth century culture," *Ibid*, 1984, pp. 141~64.

Lotman, J. M., "The stage and painting as code mechanisms for cultural behavior in the early nineteenth century," *Ibid*, 1984, pp. 165~76.

Lotman, J. M., "Gogol's Chlestakov: The pragmatics of a literary character," *Ibid*, 1984, pp. 177~212.

Lotman, J. M., "Gogol's 'Tale of captain Kopejkin,' reconstruction of the plan and ideo-compositional function," *Ibid*, 1984, pp. 213~30.

Lotman, J. M., "The poetics of everyday behaviour in Russian eighteenth-century culture," *Ibid*, 1984, pp. 231~56.

Nakhimovsky, Alexander D. & Alice Stone Nakhimovsky(eds.), *The Semiotics of Russian Cultural History: Essays by Iurii M. Lotman, Lidia Ia. Ginsburg, Boris A. Uspenskii*, Ithaca/New York/London: Cornell University Press. 1985.

[This includes:]

Lotman, Iurii M. & Boris A. Uspenskii, "Binary models in the dynamics of Russian culture," *Ibid*, 1985, pp. 30~66.

Lotman, Iurii M., "The poetics of everyday behaviour in eighteenth-century Russian culture," *Ibid*, 1985, pp. 67~94.

Lotman, Iurii M., "The Decembrist in daily life(Everyday behavior as a historical-psychological category," *Ibid*, 1985, pp. 95~149.

Lotman, Iurii M., "Concerning Khlestakov," *Ibid*, 1985, pp. 150~87.

Lotman, Jurij M., "Semiotics and culture in the second half of the twentieth century," *Livstegn: Tidsskrift for Norsk forening for semiotikk [Proceedings of the first symposium "Semiotics in Theory and Practice," 2~3 Oct. 1986, Bergen(Norway): Norwegian Association for Semiotic Studies]*, 3, 1987, pp. 9~11, [Jostein Bortnes(trans.)].

Lotman, Jurij M., "On the contemporary concept of text," *Livstegn: Tidsskrift for Norsk forening for semiotikk(Proceedings of the first symposium "Semiotics in Theory and Practice," 2~3 Oct. 1986, Bergen(Norway): Norwegian Association for Semiotic Studies]*, 3, 1987, pp. 159~63, [Jostein Bortnes(trans.)].

Lotman, Juri, "Natural environment and information," Kalevi Kull & Toomas Tiivel(eds.), *Lectures in Theoretical Biology*, Tallinn: Valgus, 1988, pp. 45~47.

Lotman, Y., "The structure of Eugene Onegin," Sona Stephan Hoisington & Walter Arndt(eds.), *Russian Views of Pushkin's Eugene Onegin* (Verse passages translated by Walter Arndt, foreword by Caryl Emerson), Bloomington: Indiana University Press, 1988, pp. 91~114.

Lotman, Y., "The transformation of the tradition generated by Onegin in the subsequent history of the Russian novel," Sona Stephan Hoisington

& Walter Arndt(eds.), *Russian Views of Pushkin's Eugene Onegin* (Verse passages translated by Walter Arndt, foreword by Caryl Emerson), Bloomington: Indiana University Press, 1988, pp. 169~77.

Lotman, Y. M., "Text within a text," *Soviet Psychology*, 26(3), 1988, pp. 32~51.

Lotman, Yuri & Henri Broms, "Greetings to the symposium. An interview with Yuri Lotman in Helsinki, June 1987," (The interviewer Henri Broms, translated by Eugene Holman), Henri Broms & Rebecca Kaufmann(eds.), *Semiotics of Culture: Proceedings of the 25th Symposium of the Tartu-Moscow School of Semiotics, Imatra, Finland, 27th-29th July*, 1987, Helsinki: Arator, 1988, pp. 115~23.

Lucid, Daniel P.(ed.), *Soviet Semiotics: An Anthology*(New foreword by T. A. Sebeok), Baltimore/London: Johns Hopkins University Press, 1988.

[The new edition of Lucid 1977. This includes:]

> Lotman, Y., Primary and secondary communication-modelling systems. In: ibidem, 1988, pp. 95~98.
>
> Lotman, Y., "Two models of communication," *Ibid*, 1988, pp. 99~101.
>
> Lotman, Y., "Problems in the typology of texts," *Ibid*, 1988, pp. 119~24.
>
> Lotman Y. & A. M. Pjatigorskij, "Text and function," *Ibid*, 1988, pp. 125~35.
>
> Lotman, Y., "The structure of the narrative text," *Ibid*, 1988, pp. 193~97.
>
> Lotman, Y., "Problems in the typology of culture," *Ibid*, 1988, pp. 213~21.
>
> Lotman, Y., "Numerical semantics and cultural types," *Ibid*,

1988, pp. 227~31.

Lotman Y. & Boris A. Uspenskij, "Myth-name-culture," *Ibid,* 1988, pp. 233~52.

Lotman, Yu. M., "The semiosphere," *Soviet Psychology,* 27(1), 1989, pp. 40~61.

Lotman, Jurij, *Universe of the Mind: A Semiotic Theory of Culture* (Translated by Ann Shukman, introduction by Umberto Eco), London/New York: I. B. Tauris & Co Ltd, 1990, pp. xiii+288.

Lotman, Y. M., "Artistic space in Gogol's prose," *Russian Literature,* 24, 1990, pp. 199~241.

Lotman, Y., "Technological progress as a problem in the study of culture," *Poetics Today,* 12(4), 1991, pp. 781~800.

Lotman, Yuri M., "The text within the text," [Jerry Leo & Amy Mandelker (Trans.)], *Publications of the Modern Language Association (PMLA),* 109(3), 1994, pp. 377~84.

Lotman, Iu., "Theses towards a semiotics of Russian culture," *Elementa,* 1(3), 1994, pp. 219~27.

Lotman, Juri, "Culture as a subject and an object in itself," *Trames,* 1(1), 1997, pp. 7~16.

Uspenskij, B. A., V. V. Ivanov, V. N. Toporov, A. M. Pjatigorskij & Ju. M. Lotman, "Theses on the semiotic study of cultures(as applied to the Slavic texts)," *Tartu Semiotics Library,* 1, 1998, pp. 33~60. [Faximile of 1973 publication.]

Lotman, Jurij, "The truth as lie in Gogol's poetics," Spieker Sven (ed.), *Gogol: Exploring Absence. Negativity in 19th Century Russian Literature,* Bloomington: Slavica Publishers, 1999.

Lotman, Yuri M., *Universe of the Mind: A Semiotic Theory of Culture* (Translated by Ann Shukman, introduction by Umberto Eco), London/

New York: I. B. Tauris Publishers, 2001, pp. xiii+288. [The new edition of Lotman 1990].

Lotman, Juri, "Semiotics of the individual and society," *Sign Systems Studies*, 30(2), 2002, pp. 573~76.

Uspenskij, B. A., V. V. Ivanov, V. N. Toporov, A. M. Pjatigorskij & Ju. M. Lotman, "Theses on the semiotic study of cultures (as applied to Slavic texts)," Mark Gottdiener, Karin Boklund-Lagopoulou, Alexandros Ph. Lagopoulos(eds.), *Semiotics*, vol. 1, London: Sage Publications, 2003, pp. 293~316. [Republication of 1973].

Lotman, Juri M., "On the metalanguage of a typological description of culture," Mark Gottdiener, Karin Boklund-Lagopoulou, Alexandros Ph. Lagopoulos(eds.), *Semiotics*, vol. 3, London: Sage Publications, 2003, pp. 101~25. [Republication of 1975].

Lotman, Juri, "On the semiosphere," Wilma Clark(Trans.), *Sign Systems Studies*, 33(1), 2005, pp. 215~39.

Lotman, Yuri M., "The text and the structure of its audience," Ann Shukman(Trans.), Paul Cobley(ed.), *Communication Theories: Critical Concepts in Media and Cultural Studies*, vol. 3, London: Routledge, 2006, pp. 64~70.

Lotman, Juri, *Culture and Explosion*, Wilma Clark(Trans.), Marina Grishakova(ed.), Berlin: Mouton de Gruyter, 2009.

ㄱ

ㄴ

ㄷ

윅스퀼Uexküll, J. 331
이바노프Ivanov, V. 12, 39, 49, 357, 395

ㄱ

기호학적 인격 276, 319~21, 323, 372~73, 376, 380, 385, 391, 397

ㄴ

나-그/(녀) 커뮤니케이션 246, 250~51
낯설게 하기 62, 69
내부화 284, 289, 339
내적 비단종성 305, 311, 352, 367, 384
내포 독자 241, 259
내포 작가 241, 259

ㄷ

다성악 200, 384, 387
　—적 대화 387
다언어성 361, 364, 369
단독성 205~206
단자 21, 355, 398~400
　기호학적 — 21, 395, 397~400
대뇌의 양반구적 구조 305, 330
대리 보충 157, 171
대상언어 197
대화 25, 27, 40, 43, 187, 223, 225~26, 241, 257, 272, 292, 330, 337, 340, 342,
　345, 352, 355, 361~62, 369~76, 380~81, 383, 385~89, 392, 405
　—적 구조(vs 독백적 구조) 225, 352, 371
도상
　—성 67, 69~71, 73~75, 81, 83, 90, 107~109, 121, 144~45, 186~87, 194~
　95, 200, 230, 255, 274~75, 368, 417
　—적 기호 45, 49, 61, 65~67, 71~75, 83, 85~86, 95, 97~98, 108, 114, 230,
　304, 412
　—적 수사 151
　—적 의미론 233, 255
독백적 구조(vs 대화적 구조) 352, 371
독아론 139

문화적 인격 320

문화 텍스트 100, 124, 127~28, 208, 346

ㅂ

바보 394, 409

반문화(vs 비문화) 135~38, 140

배제 36, 130~32, 135~36, 184, 233, 277, 284~87, 289, 293, 297, 300, 316, 322, 338~39, 397

번역 24~26, 28, 35, 38, 43, 156~57, 193~94, 196, 202, 206~207, 218, 220, 277, 290, 294, 309~12, 317~19, 332, 340~42, 344~48, 350, 352, 372, 386, 388, 405~406, 412, 423, 432

번역 불가능성 106, 309~10, 317~18, 346, 388

번역 불가능한 것의 번역 310, 367, 386, 411, 423

보통명사(vs 고유명사) 204, 210, 406, 416~17

보편적 번역 가능성 289

복수언어주의 98, 106~107, 203, 274, 279, 281, 301, 304, 311, 328~29, 352, 361~65, 368~69, 371, 399, 412

복합시간성 346

부분(vs 전체) 21, 192, 197~98, 245, 286~89, 320, 334~36, 347, 382~85, 398~400

분신 218

분절

   —성 91, 97, 200, 222, 411~14, 417~18, 420~21

   —적-선형적 체계 218

   —적 세계모델(vs 연속적 세계모델) 367, 412~13

분할 99~100, 129, 131~32, 151, 161, 197~98, 200, 338, 397

불균등성 340, 345~46

불화 317

비가역성 318, 402

비가역적 과정 301~302, 401

비결정성 149, 153, 295, 318, 355, 414, 422~23, 426~29

비대칭성 305, 348, 392

비문화(vs 반문화) 135~40, 296~98

비완결성 387
비존재화 285~87, 289~90, 349

ㅅ

사건 14, 41, 111, 121, 134, 149~50, 155, 166~67, 169~70, 176~83, 218~22,
    254, 374, 401, 407, 411, 421~22, 424, 426~27, 435
사물성 375
사유하는
    — 세계(들) 321, 338, 391, 397
    — 인격 302
    — 조직체 277, 304~305, 311, 319, 321, 330, 332, 352, 355, 367, 371~73, 391
사이-공간 423
사회체계론 331
산일구조 401~402
산종 280
상호 매체성 162~63
상호 텍스트 266
    —성 26, 267~69
생물계 330, 381, 402
서사 26, 74, 79, 90~91, 94~95, 97~98, 150, 152, 164, 166, 169~72, 176~79,
    181, 184~86, 193, 202, 218~19, 221~22, 225, 230, 232, 254, 303
    — 기호학 169~70
선형성 114, 173, 219, 222~23
선형적 시간(vs 순환적 시간) 219, 223, 232, 423
성상화 95
세계상 121~25, 127, 134, 137, 143, 149, 180, 182, 184~85, 191, 194~95, 200,
    205, 207, 214, 220~21, 313, 368, 385, 403, 413, 416
수사학 90, 159, 162, 170, 384, 387~88
순환적 과정들 301, 401, 407
순환적 시간(vs 선형적 시간) 219, 222~23
슈제트 134, 149, 155, 167, 169, 176~81, 183~84, 186, 193, 217~26, 228, 230,
    233, 254
    —(vs 파블라) 177

지향(성) 16, 19, 21, 26, 37, 48, 69~70, 72~75, 82, 86, 90~91, 103, 107~108, 113, 115~16, 122, 129, 133~34, 136~38, 158, 165, 175, 181, 185~86, 192~94, 197, 202, 208, 211, 214~15, 223, 243~44, 249, 252, 257, 260, 265, 274, 280, 282, 289, 299, 312, 316, 320, 327, 330, 347, 349, 351~52, 364, 368, 370, 375, 380, 398, 407, 409, 411, 413, 426
집단적 기억 201
집단지성 367

ㅊ

차연 280
차원 95~96, 114, 129, 132, 174, 423, 426
창조성 140, 271, 276, 279, 301, 306, 310~11, 323, 332, 340
책임 399, 404~405, 427~28
청중의 구조 255, 259
청중의 형상 256, 259
체계 외적인 것 284, 287, 292~93, 300, 339, 415
체계의 주변지대 293
총체적 기호로서의 텍스트 98, 101, 103

ㅋ

커뮤니케이션 모델 246, 251, 271, 306~307
코드 변환 151, 237, 375~76
코드 해독 307
코드화 71, 86, 126, 151~52, 248, 265, 267, 283~84, 297, 307, 316, 320, 328, 379
코이네koine 345
크레올화 345
클리오 428~30

ㅌ

타르투 여름학교 37, 55
타자성 206~207, 212, 338~39, 344, 428